Günther Schiwy:
Teilhard de Chardin
Eine Biographie

Deutscher
Taschenbuch
Verlag

Von Pierre Teilhard de Chardin
sind im Deutschen Taschenbuch Verlag erschienen:
Der Mensch im Kosmos (1732)
Die Entstehung des Menschen (1755)

Vom Autor gekürzte Ausgabe
August 1985
Deutscher Taschenbuch Verlag GmbH & Co. KG,
München

Titel der Originalausgabe: Teilhard de Chardin.
Sein Leben und seine Zeit. 2 Bände
ISBN 3-466-20211-6, 3-466-20212-4
Umschlaggestaltung: Celestino Piatti
Umschlagfoto: Fondation Teilhard de Chardin, Paris
Gesamtherstellung: C. H. Beck'sche Buchdruckerei,
Nördlingen
Printed in Germany · ISBN 3-423-10452-X

Inhalt

Das Buch

Zu seinen Lebzeiten totgeschwiegen, nach seinem Tod durch das Erscheinen seiner Schriften berühmt, im II. Vatikanischen Konzil rehabilitiert, gehört der französische Jesuit, Paläontologe und Philosoph Pierre Teilhard de Chardin (1881–1955) zu den faszinierendsten Persönlichkeiten unseres Jahrhunderts. Günther Schiwy zeichnet in dieser Biographie das abenteuerliche Leben Teilhards nach und den geschichtlichen Hintergrund, auf dem es gesehen werden muß: Zu Beginn das katholische Frankreich der Provinz zur Zeit der Dreyfus-Affäre, die Auseinandersetzungen innerhalb der Kirche auf dem Höhepunkt der Modernismuskrise sowie das Ringen zwischen Glaube und Wissenschaft im Streit um den Darwinismus. Ein zwanzigjähriges Exil in China läßt Teilhard den Kampf zwischen Nationalisten und Kommunisten miterleben. Sein abenteuerliches Forscherleben führt ihn in China, Indien, Java und Afrika auf die Spuren der frühen Menschheit; als Vorläufer der »Neuen Theologie« begegnet ihm der Leser in Paris, Rom und in den USA, als Mystiker und Schriftsteller ringt Teilhard um die christlichen Glaubensformeln der Zukunft. Nicht zuletzt lernt man ihn als Mann zahlreicher Freundschaften kennen, ohne die er das Abenteuer seines Lebens kaum bestanden hätte.

Der Autor

Günther Schiwy, geboren 1932, studierte Philosophie, Theologie und Literatursoziologie in München, Frankfurt und Paris. 1975 Promotion in Frankfurt. Veröffentlichungen u. a.: ›Intellektuelle und Demokratie heute‹ (1966), ›Strukturalismus und Christentum‹ (1969), ›Der französische Strukturalismus‹ (1969, 1984), ›Neue Aspekte des Strukturalismus‹ (1971), ›Strukturalismus und Zeichensysteme‹ (1973), ›Zur Ideologie der Unfehlbarkeitsdiskussion‹ (1977), ›Poststrukturalismus und Neue Philosophen‹ (1985), ›Teilhard de Chardin. Sein Leben und seine Zeit‹ (2 Bände, 1981). Günther Schiwy lebt als Schriftsteller und Verlagslektor in München.

Vorwort

Auf vielfachen Wunsch lege ich hiermit eine gekürzte Fassung meines zweibändigen Werkes ›Teilhard de Chardin. Sein Leben und seine Zeit‹ vor.

War es die Absicht des umfangreicheren Werkes, durch ausführliche Exkurse zum geographischen, historischen, politischen, wissenschafts- und theologiegeschichtlichen Umfeld den Standort Teilhards genauer zu bestimmen, so konzentriert sich diese gekürzte Fassung vor allem auf das Leben Pierre Teilhard de Chardins.

Auch der Leser dieser Ausgabe wird noch genügend erfahren von den erregenden, oft widersprüchlichen Welten, in denen Teilhard gelebt hat und in denen wir uns selbst und auch noch ein Stück unserer Zukunft erkennen können. Denn Teilhard war ein »Pilger der Zukunft«, wie er sich selbst genannt hat. Aufgebrochen aus einer traditionsreichen Vergangenheit, schritt er so mutig aus, daß er selbst uns Menschen des ausgehenden 20. Jahrhunderts weit überholte und wir Mühe haben, ihm zu folgen. Trotzdem – oder gerade deshalb – geht von Teilhard eine seltene Faszination aus.

Günther Schiwy

1 Adel verpflichtet

> Durch meinen Vater habe ich seit der Kindheit den Geschmack der Dinge kennengelernt und das Gefühl für den Stempel der Zeit auf ihnen.

Marie-Joseph Pierre Teilhard de Chardin wird am 1. Mai 1881 auf dem Landsitz Sarcenat bei Clermont-Ferrand in der vulkanischen Auvergne geboren – als Sohn eines begüterten Landedelmanns.

Die Ahnen väterlicherseits stammen aus Murat, einem kleinen Ort, der von Käse-, Vieh- und Holzhandel lebt und rund siebzig Kilometer Luftlinie südlich von Sarcenat in der Hoch-Auvergne liegt. Notre-Dame-des-Oliviers heißt die schwarze, aus Olivenholz geschnitzte Madonna, die in der gotischen Kirche verehrt wird. Ludwig der Heilige soll sie von seinem ersten Kreuzzug 1248–1254 mitgebracht haben. Kreuzzugsgeist erfüllt seit 1095, als Papst Urban II. auf der Synode von Clermont zum ersten Kreuzzug aufruft und die Menge begeistert »Gott will es!« antwortet, die Bischöfe und Äbte, die Barone und Ritter der Auvergne, auch das Geschlecht der Teilhards. Doch macht Pierre später, am 26. Dezember 1919, für sich selbst eine aus der Tradition herausfallende Feststellung: »Den starken Feuereifer des Proselytentums spüre ich nur wider die, die den Kosmos und die menschliche Freiheit einzuengen scheinen – und sozusagen nicht gegen die (die geborenen Feinde der Kirche), *die Christus herabsetzen,* aber den Kosmos retten(?).« In dem Punkt liegen seine Vorfahren eher auf der Linie der Kirche und der mit ihr verbundenen Monarchie.

Der erste Pierre Teilhard ist 1325 in Dienne bei Murat als königlicher Notar nachgewiesen. Seine Nachkommen sind Offiziere, Steuerbeamte, Staatsanwälte und Staatsräte. Auch in den Dienst der Kirche stellen sie Söhne und Töchter, aber Bedeutung über die Provinz hinaus erlangen sie kaum. Erst 1538 wird ein Astorg Teillard geadelt. Während der Revolution 1789 entgeht Pierre Teilhard de Rochecharles-Beaurepaire nur knapp der Guillotine. 1816 erhält dieser von Ludwig XVIII. für sein Geschlecht einen zweiten Adelsbrief. Sein Sohn Pierre Cirice Teilhard heiratet 1841 eine Victoire Barron de Chardin. Zwei Namen, zwei Familien und zwei Wappen verbinden sich: das der Teilhards, auf goldenem Feld ein grüner Lindenbaum, rot entflammt, mit drei goldenen Sternen im blauen Himmel; und das der Chardins, auf blauem Feld mit vier goldenen Kugeln zwei goldene Delphine, die sich den Rücken zukehren.

Von den zwei Söhnen, die aus dieser Verbindung hervorgehen, wird der eine, Joseph, Mitglied der Société de Géographie von Paris. Der andere, Alexandre-Victor-Emmanuel, geboren 1844, ist Gutsherr von Sarcenat, das die Familie 1820 erworben hat, und ständiger Sekretär der Akademie der Wissenschaft, Literatur und Künste von Clermont-Ferrand. Das vierte Kind, das diesem 1881 geboren wird, ist Pierre.

Pierres Vater, einsfünfundneunzig groß, von stattlichem Aussehen, mit hellen Augen und gallischem Schnurrbart, schüchtert die Kinder ein durch sein Schweigen. Seine seltenen Worte sind getränkt mit Gutmütigkeit und Humor. Mit patriarchalischer Strenge bewirtschaftet er mehrere über die Auvergne verstreute Güter. »Gern hätte ich Papa hier gehabt und ihm den Anblick eines ägyptischen Hofes gegönnt«, schreibt Pierre am 1. Januar 1908 von einer Exkursion nach Oberägypten an seine Eltern: »Brave Fellachen, die ins Büro des Herrn kamen und Piaster ablieferten oder empfingen, wie das auch in Papas Kabinett üblich ist.« Zur Weiterbildung und Unterhaltung liest Pierres Vater eine renommierte Zeitschrift aus England: ›The Field, The English Country Gentleman's Newspaper‹. Darin findet sich das Neueste und Wichtigstes über seine Lieblingsthemen Ackerbau, Pferderennen und Jagd. Pierre macht sich am 30. September 1919 in seinem Tagebuch typisch Teilhardsche Gedanken über die Jagdleidenschaft, die er persönlich nicht teilt: »Alpinismus und Jagd sind nicht völlig ins Leere gehende Anstrengungen: die eine wie die andere zielen, ohne daß sie ein besonderes ›opus‹ hinterlassen, darauf, den Geist für den Kult des Universums zu wecken: erobern und dienen.«

Als ausgebildeter Archivar interessiert sich der Vater jedoch vor allem für die Historie. Ihr widmet er die meiste Zeit in den Archiven der Heimat und in seinem Arbeitszimmer, das für die Kinder tabu ist. Sein Ruf gründet sich auf eine ausgezeichnete Ausbildung. Als Zweitbester seines Jahrgangs hat er die »Ecole des Chartes« in Paris absolviert, die 1821 unter Ludwig XVIII. zur Zeit der Restauration und romantischen Erneuerung der Geschichtsforschung gegründet worden ist. Zahlreiche Studien des Vaters zur lokalen und allgemeinen Geschichte sind teils veröffentlicht, teils befinden sie sich noch in den Archiven.

Einen Triumph als Historiker und Archivar erlebt Emmanuel, als er den bis jetzt einzigen mit »Jehanne« signierten Brief der Jeanne d'Arc entdeckt. In ihm bittet sie 1429 die Räte von Riom bei Clermont um Unterstützung in ihrem Kampf für den französischen König. Jeanne d'Arc bleibt auch noch für die Generation von Pierre Teilhard die Gestalt, an der sich die Geister scheiden: Für die Konservativen ist sie das Symbol eines von Gott gesegneten, katholischen und starken Frankreich; für die Freidenker, Liberalen und Sozialisten muß sie entmythologisiert werden, damit der Weg frei wird für ein aufgeklärtes, fortschrittliches Frankreich. Pierre wird die Leidenschaft der Jeanne d'Arc teilen, doch nicht für das Vaterland, sondern für den Kosmos. Am Himmelfahrtstag 1919 notiert er: »Der Zorn gegen die, die den Kosmos begrenzen, die verbieten wollen, etwas jenseits des sogenannten ›gesunden Menschenverstandes‹ zu suchen . . . Jeanne d'Arc hat ihre Liebe zu Gott in Frankreich inkarniert – hat Gott durch Frankreich hindurch geliebt: ich will nur dasselbe in bezug auf den Kosmos.«

Wie der übrige Landadel ist auch Emmanuel Teilhard bis in die achtziger Jahre Monarchist (Legitimist). In der monarchistischen Restauration erblickt man das Heil, in der Republik die Verkörperung aller Irrlehren. Pius IX. hat sie 1864 im Syllabus verurteilt, einer Zusammenstellung von achtzig der hauptsächlichsten Irrtümer unserer Zeit: Pantheismus, Naturalismus, Rationalismus, Indifferentismus, Liberalismus, Sozialismus, das Staatskirchentum. Gehorsam gegen die päpstliche Autorität, die auf dem I. Vatikanischen Konzil 1870 durch die Definition der Unfehlbarkeit des Papstes noch gestärkt worden ist, gehört zum Leitbild Emmanuel Teilhards. Er muß deshalb umdenken, als Leo XIII., seit 1878 neuer Papst, die französischen Bischöfe und Gläubigen zur Anerkennung der demokratischen Regierungsform drängt. Noch mehr: in der Enzyklika ›Inter multiplices sollicitudines‹ ruft er auf zum »Ralliement«, zur Mitarbeit in der modernen Gesellschaft. Emmanuel Teilhard gehorcht und löst sich von der Partei des bourbonischen Thronanwärters, des Grafen von Chambord. Für diesen hat der Präsident MacMahon, unterstützt von der Kirche, 1877 noch einen erfolglosen Staatsstreich versucht. Die Antwort der bedrohten Republikaner ist ein scharfer Antiklerikalismus, den noch Pierre zu spüren bekommt: 1901 muß er als junger Jesuit Frankreich verlassen und setzt seine Studien auf der englischen Kanalinsel Jersey fort.

Vater Emmanuel engagiert sich auch im »Gemeinderat« des Dorfes Orcines, zu dem Sarcenat gehört. »Trotz aller damit verbundenen Unannehmlichkeit gratuliere ich Papa, daß er seinen ›Sitz‹ in Orcines behalten hat. Was die Zerwürfnisse zwischen Leuten derselben Partei anbelangt, so glaube ich wohl, daß der Orient das auserwählte Land dafür ist. Im Augenblick liegen die Kopten einander in den Haaren, und in den letzten Tagen mußte der Patriarch nach Rom vorgeladen werden; glücklicherweise scheint Pius X. ein ganzer Mann zu sein, der die Dinge unverzüglich wieder ins Lot bringen wird.« Pierres Brief vom 19. Mai 1908 zeigt die typische Situation des politischen Katholizismus: Zerrissenheit, die Rom beseitigen soll, wodurch die Autorität des Papstes noch weiter wächst, so daß nichts mehr ohne Rom »läuft«.

Angeregt durch die Enzykliken ›Sapientiae christianae‹ (1890) und ›Rerum novarum‹ (1891), befaßt sich der Großgrundbesitzer Emmanuel Teilhard auch mit der Arbeiterfrage. Er schreibt eine Studie über den paternalistischen Sozialismus des Grafen Albert de Mun. Um der Not der Arbeiter abzuhelfen und das Feld nicht den Sozialisten zu überlassen, hat dieser am Vorabend der Pariser Commune 1871 die »Cercles catholiques d'ouvriers« gegründet.

Pierre Teilhard wird trotz zögernder Bejahung der Demokratie in den zwanziger Jahren seine elitäre Einstellung gegenüber den Massen nur schwer überwinden: »Meiner Tendenz nach bin ich demokratisch«, heißt es noch im Tagebuch vom 14. Februar 1920, »aber nicht aus Sympathie für die Individuen des einfachen Volkes (die mich eher instinktiv abstoßen), sondern aus dem Glauben und der Achtung für den Wert des ›Ganzen‹, für seine Reserven, seine Zukunft, seine relative Unfehlbarkeit, dort voranzuschreiten, wo es notwendig ist.« Pierre wird sich auf die »Unfehlbarkeit« des Volkes berufen, um die »Unfehlbarkeit« konservativer Päpste und reaktionärer kirchlicher Kreise in Frage zu stellen.

Einen beträchtlichen Teil seiner Zeit widmet Emmanuel Teilhard dem Unterricht seiner Kinder. Beim Vater lernt Pierre Rechnen, Latein, Griechisch und die Anlage naturwissenschaftlicher Sammlungen mit Pflanzen, Käfern, Schmetterlingen, Vögeln und Steinen, bei seiner Mutter den Katechismus und Lesen, bei dem deutschsprachigen Kinderfräulein dessen Muttersprache. »Ich interessierte mich vor allem für die Mineralogie und die biologische Beobachtung«, erzählt Pierre später. »Ich liebte es, den Lauf der Wolken zu verfolgen, und ich kannte die Sterne bei ihrem Namen.« Zur Landwirtschaft und Geschichte zeigt der Sohn dann auch wenig Neigung. »Es ist eine meiner Lücken als Autodidakt, daß ich von der Geschichte und ihren Quellen viel zu wenig weiß«, schreibt er 1917 von der Front.

Mit einer Offenheit, die auch seinen Sohn Pierre auszeichnet, notiert Emmanuel Teilhard 1924 gegen Ende seines Lebens in sein Tagebuch: Langeweile habe er wie jeder Mensch gekannt, aber die nach Bossuet den Grund des Lebens ausmachende »unerhörte Langeweile ist für mich ein leeres Wort ohne Sinn«. Dadurch unterscheidet sich Emmanuel von vielen seiner Standesgenossen in der zweiten Hälfte des 19. Jahrhunderts und noch bis zum Ersten Weltkrieg. Die Leere, die durch die politische und wirtschaftliche Ohnmacht des Landadels im Gefolge von Republik und industriellem Großkapital entstanden ist, können nur wenige sinnvoll ausfüllen.

Am 11. Februar 1932 stirbt Emmanuel Teilhard de Chardin im Alter von sechsundachtzig Jahren. Einen Tag später kehrt der Sohn Pierre von der »Gelben Kreuzfahrt« durch Asien nach Peking zurück. Wenn er darüber am 20. März 1932 an Léontine Zanta schreibt, die Expedition habe seine Kenntnisse von Asien verdoppelt, »und Sie wissen ja: Diese fachliche Seite der Dinge gehört zu den wesentlichen Bereichen meiner Aktivität. Ist die Leidenschaft zu forschen und zu wissen nicht eine der lebendigsten Ausdrucksformen der Religion und der Mystik?«, – dann verdankt er diese Leidenschaft seinem Vater. »Durch meinen Vater habe ich seit der Kindheit den Geschmack der Dinge kennengelernt und das Gefühl für den Stempel der Zeit auf ihnen. Ja, ich verdanke viel meinem Vater: eine gewisse fundamentale Ausgeglichenheit, auf der alles übrige aufgebaut ist, und einige bestimmte Anregungen mit einem besonderen Hang zu den exakten Wissenschaften.«

Als Intellektueller, der durch die Jesuitenausbildung und die Auseinandersetzung mit der modernen Geisteswelt dem Landleben immer mehr entfremdet wird, entwickelt Pierre eine nostalgische Anhänglichkeit an seine Familie und ihr Milieu. Im Sommer 1919, nachdem er den Roman ›Dominique‹ von Fromentin gelesen hat, schreibt er von der Kanalinsel Jersey, wo er die ›Hymne an die Materie‹ verfaßt und sich im Kreis befreundeter Jesuiten von den Enttäuschungen durch das Pariser katholische Milieu erholt und auf seine weiteren naturwissenschaftlichen Examina an der Sorbonne in Paris vorbereitet, an seine Cousine Marguerite: »*Dominique* hat mich wegen der Beschreibung des Provinz- und Landlebens interessiert (es war das Leben unserer Großeltern und sogar das unserer Eltern), das wir flüchtig gesehen haben und nach dem wir, glaube ich, stets eine recht eigenartige Sehnsucht haben werden.«

Trotzdem bleibt Pierre hellsichtig für die Gefahren der Provinzialität, die er auch in seiner Heimat und seiner Familie kennengelernt hat: »Es macht die Engstirnigkeit und häufig die Ungerechtigkeit unserer Theologen und Philosophen aus, daß sie nie die zahllosen ›Möglichkeiten‹ des Universums und der menschlichen Seele erfahren haben. Ihre Welt ist ein ›Dorf‹«, heißt es am 9. Januar 1920 im Tagebuch. »Die Sicht des Wirklichen würde sie befreien – und würde ihnen einen ganz anderen *umgreifenden* Christus kundtun als den ihren.«

2 Das Herz der Welt

> Ein Funke mußte auf mich fallen, um das Feuer zu entzünden. Dieser Funke kam zweifellos durch meine Mutter.

Pierres Mutter, Berthe-Adèle de Dompierre d'Hornoy, wird 1853 als fünftes von sechs Kindern des Marineoffiziers Albéric und seiner Frau Julie Fiévet geboren. Die Picardie im Norden Frankreichs, das Schloß de Fourdrinoy an der Somme, ist ihre Heimat. »Gleichen das Schloß und seine mildtätigen Herren nicht den Schlössern und Schloßherren, die wir um uns gekannt haben?«, schreibt Pierre aus der Heimat seiner Mutter, wo er als Bahrenträger im Kriegseinsatz ist, Heiligabend 1915 an seine Cousine Marguerite. »Du wirst begreifen, wenn ich Dir sage, daß es für mich in manchen Augenblicken etwas bitter ist, wenn ich nach einem kurzen Zusammensein mit einer Schloßbesitzerin, die die Erinnerung an Mama weckt ..., wieder unter meine gewöhnlichen und lauten Männer falle.«

Der Großvater seiner Mutter mütterlicherseits, Louis Fiévet, spielt bei der Erneuerung des Katholizismus in der beginnenden Restauration eine wichtige Rolle: »Der Heilige von Lille« wird er genannt. Zusammen mit seinem Freund Vrau gründet er »La Maison de la Bonne Presse«: das Zeitalter der Massenproduktion von Zeitungen und Büchern im Dienst der Weltanschauungen kündigt sich an.

Pierres Mutter wird, ähnlich wie schon ihr Großvater in Lille, vom Hausgesinde, den Tagelöhnern und Bauern von Orcines oder Luzillat, nahe dem Feriensitz Murol, »die Heilige« genannt. Fünf Jahre Klostererziehung haben sie geprägt. Mit zwölf Jahren kommt sie in das Pensionat du Sacré-Cœur der Kongregation der »Damen vom Heiligsten Herzen Jesu«, eine Gründung der Madeleine-Sophie Barat in der Spiritualität und unter der Leitung der Jesuiten. Zwei leibliche Schwestern der Mutter, Adèle und Louise, sind Ordensfrauen bei den Damen du Sacré-Cœur. »Ich fand Tante Louise immer die gleiche, sehr heilig, und sie erinnerte mich stark an Mama«, schreibt Pierre 1918 von einem Besuch in Paris.

Dem Herzen Jesu weiht Pierres Mutter ihre Familie. Sie sorgt dafür, daß sich die ganze Hausgemeinschaft, die Familie und das Gesinde, jeden Abend zum Gebet versammelt. Im Juni, dem Herz-Jesu-Monat, betet der Vater vor einem großen Herz-Jesu-Bild die Litanei vor: »Herz Jesu, mit dem Worte Gottes wesenhaft vereinigt«, »Herz Jesu, das alle Schätze der Weisheit und Wissenschaft in sich schließt«, »Herz Jesu, Sehnsucht der ewigen Hügel«. Geheimnisvolle Anrufungen, die das Herz des jungen Pierre erzittern lassen. Einen Nachhall davon spürt man in einer Notiz aus dem Ersten Weltkrieg: »Die Konsistenz des Universums kommt einzig von Christus. Wenn man die Ursache seiner Dauer und seiner Solidität sucht, gibt sie uns die Heilige Schrift mit Gewißheit in den Eigenschaften, die sie dem inkarnierten Wort zuschreibt und die die Kirche so wunderbar in den Litaneien des Heiligsten Herzens gesammelt hat.«

Der religiöse Eifer der Mutter beschränkt sich nicht auf die Familie. Im Sommer steht sie sonntags bald nach Mitternacht auf, stillt das jüngste ihrer Kinder und läuft die drei Kilometer von Schloß Sarcenat in die Kirche nach Orcines, wo der Pfarrer um drei Uhr fünfzig seine erste Messe liest. Gegen sieben Uhr kehrt sie heim, während ihr Haus langsam erwacht. Alle zwei Monate lädt sie die Frauen von Orcines oder Luzillat für fünfzehn Uhr in den Eßsaal von Sarcenat oder des Sommersitzes Murol ein: dreißig bis fünfzig kommen, die sie nach Franz von Sales ihre »Philotheas« nennt, sprechen sich aus, erhalten von der Schloßherrin praktische Ratschläge, werden von ihr hingeführt zur Verehrung des Herzens Jesu. Zu dem Zweck bestellt sie regelmäßig Prediger in die Kirchen der beiden Pfarreien, vor allem Jesuiten. In den Wintermonaten besucht sie von der Stadtwohnung in Clermont-Ferrand aus Arme und Kranke.

Der Tod von sieben ihrer elf Kinder, die meisten sterben im Erwachsenenalter, kann ihren Glauben nicht erschüttern. Sie strebt nach Vollkommenheit unter Anleitung berühmter Bücher des geistlichen Lebens wie ›Die Praxis der christlichen Vollkommenheit‹ des spanischen Jesuiten Rodriguez oder ›Meditationen über die Geheimnisse unseres heiligen Glaubens‹ von dem französischen Jesuiten Dupont, Bücher, die Pierre als Novize der Jesuiten auch lesen wird.

Am 7. Februar 1936 stirbt die Mutter friedlich und ohne Schmerzen im Alter von dreiundachtzig Jahren. Pierre befindet sich in Asien. »Der Gott meiner Mutter«, schreibt er 1950, »war für mich wie für sie vor allem: das inkarnierte Wort. Meiner Mutter verdanke ich die optimistische Weltanschauung, die meine Karriere als Forscher getragen hat.«

3 Vorfahre Voltaire

> Ich fühle mich von Blitzen der Revolte durchdrungen.

Die kirchliche Frömmigkeit der Mutter Pierres steht in deutlichem Gegensatz zu einem ihrer Ahnen: François-Marie Arouet, genannt Voltaire. Eine Schwester Voltaires, Marie-Catherine Arouet, heiratet 1709 François Mignot, deren Tochter Marie-Elisabeth 1737 einen Gaspard de Dompierre de Fontaine ehelicht. Ihr Sohn Alexandre de Dompierre d'Hornoy (Hornoy nach einem Schloß bei Amiens) ist Präsident der Chambre des Enquêtes beim Parlament von Paris. Er stirbt 1828. Sein Sohn Victor aus der Ehe mit der Tochter eines Staatsrats M. de Savalette ist der Großvater von Berthe Teilhard de Chardin, Pierres Mutter.

»In gewissen Augenblicken«, schreibt Pierre 1926 aus dem Exil in China an seinen Freund Valensin, »habe ich so sehr den

Eindruck, in der ›katholischen‹ Atmosphäre zu ersticken, fühle ich das Gewicht der leibhaftigen Kirche so schwer auf meinem Geist lasten, daß ich mich von Blitzen der Revolte durchdrungen fühle, als verlängere sich in mir auf seltsame Weise der Geist meines Großonkels Voltaire (ich bete oft für ihn).« So wenig Pierre Teilhard zu verstehen ist ohne die mystische Tradition Frankreichs, so wenig ist er es ohne die Tradition der antikirchlichen, antiklerikalen Aufklärung. Als deren Fürst gilt schon den Zeitgenossen Voltaire.

Newton, der das Funktionieren des Weltalls ohne unmittelbares Eingreifen Gottes lehrt, und Locke, der nicht durch Offenbarung und Dogmen, sondern durch Vernunft und Erfahrungswissen die göttlichen Gesetze erkennen möchte, sind nicht nur die Lehrer Voltaires: ihre Probleme beschäftigen auch Teilhard. Wie Locke kämpft Voltaire leidenschaftlich gegen die Intoleranz von Kirche und Staat; um Toleranz bittet Teilhard sein Leben lang vergeblich. Wie Voltaire mit der politischen Zensur, muß sich Teilhard mit der kirchlichen herumschlagen. Wie Voltaire die Verbannung, kennt Teilhard das Exil. Aus China schreibt er am 31. Dezember 1926 an seinen Freund Valensin in dem gleichen Brief, in dem er den revoltierenden Geist Voltaires erwähnt: »Meinen Sie, es wäre unmöglich, daß ich eines Tages nach Rom gehe (nicht mit dem Strick um den Hals), um zu versuchen, den zuständigen Stellen verständlich zu machen, zu welcher Art von Verkündigung ich mich gedrängt fühle und auf welche Weise ich die Sprache von Leuten (vielleicht zu gut ...) zu verstehen und zu sprechen trachte, die uns ebenso fern und noch interessanter sind als die Chinesen? Wenn man mich doch zu ihnen sprechen ließe. Aber auch in dieser Angelegenheit gibt es einen Ritenstreit, einen Streit um Worte, aufgeworfen von solchen Leuten, die nichts vom wahren Sinn der Auseinandersetzung verstehen. – Ich wollte dennoch gerne in Rom irgend etwas versuchen – um deutlich zu machen, was ich sehe.«

Daß Voltaire die Kirche als intolerante Institution gehaßt hat, dafür hat Teilhard aus eigener Erfahrung Verständnis. Notiert er doch am 23. Oktober 1919 über den Haß, der aus enttäuschter Liebe entspringt: »Die Einstellung von jemandem analysieren, der aus der Kirche aus Liebe zu ihr herausginge, um ihr gegenüber die Rolle des äußeren Ferments, des ›bösen‹ Ferments zu spielen, ohne das die Wahrheit anscheinend nicht auskommen kann.«

Noch etwas hat Teilhard mit Voltaire gemeinsam, und es ist wahrlich nichts Äußerliches: Von Voltaire sind mehr als zwanzigtausend Briefe erhalten, Teilhards zahlreiche Briefwechsel haben seinen Ruhm begründet. Beide verstehen sich als Gewissen ihrer Zeit, und sie vergewissern sich dessen durch regen Kontakt mit ihren Zeitgenossen.

4 Im Schatten der Vulkane

> Ich war ein von der Auvergne geformter kleiner Junge.

In der Auvergne, dem Herzen des französischen Zentralmassivs, das unmerklich aus den Plateaulandschaften des Pariser Beckens gegen Südosten aufsteigt, erhebt sich westlich von Clermont-Ferrand die Kette der Monts Dômes. An die sechzig erloschene Vulkankegel erstrecken sich auf eine Länge von dreißig Kilometern von Norden nach Süden, überragt vom Puy de Dôme, dessen anderthalbtausend Meter hoher Gipfel den Blick freigibt auf eine einzigartige Mondlandschaft.

Wenn an klaren Tagen die Sonne untergeht, wirft der Puy de Dôme seinen Schatten zuerst auf das etwa achthundert Meter hoch gelegene Plateau von Orcines an der Flanke des Berges, dann auf das vierhundert Meter tiefer und sieben Kilometer weiter östlich auf einer Anhöhe über der fruchtbaren Limagne gelegene Clermont-Ferrand, die Hauptstadt der Auvergne. Die Türme der Kathedrale aus dunklem Vulkangestein überragen weithin die Altstadt.

Unweit des Dorfes Orcines liegt der Landsitz Sarcenat. Eine Allee führt durch einen kleinen englischen Park mit Fichten und alten Akazien auf das Haupthaus aus dem 17. Jahrhundert zu: Ein kleines Schloß Louis XIII., das im Laufe der Zeit repariert und vergrößert wurde, mit Schiefer- und Ziegeldach, asymmetrischen Giebeln, einem flankierenden Rundturm mit spitzem Dach, dahinter ein Hof mit Stallgebäuden. Nach Osten hin von Gärten und Wiesen, nach Westen von einem Wald umschlossen, der sich mit uralten Buchen und Eichen südlich in ein enges Tal zwängt, liegt Pierre Teilhards Geburtshaus im Schatten der Vulkane. »Mit etwa acht Jahren bin ich gemeinsam mit meiner Schwester Guite ausgezogen, einen Vulkan zu entdecken. Nachdem wir die benachbarten Wälder durchsucht hatten, wurden wir zwei oder drei Kilometer vom Hause entfernt wiedergefunden.«

Pierres Erinnerungen an die Auvergne werden mit den Jahren und den Entfernungen nicht schwächer. Von einer Expedition in die Mongolei im Jahre 1927 schreibt er an seine Cousine Marguerite Teillard-Chambon, die Spielgefährtin seiner Kindheit: »Weitchang ist ein äußerst romantisches Land und erinnert in vieler Hinsicht stark an die Haute-Auvergne. Stell Dir ein riesiges Hochplateau aus Basalt vor, mittlere Höhe 1800 Meter, übersät mit kleinen Stückchen Wald (Tannen und Bambus) und im übrigen bedeckt mit wunderbaren Birnbäumen ... Wo wir lagerten, gab es keine lebende Seele, so weit das Auge blickte. Im Wald leben Hirsche, Rehe, Auerhähne. An den kahlen Stellen trifft man einige Gazellen. Aber besonders die Flora ist wundervoll und erinnert, mit einigen Varianten, ganz stark an die Flora unserer Wälder und Wiesen in der Auvergne: Teppiche von gelben und roten Lilien, scharlachrote Primeln, Rhabarber mit weißem Helmbusch, große, einfache Pfingstrosen, ›Frauenschuh‹ mit nußgroßen Blüten, zahllose Schwertlilien!«

Teilhard als Biologe und Mineraloge ist ein Kind der Auvergne: »Die Auvergne ist mein erstes naturgeschichtliches Museum und mein Naturschutzgebiet. In Sarcenat habe ich die Freuden des Entdeckens gekostet ... Ich glaube, die Auvergne hat mir die Freude an der Natur vermittelt. Sie hat mir meine kostbarsten Schätze geschenkt: eine Sammlung von Kieseln und Steinen.«

Auch der Naturphilosoph und Mystiker Teilhard steht im Schatten der Vulkane. Läßt man vom beherrschenden Vulkankegel des Puy de Dôme die Kette der anderen Kegel im Süden und Norden auf sich wirken, wundert man sich nicht, wenn

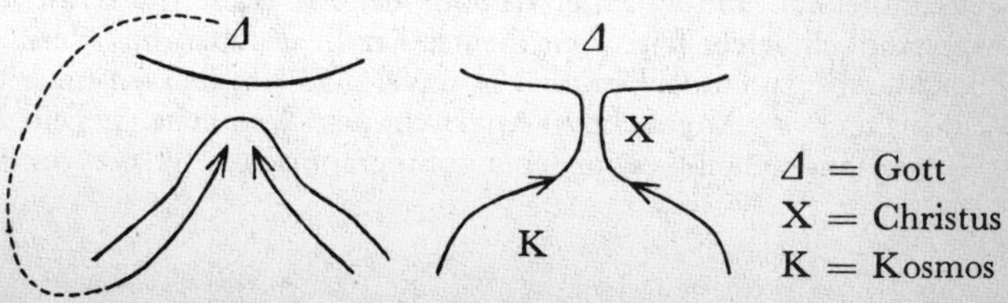

man in Teilhards Tagebüchern bei den zahlreichen Skizzen über das Verhältnis von Gott und Welt immer wieder auf die Grundfigur des Kegels stößt, wie das Beispiel auf Seite 19 zeigt. Aus dem dazugehörigen Text vom 10. Januar 1920: *»Die Richtung des Schöpfertuns* = immer ›von unten her‹ (= Anziehung ...) ›sursum – versus‹. – Das formelle Tun unseres Herrn besteht darin, den Kontakt herzustellen – indem auch er von unten ausgeht. Und jetzt ist er der einzige und universelle *›Stiel‹ (pedunculus),* durch den *alles einen Ausgang* ins *Göttliche* hat. (Immer jedoch um nichts weniger in derselben Richtung).« Unbewußt ist Teilhards Vorstellungswelt von der heimatlichen Vulkanlandschaft geprägt.

Doch damit nicht genug. Durchwandert man die sanften Hänge und Mulden der Monts Dômes, die von Ginster, Heidekraut und Farnen bewachsen sind und auf denen Schafherden weiden, und erblickt man die gleichmäßig gewölbten, oft mit einem wulstigen Kraterrand gekrönten Erhebungen der Vulkane aus der Ferne oder steigt man in ihre weiten, geschwungenen Öffnungen hinab, dann kann man sich der weiblichen Anziehungskraft dieser Landschaft nicht entziehen. »Was mich während eines ganzen Lebens unwiderstehlich – auch auf Kosten der Paläontologie – zum Studium der großen eruptiven Landmassen und der kontinentalen Sockel führte«, schreibt Teilhard 1950 in ›Das Herz der Materie‹, »war in Wirklichkeit nichts anderes als ein unstillbares Bedürfnis, den Kontakt (ein Kontakt der Vereinigung) aufrechtzuerhalten mit einer Art universeller Wurzel oder Gebärmutter der Seienden.« Bei dieser Mutter Erde, die für Pierre ganz im Einklang mit seiner leiblichen Mutter und der Jungfrau Maria steht, deren Wallfahrtsorte sich in der Auvergne häufen, fühlt er sich so geborgen, daß die Frau als Geliebte und als »das Ewig-Weibliche«, wie der Titel seiner hymnischen Dichtung aus dem Jahre 1918 lautet, erst spät in sein Bewußtsein tritt. Dann aber mit der Kraft einer Offenbarung. Ihm wird plötzlich bewußt, was die Welt im Inneren zusammenhält und worin er als Sohn der Auvergne wie selbstverständlich gelebt hat: »Seit meiner Kindheit dabei, das Herz der Materie zu entdecken, war es unvermeidlich, daß ich mich eines Tages von Angesicht zu Angesicht dem Weiblichen gegenüber befand«, heißt es in der autobiographischen Skizze von 1950.

5 Der Ruf der Materie

> Für diejenigen, deren Kindheit erfüllt war, bleibt immer die Zuflucht, in die Erinnerung zurückzukehren.

Das erste Zeichen aus der Kindheit, an das sich Teilhard erinnert: Der Fünf- oder Sechsjährige ist »konsterniert«, als eine seiner Locken beim Haareschneiden ins Kaminfeuer fällt und mit üblem Geruch verbrennt. »Die physisch-chemische Unbeständigkeit der organischen Substanzen im allgemeinen und des menschlichen Körpers im besonderen« habe sein »Bedürfnis nach Konsistenz« gefühlsmäßig gestört, kommentiert Teilhard rückblickend. Der durch die Mutter eingeübte Kult »des kleinen Jesus« wird durch dieses Erlebnis in Mitleidenschaft gezogen. Pierre mißtraut einem göttlichen Kind, das menschliche Dimensionen hat und vergänglich ist. So begibt er sich auf die Suche nach einem neuen, stabileren Gott.

Als er sechs oder sieben Jahre alt ist, hat er seinen göttlichen Schatz beisammen: in Sarcenat einen eisernen Schraubenschlüssel und von dem nahe gelegenen Truppenübungsplatz am Fuß des Puy Pariou möglichst große Granatsplitter; in der winterlichen Stadtwohnung in Clermont einen sechseckigen Schraubenkopf. »Warum gerade das Eisen? – und warum, noch genauer gesagt, solch ein Eisenstück? (Es mußte möglichst dick und massiv sein!) Doch wohl nur deshalb, weil für meine kindliche Erfahrung nichts auf der Welt härter, schwerer, dauerhafter, haltbarer war als diese wunderbare Substanz ... Die *Konsistenz* – das war für mich das grundlegende Attribut alles Seins.«

Pierres Frömmigkeit hält sich äußerlich zwar in dem von der Mutter vorgegebenen Rahmen: er liebt »den kleinen Jesus«, aber sein wahres Ich betet einen anderen Gott an: den des Eisens. So übt er sich früh darin, unter den konventionellen Formen ein eigenes Leben zu führen, den gebräuchlichen Zeichen seine persönliche Bedeutung zu geben. Erst später erkennt er dankbar: Indem er seinem Instinkt und seiner Erfahrung folgt, gerät er nicht in Widerspruch zu den Zeichen, sondern entdeckt eine neue Dimension ihrer Bedeutung: neben der kirchlichen die kosmische, die letztlich von Jesus gemeinte. »Manchmal habe ich Angst«, vertraut Teilhard am 27. April 1916 seinem

Front-Tagebuch an, »wenn ich sehe, wie sehr ich außerhalb der Masse der Katholiken urteile, empfinde, denke ... die nicht über eine religiöse Bekundung, ein vom Munde eines Generals gepflücktes katholisches Wort hinaus sehen ..., die sich nicht *für den Fortschritt der Welt* interessieren, da *ihre Aufmerksamkeit einzig der Kapelle gilt* ... Jesus, weite die Ideen Deiner Gläubigen (... oder aber korrigiere die meinen!), – damit sie nicht unmenschlich werden, indem sie Christen werden! damit sie ihre wesentliche Aufgabe spüren! damit sie lieben! damit sie Dich nicht von der Welt trennen, *Herr, der Du Dich in sie inkarniert hast!*«

Doch noch ist Pierre weit von dieser Synthese zwischen dem Jesuskind und dem »Eisengott«, noch klafft zwischen der Welt der Menschen und der des unvergänglichen Stoffes eine Kluft. Während andere Kinder ihr Gefühl für einen Menschen, für die Kunst oder die Religion entdecken, fühlt sich Pierre unwiderstehlich angezogen von der unveränderlichen Materie. Ihre Beständigkeit ist sein ganzes Glück. »Bis heute – und bis zu meinem Ende, das spüre ich – hat dieser Primat des Unveränderlichen, das heißt des Unumstößlichen, nicht aufgehört und wird auch niemals aufhören. Unwiderruflich ist meine Neigung für das Notwendige, für das Allgemeine, für das ›Natürliche‹ – im Gegensatz zu dem Zufälligen, dem Willkürlichen, dem Gekünstelten. Diese meine Veranlagung hat, wie man sehen wird, meinen Blick für die überragende Bedeutung des Individuellen und Menschlichen lange Zeit verdunkelt.«

Mit der Zeit muß der kleine Pierre jedoch feststellen: auch das Eisen hält der Probe der Unvergänglichkeit nicht stand, es rostet. Wieder macht er sich auf die Suche nach dem, was er anbeten kann, ohne enttäuscht zu werden. Das Feuer fasziniert ihn, die blau züngelnden Flammen auf den Scheiten im Kamin des Salons – »so immateriell, so ungreifbar und rein zugleich« –, später Teilhards Symbol für die evolutive Energie der Materie. Doch jetzt erfüllt es nicht Pierres Bedürfnis nach handfester Konsistenz. Was er sucht, findet er schließlich in der Vulkanlandschaft seiner Heimat, die durchsichtigen und prächtig gefärbten Quarzkristalle: Amethyste mit gläsernem, violettem Glanz, aus gehäuften sechsseitigen Säulen und mit pyramidalen Flächen an ihren Enden; vor allem aber die Chalcedone, deren feinkristalline Substanz, je nach Beimengung anders gefärbt, dem künftigen Geologen und Paläontologen schon Lageanordnungen zu erkennen gibt. Den Steinen gilt fortan Pierres Liebe. Selbst Pflanzen und Tiere faszinieren ihn später am meisten in versteinertem Zustand, als Fossilien. »Andere würden es recht traurig finden«, schreibt er am 22. Dezember 1906 aus Ägypten an seine Eltern, »auf halbem Weg nach Luxor umkehren zu müssen; aber rund um Minia befinden sich wenig bekannte Kalkmassive, in denen ich Fossilien zu finden hoffe.«

Dieser Übergang vom Eisenstück zum Quarzkristall ist bezeichnend für die spirituelle Entwicklung Pierre Teilhards: es ist der Überstieg zur Natur, zur Welt, zum Planetarischen, zum Universellen. Teilhards Bestreben wird es ein Leben lang sein, dem »kleinen Jesus«, an dem er festhält, jene kosmische Dimension zu geben, die sein schon als Kind verspürtes Verlangen nach Konsistenz befriedigt.

6 La Grande Grille

> Von der Welt und selbst dem Jahrhundert abgeschlossen, lebte meine Familie in patriarchalischer Einfachheit.

Nach dem Niedergang der gesellschaftlichen Beziehungen des Ancien régime durch die revolutionären Umstürze des 18. und 19. Jahrhunderts entwickelt sich die Familie mehr und mehr zu einer geschlossenen Gesellschaft. Von Pierres Mutter ist bekannt, daß sie sich um die Konventionen »der Welt« nicht kümmert und sich vorwiegend im religiösen Milieu ihrer Erziehung bewegt. Der Vater achtet streng darauf, daß sich seine zahlreiche Familie selbst genügt. Die Kontakte mit der Verwandtschaft werden auf wenige beschränkt. Cousins und Cousinen, deren Einfluß auf die eigenen Kinder nicht erwünscht ist, werden umsichtig gemieden. »La Grande Grille«, das große Klostergitter, nennen die Verwandten halb spöttisch, halb ärgerlich das Haus der Teilhards in Clermont, wo diese die Wintermonate verbringen.

Eine der wenigen Ausnahmen macht die Familie Cirice Teillard-Chambon, die in dem alten Montferrand das Hôtel Fontfreyde in der Rue Jules-Guesde bewohnt. Die Teilhards, deren Stadthaus aus dem 18. Jahrhundert sich im alten Clermont am Place de Michel-de-l'Hopital befindet – es ist inzwischen einem häßlichen Neubau gewichen –, sind häufig Gäste bei den Teillard-Chambons und diese bei ihnen.

»Meine älteste Erinnerung?« schreibt die älteste der Teillard-Kinder, Marguerite, seit dem Ersten Weltkrieg Pierres Briefpartnerin: »Die an einen kleinen Jungen [Pierre] – er mochte vier oder fünf Jahre alt sein – auf einem Kostümball für Kinder, den meine Eltern in unserem Haus in Clermont gaben, einem alten Hôtel des 17. Jahrhunderts ... Diese alten Hôtels [vornehme Privathäuser] mit ihren höhlenartigen Eingängen, ihren weiten, feuchten und kalten Treppenhäusern, ihren hohen, dunklen Räumen umgaben unsere Kindheit mit Strenge. Aber nichts vermochte unsere Spiele zu beeinträchtigen, die lärmenden bei den ›schrecklichen Jungen‹ Albéric, Pierre, Gabriel, Joseph; die braveren bei den Mädchen Françoise, Bernadette, zwei Marias, zwei Marguerites ... Man traf sich nach der Vesper in der Kirche des Carmes ... Hin und wieder glaubte man, sie das Zimmer stürmen zu sehen: lautes Türenklopfen, ein Kriegsgeschrei, das ich niemals identifizieren konnte, machte uns zittern. Es hatte etwas Geheimnisvolles an sich. Wenn ihre Bande manchmal Erfolg hatte und eine von uns durch Überraschung erwischte, bedeutete das Ziehen an den Zöpfen und Tränen. Ein gutes Vesperbrot mit Konfitüre und Orangen schien die Truppe wieder zur Vernunft zu bringen.«

Kirchgang und Kriegsspiel der Kinder spiegeln Charakter und Geschichte Clermont-Ferrands. Die Doppelstadt entsteht 1630, als Ludwig XIII. zum Dank für die Treue gegenüber seinem Vorgänger Heinrich IV. der alten Bischofsresidenz Clermont erlaubt, sich den Grafensitz Montferrand einzuverleiben. Vor allem die Kirchen geben der Altstadt Clermonts ihr Gepräge, das die Teilhards in ihrer Frömmigkeit bestärkt. Winters täglich gegen sieben Uhr in der Frühe eilen Monsieur und Madame Teilhard durch die noch dämmerigen Straßen zur romanischen Basilika Notre-Dame-du-Port, zu deren Pfarrei sie in Clermont gehören. Nach der Messe steigen sie hinab in die von Kerzen erhellte und mit Votivtafeln angefüllte Krypta, um vor der »Schwarzen Madonna«, der Notre-Dame-Souterraine, für ihre Kinder zu beten.

»Ich habe für Sie alle innig zu N.-D.-du-Port gebetet«, schreibt Pierre am 19. Mai 1908 aus Ägypten an seine Eltern und im Hinblick auf seine schwer erkrankte Schwester: »Wenn N.-D.-du-Port nur Guiguite ihre Beine wiedergeben könnte.«

Ebenso wie von der traditionellen Herz-Jesu-Verehrung, die Teilhard ins Kosmische erweitern wird, ist er geprägt von einer noch älteren Marienfrömmigkeit. Sie wird er weiter entwickeln zum Kult des »Ewig-Weiblichen«, der geheimnisvollen Mitte zwischen Gott und Welt, in der sich beide vereinigen: »Zwischen Gott und die Erde gesetzt als ein Bereich der gemeinsamen Anziehung«, läßt Teilhard 1918 das Ewig-Weibliche in dem gleichnamigen Hymnus sprechen, »lasse ich den Einen auf den anderen zukommen, voller Leidenschaft, bis sich in mir die Begegnung ereignet, in der sich das Wachstum und die Fülle Christi durch die Jahrhunderte hindurch vollenden. Ich bin die Kirche, die Braut Jesu. Ich bin die Jungfrau Maria, die Mutter aller Menschen.«

7 Landsmann Pascal

> In einer Welt, die zum Kloster geworden ist, wird die Gottesliebe verschwinden.

Wenn Pierre Teilhard an klaren Tagen die Rue des Gras zur Kathedrale von Clermont-Ferrand, in deren Nähe sich Pascals Geburtshaus befindet, hinaufsteigt und gelegentlich zurückblickt, sieht er hinter dem hoch aufragenden Puy de Dôme die Sonne glühend untergehen. Ist es dieser Ausblick, der den fünfundvierzigjährigen Pascal veranlaßt, am 19. September 1648 durch seinen Schwager auf dem Puy de Dôme den Versuch über die Abhängigkeit des Luftdrucks von der Höhe durchführen zu lassen, wozu Descartes Blaise Pascal ein Jahr zuvor in Paris überredet haben will?

1653 zieht Pascal die Summe der Erkenntnis aus diesen Experimenten: »Und jetzt versuche man, wenn möglich anders als durch den Luftdruck, zu erklären, warum die Hebekraft einer auf dem Puy-de-Dôme in der Auvergne befindlichen Saugpumpe um ein Viertel geringer ist als bei einer in Dieppe (an der Kanalküste) ... Daß doch alle Schüler des Aristoteles sämtliche Stellen aus den Schriften ihres Meisters und seiner Kommentatoren, die Überzeugungskraft besitzen, zusammensuchten, um diese Erscheinung mittels des horror vacui zu erklären, wenn sie es können; wenn nicht, dann mögen sie einsehen, daß in der Physik die Experimente die wahren Meister sind, bei denen man in die Lehre gehen muß.« Ähnlich wird noch Teilhard, zweihundertfünfzig Jahre nach Pascal, die Ergebnisse der Naturwissenschaften mühsam gegen die Autoritätsargumente der scholastischen Philosophie und Theologie zur Geltung bringen. »Die große Schwierigkeit in der Entwicklung des Dogmas liegt darin«, schreibt er am 16. Juli 1919 in sein Pariser Tagebuch, »daß die Theologen ihre Konzeptionen aufrechterhalten, ›gehe auch die Wahrscheinlichkeit und die Wissenschaft zugrunde‹, – ohne zu sehen, daß es wesentlich ist, in ihren Thesen die Wahrheit und ihre Aussageweise zu unterscheiden.«

Blaise Pascal, der berühmteste Sohn Clermont-Ferrands und der Auvergne, wird am 19. Juni 1623 am Ende der Rue des Gras unmittelbar neben der Kathedrale als Kind des Präsidenten des Obersteueramtes geboren.

»Wer könnte sagen«, schreibt Pierre Teilhard 1919 an seinen Freund Valensin, »wieviel unser mystisches Leben, und zwar das übernatürlichste, einem Platon, Leibniz, Pascal, Newton verdankt, und wieviel andern ... die jeder von uns in seinem Herzen nennen könnte.« Pierre denkt dabei vor allem an den Wissenschaftler Pascal, der zugleich ein Mystiker ist. Pascal hat die Bekehrung im »Jahr der Gnade 1654« in seinem ›Memorial‹ festgehalten, auf einem Zettel, den er in sein Rockfutter näht und immer bei sich trägt: »Feuer, Gott Abrahams, Gott Isaaks, Gott Jakobs, nicht der Philosophen und der Gelehrten. Gewißheit, Gewißheit, Empfinden. Freude, Friede. Gott Jesu Christi ...« Die Erfahrung des Göttlichen wie durch »Feuer« wird Teilhard mit Pascal teilen: »Nicht als einen Strahl, auch nicht als eine feingesponnene Materie, sondern als Feuer begehre ich dich und habe ich dich in der Intuition der ersten Begegnung erahnt ... Es ist geschehen. Das Feuer ist wie auf ein Brandopfer herabgestiegen. – Der Mystiker hat jetzt aufgehört, *nur er selbst* zu sein. Mit Leib und Seele ist er ein Teil des Göttlichen geworden. Und durch ihn wird von nun an wie durch einen heiligen Tag, der dem Universum aufgeht, Gott hindurchgehen und leuchten«, schreibt Teilhard 1917 in ›Der mystische Bereich‹.

Doch den Gegensatz zwischen dem Gott der christlichen Offenbarung und dem der Philosophen und Naturwissenschaftler, wie ihn Pascal als Philosoph und Theologe betont, wird Teilhard in seiner Person zu überwinden versuchen und damit auch den Gegensatz zwischen einer strikt übernatürlichen »jansenistischen« und einer bloß natürlichen »jesuitischen« Moral, wie ihn Pascal in seinen polemischen, gegen die Jesuiten gerichteten Briefen ›Les provinciales‹ beschworen hat. Teilhard lehnt den traditionellen Dualismus zwischen einer natürlichen und übernatürlichen Ordnung ab, sofern darunter getrennte Lebensbereiche verstanden werden. Für Teilhard ist die Welt, in der wir leben, die von übernatürlichen Kräften durchdrungene »Natur«. »Wer möchte all das voraussehen«, heißt es in dem oben erwähnten Brief an Valensin, »was die menschliche Seele tatsächlich noch imstande ist, an natürlichen, unmittelbar übernatürlich gewordenen Kräften zu erlangen in dem Maße, als sie sich zum Beispiel ihrer Solidarität mit dem Universum und den spirituellen, noch unerforschten Regionen, die der ›Einmütigkeit‹ der Geister versprochen sind, noch vollkommener bewußt wird? – Wer möchte behaupten, daß die Gottesliebe ohne menschlichen Schwung und Kampf im Herzen einer Welt, die zu einem Kloster geworden ist, nicht verschwindet!«

Noch ahnt der kleine Pierre nichts von seinem lebenslangen Ringen mit Pascal. Indem er ihn überwindet, wird er in Gegensatz geraten zur Kirche und einer scholastischen Theologie, die noch immer Pascals Dualismus verhaftet ist. Die Spur dieses Kampfes liegt auf Teilhards Antlitz, als der Tod ihn erlöst. Als Pierres langjähriger Gefährte in China und Freund Pater Leroy am 13. April 1955 dem zuständigen Ordensprovinzial in Lyon den Tod Teilhards aus New York mitteilt, gebraucht er die Wendung: »Sein Profil ließ mich seltsamerweise an Pascal denken.«

> Das erinnert mich an die Zeit, wo ich in den breiten Alleen von Mongré exerzieren mußte.

Bei den Teilhards, die, von den Wintermonaten abgesehen, auf ihren Landsitzen leben, ist es auch aus Gründen der Entfernung zur nächsten höheren Schule Brauch, die Kinder in ein Internat zu geben: die Mädchen zu den Ursulinen in dem nahen Clermont-Ferrand, die Jungen zu den Jesuiten nach dem zweihundert Kilometer östlich von Clermont nahe Lyon gelegenen Villefranche-sur-Saône in das Kolleg Notre-Dame-de-Mongré. Ein Verwandter der Teilhards, Pater Henri Rochette de Lempdes (1834–1906), ist einige Zeit Rektor des Kollegs. Erst 1852 gegründet, hat es bereits eine bewegte Geschichte hinter sich, in der sich die Geschichte der Jesuiten des 19. Jahrhunderts spiegelt. Diese Geschichte zeigt das wechselvolle Verhältnis der französischen Gesellschaft und ihres Staates zur römischen Kirche: ein Spannungsverhältnis, das auch die zweite Hälfte des 19. Jahrhunderts bestimmt und sich noch im 20. Jahrhundert bis über den Zweiten Weltkrieg hinaus auswirkt. Pierre Teilhards Mentalität ist tief davon geprägt.

Im April 1892 wird Pierre elfjährig in die Quinta des Jesuitenkollegs von Mongré aufgenommen. Die folgenden sechs Jahre ist er ein ausgezeichneter Schüler. Bei der jährlich stattfindenden »feierlichen Preisverteilung« am Schuljahrsende Anfang August ist er immer dabei, wie den Tafeln mit den Namen der Preisträger in den Korridoren des Kollegs zu entnehmen ist.

Der Fächerkanon, wie er aus den Preistafeln ersichtlich ist, steht noch in der Tradition der Bildungsziele, wie sie die Jesuiten in der Gegenreformation durchgesetzt haben: formvollendete Sprachpflege und Rhetorik dominieren. Die Kunst der Gesprächsführung und der guten Manieren, die in den feudalen und großbürgerlichen Salons als Kriterium für die »culture générale« bis heute geschätzt sind, finden in Pierre Teilhard einen begabten Schüler. Er wird in den Salons von Paris, Peking und New York den honnête homme verkörpern, der durch seine Kunst der rationalen Darlegung (raison), seine Selbstbeherrschung (générosité) und sein feinfühliges Empfinden (finesse) einem französischen Gesellschaftsideal entspricht, das im Laufe der Jahrhunderte durch die Jesuiten mitgeprägt worden ist.

Daß sich Pierre Teilhard in Geschichte und Geographie kaum auszeichnet, mag der unbewußte Versuch einer Distanzierung gegenüber seinem Vater, dem Historiker, sein. Mangelndes Interesse für historische Zusammenhänge wird eine Schwäche Pierres bleiben, zur Geographie gewinnt er durch seine späteren Reisen ein praktisches Verhältnis.

Die Disziplin in Mongré ist militärisch streng, die Tagesordnung bis ins Kleinste geregelt. Nach dem Wecken und Waschen verlassen die Schüler unter Stillschweigen ihre spartanischen Schlafsäle und nehmen nach Abteilungen geordnet ihre Plätze in der Kapelle ein. Der Besuch der täglichen Messe ist selbstverständliche Pflicht.

Aus der Barockzeit geblieben ist jedoch die Vorliebe für festliche Gottesdienste an den Sonntagen und den zahlreichen Festen des liturgischen Kalenders, ergänzt durch die Feste zu Ehren der bis dahin über neunzig Heiligen und Seligen, meist Märtyrern, aus dem Jesuitenorden. Die musikalische und künstlerische Gestaltung der Feste liegt in den Händen eines Laien, des Monsieur Désiré Walter, von 1881 bis 1940 Organist und Sakristan des Kollegs. Wie Albert Schweitzer von Geburt Elsässer und tief gläubig, möchte Walter durch seine Musik die Jungen von der Schönheit und Herrlichkeit Gottes überzeugen. Er verkörpert »die heiligen Traditionen des Kollegs«, heißt es in seinem Nachruf, »die Pflege des edelsten religiösen Gefühls, der glühenden Frömmigkeit, des Patriotismus, der Ehre und der Hingabe.«

Wenn sich Pierre Teilhard auch nicht selbst musikalisch betätigt hat, empfänglich für die inneren Bewegungen, die durch Kunst, vor allem Musik und Dichtung ausgelöst werden können, ist er sicher schon in Mongré. Das Urteil, das er seiner Cousine 1916 von der Front schreibt, verrät Erfahrungen, die bis auf Mongré zurückreichen: »Deine Beobachtung über die Rolle der Musik und der Dichtungskunst ist *sehr richtig*. Jene Künste reißen uns nicht ausschließlich zum pantheistischen und heidnischen Erguß hin. Sie spornen die Seele nur *ganz allgemein* an, das Schönste und das Größte zu suchen: sie *machen sie empfänglich* dem All gegenüber, sie ›kosmisieren‹ sie, wenn man so sagen kann, indem sie entweder bewirken, daß sie sich im niedrigen Nirwana verliert oder daß sie sich leidenschaftlich dem großen Streben nach höheren Sphären verbindet.«

Nach der täglichen Messe nehmen die Schüler – weiterhin unter Stillschweigen – in den Speisesälen das übliche, nicht üppige Frühstück ein und begeben sich dann in ihre Klassen zum Unterricht. Als Lehrer fungieren neben den Jesuitenpatres, die ihre Ausbildung bereits abgeschlossen haben, auch Jesuitenscholastiker. Sie absolvieren zwischen ihrem Philosophie- und Theologiestudium, im »Interstiz«, zwei bis drei Jahre lang ein pädagogisches Praktikum als Lehrer oder als Internatspräfekten, wobei sie für die Disziplin einer Abteilung verantwortlich sind. Teilhard wird diese Zeit später in Kairo als Physiklehrer verbringen.

Aber auch in Wissen und Glauben erprobte Laien, meist Angehörige der von den Jesuiten inspirierten und geleiteten Kongregationen, sind als Lehrer oder Präfekten tätig. Manchmal sind sie beides in einer Person wie Monsieur Pasquier, der von 1894 bis 1926 in Mongré als Deutsch- und Geschichtslehrer sowie als Präfekt für das Gesamtkolleg tätig ist und sich wie Monsieur Walter große Verdienste um das Kolleg erwirbt. Der Geist, in dem unterrichtet wird, spricht deutlich aus dem Nachruf auf Monsieur Pasquier, der im Geschichtsunterricht »seine ganze Seele einsetzte, um euch die wohltätige Rolle der Kirche und des Papsttums in den menschlichen Gesellschaften zu zeigen, um euch darin zu bestärken, daß die Weisheit darin besteht, ihre Direktiven anzunehmen und zu befolgen, irrige Meinungen gewisser Handbücher zurückzuweisen, alle Ereignisse der Geschichte aus christlicher Perspektive zu beurteilen.« Zweifel an der Richtigkeit dieser Geschichtsdarstellung kommen Pierre Teilhard erst viel später, so in einer Tagebucheintragung vom 19. Februar 1916 an der Front: »Sozialer Pharisäismus, der Anspruch, die ganze Wahrheit und die ganze Nächstenliebe zu monopolisieren, Faulheit und Unbrauchbarkeit im Kampf für den Fortschritt ..., lauter Fehler, die (durch eine natürliche Verirrung oder Perversion) die *Inhaber der Wahrheit* befallen, wie der Mehltau die Reben und der Rost den Weizen angreift.«

Die Hauptmahlzeit nach dem Unterricht entspricht den Ansprüchen der feudalen oder großbürgerlichen Gesellschaft, aus der die Zöglinge in der Regel kommen; an den zahlreichen Festtagen übertrifft die Speisenfolge an Zahl und Qualität diesen Standard noch und setzt barocke Tradition der Jesuiten fort.

Die Nachmittage sind geteilt in die Zeit des Studiums in den Studiersälen und in die Spielzeiten. Diese finden bei gutem Wetter nach Abteilungen getrennt in den verschiedenen Höfen und

Parks des weitläufigen Kollegsgeländes statt, bei schlechtem Wetter in den Rekreationssälen mit ihren Spielgeräten und Büchern – alles immer unter Aufsicht der Präfekten.

Gymnastik, Schuluniform, paramilitärische Übungen an zweirädrigen Karren, längere Märsche und Wallfahrten, wobei sich nach einer Tagebuchaufzeichnung Teilhards vom 16. Februar 1916 »die Begriffe Katholizismus, Zivilisation, Vaterland, Märtyrer, Rechtfertigung, Heldentum miteinander vermischen«, geben den kirchlichen Kollegien gegen Ende des 19. Jahrhunderts einen Kasernenhofstil, der den Angehörigen und Zöglingen der Compagnie de Jésus des ehemaligen Ritters und späteren »Ordensgenerals« Ignatius von Loyola nicht schwerfällt. Der Offiziersstand steht den jungen Adeligen und Großbürgersöhnen als Stand der noblesse, in dem man Gott und dem Vaterland zugleich dient, wie selbstverständlich vor Augen.

Unter den berühmtesten der ehemaligen Schüler von Mongré finden sich von 1852–1952 fünf Generäle, ein Admiral und zwei Obersten, jedoch nur ein Kardinal und ein Bischof (Piguet von Clermont). Ein Mitschüler Teilhards, der General René Ract-Madoux, hebt an Teilhard die Tugenden hervor, die aus ihm auch einen guten Offizier gemacht hätten: »Einfach ein guter Kamerad, arbeitsam, mit einem hohen Pflichtbewußtsein, von beispielhafter Führung und großer Frömmigkeit: der junge Teilhard war ein Musterschüler, der von seinen Kameraden sehr geschätzt wurde.«

Außer Pierre Teilhard gehört der die »Nouvelle Théologie« mitbegründende Henri de Lubac, Pierres späterer Vertrauter im Orden, Autor und Herausgeber mehrerer Teilhard betreffender Werke, zu den bekannteren Jesuiten, die aus Mongré hervorgegangen sind. Von Oktober 1914 bis ins folgende Trimester sind Antoine Saint-Exupéry und sein Bruder François in Mongré, bevor sie in das Internat der Maristen in Fribourg in der Schweiz kommen.

Vor oder nach dem Abendessen findet in der Regel noch eine Andacht in der Kapelle oder auch in den von Kreuzgängen klösterlich eingefaßten Innenhöfen an den Statuen der Jugendheiligen Aloisius und Stanislaus oder im Park an den Marienstandbildern statt, zu Ehren des Heiligsten Herzens Jesu, der Allerseligsten Jungfrau Marie, zum Heiligen Joseph, zu den vielen Heiligen des Kirchenjahres. Die Schüler werden mit dem Rosenkranzgebet, mit Weihegebeten und Novenen, neuntägigen Andachten zur Erlangung bestimmter Tugenden, vertraut gemacht.

Höhepunkte der religiösen Unterweisung sind die nach Altersstufen unterschiedlich angelegten mehrtägigen Exerzitien am Schuljahrsende mit ihrem Rhythmus von Vortrag und stiller Betrachtung der Geheimnisse des Lebens Jesu. Jede Meditation mündet in die bohrende Frage: Was bedeutet das für mich, für mein gegenwärtiges und zukünftiges Leben? So wie der Exerzitiensaal in Mongré mit den großflächigen Gemälden der Jesuitenheiligen zugleich die barocke, mit Standbildern von Racine und Corneille geschmückte Bühne beherbergt, auf der im Laufe des Schuljahrs klassische und erbauliche Stücke aufgeführt werden, so lernen die Schüler in den jährlichen Exerzitien sich selbst als Figuren in dem großen Welttheater Gottes sehen, in dem es darauf ankommt, die von Gott zugedachte Rolle zu erkennen und anzunehmen.

9 Vor dem großen Entschluß

> Es scheint, daß der gute Gott mir anbietet,
> die Welt zu verlassen.

Zunächst bleibt Pierre Teilhard auch in Mongré im Banne der Steine. Sie befriedigen sein elementares Bedürfnis nach dem Absoluten, das für ihn identisch ist mit Beständigkeit, mit »Konsistenz«, wie er später sagen wird. Jede neue und weitergehende Bewegung mit den Mysterien der römisch-katholischen Kirche zwingt ihn jedoch, für diese Partei zu ergreifen gegen die Steine oder eine Synthese zu versuchen, will er sich nicht als Heide oder Ketzer fühlen, als aus der Glaubensgemeinschaft, auf die im Kolleg alles ankommt, ausgeschlossen.

Eine Herausforderung dieser Art ist die Erste Heilige Kommunion, die er wenige Wochen nach seiner Ankunft, am 16. Mai 1892, dem Himmelfahrtstag, in Mongré empfängt. Zum erstenmal erlebt er die Prachtentfaltung der Jesuiten aus Anlaß eines Festes. Die Anwesenheit seines Vaters, mit dem Pierre die Leidenschaft für die Steine teilt, ist ihm eine große Hilfe. Trotzdem klingt es wie ein verzweifelter Hilferuf, wenn er sechs Wochen später an seine Eltern schreibt: »Falls die Leidenschaft für die Steine und vor allem für die alten Stücke nicht plötzlich wieder aufflammt, werde ich sie in den großen Ferien wieder entzünden, denn dazu habe ich noch mehr Feuer als zuvor.«

Die Photographien, die wir von Pierre Teilhard aus seinen Kollegsjahren kennen, zeigen ein verschlossenes, ernstes Gesicht, mit nach Innen oder in die Ferne gerichtetem Blick und leicht zusammengepreßten Lippen. Man sieht ihm an: es muß etwas ins Reine gebracht werden, große Entschlüsse stehen an. Wer kann ihm helfen, etwa Pater Henri Bremond, einer seiner Lehrer, der spätere Autor des klassischen Werkes ›Literarische Geschichte des religiösen Empfindens in Frankreich‹ und seit 1924 Mitglied der Académie française? In den zwanziger Jahren schreibt Bremond über Pierre, der zwar schon als eigenständiger Forscher und Denker im Orden bekannt und verdächtig, aber noch keineswegs berühmt ist: »Vor dreißig Jahren hatte ich einen kleinen, sehr intelligenten Auvergnaten als Schüler in den humanistischen Fächern; er war in allem der Erste, doch war er von einer einen zur Verzweiflung bringenden Bravheit. Die Zurückhaltendsten und die Schwerfälligsten der Klasse wurden manchmal lebhaft; eine lebendigere Lektüre oder ein reizvolleres Thema als Aufgabe ließ in ihren Augen eine Flamme aufleuchten. Bei ihm niemals; ich habe erst sehr viel später das Geheimnis hinter dieser scheinbaren Gleichgültigkeit erfahren. Er hatte eine andere, fesselnde und zeitraubende Leidenschaft, die ihn fern von uns leben ließ: die Steine.« Diese Neigung zu den Naturwissenschaften und eine gewisse Unbegabtheit für die musischen Fächer sind mit der Grund, warum Pierre – im Gegensatz zu seinem Bruder Albéric – keinen freundschaftlichen Kontakt mit Pater Bremond aufnimmt. Ohne Verständnis für die tiefere Bedeutung, die Pierres Leidenschaft für die Steine hat, kommt Pater Bremond als Seelenführer Pierres nicht in Frage.

Für diese Leidenschaft bleibt Pierre in Mongré ohnehin wenig Zeit und Gelegenheit. Gelegentliche Ausflüge mit dem Physiklehrer Pater Desribes in die nahen Berge des Beaujolais sind kein Ersatz für die Vulkane der Auvergne oder für die Ufer des Allier, der nahe dem Feriensitz Murol/Vialles prächtige Steine aus dem Steilufer spült und andere von weit her mit dem Hochwasser anschwemmt. In der Person des Paters Desribes sieht Pierre überzeugend verwirklicht, was ihm immer deutlicher als Lebensideal vorschwebt: Jesuit und Naturwissenschaftler zugleich zu sein, auf diese Weise die Synthese zwischen dem Herzen der Welt, dem Heiligsten Herzen Jesu, und dem in den Steinen greifbaren konsistenten Wesen dieser Welt zu versuchen. Der Naturwissenschaftler liegt ihm im Blut, ob er als Jesuit taugt, muß er erst noch erkunden.

So konzentriert er sich in den letzten Kollegsjahren darauf, ein vorbildliches Mitglied der Kongregation zu sein, jener Elitegruppen im Kolleg, in die nur aufgenommen wird, wer zu einem Mehr (das berühmte ignatianische »magis«) an religiösen Übungen, kirchlichem Geist und karitativer Betätigung bereit ist. In der Mittelstufe gehört Pierre der Kongregation vom heiligen Aloisius an, in der Oberstufe der Kongregation von der Unbefleckten Empfängnis Mariens. An deren Festtag, am 8. Dezember 1895, vollzieht er die für alle älteren Kongregationsmitglieder vorgesehene Weihe an die Jungfrau. Dieser Akt läßt die Berufswahl zwar noch offen, ist jedoch ein Zeichen für den Ernst des Sodalen, wie die Mitglieder der Kongregation heißen, sich, an welchem Platz im Leben auch immer, für die katholischen Belange einzusetzen.

Zwischen Oktober 1896, in dem Pierre zum Sekretär der Kongregation gewählt wird, und Juni 1897 treten seine Berufsüberlegungen in ein entscheidendes Stadium. In einem Brief vom 11. Oktober bittet er seine Schwester Guiguite (Marguerite), ihm ein kleines rotes Heft mit Exerzitieneintragungen zu schicken, zusammen mit einem kleinen Gebetstext, der sich unter ihren Gebeten der heiligen Gertrud befindet. Diese um 1300 im Kloster Helfta bei Eisleben verstorbene Benediktinerin erfuhr als sechsundzwanzigjährige Nonne in einer Vision ihre »Bekehrung«, brach ihre weltlichen Studien ab und lieferte sich bedingungslos dem Willen Gottes aus. Ihren Bericht darüber schließt sie mit dem Gebet (das Teilhard sich schicken läßt): »Du, mein Schöpfer und Erlöser, hast so meinen widerspenstigen Sinn unter Dein mildes Joch gebeugt. Von dieser Stunde an war meine Seele froh und im Frieden. Ich begann, ›dem Duft Deiner Salben nachzueilen‹, und bald erfuhr ich, daß das Joch Deiner Liebe, das mir vorher so unerträglich schien, mild und leicht ist.« Pierre ist offenbar im Stadium einer letzten, schmerzhaften Prüfung. Wie es die Exerzitien vorsehen, hat er sich jeweils während der jährlichen Übungen Aufzeichnungen über seine inneren Bewegungen, Einsichten und Gefühle gemacht, deren Bedeutung er im Hinblick auf seine Berufswahl nun zu erkennen sucht.

Aus den Protokollen, die er als Sekretär der Kongregation über verschiedene Veranstaltungen in diesen entscheidenden Monaten schreibt, geht hervor, daß er sich auch ein alltägliches Leben als Landedelmann oder im Dienste seines Vaterlandes als Offizier vorgestellt hat, in Berufen, die laut den Exerzitien ebenso Gottes Willen entsprechen und zur Heiligkeit führen können. »P. Bonnet, Professor der Philosophie, ... hat uns gezeigt, wie man ebensogut durch demütige Tugenden und durch die einfache Erfüllung der täglichen Pflichten zur Heiligkeit gelangen kann wie durch das Martyrium und durch die Wunder.« (8. November 1896) »Unser Präfekt, Pater Ch. Grognier ... hat uns einen sehr eigenständigen und doch treffenden Vortrag gehalten. ›Das beste Mittel, der heiligen Jungfrau Maria unsere Liebe zu zeigen ... ist, daran zu arbeiten, Männer der Pflicht, Christen zu werden. So können wir, wenn wir das Kolleg verlassen haben, nützlich dafür arbeiten, Frankreich auf den Weg zurückzuführen, den Gott ihm vorgezeichnet hat, es wieder christlich zu machen. Damit würden wir Maria eine der herrlichsten Blüten ihrer Krone wiedergeben, denn, wie es das alte Wort so schön sagt, *Regnum Galliae, Regnum Mariae.*‹« (6. Dezember 1896)

In den letzten Sätzen spiegelt sich die Erschütterung der französischen Gesellschaft durch die Dreyfus-Affäre, die zu einem für Frankreich fast selbstmörderischen Prestigekampf zwischen den Militärs, der Kirche und der politischen Rechten einerseits und den Intellektuellen, Freidenkern und der politischen Linken andererseits entartet. Doch ist es in Mongré nicht üblich, die Schüler, auch nicht der Abschlußklassen, genauer über die anstehenden politischen und sozialen Probleme zu unterrichten oder gar Parteinahmen zu provozieren, die der kirchlichen Stellungnahme widersprechen könnten.

Statt in politischen Diskussionen üben sich die Sodalen in der praktischen Nächstenliebe und besuchen in der Vorweihnachtszeit ein Altersheim. Pierre berichtet: »Das ergab eine richtige Karawane mit dem kleinen Harmonium an der Spitze, dann die Kuchen, der Tabak, der Likör und die Florette. Als wir ankamen, haben wir all das sofort den alten Männern gebracht, die über den ›Tropfen‹ und den Tabak begeistert waren. In der Krankenabteilung haben wir dasselbe getan. Dann haben wir alle möglichen Sachen gesungen, Kirchenlieder und die [Lieder der päpstlichen] Zuaven und sogar etwas Lustiges. Anschließend Fechten ... wir sind dann nach diesem schönen Nachmittag glücklich aufgebrochen, glücklich, wie unser ehemaliger Sekretär so richtig gesagt hat, weil wir andere glücklich gemacht haben.« (8. 12. 1896)

Doch das Glück, das Teilhard in diesen Monaten sucht, erschöpft sich nicht in dieser Erfahrung und auch nicht in anderen möglichen Glückserfahrungen, wie er sie 1943 in Peking skizziert: »Das Glück, in der Tiefe seiner selbst zu wachsen – an Kräften, an Empfindsamkeit, im Besitzen seiner selbst.« Pierre kennt es, aber es kann ihm wie den meisten Menschen nicht genügen. »Auch das Glück, sich miteinander zu verbinden, zwischen Körpern und Seelen, die geschaffen sind, einander zu ergänzen und sich zu vereinen«: der sechzehnjährige Pierre kennt die Liebe noch nicht, sie steht ihm bei der Berufswahl auch nicht im Wege. »Doch das Glück, in der Zukunft in einem Größeren als man selbst einzutauchen und sich zu verlieren ... Sich über das freuen, was über uns hinaus geht, über das, was wir weder sehen noch berühren können ...«: das scheint seinem Bedürfnis nach absoluter Hingabe an ein Absolutes, für das die Steine nur ein unzulängliches Symbol sind, am meisten zu entsprechen. So schreibt er am 4. Juni 1897 an seine Eltern: »Ihr seid vielleicht erstaunt, daß Ihr nicht schneller etwas von mir erhalten habt. Doch ich wollte, bevor ich Euch schreibe, erst noch ein wenig mit Pater Desribes sprechen. Ich möchte Euch zunächst sagen, daß nichts endgültig entschieden ist. Dennoch scheint mir, und das ist auch die Ansicht derer, die ich konsultiert habe, daß der gute Gott mir anbietet, die Welt zu verlassen. Ihr wißt gut, daß ich diesem Angebot entsprechen werde, sobald ich sicher bin, daß ich mich nicht täusche; andererseits weiß ich genau, daß ich von Euch keine Schwierigkeiten zu erwarten habe. Das Problem ist, daß Unser Herr mich klar spüren läßt, was er wünscht, und mir die nötige Großherzigkeit gibt.«

10 Im Schoß der Familie

> Wie sehr das Leben zählt, das Sie mir bis zu meinem achtzehnten Lebensjahr bereitet haben! Jene Zeit hat mir alles übrige erst möglich gemacht.

Nordöstlich des Zentralmassivs, zwischen Clermont-Ferrand und Vichy, liegt in einer fruchtbaren Ebene, Limagne genannt, nicht weit von dem Marktflecken Maringues in dem kleinen Weiler Vialles, der zur Gemeinde Luzillat gehört, der Landsitz »Murol« am Ufer des Allier. Der Sitz hat seinen Namen von der einst mächtigsten Familie d'Estaing, der er als Winterzuflucht diente, wenn es ihr auf ihrer neunhundert Meter hoch gelegenen Burg oberhalb des Ortes Murol mitten im Zentralmassiv zu kalt wurde.

»Murol« oder »Vialles«, jetzt im Besitz der Teilhards, ist für Pierre der Inbegriff von blühenden Wiesen und von Licht, das durch die hohen, fast immer geöffneten Fenster des Schlosses in die altehrwürdigen Räume fließt. »Vialles«, das sind Ferien: die Geschwister sind heimgekommen, die Familie ist beisammen, die ausgelassenen Spiele der Kleinen beginnen, die lang ersehnten Gespräche der Großen. »Vialles«, das ist auch die Stille des strömenden Allier und die Andacht der hochaufragenden Zeder im Park.

Der September dieses Jahres 1897 in »Murol« wird sich Pierre Teilhard unvergeßlich einprägen. Nachdem er vor einer Prüfungskommission in Clermont-Ferrand sein Baccalauréat ès lettres bestanden hat, das unserem humanistischen Abitur entspricht, und nachdem der Vater entschieden hat, daß er wegen schwerer Anämie und Untergewicht zunächst noch in der Familie bleiben und im nächsten Jahr bei Monsieur Croze in Clermont-Ferrand Mathematikunterricht nehmen und noch das naturwissenschaftliche Abitur machen soll – zum Eintritt bei den Jesuiten ist Pierre ohnehin noch zu jung –, ist Zeit und Muße genug, im geliebten »Murol«, im Schoß der Familie, im Gespräch mit Eltern und Geschwistern sich seiner Berufung deutlicher bewußt zu werden.

Hofft der Vater noch auf eine andere Berufswahl Pierres? Möchte er ihn, wenn er schon für die Landwirtschaft verloren ist, lieber als Universitätsprofessor der Geologie sehen? Albéric, der älteste der Söhne, hat sich für die Marineoffizierslaufbahn entschieden und als Zweitbester die Marineschule absolviert.

Und die Mutter? Von Sacré-Cœur-Schwestern, die ganz unter dem Einfluß der Jesuiten stehen, erzogen, mit vielen Jesuiten im Kontakt, ist sie als fromme Frau, deren Ideal das Kloster ist, glücklich über Pierres Berufung. Doch als Mutter wird sie nach Marielle, dem zweiten Kind, das jung gestorben ist, und nach Françoise, der älteren Schwester Teilhards, von der sie schon ahnt, daß auch sie ins Kloster gehen möchte, dann das dritte Kind, ihren Lieblingssohn, »verlieren« . . .

Wüßten die Eltern, daß Krankheit und Tod in den nächsten Jahren unter ihren Kindern reiche Ernte halten werden, sie hätten Pierres Berufung mit anderen Augen betrachtet: Am 27. September 1902 wird Albéric, der es schon mit fünfundzwanzig Jahren zum Schiffsoffizier und Attaché an der französischen Botschaft von Konstantinopel gebracht hat, in Sarcenat in den Armen seiner Schwester Françoise an Tuberkulose sterben. Françoise wird bald darauf, im April 1903, ihre Eltern verlassen und bei den »Kleinen Schwestern der Armen« in Paris eintreten, 1909 als Missionarin nach Shanghai gehen und dort am 7. Juni 1911, zweieinhalb Monate vor Pierres Priesterweihe in England, an den Schwarzen Pocken sterben. August 1904 wird die jüngste Tochter, Pierres kleine Schwester Marie-Louise, genannt »Loulou«, im Alter von dreizehn Jahren von einer Hirnhautentzündung dahingerafft. Bald nach Kriegsausbruch, am 12. November 1914, fällt der zweitjüngste Sohn Gonzague, gegen Kriegsende, am 3. Mai 1918, Pierres jüngerer Bruder Olivier, genannt »Yéyé«. Pierre wird auch seine Brüder Gabriel und Victor überleben. Victor stirbt 1934 an den Folgen eines Lungenschadens, den er sich durch Giftgas im Ersten Weltkrieg geholt hat; Gabriel 1941 nach mehrmonatiger Krankheit, nachdem er Anfang des Krieges als Luftwaffenoffizier eingezogen wurde. Pierres jüngere Schwester Marguerite-Marie, genannt »Guiguite«, wird von 1902 bis zu ihrem Tode 1936 durch die Pottsche Krankheit gelähmt und bettlägerig sein.

In den letzten Jahren seines Lebens wird Pierre von seinen Geschwistern nur noch seinen Bruder Joseph antreffen, wenn er in der Heimat ausruhen möchte. Joseph Teilhard de Chardin wird noch dem Comité Général angehören, das sich nach dem Tode seines Bruders Pierre 1955 um die Herausgabe seiner Schriften bemüht. Er stirbt 1978 auf seinem Besitz, Schloß »Les

Moulins« bei Neuville östlich von Clermont-Ferrand, wo Pierre 1948 ›Comment je vois‹ und 1950 ›Le Cœur de la Matière‹ verfaßt, seine beiden autobiographischen Schriften. Von einem solchen Aufenthalt in »Les Moulins« schreibt Pierre am 1. September 1949 an Rhoda de Terra: »Hier geht das Leben ereignislos weiter. Nichts besonders Aufregendes: doch dieses Land wirkt auf mich seltsam besänftigend. Am letzten Sonntag besuchten wir meine Schwägerin, nicht weit von hier am Allier. An diesem Ort verbrachte ich so viele glückliche Ferien, als ich ein Kind war; und jedes Mal, wenn ich dorthin komme, freue ich mich in einer seltsamen Weise an den Erinnerungen der alten Tage. Jugend!«

In diesem September 1897 wird er im Schoß der Familie besonders stark gespürt haben, was im obigen Brief mit den Worten »ereignislos« und »nichts besonders Aufregendes« anklingt und was er am 8. September 1950, nicht ohne eine gewisse Erleichterung darüber, daß ihm dieses Schicksal erspart geblieben ist, noch deutlicher ausdrückt: »Gestern kamen meine Schwägerin, ihr Sohn und die kleine Chantal (die Enkelin) zu einem kurzen Besuch vorbei zusammen mit einer ganzen Wagenladung ziemlich entfernter *Vettern* und *Cousinen* – sehr nette Leute, die einem aber schmerzhaft bewußt machen, wie sehr für viele Menschen das Leben vollständig ereignislos ist (sie scheinen sich dessen glücklicherweise nicht bewußt zu sein).«

Der junge Pierre jedoch ist sich dessen in diesen Septembertagen des Jahres 1897 sehr wohl bewußt. Trotz der Geborgenheit und des Glücks, die er im Schoß der Familie erfährt, drängt es ihn hinaus in die Welt, auch wenn sie für ihn einstweilen nur die Gestalt der Ausbildungshäuser der Jesuiten annimmt, deren Weltläufigkeit ihm jedoch bereits bekannt ist. Sarcenat, auch »Murol« und die übrigen Besitztümer seiner Familie, auch Clermont-Ferrand sind ihm zu eng, sind »à la campagne« oder »Provinz«.

Darüber wird Pierre in diesen Septembertagen 1897 und die übrige Zeit, die er noch in der Familie verbringen wird, vor allem mit seiner zwei Jahre älteren Schwester Françoise, genannt »Chouchou«, gesprochen haben. Daß er sie früher gelegentlich wegen ihrer autoritären Art halb spöttisch, halb verärgert »Mademoiselle J'Ordonne« (Fräulein Ich-befehle) genannt hat, ist vergessen. Er sieht, daß sie es nicht leicht hat, weil sie gegenüber den vielen jüngeren Geschwistern oft Mutterstelle einnehmen muß. Dabei ist sie alles andere als ein »Hausmütterchen«. Sie hat das Zeug zu einer Intellektuellen. Was Françoise besonders mit Pierre verbindet, seit er sich mit dem Gedanken trägt, Jesuit zu werden, ist ihre eigene Berufung. 1889, elfjährig, auf einer Wallfahrt mit ihrer Mutter zum Herz-Jesu-Heiligtum in Paray-le-Monial verspürt sie zum erstenmal den Ruf zum religiösen Leben als Ordensschwester. Sie weiß, daß sie als Stütze der Mutter lange warten muß, und vertraut sich mit der Zeit nur ihren Geschwistern Marguerite und Pierre an. Von einer Pilgerfahrt, die er noch von Mongré aus zur Kathedrale Notre-Dame-de-Fourvière in Lyon macht, schreibt er 1896 an »ma chère Françoise«: »Ich habe zur Heiligen Jungfrau und zum Heiligsten Herzen [Jesu] sehr für Dich und die Familie gebetet«, damit sich der Herzenswunsch der Schwester bald verwirklichen kann. Doch sie wird Pierre den Vortritt lassen, die Familie braucht sie noch. Das Warten und die Ungewißheit stürzen sie jedoch immer wieder in Zweifel. Die Intellektuelle in ihr rebelliert. Eines Tages sagt sie zu Pierre: »Auf zwei Dinge werde ich niemals verzichten: meine Bücher und meine Freiheit!« »Dann unterschreibst du dein Todesurteil«, gibt er zur Antwort, der von der Berufung der Schwester überzeugt ist und bereits weiß, daß bedingungslose Hingabe gefordert ist.

Françoise wird ihren Bruder später, während er schon im Orden ist, an Radikalität noch übertreffen. Mit Pascals Hilfe wird sie ihren intellektuellen Neigungen abschwören. Über die Wahl ihres Ordens sagt sie zu ihrer Schwester Marguerite: »Als unser Herr auf die Erde kam, wählte er als seine Freunde die Armen und die Unwissenden: ich will nicht heikler sein als er! Bei [den Damen von] ›Sacré-Cœur‹ oder bei den ›Helferinnen‹ [des Fegefeuers] wäre ich von Personen meines Milieus umgeben und hätte nicht genügend Opfer zu bringen.« So tritt sie bald nach dem Tod ihres Bruders Albéric 1903 in Paris bei der Kongregation der Kleinen Schwestern der Armen ein, die sich besonders der Altenpflege widmen. Das Blatt, auf dem sie nach einer Exerzitienanweisung des Ignatius von Loyola ihre Wahl begründet, hat als Motto ein Wort des Jesuitenpaters Olivaint, der 1871 während des Commune-Aufstandes in Paris zu Tode kommt und als Märtyrer verehrt wird: »Es braucht weniger Zeit als Mut, ein Heiliger zu werden.« Auch Pierre ist davon überzeugt und macht sich noch vor seiner Schwester auf den Weg.

11 Novize in Aix-en-Provence

> Das Verlangen nach dem Vollkommeneren hat meine Berufung zum Jesuiten bestimmt.

Begleitet von seiner Mutter, macht sich Pierre am 19. März 1899 auf nach Aix-en-Provence. Am folgenden Tag wird er als Kandidat in das dortige Noviziat der Gesellschaft Jesu der Jesuitenprovinz Lyon aufgenommen. »Heute ist der Passionssonntag, was mich, ebenso wie zweifellos Sie, in die Zeit vor acht Jahren zurückversetzt«, schreibt Pierre am 17. März 1907 aus Kairo an seine Eltern. »Dieser Monat März erinnert an so manchen Abschied, und am 7. März habe ich auch Albéric nicht vergessen. Er beschützt uns jetzt; Sie wissen, wie sehr wir beide, Françoise und ich, im Herzen stets mit der Familie vereint und wie glücklich wir über unser Los sind. Dies ist die schöne Seite all dieser Trennungen, und letztlich wird nur diese übrigbleiben; nur sind wir noch in einem Stadium, in dem man den Schmerz empfindet, und ich wünschte, er würde Ihnen durch unsere Liebe gelindert.«

Im Februar 1899 ist Pierre mit seinem Vater noch auf dem alten, selten besuchten Familiensitz Schloß Roquet bei Cantal in der Hoch-Auvergne gewesen. So wie er schon länger die Jagdausrüstung zurückgewiesen hat, die ihm der Vater schenken will, schließt er bei diesem Besuch demonstrativ sein vogelkundliches Notizbuch für immer, wie er meint, mit den Worten: »Alles ist vergänglich.« Ist er doch weiter auf der Suche nach dem Beständigen, dem Konsistenten. Diese Leidenschaft ist so stark geblieben die Jahre hindurch, daß er selbst bei den Pflanzen- und Tiersammlungen, die sein Vater ihn anzulegen lehrte, die haltbareren Exemplare den schöneren vorgezogen hat: »den wirklich zu delikaten Schmetterlingen die Käfer, je verhornter und robuster sie waren«, je ähnlicher den geliebten Steinen, schreibt er in ›Das Herz der Materie‹ 1950.

Als sich jetzt das Tor des alten Collège royal Bourbon in der Rue Lacépède, in dem das Noviziat untergebracht ist, hinter Pierre schließt, glaubt er sich seinem Ziel ein Stück näher: der vergänglichen Welt entronnen, der ewigen gewonnen.

Gut zwei Monate vor Teilhards Eintreffen in Aix, am 8. Januar 1899, erhält Maurice Blondel, der Verfasser des 1893 erschienenen und schon berühmten Werkes ›L'Action‹, einen Lehrstuhl für Philosophie an der Universität, den er als »Philosoph von Aix« bis zu seiner Pensionierung innehaben wird. Über seinen Schüler Auguste Valensin, der nach dem Lizentiat in Philosophie ein halbes Jahr später als Teilhard im Oktober 1899 in das Jesuitennoviziat eintritt und Pierres Freund wird, erfährt dieser erstmals von Blondels Versuch einer Synthese zwischen menschlichem Fortschrittsdenken und christlichem Glauben. »Es ist gut«, heißt es in der Einleitung zu ›L'Action‹, »dem Menschen alle Bedürfnisse des Lebens, die ganze verborgene Fülle seines Werkes vorzustellen, um in ihm, mit der Kraft der Bejahung und des Glaubens, den Mut zum Handeln wieder zu bekräftigen.«

Noch ahnt niemand, weder Blondel noch Teilhard, die sich während dieser Noviziatsjahre nicht begegnen, noch Auguste Valensin, wie sehr Teilhards späteres Wirken dem entspricht, was Blondel ersehnt. Erst zwanzig Jahre später, 1920, wird Teilhard Blondel persönlich in Aix aufsuchen. Er hat 1919 einen durch Valensin vermittelten Briefwechsel mit Blondel über die ersten Entwürfe seiner Weltschau geführt. Blondels Verhältnis zu Teilhard ist von da an durch Sympathie und Vorbehalte zugleich bestimmt. Blondel erzählt später gern: Jules Lachelier, der Kant in Frankreich bekannt gemacht hat, habe ihm einmal gesagt: »Wie gern möchte ich Darwin und die Bibel miteinander versöhnen!« Als Greis schreibt Blondel 1947 an Monsignore Bruno de Solages, den Rektor des Institut Catholique von Toulouse, der sich für Teilhard eingesetzt hat: »Wie sehr wäre Lachelier erleichtert gewesen, hätte er die Ergebnisse der Paläontologie und den heiteren Glauben von P. Teilhard de Chardin gekannt!«

Pierre und die anderen Kandidaten, die mit ihm die zweijährige Probezeit für die einstweilige Aufnahme in den Jesuitenorden beginnen, versuchen, sich radikal von der »Welt«, den Menschen und dem Zeitgeist zu trennen, um ein gefügiges Werkzeug in der Hand Gottes und des Ordens zu werden. Dem dient die Isolierung von der Außenwelt: es gibt keine Zeitungen, keine moderne Lektüre, keine privaten Ausgänge.

Die äußeren Maßnahmen sollen helfen, in den Geist der »Gesellschaft Jesu« einzuführen und auf die Gelübde der Armut, der Ehelosigkeit und des Gehorsams vorzubereiten, auf die Loslösung aus den natürlichen Bindungen an Eigentum, Familie und Eigenwillen. Pierre muß auf Besitz und Erbe verzichten.

Heimatbesuche sind nicht vorgesehen, Besuche im Noviziat bedürfen der Erlaubnis. Pierre wird angehalten, vierzehntägig an die Familie zu schreiben, was er wenigstens für die langen Jahre der Ausbildung gewissenhaft einhält. Dabei wird die abgehende Korrespondenz dem Oberen geöffnet abgeliefert, eintreffende zunächst von diesem geöffnet. In der Praxis, vor allem später, wird gerade diese Regel lax gehandhabt.

»Essen und Trinken, Kleidung, Schuhwerk und Bett« sollen nach der Regel so sein, »wie es Armen ansteht«. In Wirklichkeit ißt man seit langem großbürgerlich, und die zahlreichen kirchlichen Feste werden mit barockem Aufwand gefeiert. Das Ordenskleid besteht aus einer schwarzen Soutane, wie sie die Weltpriester tragen. Schlaf- und Aufenthaltsräume sind allen gemeinsam. Als besonderes »Experiment« gilt eine mehrtägige Betteltour zu zweit oder dritt von Tür zu Tür.

Den prompten Gehorsam, Kernstück jesuitischer Disziplin, lernt Pierre durch eine bis ins kleinste ausgearbeitete Tagesordnung, die er peinlich genau und pünktlich befolgt: Wecken, Morgengebet in der Kapelle, einstündiges Betrachtungsgebet auf dem Betschemel, Messe in der Kapelle, Reflexion auf die Betrachtung, Frühstück, Hausarbeiten, Einführung in die Ordenssatzung und -geschichte, Geistliche Lesung (›Nachfolge Christi‹ des Thomas von Kempen, Erbauungsbücher von Jesuiten), Gewissenserforschung, Mittagessen, gemeinsame Erholung, Rosenkranzgebet, Freizeit, Vortrags- und Vorleseübungen, Sprachunterricht, Abendbetrachtung, Abendandacht in der Kapelle, Abendessen, gemeinsame Erholung, Vorbereitung der Morgenbetrachtung, Gewissenserforschung, Abendgebet in der Kapelle, Nachtruhe.

Außer in den Erholungszeiten herrscht Stillschweigen, nur das unbedingt Notwendige wird gesprochen, nach Möglichkeit auf Latein, der Kirchen- und Ordenssprache, in der auch die Ordensregeln abgefaßt sind. An Fest- und Sonntagen ist die Tagesordnung gelockerter, der Donnerstag ist aus alter Kollegstradition »Villatag«: man wandert hinaus in ein dem Orden gehörendes Landhaus oder macht kleine Ausflüge, mindestens in Gruppen zu dritt, wobei einer als Oberer fungiert. Gewissenserforschung, Betrachtungszeiten und Messe sind auch an Erholungstagen unbedingt einzuhaltende geistliche Übungen.

Den Zusammenhang zwischen Pierres Küchendienst im Noviziat und seinem künftigen Ordensleben erläutert die Regel: »Wer sich in die Küche begibt, um dort Dienst zu tun oder dem

Koch zu helfen, muß diesem in großer Demut in allem gehorchen, was zu seinem Aufgabenbereich gehört, und ihm gegenüber stets den vollen Gehorsam beobachten. Wenn er nämlich diesem nicht vollkommen gehorcht, wird er, so glauben wir, auch gegenüber seinem Oberen nicht vollen Gehorsam wahren. Der wahre Gehorsam sieht nämlich nicht auf die Person, der man gehorcht, sondern auf den, um dessentwillen man gehorcht; denn wenn man allein um unseres Schöpfers und Herrn Willen gehorcht, dann gehorcht man in Wirklichkeit ihm selbst, dem Herrn aller.« Pierres Verlangen nach Konsistenz seines Lebens durch beständigen Kontakt mit Gott wird durch diese Interpretation des Ordensgehorsams auf vollkommene Weise erfüllt. Teilhard wird es später trotz vieler »Versuchungen« nicht fertigbringen, sich aus einem so verstandenen Gehorsam zu lösen. So schreibt er in einer schweren Krise an den Ordensgeneral Janssens am 12. Oktober 1951 nach Rom: »Ich erkenne völlig an, daß Rom seine Gründe haben mag zu meinen, meine Vision des Christentums in ihrer aktuellen Form sei verfrüht und unvollständig und würde infolgedessen gegenwärtig nicht ohne Unannehmlichkeiten verbreitet. Zu diesem wichtigen Punkt der Treue und der äußeren Folgsamkeit möchte ich Ihnen ausdrücklich bestätigen (und das ist tatsächlich der wesentliche Gegenstand dieses Briefes), daß ich trotz eines gewissen äußeren Scheins entschlossen bin, ein ›Kind des Gehorsams‹ zu bleiben.«

Die folgende Einschränkung in dem Brief – »offensichtlich kann ich (um den Preis einer inneren Katastrophe) nicht aufhören, für mich selbst zu forschen« – entspricht jedoch weniger dem Ordensideal, da sie den inneren Gehorsam verweigert.

Solche inneren Vorbehalte versucht der Orden durch die sogenannte »Gewissensrechenschaft« auszuräumen, der sich Pierre alle vier Wochen vor dem Novizenmeister unterzieht. Sie ist nicht identisch mit der Beichte, die wöchentlich vorgeschrieben ist und noch öfter empfohlen wird. Er wird die Gewissensrechenschaft zeit seines Lebens praktizieren, dem zuständigen Oberen oder, einer alten jesuitischen Tradition gemäß, auch vertrauten Kollegen gegenüber. Seine ›Lettres intimes‹ von 1919 bis 1955 an August Valensin, Henri de Lubac und André Ravier, der Pierres letzter Provinzialobere gewesen ist, sowie seine ›Lettres familières‹ an Pierre Leroy sind im Grunde solche Gewissensrechenschaften.

Auf die äußeren und inneren Konflikte, die durch den vollkommenen Gehorsam und die Offenlegung des Gewissensbereichs vorprogrammiert sind für den Fall, daß jemand sich wie später Teilhard im Gewissen verpflichtet fühlt, eine dem Orden nicht genehme »Wahrheit« zu vertreten, wird Pierre durch Hinweis auf die Nachfolge Christi vorbereitet: Pierre müsse sich fragen, »ob er entschlossen und bereit sei, solcherlei Unrecht, Verspottung und Schmähungen, wie sie nun einmal zur Tracht Christi unseres Herrn gehören, und was ihm sonst zugefügt wird, sei es von irgend jemand aus dem Haus oder der Gesellschaft (in der er gehorchen, sich verdemütigen und das ewige Leben erlangen will), sei es von jemand außerhalb der Gesellschaft, hinzunehmen und mit Gottes Gnade geduldig zu ertragen, ohne ihm Böses mit Bösem zu vergelten, vielmehr indem er ihm Böses mit Gutem beantwortet.« Pierre ist dazu bereit und wird sich sein Leben lang daran halten.

Daß diese zunächst theoretischen Sätze aus den Konstitutionen des Ordens, den Satzungen und Regeln des Ignatius von Loyola von Pierre verinnerlicht und zur Lebenshaltung werden, ist das Ergebnis der Ignatianischen Exerzitien, der »Geistlichen Übungen«, denen er sich unterzieht. Sie sind Pierre nicht völlig neu, er kennt sie aus dem Internat von Mongré. Doch da waren sie dem Fassungsvermögen der Schüler angepaßt. Auch jetzt beginnen die Novizen zunächst mit achttägigen, bevor sie im zweiten Jahr des Noviziats, wenn die Entscheidung der Zulassung zu den »ersten oder einfachen Gelübden« fällig wird, die »großen«, dreißigtägigen Exerzitien machen. Sie bilden den Höhepunkt des Noviziats, sind das »Experiment« schlechthin. Nur noch ein zweites Mal, im sogenannten »Terziat« nach Beendigung des gesamten Ordensstudiums, das in der Regel zehn bis fünfzehn Jahre dauert, vor den »letzten oder feierlichen Gelübden«, wird Pierre wieder »Große Exerzitien« machen: 1914 in Canterbury in England, unmittelbar vor seiner Rekrutierung, so daß er die »Feierlichen Gelübde« erst nach dem Krieg, am 26. Mai 1918, neunzehn Jahre nach seinem Eintritt, ablegen wird. »Kleine« achttägige Exerzitien wird Pierre nach dem Noviziat bis an sein Lebensende jährlich einmal machen, wie es die Ordensregel vorsieht: »Im übrigen ist das Haus sehr still«, schreibt er am 28. August 1950 an Rhoda de Terra aus Les Moulins, dem Schloß seines Bruders, wohin er sich von Paris zurückgezogen hat, »tatsächlich so still, daß ich kurzentschlossen meine Chance ergriff und mit meinen Exerzitien begann. Was, wie Sie wissen, bedeutet, daß ich eine Woche lang versuchen werde, mich auf die Gegenwart Gottes zu konzentrieren.«

Teilhard – das ist das Ergebnis der vierwöchigen Exerzitien – ist zum Eintritt in den Jesuitenorden bereit. An Stelle Jesu handelt nun die »Gesellschaft Jesu«. Auch sie hat gefunden, daß Pierre den Kriterien, die Ignatius für die Prüfung der Kandidaten aufgestellt hat, entspricht.

Teilhard bringt die äußeren und inneren Gaben in idealer Kombination mit. Deshalb darf er als Zeichen seiner Aufnahme in die »Gesellschaft Jesu« am 25. März 1901 die ersten einfachen Gelübde ablegen: »Beständige Armut, Keuschheit und Gehorsam in der Gesellschaft Jesu; und ich verspreche, in diese Gesellschaft einzutreten, um mein ganzes Leben in ihr zuzubringen, wobei ich alles so verstehe, wie es in den Satzungen dieser Gesellschaft gemeint ist.« Nach kirchen- und ordensrechtlicher Auslegung binden diese Gelübde Pierre bereits unwiderruflich an den Orden und sind deshalb »Ewige Gelübde«. Der Orden jedoch behält sich bis zur Ablegung der zweiten, feierlichen Gelübde am Ende der gesamten Ausbildungszeit vor, den jungen Jesuiten wieder zu entlassen, wenn er die in ihn gesetzten Erwartungen nicht erfüllt.

An seine Eltern schreibt Pierre am Tag seiner Aufnahme in den Orden: »Endlich bin ich Jesuit; ich habe nicht die Zeit, Euch heute sehr ausführlich zu schreiben, doch ich möchte Euch mein ganzes Glück sagen, endlich dem Heiligsten Herzen Jesu durch die Jungfrau Maria ganz zu eigen zu sein. Wenn ihr wüßtet, wie glücklich ich bin, mich endlich ganz und gar für immer an die Gesellschaft gebunden zu haben, vor allem zu dieser Zeit, in der man sie so sehr verfolgt. Ich habe heute viel für Euch gebetet, und gewiß wird der Herr all das nie vergessen, was Ihr getan habt, um meine Berufung zu erleichtern. Doch betet immer darum, daß ich mich dem gewachsen zeige, was der gütige Gott von mir verlangt.«

Der letzte Satz könnte bloß eine traditionelle Formel sein. Oder spürt Pierre, daß in ihm ein Konflikt angelegt ist, der sich durch eine spirituelle Anstrengung, wie sie das zweijährige Noviziat mit seinen dreißigtägigen Exerzitien darstellt, und auch durch einen Gewaltakt des guten Willens wie die Gelübde nicht aus der Welt schaffen läßt? Rückblickend schreibt er 1950 in ›Das Herz der Materie‹: »Aus struktureller Notwendigkeit – zwischen dem Gott von Oben und einer Art neuem Gott von Vorn – fand sich auf dem letzten Grund meiner Seele (und allgemeiner, davon bin ich überzeugt, auf dem letzten Grund einer jeden modernen Seele) ein Kampf angelegt durch die endgültige Koexistenz und die unaufhaltsame Annäherung des kosmischen und des christlichen Sinns in meinem Herzen. Die ersten Spuren dieses Gegensatzes finde ich im Laufe meiner Kollegsjahre [in Mongré] in meiner pathetischen Anstrengung, den (gewiß zu engen) Evangelismus der ›Nachfolge‹ [Christi des Thomas von Kempen], dessen Text meine morgendlichen Gebete nährte, mit meiner Anziehung durch die Natur zu versöhnen.« Das Noviziat ist zu einer solchen Versöhnung erst recht nicht geeignet, es tendiert eher dahin, durch den ihm eigenen »Evangelismus« den »Gott von Vorn« und den entsprechenden »kosmischen Sinn« als unchristlich aus Pierres Leben zu eliminieren. Hat Pierre dieser Lösung des Konflikts zunächst zugestimmt, kaum ahnend, daß er dadurch seiner eigentlichen Berufung untreu werden könnte?

12 Humanistisches Zwischenspiel

> Nach meiner Meinung muß es äußerst erholsam sein, einen Roman zu schreiben ... Unglücklicherweise fühle ich mich für diese Arbeit nicht viel mehr geschaffen als dafür, ein Instrument zu spielen oder Verse zu machen.

Als Teilhard im Frühjahr 1901 seine ersten Gelübde ablegt, befindet er sich schon seit einem halben Jahr nicht mehr in Aix-en-Provence, sondern in Laval-sur-Mayenne in der Provinz Maine, auf halbem Weg zwischen Paris und der Atlantikküste der Bretagne.

Die letzten Monate der Noviziatszeit lenkt der Orden den wachsenden Drang der Kandidaten, endlich etwas den Universitätsstudenten Vergleichbares zu leisten, in die Bahn des »Studienexperiments«. Dieses leitet vom Noviziat über ins »Juniorat«: in das je nach Vorbildung ein- bis zweijährige Studium der klassischen Sprachen Latein und Griechisch sowie der Literatur und Geschichte Frankreichs. Pierre liest Aischylos im Urtext, und es ist kaum vorstellbar, daß ihn da ›Prometheus‹ nicht fasziniert: Prometheus, der Anwalt eines »Gottes vor uns«, einer Vergöttlichung des Menschengeschlechts, wofür er die Rache des Zeus, des »Gottes von oben«, erfährt! Schon Tertullian sieht den »wahren Prometheus« in Christus, für Calderon ist Prometheus Sinnbild des edlen Strebens der Menschheit, für das 18. Jahrhundert der Inbegriff des schöpferischen Menschen. 1899 schreibt Andre Gide ›Le Prométhée mal enchaîné‹: Jeder Mensch trage »etwas Unerschlossenes« in sich, das es auszubrüten gelte und das mit der eigenen Lebenssubstanz genährt werden müsse: »Wenn ihr euren Adler nicht mit Liebe nährt, bleibt er grau, kläglich, allen unsichtbar und boshaft; diesen nennt man dann Gewissen; er ist unwürdig der Schmerzen, die er kostet; ohne Schönheit. – Meine Herren, man muß seinen Adler lieben, damit er schön wird; denn weil er schön wird, müßt ihr euren Adler lieben.« Die Professoren im Juniorat achten darauf, daß ihre Studenten derart moderne und aufrührerische Literatur nicht kennenlernen, in der es oft genug wie bei Gide heißt, »daß Ketten, Fesseln, Zwangsjacken, Brustwehren und andere Skrupel ihn, alles in allem, nur lähmten«, den modernen Prometheus. Teilhard wird sich jedoch im Laufe seines Lebens immer entschiedener auf die Seite des Prometheus schlagen: »Der Mensch muß, um Mensch zu sein, alles menschlich bis zu Ende versucht haben«, hält er 1947 dem pessimistischen Gabriel Marcel in einer öffentlichen Diskussion in Paris entgegen. »Eine antichristliche Konzeption, die uns zum prometheischen Menschen zurückbringt«, erwidert der christliche Existenzphilosoph. Für Teilhard bleibt das Prometheische eine, wenn auch zu übersteigende, notwendige Stufe in der Entwicklung der Menschheit: »Der Mensch wird, wenn er über das nachdenkt, was er tut, dahin geführt, zu erkennen, daß er aus sich heraustreten muß, um seinen Gipfel zu erreichen. Den prometheischen Menschen macht aus, daß er sich weigert, seine Geste zu transzendieren. Prometheus ist in die Enge eines totalen Todes getrieben.«

Teilhard wird zu denen gehören, die dem traditionellen Humanismus einen der Evolution der Menschheit angepaßten Neohumanismus entgegensetzen. In einem seiner letzten Briefe vom 30. März 1955 blickt er auf den Weg zurück, den er in den verflossenen fünfzig Jahren seit den humanistischen Studien im Juniorat zu Laval zurückgelegt und der ihn von den Konzeptionen selbst seines besten Freundes Valensin entfernt hat: »Im

Augenblick lasse ich mir im Anschluß an einen über meinen sehr großen Freund Auguste Valensin erschienenen Artikel verschwommen irgend etwas über ›Humanismus und Humanismus‹ durch den Kopf gehen. Sogar P. Blanchet scheint in seinem bemerkenswerten Artikel der [Jesuitenzeitschrift] ›Etudes‹ [über den verstorbenen P. Valensin] den Humanismus nur ›nach griechischer Art‹ (Platon, Renaissance) als ein ästhetisches Sich-Entfalten zu begreifen, während wir bereits in einen von der Überzeugung, daß es ein ›Ultrahumanes‹ gibt, beherrschten (definierten) evolutiven Neohumanismus hineingenommen sind. Humanismus des altmodischen, überholten Kosmos –, der dabei ist, durch einen Humanismus der Kosmogenese ersetzt zu werden (dem, so fürchte ich, tatsächlich Valensin fremd geblieben ist . . .).«

Vorerst übt sich Pierre jedoch in lateinischen und griechischen Versen. In der alten Tradition des barocken Jesuitentheaters und zur Vorbereitung auf ähnliche Aktivitäten mit späteren Schülern verfaßt er auf Griechisch ein kleines Lustspiel für einen bunten Abend der Ordensgemeinschaft, frei nach den ›Fröschen‹ des Aristophanes.

13 Der verfolgte Orden

> Wie glücklich ich bin, mich endlich ganz und gar für immer an die Gesellschaft gebunden zu haben, vor allem zu dieser Zeit, in der man sie so sehr verfolgt.

In einem offenen Brief an den Senat schreibt Emile Zola am 29. Mai 1900 in ›L'Aurore‹, während Teilhard im Noviziat in Aix-en-Provence weilt: »Aus einer Justizaffäre, die sie war und auch bleiben sollte, ist die Dreyfus-Affäre zu einer politischen geworden. Das ganze Gift zeigt sich da. Dieser Anlaß läßt plötzlich die finstere Arbeit der Vergiftung und der Auflösung an die Oberfläche steigen, womit die Feinde der Republik seit dreißig Jahren das Regime untergraben. Heute zeigt sich vor aller Augen, daß Frankreich, die letzte der großen katholischen

Nationen, die aufrecht und mächtig geblieben ist, vom Katholizismus, ich möchte lieber sagen vom Papismus, auserwählt worden ist, die niedergehende Macht Roms wiederherzustellen. Deshalb findet eine heimliche Eroberung statt, deshalb haben sich die Jesuiten, ohne von anderen religiösen Werkzeugen zu sprechen, mit einer unvergleichlichen Geschicklichkeit der Jugend bemächtigt; so daß wohl eines guten Morgens das Frankreich Voltaires, das Frankreich, das eben noch nicht zu den Pfarrern zurückgekehrt ist, als klerikales erwachen wird, in den Händen einer Regierung, einer Gerichtsbarkeit, einer Armee, die ihre Befehle von Rom empfangen.«

Wegen dieser weitverbreiteten Ansicht sieht sich die von den Linken mitgetragene Regierung des gemäßigten Waldeck-Rousseau gezwungen, gegen die Gegner von Dreyfus und der Republik radikal vorzugehen. Das Vereinsgesetz vom 1. Juli sieht vor, daß alle religiösen Kongregationen, die keine parlamentarische Genehmigung erhalten, ihre Niederlassungen aufgeben müssen. Das trifft nicht nur die Assumptionisten, deren Oberer Pater Bailly sich als Antidreyfusard einen Namen gemacht hat, sondern neben vielen anderen Orden auch die Jesuiten. Aus deren Schulen sind viele Dreyfusgegner in Armee und Verwaltung hervorgegangen.

Wenn auch nicht gerade bei Nacht und Nebel, so doch vorsorglich in Zivilkleidern, die er von der Familie erbeten hat, verläßt Pierre mit seinen Kollegen im Laufe des Sommers 1901 Laval und setzt das Juniorat in dem Jesuitenhaus Bon-Secours auf der englischen Kanalinsel Jersey fort. Wie zwiespältig sind Pierres Gefühle gegenüber einem Vaterland, das er von seinem Temperament her wegen des Fortschritts auf künstlerischem, wissenschaftlichem und technischem Gebiet bewundert, aus der Sicht seiner Familie, des Ordens und der Kirche wegen des Laizismus und Antiklerikalismus jedoch verabscheuen muß? Wie objektiv sieht er den unausweichlichen Zusammenstoß zwischen einem geistig und politisch reaktionären Katholizismus und einem wissenschaftsgläubigen und republikanischen Fortschrittsoptimismus?

Pierre sieht diese Vertreibung des Jahres 1901 von Laval nach Jersey im Zusammenhang der Verfolgungen, die der Jesuitenorden im Laufe des 19. Jahrhunderts in fast allen Ländern Europas erlitten hat – mehr oder weniger ähnlich motiviert. Zweimal wird der Orden in Spanien unterdrückt: 1836 von den »Progressisten« unter Mendizabal, 1861 durch eine Koalition der

Progressisten, Liberalen und Demokraten gegen Königin Isabelle und ihre Camarilla. In Italien wirkt sich das Pamphlet ›Il Gesuita moderno‹ von Gioberti gefährlich aus: 1847 werden die Jesuiten aus Neapel und Piemont vertrieben, 1848 läßt sogar Pius IX. die Jesuiten wissen, er könne in seinem Staat nicht länger für sie garantieren, und fordert sie zum Gehen auf. In Deutschland wird der Orden 1872 während des »Kulturkampfs« auf Betreiben Bismarcks aufgehoben. In der Schweiz geraten die Jesuiten in die Auseinandersetzung zwischen den katholischen, föderalistisch gesonnenen Kantonen mit den protestantischen, liberalen. Als die Jesuiten die theologische Fakultät von Luzern übernehmen, kommt es 1847 zum Sonderbundskrieg und zur Vertreibung des Ordens. Artikel 51 der Bundesverfassung von 1874 schließt den Orden und ihm verwandte Gesellschaften für immer von der Schweiz aus.

Frankreich ist den Jesuiten jedoch nicht gänzlich verschlossen. Pierre setzt im Sommer 1902 am Ende des Juniorats nach der Normandie über, um, als Privatmann getarnt, in der Universität von Caen seine Licence ès lettres zu machen, mit Erfolg. Aus Caen stammen laut Madame de Sévigné »die erhabensten Geister des Königreiches«, und der Republikaner und Dreyfus-Anhänger Marcel Proust läßt sich in Caen von den Türmen von Saint-Etienne und Saint-Pierre für die Kirchtürme von Martinville in seinem Werk ›Du côté de chez Swann‹ inspirieren. Royalisten und Republikaner berufen sich auf die gleiche Stadt: das gibt auch Pierre seine Sicherheit zurück und seinen Stolz, Franzose zu sein.

14 Philosoph auf Jersey

> Der Gott des Kreuzes erwartet die ›natürliche‹ Expansion meines Seins ebensosehr wie dessen Heiligung.

Von der Normandie nach Jersey ist es nur ein Katzensprung von dreißig Kilometern, von den Kanalinseln nach England sind es einhundertzwanzig Kilometer. Als Pierre Teilhard 1901 nach Jersey kommt, sprechen die Einwohner trotz der Anhänglichkeit an England auch noch den normannischen Dialekt, und Anwalt kann nur werden, wer außer dem Englischen das Französische beherrscht. Es gibt für Pierre also kaum Verständigungsschwierigkeiten, zugleich hat er die Möglichkeit, mit den Einheimischen Englisch zu üben, was ihm zustatten kommt: Wird er doch nach der Philosophie in Ägypten eingesetzt, dann in Hastings (Sussex) Theologie studieren und später längere Zeit in China und den USA leben. Hat er schon im Noviziat in Aix auf Mitnovizen den Eindruck eines großen, »gentlemanliken« und »jovialen Jungen« gemacht, eines »Freundes der Natur und langer Wanderungen« – mit diesem Aufenthalt in Jersey beginnt Pierres angelsächsische Prägung aus Neigung. Mit den Jahren wird er sich die englische Kultur in hohem Maße zu eigen machen.

Aus einer Briefstelle vom 19. Januar 1919 an seine Cousine Marguerite wird deutlich, wie Teilhard in der Auseinandersetzung auch mit englischen Schriftstellern und im Ausgang vom britischen Kosmopolitismus seine Weltanschauung entwickelt: »Ich persönlich denke, die Wahrheit liegt zwischen Wells und Benson, das heißt, daß man das Reich Gottes so auffassen kann, daß man durch das menschliche Reich hindurchgeht, es überwindet, es integriert, *ohne es zu zerstören* ... Wie Wells durch seine verschiedenen Romane der wissenschaftliche Bürger des physikalischen und biologischen Universums ist – ist Kipling der englische Bürger der bewohnten und lebendigen Erde. Ohne noch in seinen Büchern eine ausgesprochene Philosophie oder Theologie zu bekunden, empfindet er praktisch *mit der ganzen Erde*: seine Schriften lassen uns mit den Tieren leben, lassen die Schiffe und Lokomotiven sprechen, erwecken Sympathie für die orientalische Seele, lassen eine theosophische Existenz durchblicken und uns durch alle Länder der Erde reisen. – Er hat eine unverkennbare Art, von der Wüste zu sprechen und von der Freude darüber, daß man dort allein und frei ist. [Eine Erfahrung, die Teilhard in Ägypten auch gemacht hat.] – Praktisch ist seine moralische Haltung dieselbe wie die von Wells: er hat die Religion des menschlichen Strebens. Benson, Kipling und Wells erscheinen mir wie drei verschiedene Formen des gleichen tiefen Gefühls für das Universum.«

Großen Einfluß wird auf Teilhard die hervorragende katholische Intelligenz Englands haben. Vor allem dem 1890 verstorbenen Kardinal Newman mit seinem schriftstellerischen Werk, in dem sich persönlicher Glaubenskampf, eigenständige Philosophie und Theologie mit mystisch-dichterischer Intuition vereinen, fühlt sich Teilhard im Tiefsten verwandt: »›Wer einer Wahrheit zum Sieg verhelfen will, ehe ihre Stunde gekommen ist, läuft Gefahr, als Häretiker zu enden.‹ ... Diese und andere ähnliche Ideen, die so weit, so freimütig, so realistisch sind«, schreibt Pierre an seine Cousine Marguerite am 22. Juli 1916, »sind also in meinen Geist eingezogen wie in eine Wohnstatt, die seit langem von ihnen bewohnt wird.«

Auf Jersey macht Pierre eine Erfahrung, die ihn während des zweiten Junioratsjahres im Haus Bon Secours in eine ernste seelische Krise stürzt mit einer für sein Leben folgenschweren Entscheidung. Das Ende des Noviziates mit seiner einseitigen Betonung der »Nachfolge Christi« im Sinne eines »Verlassens der Welt«, ferner die, wenn auch zunächst nur literarische, Hinwendung zur Welt der humanistischen Bildung in Laval und hier in Jersey haben in Pierre die alten Lebensgeister geweckt.

Vollends zu einem Aufstand seiner Leidenschaft für die Natur kommt es durch die Landschaft dieser kleinen, siebzehn Kilometer langen und zehn Kilometer breiten Insel. Durch den Golfstrom bedingt, überzieht immerwährendes Grün die zahlreichen Täler. Die berühmten Jersey-Kühe auf samtweichen Wiesen erinnern Pierre an die heimatliche Landschaft um Murol und Sarcenat. Das Elizabeth Castle vor dem Hafen der Hauptstadt St. Hélier und das Mont Orgueil Castle über dem Hafenstädtchen Gorey sind der Auvergne verwandt, ganz zu schweigen von den historischen Martello-Türmen im Süden und Osten als Schutz gegen französische Überfälle.

Was Pierre jedoch unwiderstehlich anzieht, sind an der Westküste die Felsenbuchten mit ihren Sandstränden und Palmen, an der Nordküste die steil abfallenden Felsen, an der Ostküste bei Ebbe die bizarren Steinwüsten: sind die Steine, die Erdformationen, ist die Gelegenheit, Geologie zu treiben. Je mehr er diesen Drang verspürt, um so mehr muß er sich als junger Jesuit, der vom Geist der Exerzitien geprägt ist und seine Gelübde ernst nimmt, fragen: Hilft mir das zur Verfolgung des Zieles, zu dem hin ich geschaffen und Jesuit geworden bin? Folge ich nicht neu einer »natürlichen« Neigung, die mich in meiner »übernatürlichen« Berufung hindert? Ist der Verzicht auf die Geologie nicht das Opfer, das ich zu bringen habe, um wirklich frei zu sein für Gott und die Aufgaben in der »Gesellschaft Jesu«?

Mitten in dieser inneren Not kommen alarmierende Nachrichten aus der Familie. Im April 1902 erleidet Albéric, Pierres älterer Bruder, auf einer Routinefahrt mit einer Einheit im Mittelmeer einen Kollaps und wird ins Marinehospital von Rochefort eingeliefert. Im Juli kommt er heim, im September stirbt er in Sarcenat an Tuberkulose. Die Ordensregel erlaubt es nicht, daß Pierre seiner schwer geprüften Familie in diesen Tagen beisteht. Um so mehr quält Pierre, der jetzt der älteste der noch lebenden Söhne ist und für die Familie durch seinen Ordenseintritt auch »gestorben« scheint, die Frage: Ist der Verzicht seiner Familie nicht umsonst, wenn er nicht tatsächlich allem abschwört, was mit seiner Neigung zur Geologie zusammenhängt? Je mehr er spürt, daß er sich dadurch das Herz aus dem Leibe reißt, um so verlockender erscheint ihm dieser Entschluß, dem heroischen Akt vergleichbar, mit dem die Heiligen ihren Weg begonnen haben.

Die Entfaltung der eigenen Möglichkeiten, das ist Teilhards Problem. Er ist in diesen Tagen entschlossen, seine Neigung zur Geologie der Berufung zum Jesuiten zu opfern. Es kommt jedoch anders: der Orden selbst, für den Pierre auf jeden Eigenwillen und jede natürliche Neigung verzichten will, um ganz disponibel zu sein, teilt zwar seine Überlegungen, kommt jedoch zu einem entgegengesetzten Schluß. Pierre selbst schreibt darüber noch fünfzig Jahre später in seiner autobiographischen Skizze ›Das Herz der Materie‹, so sehr haben sich ihm diese entscheidenden Wochen eingeprägt: »In Jersey erwog ich ernsthaft die Möglichkeit, auf die Wissenschaft der Steine, die mich so mit Leidenschaft erfüllte, gänzlich zu verzichten. Und wenn ich in diesem Augenblick nicht ›entgleist‹ bin, so verdanke ich das dem robusten gesunden Menschenverstand des Paters Troussard. Tatsächlich beschränkte sich P. T. bei der Gelegenheit darauf, mir zu bestätigen, daß der Gott des Kreuzes die ›natürliche‹ Expansion meines Seins ebensosehr erwarte wie dessen Heiligung – ohne mir zu erklären, wie noch warum. Aber das genügte, damit ich die beiden Enden des Fadens in der Hand behielt. Und seit dieser Affäre fand ich mich gerettet.«

Von da an ist Pierre auf Jersey in jeder freien Minute unterwegs auf geologischen Exkursionen, die er anfängt, wissenschaftlich auszuwerten. Nach einer Zusammenstellung seiner Titel und Arbeiten, die er im September 1948 dem Direktor des Collège de France in Paris unterbreitet – Teilhard soll auf den Lehrstuhl der Paläontologie des emeritierten Freundes Abbé

Breuil berufen werden, was der Orden verhindert –, beginnt für Teilhard in Jersey seine wissenschaftliche Karriere, und zwar mit der »Phase der präliminaren Forschungen im Gelände« »auf den Normannischen Inseln (Jersey, 1901–1905), in Ägypten (Kairo, 1905–1908) und in England (in Wales, 1908–1912). Außer einigen Notizen, die in der Société Jersiaise (über die Mineralogie der Insel Jersey) oder in dem Bulletin der Société Scientifique du Caire (Über das Eozän von Oberägypten) veröffentlicht wurden, bestand das wichtigste Ergebnis dieser ersten Forschungen vor allem darin, den hervorragenden Geologen und Paläontologen wie René Fourtou, Sir Arthur Smith-Woodward, Prof. Seward etc. Proben und Beobachtungen (zahlreiche neue Arten) mitzuteilen.«

So zu sich selbst befreit, stürzt sich Teilhard im Rahmen der Naturphilosophie auf das Studium der dafür notwendigen physikalischen Grundlagen und erlebt dabei eine weitere »Expansion seines Seins«. Obwohl es die Physik vor der Quanten-, Relativitäts- und Atomphysik ist, fühlt er sich in dieser Welt der Elektronen, der Kerne und der Wellen ganz »daheim, erfüllt und leicht ... Die Konsistenz, die Totalität, das Wesentliche meiner Kindheitsträume: findet es sich nicht in den weiten kosmischen Wirklichkeiten (Masse, Durchlässigkeit, Strahlen, Krümmung usw.), wo sich der Stoff der Dinge für unsere Erfahrung offenbart unter einer zugleich unendlich elementaren und unendlich berechenbaren Form?« Daß Pierre sich schon jetzt für übergreifende philosophische Fragestellungen interessiert, zeigt seine 1905 in der Hauszeitschrift des Philosophiekollegs erschienene Arbeit ›Von der Willkür in den Gesetzen, Theorien und Prinzipien der Physik‹. Der neunundsechzigjährige Teilhard erinnert sich in ›Das Herz der Materie‹ genau: »Bin ich nicht in dieser mysteriösen Schwerkraft (mit zweiundzwanzig Jahren habe ich aufrichtig gelobt, daß ich mich später der Erforschung ihres Geheimnisses weihen wollte) den ›Archetypen‹ begegnet, deren ich mich (wir werden es sehen) heute noch bis in das Christische selbst bediene, um mich vor mir auszudrücken?« Indem Pierre Teilhard das Bedürfnis verspürt und die Möglichkeit sieht, seine religiöse Erfahrung mit Hilfe der naturwissenschaftlichen Sprache und Bilder auszudrücken, gerät er unweigerlich in einen lebenslangen Gegensatz zu dem, wozu er nach Meinung seiner Ordensoberen die Jahre 1902 bis 1905 auf Jersey verbringt: zum Studium der neuscholastischen Philosophie.

Im Einführungskurs lernt Pierre: Die Scholastik (von schola, Schule; scholasticus, Lehrer) ist die offiziell von der römisch-katholischen Kirche geförderte und für den Priester- und Ordensnachwuchs obligatorische Philosophie. Sie versteht sich als »ancilla theologiae« (Magd der Theologie), indem sie als ersten Grundsatz annimmt: Was nicht mit dem christlichen Glauben und den römisch-katholischen Dogmen übereinstimmt, kann nicht wahr sein und ist deshalb philosophisch als Irrtum anzusehen. Daß die Wahrheit in sich nicht widersprüchlich ist und der offenbarten Wahrheit der Vorrang gebührt, zweifelt Pierre als überzeugter Christ nicht an, doch das Problem beginnt bei der Frage: Was ist geoffenbart, und welches ist die genaue Wahrheit eines von der Kirche formulierten Dogmas? »Selbst im Dogma«, notiert Pierre am 24. Juli 1919, »gibt es einen gewaltigen Anteil von ›Konventionellem‹, von dem man sich innerlich befreien können muß. – Die Kirche kennt ebensowenig ihr Leben wie jeder von uns sein eigenes Sein ... und in die Aussage der Schau der Wahrheit, die sie uns vermittelt, mischt sie nun einen beträchtlichen Teil vorübergehender Ansichten und persönlicher Meinung, die man in aller Verehrung *mißachten* können muß (wenn ich so sagen darf) ... Ebenso wie ich die Konventionen und die Maße und die geläufigen Urteile der menschlichen Gesellschaft mißachte, während ich ihr durchaus ein Leben zuerkenne, das wertvoller ist als meines.«

Teilhard studiert nicht naiv. Auguste Valensin, der Blondel-Schüler, habe ihm auf Jersey die Augen geöffnet, schreibt Teilhard 1954 aus Anlaß des Todes seines Freundes an seinen Provinzial Ravier. Doch wie Valensin wird sich Teilhard später zunächst auch noch bemühen, seine neuen Ideen im Rahmen der Neuscholastik zu formulieren, wie er am 10. Januar 1920 an Valensin schreibt: »Es scheint mir, daß die Philosophie von Pater Maréchal [eines Erneuerers der Neuscholastik, den Teilhard 1910 in Brüssel persönlich kennengelernt hat und von dem 1922/23 ein Buch nicht durch die Zensur geht] noch viel zu sehr von seiner Theologie oder seiner Mystik getrennt geblieben ist – und auch, daß die Konzessionen, die er gegenüber der Einheit der Entwicklung des Universums gemacht hat, ihn logischerweise sehr viel weiter führen müßten, als er geht. – Ich werde Ihnen die Fortsetzung unserer Gespräche erzählen –, wenn es eine gibt, wie ich hoffe. – Es wird mir sehr nützlich sein, mich mehr mit der Scholastik in Übereinstimmung zu bringen – abgesehen davon, daß es für eine Idee in der gegenwärtigen Kirche keinen anderen Weg gibt als den aristotelischen.«

In diesem Geist besteht Teilhard die jährlichen Examina in Jersey mit den nötigen »Punkten« und erwirbt durch ein gutes Schlußexamen 1905 das kirchliche Lizenziat der Philosophie.

Im übrigen gilt Teilhards unmittelbares Interesse am Ende des Philosophiestudiums der Frage: Wohin wird ihn der Orden nun schicken? Als nächster Ausbildungsabschnitt ist ein mehrjähriges pädagogisches Praktikum in einem der zur Jesuitenprovinz Lyon gehörenden Gymnasialkollegien vorgesehen. Schickt man ihn nach Mongré zurück, wo er selbst als Schüler gewesen ist? Doch erlauben die staatlichen Gesetze den Jesuiten keine schulische Tätigkeit mehr, sie haben ihre Kollegien in Laienhände gegeben.

15 Versuchung in Ägypten

> Schon sah ich am Fuß des Abhangs, den hinab mich das Gewicht, das gar so sanfte, der Materie zog, die Schweine Epikurs weiden . . . Damals hat mich der Glaube an das Leben gerettet.

»Das Kolleg liegt in unmittelbarer Nähe des Bahnhofs . . . Ich bin noch nicht viel spazierengegangen. Zunächst ist es heiß; sodann bin ich hier nicht nur vorübergehend, und ich werde noch genug Zeit haben, Kairo im Winter zu genießen; und schließlich muß ich an meinen Unterricht denken und im physikalischen Kabinett und im Laboratorium Ordnung machen . . . Kairo liegt am rechten Nilufer, zwischen dem Nil, der fast außerhalb der Stadt fließt, und dem Mokattam, einem hohen Felskamm, der die Stadt beherrscht und auf dem die Zitadelle liegt. Von hier an verengt sich das Niltal mit seinen Zuckerrohr- und Baumwollfeldern stark, und zu beiden Seiten sieht man die weißen Flanken der Wüste . . . Die Stadt selber ist sehr malerisch. Die europäischen Viertel mit ihrem unglaublichen Luxus und ihren großen, von Gummi- und Eukalyptusbäumen überschatteten Boulevards ertrinken förmlich in einer vollkommen arabischen Stadt ... Gestern habe ich das große Maspero-Museum besucht ... Obwohl die Archäologie nicht mein Fach ist, gedenke ich doch noch oft dorthin zurückzukehren. Dieses ägyptische Altertum ist wirklich verlockend, und allein vom ästhetischen Standpunkt aus gibt es Wunderbares ... Ebenfalls von unserer Terrasse aus habe ich die Pyramiden gesehen: ich werde sie ganz gewiß recht bald aus größerer Nähe in Augenschein nehmen.«

Dieser für Teilhard typische Brief an seine Eltern ist datiert vom 5. September 1905. Die Oberen haben Pierre ins Kolleg zur Heiligen Familie nach Kairo geschickt. Es ist neben dem Franz-Xaver-Kolleg in Alexandrien das zweite Kolleg, das die Jesuitenprovinz Lyon in Ägypten unterhält. Sie betreut als Missionsgebiete außerdem Armenien und Syrien. Daß der Jesuit bereit sein muß, an jeden Ort der Erde zu gehen, ergibt sich aus dem Gelübde des Gehorsams, der weltweiten Zielsetzung des Ordens und seiner von Anfang an geübten Praxis.

Die Entwicklung am Kolleg zur Heiligen Familie in Kairo verläuft zur Zeit Teilhards ungünstig: »Die Zahl der eingeborenen Schüler nimmt im Verhältnis zum europäischen Element sehr empfindlich ab, und unter diesen Umständen ist die ägyptische Reifeprüfung als Studienabschluß für die Majorität immer weniger begehrenswert«, heißt es am 4. Juni 1907 an die Eltern. Mitursache ist sicher der wachsende Nationalismus der Araber, der sich in gelegentlichen Unruhen gegen die Engländer Luft macht, die seit 1882 Ägypten besetzt halten.

In Teilhards zwiespältiger Einstellung zur politischen und kulturellen Eigenständigkeit der Kolonialvölker spiegeln sich der Einfluß des europäischen Imperialismus und besonders das französische kulturelle Sendungsbewußtsein. Das zeigt sich in seinen unbefangenen Bemerkungen vom 9. Mai 1906 zum Sprachenproblem: »Als ein Fellache sah, wie ich auf einen Felsen klopfte, kam er neugierig herbei, um zu sehen, was ich tat, und als er das winzige Fossil bemerkte, das ich soeben herausgearbeitet hatte, begann er wie toll zu lachen, ich übrigens auch. Diese Araber sind große Kinder, und es quält mich, daß ich nicht Arabisch kann: man würde rasch Freunde gewinnen, und ich bin überzeugt, daß die meisten Vorurteile daher rühren, daß wir, stumm wie Porzellanhunde, beständig aneinander vorbeigehen, weil wir mangels einer gemeinsamen Sprache völlig voneinander isoliert sind.« Trotzdem favorisiert Teilhard das Französische, wie eine nicht vorurteilslose Klage vom 1. November 1906 aus der Perspektive des Kollegslehrers zeigt: »Arabisch, Französisch, Englisch, Naturwissenschaften usw. Vor allem das Arabisch greift in beklagenswerter Weise um sich; auf Grund des Lehrplans müssen die Schüler die Hälfte ihrer geistigen Kräfte ausgeben, um eine literarische, ganz in Formeln erstarrte Sprache zu lernen, wobei eine gewisse Analogie zum Studium der chinesischen Schriftzeichen besteht. Das bedeutet einen Zeitverlust, der durch den Gewinn an Nationalbewußtsein kaum wettgemacht wird.« Es ist bezeichnend, daß Teilhard in den drei Jahren, die er in Kairo verbringt, und in den Jahrzehnten, die er später in China lebt, keinen Versuch macht, ernsthaft und mit Erfolg die Landessprache zu lernen: »Was M. Jacquemont Mama über meine Arabischstudien erzählt hat, ist leider nur ein Ideal; ich habe kaum die Zeit und sehr selten Gelegenheit«, schreibt er am 3. Oktober 1907 an seine Eltern. »Es tut mir übrigens bitter leid: die Araber freuen sich sehr, wenn man mit ihnen spricht; man kann von ihnen nicht nur sehr nützliche Auskünfte erhalten, sie nehmen es auch freudig hin, wenn man ihnen von moralischen und selbst religiösen Wahrheiten erzählt.« Eine solche Einstellung reicht freilich nicht aus, die Mühe eines Sprachenstudiums auf sich zu nehmen, zumal wenn dazu noch die weitverbreitete Überzeugung von der kulturellen Überlegenheit des Französischen kommt: »Ich bin mit einem Senegalneger gereist«, heißt es am 22. November 1907, »der eifrig bestrebt war, mit mir in einem sehr korrekten Französisch und mit der ganzen Sympathie eines Landsmannes zu sprechen; die von den Engländern kolonisierten Völker würden sich einem Menschen aus deren Metropole gegenüber nicht so benehmen.«

Stolz und begeistert ist Teilhard auch über den Vorsprung, den die Franzosen in der Entwicklung der Kinematographie gewonnen haben. Der Film, 1895 von den Gebrüdern Lumière erfunden, tritt überraschend schnell seinen Siegeszug durch die Welt an: Nach Dokumentarfilmen gibt es schon 1902 den ersten künstlerischen Film von Méliès, die ›Reise zum Mond‹, und 1907 den ersten Zeichentrickfilm und die erste Wochenschau. Das Jesuitenkolleg in Kairo, das nicht nur mit einem englischen, sondern auch mit einem staatlichen französischen Gymnasium konkurrieren muß – »die französisch weltliche Schule von hier ... eine jämmerliche Schule« (15. November 1906) –, zeigt sich, anders als die übrige katholische Welt in ihrem Verhältnis zu den modernen Medien, ganz fortschrittlich, wie Teilhard am 19. März 1906 erzählt. »Zu guter Letzt hat sich das Kolleg zum Kinematographen begeben, der ganz Kairo auf die Beine bringt. Da seine Verwaltung vollständig aus ›ehemaligen Schülern‹ zusammengesetzt ist, werden Sie sich nicht wundern, daß das Kolleg zur Heiligen Familie in Bausch und Bogen eingeladen war, was, nebenbei gesagt, die beste Reklame ist: denn am darauffolgenden Sonntag konnten drei Viertel aller Eltern keinen Frieden finden, ehe sie nicht ihre lieben Kinderlein noch einmal hingeführt hatten. Das war der Anlaß zu einer eindrucksvollen Kundgebung: mindestens dreihundert Schüler zogen in einer einzigen Reihe durch die Straßen von Kairo. Das war noch nie dagewesen, und die Gaffer glaubten an eine neue Phase des Schulstreiks, der damals in vollem Gange war. Um auf den Kinematographen zurückzukommen: er ist nicht bei Familienszenen oder einfach exotischen Szenen stehengeblieben, wie man sie einst bei Lumière sah. Heute bringt er Tricks im großen Stil: Geschichten von Rothäuten, Aufstiege zum Mond usw., das Ganze übrigens sehr gut gemacht.«

Schon deutlich zeigt sich darin Teilhards Empfänglichkeit für die Ergebnisse des technischen Fortschritts, vor allem wenn sie geeignet sind, die zwischenmenschlichen Kontakte zu intensivieren. Sie sind für ihn ein Ausdruck des Zusammenwachsens der Menschheit, wie er es in Peking 1940 in ›Der Mensch im Kosmos‹ skizziert: »Die Eisenbahn, die vor kurzem erfunden wurde, das Automobil, das Flugzeug ermöglichen es heute, den physischen Einfluß jedes Menschen, der einst auf einige Kilometer beschränkt war, auf Hunderte von Meilen auszudehnen. Ja noch mehr: dank dem wunderbaren biologischen Ereignis der Entdeckung der elektromagnetischen Wellen findet sich von nun an jedes Individuum (aktiv und passiv) auf allen Meeren und Kontinenten gleichzeitig gegenwärtig und verfügt über dieselbe Ausdehnung wie die Erde.«

Doch ergeht sich Teilhard in Ägypten kaum in solchen oder ähnlichen Spekulationen über den Zustand der gegenwärtigen oder künftigen Menschheit. Er ist als »Professor der Physik und Chemie«, als »Konservator des Museums«, nämlich der naturwissenschaftlichen Sammlungen des Kollegs, sowie als der für die Ministrantenschar und den Ablauf der kirchlichen Feiern verantwortliche »Koadjutor des Kirchenpräfekten« voll ausgelastet. Dabei macht er als Pädagoge die Erfahrung, »wie schwierig es ist, sich Kindern verständlich zu machen . . . Der Vorteil liegt darin, daß man gezwungen ist, Begriffe zu klären, die man für klar hielt, die es jedoch kaum zur Hälfte waren.« (19. Oktober 1905) Dem späteren Schriftsteller kommt diese Erfahrung zugute. Der Glaube an die Klarheit der Begriffe, daran, mit Hilfe klarer Begriffe das ausdrücken zu können, was man »geschaut« hat, verliert sich jedoch in den nächsten Jahren: »Dieses Unvermögen, *die kosmischen und göttlichen Beziehungen* anders als durch Analogie, durch ein Zuviel oder ein Zuwenig, auszusagen, ist ein *Indiz* der Wahrheit«, notiert Teilhard am 1. Oktober 1919 in Paris.

Als Prediger kein Naturtalent, nimmt Teilhard die Gelegenheit zur Einübung für den Ernstfall nach der Priesterweihe gern wahr: »Ich mußte am vergangenen Donnerstag anläßlich des Festes Christi Himmelfahrt zu den Kindern sprechen«, schreibt er am 15. Mai 1906. »Das ist eine wenig reizvolle Aufgabe, und ich verspüre in mir kaum eine Veranlassung zum Prediger; aber ich habe es mir zum Prinzip gemacht, mir keine Gelegenheit zum Sprechen in der Öffentlichkeit entgehen zu lassen ... Das ist eine notwendige Übung, ohne die man Gefahr läuft, völlig unbeweglich zu werden.« Dagegen kann sich Teilhard mit feierlichen Liturgien nicht anfreunden, so wird es sein Leben lang bleiben: »Und dann kommen die Feiertage mit ihren Gottesdiensten, schrecklich für einen, der die Ministranten zu betreuen hat und so wenig Liturgiker ist wie ich.« (8. April 1906)

Teilhards Herz gehört in Ägypten noch mehr als in Jersey den Wanderungen, Streifzügen und regelrechten Expeditionen in die nähere und fernere Umgebung von Kairo: auf den die Stadt beherrschenden Felskamm Mokattam, in die Libysche Wüste bei den Pyramiden von Giseh und der Sphinx, zu den Ruinen von Heliopolis und Memphis, in die Sandwüsten um Ismailia und Suez, in die Steinbrüche rund um Kairo, zu den Ruinen und Pyramiden bei der Oase Faijum, an die Küste und zu den Seen bei Alexandrien, dann wieder südlich bis Luxor mit seinen Tempeln und Königsgräbern. Was Teilhard dabei fasziniert, sind weniger die archäologischen Schätze als vielmehr die Wunder der Natur, wie sie sich dem angehenden Naturwissenschaftler und Mystiker offenbaren: »Die Materie, das Leben und die Energie: die drei Säulen meiner Vision und meiner inneren Seligkeit«, schreibt er rückblickend in seiner autobiographischen Skizze von 1950. »Zwischen der Welt der Tiere und der Welt der Kräfte, als fundamentale Grundlage: die Welt der Steine. Und oberhalb dieses solide verbundenen Ensembles

– bald einem reichen Gewand, bald einer belebenden Atmosphäre ähnlich – eine erste Welle von Exotismus, die mich überschwemmt: der Orient, flüchtig gesehen und gierig getrunken, keineswegs in seinen Völkern und seiner Geschichte (noch ohne Interesse für mich), sondern in seinem Licht, seiner Vegetation, seiner Fauna und seinen Wüsten ... Das war, etwa im Alter von achtundzwanzig Jahren, der spirituelle, vorübergehend konfuse Komplex, auf dessen Grund meine leidenschaftliche Liebe zum Universum gärte, ohne bereits eine sehr deutliche Flamme hervorzubringen.«

Teilhard ist mit seiner Begeisterung für die Wüste – der Inbegriff seiner Leidenschaft – nicht allein: »Ich war mit dem unerschütterlichen P. Garraud [aus der Auvergne stammender Englischlehrer am Kolleg] zusammen, der uns führte, und mit meinem Freund Bovier-Lapierre, einem begeisterten Naturforscher, mit dem ich vor drei Jahren (ich machte das erste Jahr meiner Philosophie) so viel in Jersey herumgestreift bin«, heißt es am 18. September 1905. Wertvoll wird für Teilhard die Bekanntschaft mit Dr. Iñès-Bey: »Er besitzt zu Hause eine gewissermaßen allgemeine Sammlung aller naturhistorischen Merkwürdigkeiten Ägyptens: Muschelschalen und Schneckengehäuse, Käfer, Schmetterlinge ... und Vögel.« (1. Dezember 1905) Teilhard nimmt Kontakt auf mit dem Kairoer Mitarbeiter des Naturhistorischen Museums in Paris: »Der schätzenswerte M. Fourtan, der mir meine Fossilien sortiert, hat mir einen Seeigel einer ganz neuen Art gezeigt, den er soeben gefunden hatte, und ich konnte ihm acht Tage später ein zweites Exemplar übermitteln«, berichtet er voll Genugtuung am 19. März 1906.

Teilhard macht auch geologische Entdeckungen, die ihn an seine geliebte Auvergne erinnern. »Ich vergaß Ihnen zu erzählen«, schreibt er am 8. April 1906 an die Eltern, »daß ich etwa zehn Kilometer von hier in der Wüste eine große Basaltbank entdeckt habe, die die Geologen nicht gekannt oder vergessen haben. Zwischen hier und dem Sinai sind immer wieder verstreute Basaltflächen vorhanden, und ihre schwarze Färbung macht die Wüste vollkommen düster. Ich freue mich , daß ich mich in einem vulkanischen Gebiet befinde, ganz zu schweigen von dem neuen Feld, das sich mir für die Mineralogie auftut.«

Wie schon in Jersey hat Teilhard auch in Kairo Erfolg mit ersten wissenschaftlichen Berichten: »Als Abschluß der Parade meiner Briefpartner teile ich mit«, heißt es nicht ohne Humor und Stolz am 6. Dezember 1907, »daß mir ein M. Prieur aus

Paris, dem ich meine ganze Ernte auf dem Gebiet der Fischzähne geschickt hatte, geschrieben hat, er habe der *Société géologique de France* einen Bericht über dieselben vorgelegt. Eine neue Art und drei neue Varianten waren darunter, davon eine *Teilhardi*(!). Ich werde Ihnen die Denkschrift als Kuriosum schikken, sobald mir Exemplare in die Hände kommen.« Ein zweiter Erfolg wird ihm in Kairo selbst zuteil: »Sodann habe ich vergangenen Montag dem *Institut Egyptien* einen Bericht über den geologischen Aufbau des Gebirges von Minia vorgelegt. Zu Ihrer Erheiterung schicke ich Ihnen beiliegend eine eher hochtrabende Besprechung der Sitzung, die eine, zumindest der Zahl nach, äußerst bescheidene Zuhörerschaft mit ihrer Anwesenheit beehrte. Der interessante Teil war ohne jeden Zweifel M. Fourtans Arbeit über meine Seeigel: schließlich waren es acht neue Arten (eine davon natürlich *Teilhardi*), von denen zwei neue Gattungen darstellten.« (19. Mai 1908) Über die Expedition nach Faijum schreibt Pierre einen Artikel in den ›Relations d'Orient‹ vom Dezember 1907 unter dem Titel ›Huit jours au Fayoum‹. Es ist Pierres erste Publikation. Sie schließt mit den Worten: »All dies ist wohlgemerkt nur die Außenseite der Dinge. Das Wesentliche dieser acht Tage am Ufer des Moeris-Sees ist in den Notizen des Ägyptologen oder in meinen Sammlungen zu suchen.«

Die Innenseite der Dinge sieht jedoch noch anders aus: Teilhard hat sie in seinen Briefen nicht erwähnt, erst in späteren Reflexionen auf diese Zeit klingt es an.

›Das kosmische Leben‹, die erste für Teilhard charakteristische Schrift, die wir besitzen, hat er als sein »intellektuelles Testament« bezeichnet. Er hat es am 24. März 1916 in Nieuport beendet, am Ärmelkanal, im Angesicht des Todes, der von der Front her droht, und im Anblick der Küste und des Meeres, die ihn an Jersey und Hastings, wo er seine Theologie studiert hat, aber auch an das Mittelmeer bei Alexandrien und die Sandwogen in den Wüsten Ägyptens erinnern.

»Eines Tages«, heißt es in dem Abschnitt ›Die Versuchung der Materie‹, »im Angesicht der ausgedehnten Hügel der Wüste, deren Plateaus sich, so weit das Auge reicht, in violetten Stufen gegen die wild exotischen Horizonte aufbauen; vor dem unergründlichen und weiten Meer, dessen Wellen sich ohne Rast in ihrem unzähligen Lachen kräuseln; in der Umhüllung eines Waldes, dessen mit Leben erfüllter Schatten mich aufzulösen schien in seine tiefen und heißen Falten –, ergriff mich ein großes Verlangen, vielleicht, fortzugehen, um fern von den Menschen, fern von der Anstrengung, die Religion der Unermeßlichkeiten wiederzufinden, die bergen und die umfassen, jene Religion, in der meine geballte Energie sich entspannen würde, immer mehr, grenzenlos ... Und meine ganze Sensibilität richtete sich also auf, wie beim Nahen eines Gottes des unbeschwerten Glücks und der Trunkenheit, denn die Materie war es, die mich rief. Wie schon allen Menschenkindern wiederholte sie nun mir die Losung, die jede Generation vernimmt: sie verlockte mich, daß ich, mich ihr rückhaltlos überlassend, sie anbetete.«

Es ist die Versuchung des Pantheismus, die Teilhard in Ägypten besonders stark erfahren hat, und die er in diesem Text weiter erläutert: Warum sich nicht an die Materie verlieren und sie anbeten, die Stabile, die Große, die Reiche, die Mutter, die Göttliche? Ist sie nicht die Terra mater, die göttliche Gebärerin aller Dinge und aller Freude? Ist sie nicht Ursprung und Ende aller Seienden, in Wahrheit die göttliche Wirklichkeit, die von den Theologen ins Jenseits verlegt wird? Sich verlieren in den Armen der Materie, heißt das nicht, eintauchen in die Seele der Welt, in das Herz des einzigen Gottes, die große Freiheit gewinnen, die uns die Welt der Menschen verweigert, die Einheit finden jenseits und unterhalb einer von Spaltungen zerrissenen Gesellschaft.

Und Teilhard erinnert sich nicht ohne Schaudern an die »ziemlich banalen Ufer des alten Europa« (22. August 1906), an die »Spaltungen, die in Frankreich vorhanden sind« (18. Januar 1907) und die noch in Kairo spürbar sind: »eine französische Kolonie, die dank der Bemühungen einer Gruppe von Freimaurern im Begriffe ist, sich vollkommen zu teilen« (7. Dezember 1906).

Teilhard erinnert sich ebenso an die Widerlegung des Pantheismus durch die neuscholastische Gotteslehre, wie er sie in Jersey studiert hat, und an die von Pius IX. 1864 verurteilten Sätze, die den deutschen Theologen Hermes und Günther zugeschrieben werden: »Es gibt kein höchstes, weitestes und vorsehendes göttliches Wesen, das von dieser Gesamtheit der Dinge verschieden wäre. Gott ist dasselbe wie die Natur der Dinge und deshalb Veränderungen unterworfen. Gott wird wirklich im Menschen und in der Welt, und alles ist Gott und hat Gottes ureigenste Substanz. Gott ist mit der Welt ein und dasselbe Ding und deswegen Geist mit Stoff, Notwendigkeit mit Freiheit, Wahres mit Falschem, Gutes mit Schlechtem, Gerechtes mit Ungerechtem.«

Intellektuell und spekulativ kann Teilhard mit einem so beschriebenen Pantheismus auch nichts anfangen. Dennoch: so wie André Gide seine ›Nourritures terrestres‹ 1897 als achtundzwanzigjähriger geschrieben hat zu einer Zeit, »als mein Leben durch meine Heirat gerade eine gewisse Stetigkeit erhalten hatte; als ich mich entschlossen hatte, einer Freiheit zu entsagen, nach der ich mich als Künstler bei der Abfassung meines Buches desto mehr sehnte«, – so sehnt sich jetzt der ebenfalls achtundzwanzigjährige Teilhard, nachdem er sich durch die Gelübde an den Orden gebunden hat und damit an bestimmte Menschen, an eine Kirche und an wechselnde politische Gesellschaften, nach einer Freiheit, die seinem unermeßlichen Durst nach umfassendem Glück, nach Unendlichkeit entspricht.

Wenn es bei Gide heißt: »In beidem war ich ganz aufrichtig: in der Abfassung meines Buches wie in meinem Leben«, so gilt das auch von Teilhard. Wenn er seinen Eltern am 27. März 1908 aus Ägypten schreibt: »Ich brauche Ihnen nicht zu sagen, wie glücklich ich bin, den Weg, auf dem ich mich befinde, eingeschlagen zu haben«, so ist das ebenso aufrichtig wie sein nachträgliches Geständnis in ›Das kosmische Leben‹: »Das war die heidnische Stunde, wo aus den unteren Regionen des Universums der Gesang der Sirenen aufsteigt.«

16 Theologe in Hastings

> Ich fange an einzusehen, daß es soviel andere Fragen gibt, vielleicht weniger angenehme, aber vitalere als die der Naturwissenschaften.

Teilhard erfährt erst am 15. August 1908 in Kairo, welches ab Herbst seine nächste Station im Ausbildungsgang sein wird. Der Jesuit soll sich in der Indifferenz üben und für kurzfristige und unerwartete Entscheidungen der Oberen disponibel sein. Eine Verlängerung des pädagogischen Praktikums auf vier Jahre, verbunden mit einer Versetzung in ein anderes Kolleg zur weiteren Bewährung, wäre nicht ausgeschlossen. Doch der Orden hat den Eindruck, Teilhard ist reif für das fällige vierjährige Studium der Theologie – mit der Priesterweihe nach dem dritten Studienjahr.

Am 18. September 1908 schreibt Pierre, dessen Verbundenheit mit seiner Familie mit den Jahren eher zu- als abnimmt, an seine jüngeren Brüder Biel (Gabriel) und Yéyé (Olivier) bereits aus dem Ordenshaus Ore Place bei Hastings in Sussex seine ersten Eindrücke von Südengland. Auf der Reise hierher hat er – nach einem kurzen Aufenthalt in Sarcenat bei seinen Angehörigen – in Paris vor allem Kontakte mit dem Laboratorium des Museum d'Histoire Naturelle aufgenommen, in dem er – was er jetzt noch nicht weiß – 1912 bis 1914 seine paläontologische Ausbildung beginnen wird.

In Amiens besucht er »unangemeldet« seine ältere Schwester Françoise, die dort seit März 1906 als Kleine Schwester der Armen unter dem Ordensnamen Marie Albéric (im Andenken an den verstorbenen Lieblingsbruder) in einem Altersheim tätig ist. Sie schreibt am 17. September 1908 über diese Begegnung an ihren Vater, dem gegenüber seine beiden Kinder im Orden stets das Bedürfnis haben, ihm sein Opfer durch Beteuerung ihres Glücks zu erleichtern: »Ich hoffe, er ist nicht zu sehr ermüdet durch Kairo. Ich fand ihn ziemlich mager, aber immer sehr glücklich. Ihr dürft auf ihn ein wenig stolz sein, denn er ist noch viel liebenswürdiger als vorher, so ernsthaft und stets so gut«: Das Urteil der Schwester, die ihre Rolle als »zweite Mutter« der jüngeren Geschwister noch nicht aufgegeben hat. Sie ahnt nicht, wie sehr sie in den nächsten drei Jahren durch ihre schnelle »Karriere« die Familie in Atem halten und Pierres Priesterweihe im August 1911 überschatten wird. Noch im Oktober 1908 wird sie Assistentin des Ordenshauses in Amiens, der Heimat ihrer Mutter. Schon im August 1909 ist sie von Marseille aus auf der Fahrt in die heiß ersehnte Mission von Shanghai, ein Jahr später bereits Oberin des dortigen Ordenshauses. Im Mai 1911 erkrankt sie, darf am 1. Juni im Angesicht des Todes ihre Ewigen Gelübde ablegen und stirbt zweiunddreißigjährig am 7. Juni 1911 an den Schwarzen Pocken. Am gleichen Tag erreicht Pierre ein Telegramm des Jesuitenpaters, der seiner Schwester beigestanden hat: Pierre soll den Eltern die Nachricht weitergeben.

Der Brief an seine Eltern vom 7. Juni zeigt, wie sehr Teilhard noch auf die üblichen Formeln angewiesen ist, aber auch – gleichsam als Vorbereitung auf sein eigenes späteres Exil in China – die Faszination durch dieses geheimnisvolle Land, mit dem er durch den Tod seiner Schwester schon jetzt verbunden ist: »Ihr habt Gott Eure geliebte Tochter geopfert: nun hat er sie endgültig angenommen. Er allein ist das Ziel aller Dinge derart, daß, wenn Er jemand zu sich nimmt, das nicht Trennung, sondern Vereinigung bedeutet. Daß Sein Wille geschehe ... Unser größter Trost, nicht wahr, besteht darin, daß es schwierig ist, sich ein heiligeres und schöneres Ende zu erträumen. Françoise hat wahrhaftig den Tod gefunden, den sie über alles ersehnt hat – sie hat es euch noch in ihrem letzten Brief wiederholt –: in China, und um Chinas willen ... Ich glaube wohl, daß wenige Gebete Gott so bewegen werden wie die der Alten, die Françoise ins Paradies geführt hat, die ihrer Chinesen vor allem.« Der Tod seiner Schwester hat Pierre erbaut: Sie stirbt wie eine Heilige, versehen mit den Sterbesakramenten und unter den Gebeten des berühmten Jesuitenpaters Froc, des »Paters der Taifune«, der sich als Leiter des Observatoriums von Zi-ka-wei große Verdienste um die Schiffahrt erworben hat.

Teilhard und seine Freunde halten Distanz zur neuscholastischen Theologie, die in diesen Jahren zu der ihr eigenen Schwäche noch einen besonderen antimodernistischen Akzent bekommt, den manche der Professoren überzeugt, andere mit Vorbehalt setzen. Teilhard absolviert jedoch, ohne unangenehm aufzufallen, seine Jahresexamina mit Erfolg. Er zeichnet sich sogar aus: er darf in den feierlichen scholastischen Disputationen, die gegen Ende eines Semesters gehalten und von den Besten bestritten werden, auftreten, im März 1909 als Adversarius, der die vorgetragenen Thesen attackieren soll; doch müssen sich die Angriffe in den von den Professoren abgesteckten Grenzen halten und für den Verteidiger der Orthodoxie prinzipiell widerlegbar sein. Die Disputationen finden in Latein statt, und Teilhard klagt, daß die Jahre in Ägypten »keinen günstigen Einfluß auf die Leichtigkeit gehabt haben, diese Sprache zu sprechen« (13. Juni 1910). Trotzdem beherrscht er sie noch genügend, um im Jahr der Priesterweihe »den Verteidiger der richtigen Lehre« spielen zu dürfen: aber seine Mutter »täte gut daran, für mich die Erleuchtung des Heiligen Geistes zu erbitten, damit ich mich auf der Höhe der Probleme zeige« (16. Januar 1911). Die Tatsache, daß er am Ende des Schuljahres wieder als Defensor auftreten muß, könnte auch ein Zeichen dafür sein, daß die Oberen ihm schon mißtrauen und hoffen, ihn auf diese Weise in die Rechtgläubigkeit einüben zu können. Teilhard nimmt es von der äußerlichen Seite: »Die Materie ist interessant, vor allem für einen jungen Priester (die Eucharistie), ich kann mich darüber nicht beklagen. Und dann kann ich mich damit trösten, daß es das letzte Mal ist, daß mir eine derartige Ehre widerfährt.« (4. Dezember 1912) Ahnt er, daß er sein künftiges Leben lang für eine vertiefte, kosmische Auffassung der Eucharistie kämpfen wird?

Teilhard besteht auch das Moralexamen auf Anhieb, das, da unerläßlich für den kommenden Beichtvater, mehrmals wiederholt werden kann, und beendet damit »das offizielle Studium dieser Wissenschaft ... tatsächlich muß man es sein Leben lang fortsetzen« (11. Oktober 1910). Reserve zeigt Teilhard gegenüber den dogmatischen Traktaten: »Im übrigen ist das Leben in Ore Place gleichmäßig uniform und intensiv, mit der Befriedigung, einen Traktat nach dem anderen abfließen zu sehen. Wir sind noch dazu im Augenblick bei den abstrusesten von allen, bei denen, die die Trinität betreffen«, schreibt er am 6. März 1910 offen an die Eltern.

Doch ein Gutes hat die Theologie für Teilhard: »Die Theologie«, heißt es am 23. April 1910 an seine Eltern, »läßt an vieles denken, und ich fange an einzusehen, daß es soviel andere Fragen gibt, vielleicht weniger angenehme, aber vitalere, als die Naturwissenschaften [stellen]: ich frage mich, ob ich diese nicht eines guten Tages meiden sollte; – wenigstens wenn man mir sagt, es zu tun, was sehr gut möglich ist.« Hat es Andeutungen der Oberen gegeben, daß seine vielen Exkursionen ins Gelände und seine immer deutlichere Begeisterung für die Paläontologie keine Gewähr dafür sind, daß der Orden ihn auf dem Gebiet auch später einsetzen wird? Hat er sich durch darwinistisch klingende »modernistische« Äußerungen verdächtig gemacht?

Sein Vater reagiert enttäuscht auf diese Andeutung. Pierre versucht ihn zu trösten: »Papa hat völlig recht, wenn er die reine Theorie [wie sie in den modernen Naturwissenschaften gesucht wird, die sich am Ideal der Mathematik orientieren] als eines der aktivsten Elemente in der Entwicklung der Welt ansieht. Ich bin auch durchaus nicht geneigt, darauf zu verzichten. Aber ich sehe ein, daß neben den streng wissenschaftlichen Gegenständen, die mich bis jetzt vor allem beschäftigt haben, noch eine ganze Reihe menschlicher Fragen existiert, die ein Studiengebiet darstellen, das in anderer Weise lebendig ist und nicht weniger von Problemen angefüllt ... Was nicht hindert, daß vieles dafür spricht zu wetten: meine erste Bestimmung für die Zukunft lautet, mich wieder in eine physikalische Sammlung zu begeben« – als Physiklehrer in einem Gymnasium?

17 Die schöpferische Evolution

> Dieses magische Wort »Evolution«, das in meinem Denken immer wieder kam wie ein Refrain, wie ein Geschmack, wie ein Versprechen und wie ein Appell.

Gibt es einen weiteren Hinweis, welcher Art die »menschlichen Fragen« sind, die sich von denen der Naturwissenschaften unterscheiden und auf die Teilhard gestoßen ist?

»Es war im Laufe meiner Jahre der Theologie in Hastings (das heißt gleich nach den Erstaunlichkeiten von Ägypten)«, schreibt Teilhard 1950 in ›Das Herz der Materie‹, »daß in mir allmählich – nicht so sehr als ein abstrakter Begriff als vielmehr als *eine Gegenwart* – das Bewußtsein einer tiefen, ontologischen, totalen Drift des Universums um mich herum zu wachsen begann, bis es meinen inneren Himmel gänzlich erfüllte.

Unter welchen Einflüssen oder welchem Schock, im Gefolge welchen Prozesses und durch welche Etappen hindurch ist dieses Gefühl erwacht und hat es so tiefe Wurzeln in mir getrieben? Ich käme in Verlegenheit, es zu sagen. Ich erinnere mich gut, daß ich zu jener Zeit die *Evolution créatrice* begierig gelesen habe. Aber abgesehen davon, daß ich in jener Epoche ziemlich schlecht begriff, worin genau die Bergsonsche Durée bestehen sollte, erkenne ich rückblickend klar, daß die Wirkung dieser brennenden Seiten auf mich nur darin bestand, im gewünschten Augenblick, und einen kurzen Augenblick, ein Feuer zu schüren, das mein Herz und meinen Geist bereits verschlang. Ein Feuer, stelle ich mir vor, das sich in mir – bei höchst ›monistischer‹ Neigung – entzündete durch das bloße Nebeneinander der drei entzündbaren Elemente, die sich in dreißig Jahren allmählich im Innersten meiner Seele angesammelt hatten: Kult der Materie, Kult des Lebens, Kult der Energie. Alle drei fanden einen Ausweg und eine mögliche Synthese in einer Welt, die, zerstückelt unter der Bedingung eines statischen Kosmos, sich plötzlich (unter Hinzunahme einer weiteren Dimension) in den Stand und in die organische Würde einer Kosmogenese [Weltwerdung] versetzt fand.«

Teilhard ist in Hastings noch weit davon entfernt, die Bedeutung dieser Einsicht für sein künftiges Leben zu ermessen. Die Entdeckung der Evolution und Kosmogenese aufgrund eigener Erlebnisse, Gefühle, Gegebenheiten seines Bewußtseins, die bis in seine Kindheit zurückreichen, ist die Schlüsselerfahrung seines Lebens. Das bisher im Raum nebeneinander Liegende, Getrennte, Gegensätzliche und Widersprüchliche der Welt vermag er fortan dadurch in Verbindung und Verwandtschaft, in eine innere Einheit zu bringen, daß er die Entwicklungsgeschichte der Welt ernst nimmt: alles ist dadurch im Innersten verwandt, daß es auseinander hervorgegangen ist, das Leben aus der Materie und der Geist aus dem Leben.

Worunter der junge Teilhard immer stärker gelitten hat und was ihn in Ägypten in die Versuchung führte, sich in die Materie hinein zu verlieren als in den Widersacher der Seele und des Geistes: dieser Dualismus von Materie und Geist, Leib und Seele, Unbewußtem und Bewußtsein, von jeweils zwei »Substanzen«, zwei Seinsweisen, die in unbegreiflicher Weise in Tieren und Menschen verbunden sein sollten, »verging wie Nebel vor der aufgehenden Sonne. Materie und Geist: nicht mehr zwei Dinge –, sondern zwei *Zustände*, zwei Gesichter des einen kosmischen Stoffes.«

Noch sind nicht alle Fragen gelöst, die sich Teilhard stellen: zum Beispiel die nach der Gerichtetheit der Entwicklung. Wieso kein Entwicklungschaos und kein indifferentes Ausbalancieren der verschiedenen Seinsweisen der Welt? Woher nimmt der Mensch, vor allem der westliche und christlich orientierte, sein Überlegenheitsbewußtsein gegenüber dem Tier und der Materie?

Die Tatsache, daß sich Teilhard diese und ähnliche Fragen in Hastings stellt, während er eine antimodernistische scholastische Theologie absolviert, in der diese Probleme im Rahmen eines statischen Weltbildes angeblich längst geklärt sind, zeigt, wie innerlich frei und vor allem seiner persönlichen Erfahrung verpflichtet Teilhard geblieben ist.

Dazu bedarf es der Unterstützung, die ihm durch Bergsons Hauptwerk ›L'évolution créatrice‹ zuteil wird. In dem 1907 in Paris erschienenen Buch – es kommt 1914 auf den römisch-katholischen Index der verbotenen Bücher, im gleichen Jahr, da Bergson in die Académie française gewählt wird – findet Pierre Teilhard zum ersten Male ausformuliert, was ihn als Ahnung erfüllt: »Von unserem Standpunkt aus erscheint das gesamte Leben als eine ungeheure, von einem Zentrum her sich ausbreitende Woge, die fast auf ihrem ganzen Umkreis zum Stillstand kommt und sich in Pendelbewegungen an der Stelle umsetzt: einzig an einem Punkt ist das Hemmnis besiegt worden, ist der Impuls frei ausgeströmt. Und diese Freiheit ist es, die die Form: Mensch bezeichnet. Überall sonst, außer beim Menschen, sah sich das Bewußtsein in eine Sackgasse getrieben; nur im Menschen hat es seine Straße verfolgt. Ins Unbegrenzte also setzt der Mensch die Lebensbewegung fort, wiewohl er nicht alles mit sich reißt, was das Leben in sich trug. Auf anderen Entwicklungslinien sind andere im Leben beschlossene Tendenzen vorgedrungen; Tendenzen, von denen der Mensch, weil alles sich durchdringt, zweifellos irgend etwas, doch aber nur ein ganz Weniges bewahrt hat. Alles geht vor sich, als ob ein unbestimmtes und wallendes Wesen, mag man es nun Mensch oder Übermensch nennen, nach Verwirklichung getrachtet, und diese nur dadurch erreicht hätte, daß es einen Teil seines Wesens unterwegs aufgab. Diese Verluste sind es, welche die übrige Tierheit, ja auch die Pflanzenwelt darstellt, insoweit mindestens, als sie etwas Positives, etwas den Zufällen der Entwicklung Enthobenes bedeuten.«

Schon durch ihre zentralen Begriffe »Bewußtsein«, »Gefühl«, »Leben«, »Energie«, »Woge«, »Impulse«, »Unbegrenztheit«, »Bewegung«, »Entwicklung«, »Tendenz«, »Unbestimmtheit«, »Verwirklichung« erweisen sich die zitierten Texte Teilhards und Bergsons als zur Lebensphilosophie gehörig. Schelling, Kierkegaard, Schopenhauer und Nietzsche sind ihre Vorläufer. Der Name stammt aus dem Kreis der Romantiker, von Friedrich Schlegels ›Vorlesungen über die Philosophie des Lebens‹. In Bergson und Dilthey erreicht die moderne Lebensphilosophie ihren Höhepunkt. Sie setzt gegen den Rationalismus einer an Descartes orientierten Philosophie und vor allem der Naturwissenschaften mit ihren starren Begriffen und mechanistischen Gesetzen einen betonten Irrationalismus: das einer dynamischen Zeitvorstellung unterliegende bewegte Leben kann nur durch Intuition, als unmittelbare Gegebenheit des Bewußtseins, erfaßt werden. Aussagen darüber, oft poetisch-mystischer Art, haben immer nur Annäherungswert und zielen darauf, den anderen zur eigenen Bewußtseins- und Lebenserfahrung zu verhelfen.

Durch die Begegnung mit Bergson wird sich Teilhard seiner philosophischen Eigenart bewußt, die er in den nächsten Jahren weiter entwickelt und sowohl gegen die Neuscholastik wie gegen den Positivismus und Fixismus der Naturwissenschaften verteidigen wird. Für Teilhards Verhältnis zur Mineralogie, Geologie, Physik, Botanik, Biologie und auch Paläontologie eröffnet Bergsons Philosophie von der »schöpferischen Evolution« die lang ersehnte Möglichkeit, den Darwinismus, den naturwissenschaftlichen Evolutionismus überhaupt in ein dynamisches Weltbild zu integrieren, das sich christlich interpretieren läßt.

In einem Beitrag ›Der Mensch vor der Lehre der Kirche und vor der spiritualistischen Philosophie‹ im ›Dictionnaire apologétique de la Foi catholique‹, das 1911 erscheint, setzt sich Teilhard bereits mit der Vereinbarkeit von Evolutionismus und Glauben auseinander, beantwortet die Frage in traditioneller Weise jedoch noch negativ. Er sieht noch nicht, wie die Synthese aussehen muß, ohne daß die naturwissenschaftlichen Erkenntnisse oder die christlichen Grundüberzeugungen dabei auf der Strecke bleiben. Ahnt er schon, daß die Lösung nicht darin liegt, in die Vergangenheit zurückzublicken, sondern vorauszuschauen in die Zukunft? Tatsächlich wird Teilhard die Aufgabe in Angriff nehmen, die ein anderer Lebensphilosoph, Friedrich Nietzsche, im Geburtsjahr Teilhards, 1881, in seinem Buch ›Morgenröte‹ als »Sentimentalität« bezeichnet hat: »Ehemals suchte man zum Gefühl der Herrlichkeit des Menschen zu kommen, indem man auf seine göttliche *Abkunft* hinzeigte: dies ist jetzt ein verbotener Weg geworden, denn an seiner Tür steht der Affe ... So versucht man es jetzt in der entgegengesetzten Richtung: der Weg, *wohin* die Menschheit geht, soll zum Beweise ihrer Herrlichkeit und Gottverwandtschaft dienen. Ach, auch damit ist es nichts! Am Ende dieses Weges steht die Graburne des *letzten* Menschen und Totengräbers ... Fort mit solchen Sentimentalitäten!«

Mit anderen Augen sieht Teilhard jetzt auf seinen Exkursionen, die er auch in Hastings fortsetzt, die Landschaft, die geologischen Schichten, die Fossilien, die Höhlen mit den Spuren früheren Lebens. Was er in einem Bericht von einer Woche für religiöse Ethnologie in Löwen 1912 niederschreibt, gibt seine neue Einstellung eindrucksvoll wieder, die gleich weit entfernt ist vom unbeteiligten Registrieren eines positivistischen Wissenschaftlers wie von der thesenhaften Sicherheit der Neuscholastik: »Oh, der angstvolle Blick auf die in dem Schlamm der Urmeere gefundenen Organismen, auf das aus dem Grunde der Höhlen ausgegrabene alte Werkzeug, auf den Menschen, der starb, bevor er gesprochen hatte, auf all die unbeweglichen Sphinxe, die gesehen haben und nicht antworten: wer hat sich, sofern er nur etwas das Problem des Lebens verspürt hat, ihm nicht lange hingegeben? Wer wird uns die Intuition der verschwundenen Zeiten wiedergeben, da sich die Schichten und Rassen bewegten und vermischten und so die Gebärde verwirklichten, von der wir kaum eine der möglichen Formen an ihren großen Überresten ablesen?«

Teilhards Briefe aus Hastings an seine Eltern und Geschwister sind zu einem guten Drittel Beschreibungen der hohen, weißen Kalkklippen mit ihren Kiesel- und Sandstränden, der weiten Parklandschaften und Wälder, der Landhäuser und Burgen, der Abteien und Kirchen, der Dörfer und Städte der Umgebung, vor allem aber seiner Funde und Entdeckungen: »Es besteht kaum die Chance«, schreibt er zwar zu Beginn seines Aufenthalts in Hastings am 4. 11. 1908, »Neues zu finden, aber das Terrain ist neu für mich und ziemlich instruktiv. Gestern habe ich in den abgebrochenen [Kalk-]Blöcken entlang des Meeres ein Dutzend Spuren des Iguanodons entdeckt, der eine klassische Kuriosität von Sussex ist. Diese Spezies der Saurier lief auf zwei Pfoten wie Vögel und hat tiefe Eindrücke hinterlassen mit drei großen Zehen von leicht 20 bis 30 cm.«

So ist es bei den vielen Streifzügen kein Zufall, daß Pierre Teilhard im Mai 1909 dem schon berühmten Amateurgeologen von Sussex begegnet, mit dem er Erfahrungen austauscht und dem er bald darauf sogar noch Neues zeigen kann: »Donnerstag [am studienfreien ›Villatag‹] habe ich meinen neuen Freund, den Geologen M. Dawson, in die Felsküste geführt, um ihm die Fährten des Iguanodons zu zeigen«, berichtet er am 25. Juli 1909 seinen Eltern. »Die Flut war ziemlich hoch und der Sturm gewaltig, die Expedition war heroisch. Mr. Dawson ist nicht gerade sehr felsgewöhnt, und zusammen mit P. de Bélinay mußten wir ihn zu zweit über die Felsen balancieren; ich hatte alle Mühe der Welt, um seinen Hut aus einem Loch herauszuholen. Zuguterletzt entschied er sich, die Eindrücke doch nicht mitzunehmen, da sie nicht deutlich genug waren. Stattdessen bat er uns für das Britische [Naturgeschichtliche Museum in London] um die Zähne des kleinen Krokodils, die er von dem Terrain, wo wir sind, noch nicht kannte, und von denen ich gerade am Dienstag einen Vorrat gefunden hatte.« 1910 bei einem kurzen Besuch in London findet Teilhard in der paläontologischen Abteilung der Naturgeschichtlichen Sammlungen von South-Kensington ein von ihm stammendes Fundstück aus Hastings, ausgestellt in einer Vitrine. Im Juni 1911 erhält er einen Auszug aus dem Organ der Geologischen Gesellschaft von London, die eine Beschreibung der Abbildung eines von Teilhard gefundenen berühmten Säugetierzahns enthält. In den letzten Tagen seines Aufenthalts in Hastings, im Juli 1912, erhält er Besuch aus London von Dr. Smith-Woodward vom »Britischen«, der Teilhards Sammlung ausgiebig »plündert, damit ich mich darüber geschmeichelt fühle«. Dafür erhält Teilhard freien Eintritt in South-Kensington!

Im gleichen Jahr tritt auch die sensationelle Geschichte des »Menschen von Piltdown«, die Mr. Dawson eingefädelt hat und in die Teilhard verwickelt wird, in ein neues Stadium. Schon 1908 hatte Rechtsanwalt Dawson aus einer Kiesgrube bei Piltdown in der Grafschaft Essex eine bräunliche Hirnschale mitgebracht, die ihm angeblich ein Straßenarbeiter gegeben hatte. Nach eigenen Angaben fand Dawson in den folgenden Jahren weitere Schädelknochen in der Gegend. Erst 1912 informiert er Sir Arthur Smith-Woodward und gräbt in dessen Gegenwart einen affenähnlichen Unterkiefer und ein paar Zähne aus. Als sich Woodward über die eigenartige Färbung der Knochen wundert, erklärt ihm Dawson, er habe sie mit doppelchromsaurem Kali behandelt, um sie zu härten. Daß auch der von Woodward selbst gefundene Kiefer so gebräunt aussieht, übersieht der Fachmann aus London seltsamerweise. Er ist bereits von der Vorstellung fasziniert, endlich den »ältesten Europäer«, vielleicht sogar den »Erstgeborenen«, den Urvater der Menschheit, gefunden zu haben, den »Morgenröte-Mensch«, wie er heißen soll: den »Eoanthropus Dawsoni« aus Piltdown.

Am 30. August 1913 – Teilhard studiert schon Paläontologie in Paris – gelingt auch ihm in den Ferien, die er in Jersey verbringt und von wo er aufs Festland zu der »Expedition« übersetzt, ein weiterer Fund, der die Hypothese vom Piltdown-Menschen stützen wird. »Mr. Dawson und ich brachen auf, um in Uckfield in Begleitung von Dr. Woodward zu graben«, erzählt er seinen Eltern am 10. September mit Humor und im Bewußtsein, in die Geschichte der Entdeckungen eingegangen zu sein: »In die Liste der Arbeiter muß billigerweise noch eine Gans (eine *pet goose)* eingetragen werden, die uns nicht mehr verließ, als wir gruben, abwechselnd liebkosend oder mürrisch, unserer Ansicht nach, und immer wütend gegenüber den Passanten. Dieses Mal hatten wir Glück: in der abgetragenen, vom Regen ausgewaschenen Erde der vorhergehenden Grabung fand ich einen Eckzahn des berühmten Menschen von Piltdown –, ein wichtiges Stück, das der Rekonstruktion von Woodward recht geben sollte; es war ein Augenblick großer Erregung. Denkt daran, das war die letzte Grabung der Saison!« Sir Woodward ist von Teilhards Entdeckung und Persönlichkeit so angetan, daß er ihn am 25. September bei sich in London wohnen läßt: »Ich mußte meinen Namen (dazu bestimmt, gestickt zu werden) auf ein Tischtuch schreiben, das mit den Unterschriften von jeder Art berühmter Geologen bedeckt war.«

Charles Dawson stirbt hochangesehen 1916, nachdem er 1915 den Fund eines zweiten Eoanthropus Dawsoni aus der Gegend gemeldet hat. Über Sir Arthur Smith-Woodward berichtet Heinrich Ralph von Koenigswald, mit dem Teilhard 1936 und 1938 in Java arbeiten wird: »In Haywards Heath, nicht weit von der Fundstelle, ließ er sich ein Häuschen bauen, um sie stets im Auge behalten zu können. Von nun an weihte er sein Leben dem Piltdown-Menschen. Als wir ihn 1937 in Haywards Heath besuchten, wurde über nichts anderes gesprochen. Unter einem großen Regenschirm stehend, wies er uns den Platz, wo er die berühmten Fundstücke entdeckt hatte.«

Doch viele Fachleute bleiben skeptisch, darunter der Lehrer Teilhards, Marcellin Boule: Nach der geltenden Theorie sollen Schädel und Gehirn der Vormenschen affenähnlich, Kiefer und Zähne schon menschenähnlich sein; beim Piltdown-Menschen ist es gerade umgekehrt, weshalb er nicht einzuordnen ist. In den dreißiger Jahren wird der Verdacht auf Fälschung lauter. 1949–1953 weisen Oakley, Weiner und Le Gros Clark durch Fluortest nach, daß der Kiefer des Eoanthropus von einem modernen Orang-Utan stammt, dessen Zähne man menschenähnlich gefeilt hat. Die gefärbten Schädelstücke sind zwar menschlich, gehen jedoch nicht über das Neolithikum zurück und stammen aus einer anderen Fundstelle. Das Knochenwerkzeug ist mit einem Stahlmesser bearbeitet worden. Wurde schon

Dawson getäuscht, war er Mitwisser oder hat er selbst alles raffiniert inszeniert in dem Ehrgeiz, seinem Freund Sir Arthur das »missing link« zuzuspielen, damit »der erste Mensch ein Engländer war« (Oakley)? Am 28. November 1953 wird Teilhard an Oakley schreiben: »Ich beglückwünsche Sie sehr herzlich zu Ihrer Lösung des Piltdown-Problems. Anatomisch gesehen war *Eoanthropus* eine Art Monstrum. Und vom paläontologischen Standpunkt aus war es ebenfalls schockierend, daß ein ›Dawn-Man‹ in England vorkommen sollte. Deshalb bin ich zutiefst von Ihren Schlußfolgerungen befriedigt, obwohl sie mir, gefühlsmäßig gesprochen, eine meiner hellsten und frühesten paläontologischen Erinnerungen verderben.«

Die Begegnung mit Dawson, der auf der Suche nach dem Urmenschen ist, hat in Teilhard das Interesse für die Entwicklungsgeschichte geweckt und seine Überzeugung von der »schöpferischen Evolution« im Verlauf der Kosmogenese, der Welt- und Menschwerdung, verstärkt. Er bedauert in den Jahren von Hastings öfters, in der englischen Historie so wenig bewandert zu sein, ein Zeichen dafür, daß sein Sinn für Geschichte wächst.

Während des Ersten Weltkrieges wird Teilhard seinen Glauben an die »évolution créatrice« als Erklärungsprinzip auch auf die Menschheitsgeschichte im engeren Sinne, auf die Profan- und Religionsgeschichte, auf die Sozial- und Kulturgeschichte anwenden und daraus Schlüsse für sein persönliches Engagement ziehen. »Der Kosmos ist ein Werden«, notiert er am 5. Oktober 1916 in sein Tagebuch. »Deshalb stößt die Entscheidung, kosmisch zu leben, auf das Problem des Übels und der Neuheiten ... Man kann nicht bewegungslos die von Gott erfüllte Welt lieben. Man muß an ihrer Bewegung teilhaben und mit ihr kommunizieren.«

> Ich bin völlig glücklich; vor allem in der Überzeugung, daß ich angefangen habe, ein besseres Instrument Gottes zu werden; möge er sich meiner für viel Gutes bedienen.

Teilhards Glaube an die schöpferische Kraft der Materie wird noch in Hastings auf die Probe gestellt. Auf Bitten von Pater Léonce de Grandmaison, der als Professor der Apologetik für Teilhards kritischen Freundeskreis ein verständnisvoller Mentor ist und 1908 die Direktion der Jesuitenzeitschrift ›Etudes‹ in Paris übernimmt, schreibt Teilhard 1909 den Artikel ›Die Wunder von Lourdes und die kanonischen Untersuchungen‹. Ältere und erfahrenere Autoren haben den Auftrag abgelehnt. Teilhard nimmt ihn als Herausforderung an. Die damit zusammenhängenden naturwissenschaftlichen, philosophischen und theologischen Probleme interessieren ihn aus persönlicher Betroffenheit: seine seit 1902 an der Pottschen Krankheit leidende Schwester Marguerite (Guiguite) hat bisher vergebens in Lourdes Heilung gesucht.

Seit den Marienerscheinungen vor der kleinen Bernadette Soubirous im Jahre 1858 in dem Flecken Lourdes in den französischen Pyrenäen reißt der Strom der frommen Pilger und der Heilung suchenden Kranken dorthin nicht ab: jede Wunderheilung weckt neue Hoffnungen, die jedoch nur selten in Erfüllung gehen.

»Ich traute meinen Augen kaum«, schreibt Pierre am 14. August 1907 aus Ägypten an seine Eltern, »als ich in Guiguites Brief las, sie könne gehen; gewiß ist die Besserung übernatürlich, zumindest in der Hinsicht, daß sie durch die Heilige Jungfrau gekommen ist, und dies ist das beste Unterpfand für die vollständige Heilung, um die wir, Sie und ich, inständig bitten wollen, wenn wir der Jungfrau Maria morgen danken [am Fest Mariä Himmelfahrt]. Von einem solchen unmittelbaren Eingreifen der Güte der Heiligen Jungfrau hört man jeden Augenblick rundherum erzählen; aber wieviel mehr berührt es einen, wenn es um die Familie geht: Dies ist ein Beweis, daß man uns im Himmel nicht vergißt, insbesondere die, die dahin vorausgegangen sind: Albéric und Loulou.«

Die Besserung ist jedoch nicht von Dauer: Ende Oktober 1907 heißt es: »Wenn dieser Brief in Sarcenat ankommt, wird Mama wahrscheinlich mit Guiguite in Lourdes sein; ganz abgesehen von dem Erfolg der Reise, wir werden nicht vergeblich von neuem bei der Grotte erschienen sein, und die beiden werden gewiß beladen mit dem Segen Unserer Lieben Frau zurückkehren.« Die Warnung vor übertriebenen Hoffnungen erweist sich als realistisch: »Ich habe gestern Mamas Brief, der in Lourdes geschrieben ist, erhalten«, bestätigt er am 22. November 1907. »Von unserem Standpunkt aus ist das Ergebnis der Reise eine kleine Enttäuschung, aber man kann offenbar nur die Heilige Jungfrau walten lassen, wie es ihr gefällt; wenn es ihr Wille ist, kann sie Heilung bringen, und bis dahin können Sie gewiß sein, alles getan zu haben, was in Ihrer Macht lag.« Daß sich der Bruder schon in Ägypten mit der Diskussion um die Wunderheilungen – Suggestion oder »Magnetismus« – vertraut gemacht hat, zeigt der letzte Satz seiner Reaktion auf das Befinden der Schwester vom 27. März 1908: »Die Nachricht von der unerwarteten Besserung im Zustand Guiguites war für mich eine freudige Überraschung; auch wenn Sie sich vermutlich wundern, daß ich Ihnen mein Empfinden nicht früher zum Ausdruck gebracht habe. Ich gestehe, mir ist diese unerwartete Besserung sogar lieber als eine in Lourdes erreichte Linderung des Leidens. Auf diese Weise wird die Hand der Heiligen Jungfrau deutlicher sichtbar, da Guiguites Phantasie damit überhaupt nicht in Zusammenhang gebracht werden kann.«

Zur Vorbereitung seines Artikels fährt Teilhard für ein Wochenende im November 1908 von Hastings nach Paris, um mit dem Direktor des von den Bischöfen eingerichteten Medizinischen Büros in Lourdes, Dr. Boissarie, über dessen Eindrücke und Meinung zu sprechen: »Ein hervorragender, sehr liebenswürdiger Mann, der mir mit Leidenschaft von Lourdes erzählt hat. Er hat wirklich Glück gehabt, ein so schönes Werk zu finden, dem er sein Leben widmet.«

Im Artikel selbst läßt Teilhard keinen Zweifel daran, daß er die von den Bischöfen nach einem kritischen Verfahren, das auf ein Dekret Pius' X. von 1905 zurückgeht, als Wunder anerkannten Heilungen auch als solche akzeptiert. Es fällt in die Zuständigkeit der Kirche, jene Fälle, die nach genauer Überprüfung durch eine Ärztekommission »gegenwärtig von der Wissenschaft nicht erklärt werden können, also außer-medizinisch sind«, als von Gott gewirkte Heilungen, als »Wunder« zu interpretieren. Trotzdem bemerkt Teilhard in einer Fußnote: »Es ist kaum nötig daran zu erinnern, daß diese Entscheidungen ... den Glauben selbst nicht engagieren«: kein Katholik ist gehalten, an diese Wunder zu glauben.

Was Teilhard jedoch mit seinem Artikel bei Gläubigen und Ungläubigen, vor allem bei den skeptischen Naturwissenschaftlern erreichen möchte, ist der Glaube an die schöpferische, neuschaffende und heilende Energie, die der Materie innewohnt und »nur« geweckt und gesteuert werden muß. Der spätere Teilhard kündigt sich an, wenn er den Horizont umreißt, in dem die »Wunder« von Lourdes diskutiert werden sollten: »Überall um uns herum bemühen sich hervorragende Leute, geschickte Experimentatoren oder eindringliche Interpreten der Natur, Dokumente zu sammeln, die für die Erde und ihre Energien enthüllend sind; ganz nah, jeder weiß und sieht es, vervielfachen sich bemerkenswerte Fakten, geeignet, die weitesten Perspektiven des Universums zu erhellen, fähig, allen unseren Gedanken ein solides Fundament zu geben.« Ist dann die Annahme einer speziellen Energie, wie sie sich in Lourdes zeigt, unwissenschaftlich? Gerade wenn man mit der modernen Naturwissenschaft und ihrer Philosophie der Meinung ist, daß es zwischen Materie, Leben und Intelligenz mehr Kontinuität als Diskontinuität gibt und wir noch weit davon entfernt sind, die Möglichkeit und die Grenzen der Materie genau beschreiben zu können, ist es dann nicht unwissenschaftlich, sich in der bisher bekannten und erforschten »Sphäre der irdischen Energie zu isolieren«? »Wir sind nicht überrascht zu sehen, wie sich die Materie neue Eigenschaften zulegt, wenn sie lebendig wird. Warum staunen über ein noch stärkeres Wachsen der natürlichen Kräfte, die beim Leben hinzukommen wie das Leben bei der Materie? ... Nun hat aber die menschliche Aktivität gute Chancen, nicht das letzte Glied der Kette zu sein.« Zwingen uns die Tatsachen von Lourdes nicht, »den Einfluß eines bewußten Seins zuzulassen, das in die Natur hineinwirkt, ohne seinen Grenzen unterworfen zu sein?«

Teilhard glaubt, durch seine »zugleich apologetische und wissenschaftliche Erklärung der Fakten die Existenz eines persönlichen Gottes durch eine rigoros positive Methode anzeigen« zu können. Wie dem auch sei: deutlich wird Teilhards eigene im Wachsen begriffene Überzeugung von der noch nicht abgeschlossenen Entwicklung der Welt: angetrieben und gesteuert von einer geheimnisvollen Energie hat sich die Materie zum Leben und das Leben zum Geist entwickelt. Dessen Macht und Freiheit erscheinen jedoch noch begrenzt, wie gerade die »wunderbaren« Phänomene von Lourdes bewußt machen, in denen sich eine noch höhere Stufe der Naturbeherrschung anzeigt, als sie dem Menschen bisher möglich ist.

Als Teilhard im Juli 1913 Gelegenheit hat, Lourdes selbst zu besuchen, berichtet er an seine Eltern in einer Art, die an Nüchternheit nichts zu wünschen übrig läßt: »In Lourdes habe ich die Pilgerzüge von St. Brieuc und von Madrid angetroffen; unter diesen Umständen ist es ziemlich schwierig, in der Grotte still zu beten; als Entschädigung hat man den Anblick des Gebetes der anderen und der Hingabe der Krankenträger, die mich mehr als alles andere beeindruckt haben. [Den Ersten Weltkrieg wird Teilhard selbst als Bahrenträger an der Front verbringen!] Ich habe die Prozession des Heiligsten Sakraments gesehen, die sicherlich eine bewegende Zeremonie ist, nachdem mich Dr. Boissarie in sein Feststellungsbüro zugelassen hatte, wo einige interessante ›Besserungen‹ defilierten, aber keine definitiven Heilungen, eine vielleicht ausgenommen. Freitagmorgen habe ich meine Messe in der Basilika gelesen, ohne jemand von Euch zu vergessen«: vor allem nicht die noch immer bettlägerige Schwester Guiguite. Sie hat sich sicher weiter Hoffnungen gemacht, befinden sich doch unter den kirchlich anerkannten Heilungen 1897, 1907 und 1924 solche von der Pottschen Krankheit.

Daß es Teilhard in diesem Artikel über Lourdes weniger auf Polemik und Apologetik angekommen ist, sondern auf eine Bewährungsprobe seines Glaubens an die »Evolution créatrice«, zeigt sich gerade an der Stelle, wo er polemisch einen Namen für viele nennt: den des deutschen Verteidigers und Propagandisten der Darwinschen Abstammungslehre, Ernst Haeckel. Dieser hatte die Heilungen von Lourdes teils als Suggestionen, teils als poetische Erfindungen und Assoziationen, teils als Illusionen und Betrügereien bezeichnet, die urteilenden Ärzte abqualifiziert und sich dabei auf den Lourdes-Roman von Zola berufen. Teilhard beschließt die Fußnote mit einer Bemerkung, aus der enttäuschte Liebe spricht: »Ein solcher Geisteszustand bei einem Wissenschaftler ist enttäuschend und entmutigend.«

Dagegen sieht sich Teilhard in seiner Auffassung von einer Seite bestätigt, die ihn bedenklich stimmen muß. Beim Durchblättern der ›Etudes‹-Hefte des ersten Quartals 1909, in dem sein Lourdes-Artikel erschienen ist, bleibt ihm nicht verborgen, wie sehr seine Grundauffassung jener verwandt ist, die im ersten Märzheft – die Zeitschrift erscheint damals noch vierzehntägig – unter der Überschrift ›Scholastiker und Modernisten‹ angeprangert und verurteilt wird. Der dort als Modernist zitiert wird, ist Edouard Le Roy mit seinem 1907 erschienenen Artikel ›Wie sich das Problem Gottes stellt‹. Darin heißt es: »Die Wirklichkeit ist Werden, schöpferische Anstrengung, dynamisches Sprudeln, Elan des Lebens, Druck der unablässigen Schöpfung ... Die kosmische Zukunft ist gerichtet, in einem bestimmten Sinn. Nicht als ob die Folge, die abläuft, zu einer äußeren Grenze tendiert, aber sie bestätigt einen inneren Charakter der Konvergenz. Die universelle Wirklichkeit ist Fortschritt, das heißt Wachstum, Aufstieg zum Mehr und Besseren, das heißt schließlich Marsch zur Vollkommenheit ... So erscheint die *Moral* als der Grund des Seins ... Die *moralische Wirklichkeit,* Geist von unserem Geist, ist radikal unzurückführbar auf eine andere Form der Wirklichkeit, und zwar durch seinen Platz auf dem Gipfel selbst oder vielmehr an der Quelle der Existenz. Man muß daher vorrangig bejahen, und es ist diese Bejahung, die die *Bejahung Gottes* konstituiert.«

Indem Teilhard diese Sätze liest, die ihm aus dem Herzen geschrieben sind, liegt sein künftiger Lebensweg schlagartig beleuchtet vor ihm: Wenn das Organ des Ordens den katholischen Laien und Philosophen Le Roy verurteilt, wird man erst recht ihn, den Jesuiten und Theologen, verurteilen. Ahnt er, daß seine geistige Heimat, wenn er den Orden nicht verlassen wird, künftig mehr außerhalb des Ordens sein wird als in ihm? Tatsächlich ist Edouard Le Roy (1870–1954), 1921 Nachfolger auf dem Lehrstuhl Bergsons am Collège de France und seit 1945 Mitglied der Académie française, ab 1921 Teilhards philosophischer Berater und Freund in Paris. Teilhard steht auch dann weiterhin zu ihm, als dessen Werk 1931 auf den römisch-katholischen Index der verbotenen Bücher kommt.

Ob Teilhard sich deshalb schon in einer Reihe mit den im Modernismusstreit gemaßregelten Priestern sieht, als er von Bischof Monsignore Amigo am 24. August 1911 in Hastings die Priesterweihe empfängt? Seine Eltern und die Brüder Gabriel und Joseph, die Ministranten bei seiner ersten Messe, sowie Victor und Gonzague sind anwesend. Für die Familie, vor allem für die Mutter, hat Teilhard nun nach über zwölf Jahren Vorbereitungszeit das eigentliche Ziel erreicht, wie er anläßlich der vorausgehenden Diakonatsweihe am 26. März schreibt: »Dankt

Gott mit mir. Ich habe nicht vergessen, gestern und heute für die Familie zu beten, für die ich mich ab jetzt ein wenig als der Repräsentant vor Unserem Herrn betrachte ... Habt ihr bemerkt, daß ich Subdiakon geworden bin zehn Jahre, auf den Tag, nach meinen Gelübden [am 25. März 1901 in Laval, am Fest Mariä Verkündigung]. Ich möchte darin ein Zeichen des Schutzes von Notre-Dame-du-Port sehen [der Patronin der Pfarrkirche in Clermont-Ferrand]; und ich bin glücklich gewesen, als erstes Offizium das der Heiligen Jungfrau zu beten.« Mit der Subdiakonatsweihe beginnt die Verpflichtung zum täglichen Breviergebet, dem ursprünglich mönchischen Stundengebet. In ähnlicher Weise hat Teilhard schon seinen Lourdes-Artikel mit der Muttergottes in Verbindung gebracht: »Ich bin zufrieden, daß mir eine Gelegenheit gegeben wurde, mich ins Wasser zu werfen und etwas erscheinen zu lassen; und auch, daß dieser Erstling für die Heilige Jungfrau gewesen ist – eine Aufmerksamkeit ihrerseits und ein günstiges Vorzeichen für mich.« Nicht mehr lange, und Teilhard wird sich ausdrücklich mit dem »Ewig Weiblichen« befassen, dem er sein Wesentliches verdankt.

Als Teilhard einen Tag vor seinem theologischen Schlußexamen, das er mit Erfolg besteht und das einem theologischen Doktorat entspricht, am 13. Juli 1912 aus Hastings an seine Eltern schreibt, weiß er noch nicht, welchen weiteren Weg die Oberen für ihn bestimmt haben: »Doch der Orient scheint mir für nächstes Jahr nicht zugedacht zu sein.« Einstweilen freut er sich auf einige Tage priesterlicher Aushilfe, die er in seiner Heimatpfarrei Orcines leisten darf. Er beruhigt seine Mutter, die gefürchtet hat, er könne über die Köpfe der Auvergne-Bauern hinwegpredigen: »Mama hätte sehr unrecht, würde sie sich Sorgen machen über mein fehlendes Naturtalent für die Zuhörer von Orcines.« Tatsächlich hat der Neupriester mittlerweile von Hastings aus Gelegenheit gehabt, bei französischen Ordensschwestern mit ihren Altersheimen und Schulen im englischen Exil sein Talent zu erproben, zur Fastenzeit 1912 auch durch Predigten und Beichthören in Belle bei Boulogne auf der französischen Seite des Kanals: »Ich stelle ein weiteres Mal fest, daß, wenn man weiß, was man sagen will, die öffentliche Rede im großen und ganzen eine leichte Sache ist und sogar angenehm.« Immer deutlicher wird Teilhard bewußt, daß er etwas Neues zu sagen hat.

19 Pariser Erwachen

> Mein Fenster geht zur Rue de Rennes, und von dort steigt ein Lärm intensiven Lebens herauf, verstärkt alle fünf Minuten durch das Dröhnen und die Erschütterung der Metro, die gerade vor meiner Tür einen Eingang hat. Alles in allem, es ist lustig, sich oberhalb eines so bewegten Platzes wohnen zu finden.

Daß der Orden im August 1912 Teilhard für die nächsten Jahre zum freien Studium der Paläontologie und verwandter Fächer nach Paris schickt, ist ein Vertrauensbeweis. Pierres naturwissenschaftliches Interesse ist nun schon mehr als ein Hobby; seine Fähigkeiten zur Forschung, zur Lehre und auch zur Schriftstellerei sind deutlich geworden; sein Verhältnis zu Kirche und Orden ist zuverlässig und aufrichtig, seine Frömmigkeit tief verwurzelt. Er scheint von dem Holz, aus dem die Jesuitenprofessoren geschnitzt sind. Da das Problem des Evolutionismus weiter beunruhigt, ist dem Orden daran gelegen, einen Verteidiger der kirchlichen Lehre auszubilden, der sich seine Sporen in den entsprechenden Profanwissenschaften verdient hat und Autorität besitzt. Deshalb soll Teilhard im Laufe der nächsten Jahre die Zertifikate in Geologie, Botanik und Zoologie erwerben und mit dem naturwissenschaftlichen Doktorat einen staatlich anerkannten Abschluß machen, bevor er einen Lehrauftrag in einer kirchlichen Hochschule übernimmt.

Ahnt Teilhard die Wende, die sein Leben in den nächsten Jahren in Paris nehmen wird: daß er durch die intellektuelle Atmosphäre dieser Metropole nicht nur weiter seinem konservativen Elternhaus, sondern auch der vorherrschenden Ordensmentalität, die sich einer immer steriler wirkenden »Rechtgläubigkeit« verpflichtet fühlt, entwachsen wird? Eine Briefpassage, in der er auf die Aushilfe in seiner Heimatpfarrei Orcines bei Sarcenat zurückblickt, wirkt wie ein verklausulierter Abschied: »Das Glück, das ich gehabt habe, vierzehn Tage bei Euch zu sein«, schreibt er am 23. August an seine Eltern. »Trotzdem, nicht wahr, mein normaler Platz ist nicht dort ... Euch alle wiedergesehen zu haben, hat mich mit Euch wieder Kontakt nehmen lassen; meinen Aufenthalt zu verlängern, hätte nicht in der Linie meines Lebens gelegen und hätte nichts Wesentliches den guten und wahren Resultaten dieses Wiedersehens hinzugefügt.« Ist Teilhard bei diesem Aufenthalt bewußt geworden, wie wenig er mit seinen Eltern und Geschwistern noch über das sprechen kann, was ihm das Herz erfüllt? Später 1919 sind ihm Sarcenat und das Heimatdorf geradezu Symbol für eine provinzielle, engherzige Denkweise: »Wie selten ist es doch«, notiert er am 17. Januar 1919 ins Tagebuch, »einen unmittelbaren Kontakt mit den Dingen, mit dem jungfräulich Gegebenen zu haben, ohne Dazwischentreten des Verbalismus und des Konventionellen (was nicht heißt ›ohne Prinzipien oder Richtungen der Lösung‹)! Das heißt, wieviel Leute haben eine Binde vor den Augen – *sehen die Welt nicht, wie sie ist* – ›leben in ihrem Dorf‹.«

Demgegenüber ist die Begegnung mit den neuen Professoren und Studienkollegen am Museum d'Histoire naturelle de Paris, am Collège de France, am Institut de Paléontologie Humaine und in der Société de Géologie eine Offenbarung.

Marcellin Boule (1861–1942), seit 1902 Professor für Paläontologie am Naturhistorischen Museum, Direktor der Zeitschrift ›L'Anthropologie‹, ist neben dem Deutschen Gustav Schwalbe der hervorragendste Begründer der systematischen Erforschung des fossilen Menschen. Als am 3. August 1908 die drei französischen Geistlichen, A. und J. Bouyssonie sowie L. Bardon, bei Ausgrabungen in La Chapelle-aux-Saints im Tal der Sourdoire in der Dordogne auf das Skelett eines Menschen stoßen, identifiziert Boule ihn als Neandertaler aus der letzten Eiszeit. Gleichzeitig kritisiert Boule den von dem Schweizer Kunsthändler Otto Hauser gemachten Neandertaler-Fund von Le Moustier, auch in der Dordogne, wegen der Art der Ausgrabung. Zweifel äußert Boule an der Echtheit des Piltdown-Menschen, und er behält damit recht. Auf der Suche nach der Urgestalt des Menschen im Übergangsfeld zwischen Tier und Mensch befaßt sich Boule später mit dem primitiven Schädel aus der rhodesischen Zinkgrube Broken Hill.

Wie Teilhard aus der Auvergne stammend, ist Boule ein vierschrötiger, autoritärer, knurriger kleiner Mann mit einer seltenen Schärfe des Wortes, der keinen Widerspruch duldet und deshalb gefürchtet ist. Repräsentiert Teilhard den großen, schlanken und aristokratischen Typ der Auvergnaten, dann Boule den kleinen, bulligen, plebejischen. Teilhard ist kirchlichgläubig, Boule antiklerikal-agnostisch. Doch sie vertrauen einander auf Anhieb. Als Teilhard im Juli 1912 Boule unangemeldet aufsucht, ist der gerade im Aufbruch in die Ferien: »Sie empfingen mich trotzdem und machten mir den Vorschlag, in Ihrer Schule zu arbeiten«, erzählt Teilhard rückblickend 1937. »Und so begab ich mich in das hinein – und zwar innerhalb von fünf Minuten –, was seitdem meine Existenz ausmacht: die Forschung und das Abenteuer auf dem Feld der humanen Paläontologie. Niemals hat, so glaube ich, die Vorsehung in meinem Leben so umsichtig und mit solchem Einsatz gespielt.«

1922 bescheinigt Boule seinem Schüler in einer Sitzung der Französischen Geologischen Gesellschaft: »Unser neuer Laureat besitzt alle Eigenschaften, die man von einem vollkommenen Naturwissenschaftler verlangen kann: flottes Arbeiten, durchdringende Beobachtung, eine ebenso wertvolle wie seltene Verbindung der Freude an der subtilen Analyse mit der Freude an der machtvollen Synthese, große geistige Unabhängigkeit. Er steht noch am Anfang seiner Laufbahn, und sie kündigt sich bereits als sehr brillant an.«

Das Urteil ist begründet: Teilhard bewährt sich auf Expeditionen zu den Höhlen von La Chapelle-aux-Saints und zu den prähistorischen Malereien in Nordwestspanien und bei vielen Grabungen. Boule überläßt Teilhard die Auswertung der aus den Phosphoriten von Quercy stammenden Sammlungen, woraus Teilhards erste im strengen Sinne wissenschaftlichen Veröffentlichungen entstehen über die Raubtiere (1914/15) sowie über einige Primaten (1916–1921) der Phosphorite Quercys.

Boule bleibt Teilhards vorwiegend apologetisches Interesse, Glauben und Wissen einander anzunähern, nicht verborgen. Der Artikel ›Die Vorgeschichte und ihre Fortschritte‹, der 1913 in der Jesuitenzeitschrift ›Etudes‹ erscheint, ist deutlich genug: Den Wissenschaftlern kreidet Teilhard ihre oft »antichristlichen Tendenzen« an, die Christen mahnt er: »Es wäre unverzeihlich, die Arbeiten der Prähistoriker zu ignorieren oder sie zu anathematisieren«, in den Kirchenbann zu tun. Das um so mehr, als hervorragende Paläontologen selbst Kleriker sind, deren Arbeiten Teilhard in diesem Artikel vorstellt: »Um auf den noch so neuen Wegen der Vorgeschichte zu wandern, könnte man keinen besseren, kundigen Führer finden als den weisen und liebenswürdigen Priester Dr. Obermaier«, einen Österreicher, später Professor in Madrid, der sich oft »auf die Arbeiten von Abbé Breuil stützt, seinen Kollegen und Gefährten in der Forschung.« Beide sind Professoren am Paläontologischen Institut von Paris, beiden verdankt die Erforschung der Eiszeitmenschen in den Höhlen Südfrankreichs und Nordspaniens Bahnbrechendes. Bei beiden geht Teilhard in die Schule, beiden bleibt er freundschaftlich verbunden. Beide erwähnt Teilhard immer wieder ausdrücklich, um mißtrauische Ordenskollegen und Obere über sein weltliches Studium zu beruhigen: Er ist in guter Gesellschaft auch außerhalb der »Gesellschaft Jesu«.

Von einer der Exkursionen zur Höhle von Castillo in Nordspanien 1912 erzählt der britische Paläontologe Miles C. Burkitt eine für Teilhards apologetische Einstellung bezeichnende Szene: Auf der Suche nach entspannendem Lesestoff hatte sich Burkitt in einem Geschäft das einzige vorhandene englische Buch gekauft, eine Übersetzung von Zolas ›Lourdes‹. »Teilhard kam hinzu, als ich den Band las, und war wütend! Ich erklärte ihm alle Umstände, doch er wollte mich nur weiterlesen lassen, wenn ich ihm versprach, Lourdes zu besuchen, sobald die Ausgrabungssaison abgeschlossen war, und zwar mit einem Einführungsbrief von ihm an das Bureau des Constatations – wobei zu bemerken ist, daß ich damals zweiundzwanzig Jahre alt und ein protestantischer Engländer war. Ich versprach es und ging selbstverständlich nach Lourdes; es war sehr interessant für mich, und ich war Teilhard sehr dankbar.«

Teilhard erlebt in diesen Pariser Jahren erstmals die Mentalität internationaler naturwissenschaftlicher Teams, die sich aus Atheisten und Christen, aus Gläubigen und Ungläubigen aller Schattierungen zusammensetzen. Er ist fasziniert von ihrem Ethos, einzig der Wahrheit die Ehre zu geben, von den Opfern, die sie dafür bringen, von der Überzeugung, die sie beseelt, der Menschheit durch ihre Forschungen voranzuhelfen. »Wie kommt es«, wird er am 24. Oktober 1919 im Tagebuch fragen, »daß es noch keine der Wahrheit geweihten ›Orden‹ gibt? Sollte das Ideal nur *von Christus* kommen? – Dann wäre es unsere Sache, *forschende Orden* zu gründen, die der natürlichen Wahrheit aus Leidenschaft für den Leib Christi geweiht sind. *Priester und Wissenschaft:* Die Assimilation, der Versuch, *durch* den Priester an erster Stelle; das Beispiel durch ihn ...« Teilhard ist bestürzt bei dem Gedanken, daß diese Leidenschaft des Forschens nach Meinung kirchlicher Kreise mit Gott nichts zu tun haben, ihm sogar zuwider sein soll: zumal wenn Atheisten in diesen Gruppen führend sind wie Boule. Im Vergleich mit dem kirchlichen Milieu, in dem er so lange gelebt hat und in das er abends wieder zurückkehrt, fühlt er sich unter seinen neuen

Kollegen wie erlöst. Das spürt er erst recht 1919, als er nach der Freiheit des Lebens und Denkens an der Front in Paris angehalten wird, sich wieder in die häusliche und auch intellektuelle Ordnung eines Jesuitenhauses zu fügen: »In einem neuen, frischen menschlichen Milieu leben, in dem man frei ohne Konventionen und ohne Vorurteile handeln könnte!«, notiert er am 5. Juli als Stoßseufzer in sein Tagebuch. Das Problem des Atheismus wird für Teilhard immer drängender. Er hört Vorlesungen im Collège de France bei Professor Cayeux über die Lithographie der Sedimente. Dort liest auch der Philosophieprofessor Edouard Le Roy, dessen Buch über Henri Bergson ›Eine neue Philosophie‹ gerade 1912 erschienen ist. Erinnert sich Teilhard in diesem Zusammenhang an Le Roys Artikel ›Wie sich das Problem Gottes stellt‹ von 1907, den die ›Etudes‹ 1909 scharf angegriffen haben? In diesem Artikel finden sich Sätze über den Atheismus, die Teilhard im Umgang mit seinen atheistischen Kollegen bestätigt findet: »In einem gewissen Sinne gibt es keine Atheisten. Denn es gibt kaum jemand, der sich gänzlich zufrieden gibt mit dem, was er hat, und mit dem, was er ist, der anhält, der sich verschließt, jemand, der nicht wenigstens praktisch als Bewegungsprinzip seines Lebens ein Ideal zuläßt und ein Oben geistiger Ordnung, dessen Antriebe ihn arbeiten lassen. Eine dauernde Unruhe, ein grenzenloses Sehnen, die Überzeugung, daß es immer mehr gibt als die Gegenwart, die lebendige Anstrengung, dieses Mehr zu erreichen: das ist im Wesentlichen und in seinem Ursprung der Glaube an Gott. Dieser Glaube verbirgt sich, aber er pulsiert wie eine belebende Seele auf dem Grund jeder Handlung, die auf irgendein Mehr gerichtet ist. Ein absoluter Atheist wäre demnach derjenige, der nichts sucht, der kein Wachstum möchte, der letztendlich nicht lebte. Ich sagte deshalb bewußt, daß es keine Atheisten gibt. Es gibt nur Gläubige, die jedoch ihren Glauben verschieden denken und unterschiedlich wahrnehmen, was er impliziert, kurz, die nicht immer voll begreifen, was sie nichtsdestoweniger durch den bloßen Akt, ein menschliches Leben zu leben, bestätigen. In Wahrheit denkt niemand seinen Glauben an Gott richtig, denn dieser Glaube ist unendlich, deshalb für die menschliche Intelligenz unausschöpfbar.«

Dieses Problem wird Teilhard die nächsten Jahre, genaugenommen sein Leben lang, beschäftigen. Anfang 1919 studiert er die Schriften des englischen Religionsphilosophen H. G. Wells und notiert am 11. Januar im Tagebuch: »Wells findet den reinsten Ausdruck seiner Religion bei den sogenannten Atheisten. Gilt das nicht auch für mich!?« Die Stelle bei Wells, sie erinnert an die Auffassung von Le Roy, lautet: »Es ist wahrhaft seltsam, daß, während die meisten organisierten Religionen den wahren Gott zu verstecken und dem Blick zu entziehen scheinen, der ehrliche Atheist mit seinem leidenschaftlichen Verlangen, die Wahrheit zu entschleiern, beständig das göttliche Bild ins Licht rückt, ohne daß es ihm bewußt ist.«

Noch zeigt sich Teilhard dieser brodelnden Pariser Welt nicht gewachsen, deren »Belle Epoque«-Fassade bereits den Zusammenbruch der bürgerlichen Welt ankündigt, das Ende des schrankenlosen Individualismus. Durch die Erfahrungen an der Front hellsichtig geworden, kann Teilhard 1919 klarer formulieren, was er jetzt nur dunkel spürt: »Ich ersticke im *Individuellen.* (Für mich war das Eisen das Absolute, das Universelle.)« (Tagebuch vom 11. Januar) Und weiter: »Unwiderstehlich desinteressiere ich mich für das Individuum. Für mich zählt das Individuum *qua talis* [als solches] nicht; – ich kann mich von dieser Tendenz nicht freimachen, um so weniger, als ich spüre, daß sie mit dem zusammenhängt, was meine Wahrheit und meine Stärke ausmacht. Es muß trotzdem gelingen, in ihm zu erkennen, was gut, was zu retten ist neben dem, was zerstörerisch und widersprüchlich erscheint. Der ›Angelpunkt‹ liegt wahrscheinlich in dem Begreifen dessen, was das *Überindividuum* ist: denn ihm gilt offensichtlich unwiderstehlich meine Vorliebe und nicht dem amorphen Universellen oder dem unpersönlichen Ideal. Versuchen, meine Ideen über die ›Extreme‹ zu ordnen: das Hyper-Physische, die Hyper-Vereinigung, die Überindividualität, das Übermaterielle, das Ultra-Weibliche.« (31. Januar 1920)

Ehe Teilhard diese Stufe seiner Entwicklung erreicht – die Suche nach einem legitimen Überschreiten des Individuellen – steht ihm vor Ausbruch des Weltkrieges noch eine Erschütterung bevor: die Entdeckung des individuellen, geliebten Menschen. Dem geht eine Zeit der Unruhe voraus. Von Paris fasziniert und verwirrt zugleich, flüchtet er sich gelegentlich in die nächsten Wälder, um mit sich ins reine zu kommen: »Letzten Sonntag, zum erstenmal in meinem Leben, habe ich den Bois de Boulogne durchquert; bei ziemlich grauem Wetter. Das wichtigste Resultat war«, schreibt er am 17. November 1912 an seine Eltern, »daß dies in mir ein lebhaftes Verlangen weckte, wieder

Felder und Buschwald zu finden, wo man allein und still sein kann.«

Im nächsten Sommer, am 22. September 1913, gesteht er seiner »lieben kleinen Mama« aus Jersey, wo er seine Ferien verbringt, bevor er wieder nach Paris aufbricht: »Bete ein wenig, damit N. S. [Notre Seigneur, Unser Herr] mein neues [Studien-] Jahr segne; ich fühle nicht wenig Verantwortung, da ich vorangehe, ohne daß mich jemand besonderer führt; der gute Gott sollte mich für das Bestmögliche gebrauchen.« Anzeichen einer zunehmenden Vereinsamung auch im Orden: Teilhard spürt, daß er in eine avantgardistische Rolle hineinwächst, deren Verantwortung er allein tragen muß. Kein Beichtvater, kein Seelenführer, kein Oberer kann sie ihm abnehmen, geschweige denn ihm den Weg weisen. Die gleichgesinnten Freunde aus Jersey und Hastings sind zerstreut, gehen ihrer Spezialausbildung nach oder erproben sich schon in den ihnen zugewiesenen Aufgaben: kurz, sind auch in den »Wanderjahren« und auf der Suche nach ihrem eigenen Weg. Erst im Laufe des Krieges und vor allem danach wird Teilhard mit ihnen wieder intensiven Kontakt aufnehmen. Jetzt steht Teilhard allein und ist auf der Suche nach jemand, dem er sein Herz ausschütten, seine Ideen vortragen kann, ohne fürchten zu müssen, auf Unverständnis zu stoßen wie in seiner engsten Familie oder in den Verdacht des Modernismus zu geraten wie bei seinen Oberen.

Der schon erwähnte Brief aus Jersey an seine Mutter läßt da aufhorchen: »Und dann rechne ich [in Paris] noch damit, die Cirices zu sehen, vor allem Marguerite; ich bin glücklich, daß Guiguite [die Schwester] mit letzterer die Bekanntschaft aufgefrischt hat und sie so hochschätzt ...« Die Cirices, das ist die Familie von Onkel Cirice Teillard-Chambon aus dem alten Montferrand, wo sie während Pierres Kindheit engen Umgang mit den Teilhards pflegten, im Winter in Clermont, im Sommer in Sarcenat. Wie viele Auvergnaten, denen die Heimat kein rechtes Auskommen mehr bietet, ist Onkel Cirice mit seiner Familie nach Paris gezogen, wo die Kinder ihren Berufen nachgehen und »der gute Onkel bis zum Hals in sozialen Werken steckt«, wie Teilhard berichtet.

Am 30. Oktober 1912 erzählt Pierre erstmals von einem Besuch bei den Cirices, die er mit der Metro in einer Viertelstunde von seiner Wohnung aus erreicht. Obwohl er noch andere Verwandte in Paris hat und gelegentlich auch besucht: die Teillard-Chambons erwähnt er in den Briefen der beiden Pariser Jahre am häufigsten, und von den Familienmitgliedern der Cirices am meisten – Marguerite. Die Begegnung mit der Cousine, die er seit dem Ende seiner Schulzeit nicht gesehen hat, seit zwölf Jahren, bedeutet für den einunddreißigjährigen Pierre eine Überraschung und eine Erfahrung, mit der eine neue Epoche seines Lebens beginnt. »Das Lebendigste des Fühlbaren ist das Fleisch«, schreibt Teilhard 1950 in seinem autobiographischen Abriß, sich an dieses erstaunliche Ereignis seiner ersten Pariser Jahre erinnernd. »Und für den Mann ist das Fleisch die Frau. Seit meiner Kindheit dabei, das Herz der Materie zu entdecken, war es unvermeidlich, daß ich mich eines Tages von Angesicht zu Angesicht dem Weiblichen gegenüber befand. Das Seltsame ist nur, daß die Begegnung zufälligerweise mein dreißigstes Lebensjahr abgewartet hat, um sich zu ereignen. – So groß war meine Faszination durch das Unpersönliche und Generalisierte ... Deshalb die seltsame Verzögerung. Aber eine fruchtbare Verzögerung. Denn da die neue Energie meine Seele genau in dem Augenblick durchdrang, am Vorabend des Krieges, als der Kosmische Sinn und der Menschliche Sinn in mir gerade aus ihrem Kindheitsstadium heraustraten, kam sie nicht mehr in Gefahr, meine Kräfte abzuziehen oder zu zerstreuen, sondern traf auf eine Welt der spirituellen Neigungen, deren noch ein wenig gefühllose Größe nur noch ihrer bedurfte, um sich endgültig zu festigen und Gestalt anzunehmen.«

Marguerite, geboren am 13. Dezember 1880 in Clermont-Ferrand in dem alten Bürgerhaus, in dem sich jetzt das Pascal-Museum befindet, besucht zu der Zeit, da Pierre in dem Jesuitenkolleg von Mongré seine Gymnasialzeit verbringt, zunächst eine private Mädchenschule der Schwestern zum »Guten Hirten« in Clermont. Doch kann sie mit diesem Abschluß nicht studieren, was sie unbedingt möchte, und worin ihr Vater sie unterstützt. Marguerite möchte durch eigene Qualifikation dazu beitragen, die Rolle der Frau, vor allem der durch die laizistische Schulgesetzgebung von Jules Ferry benachteiligten, an kirchlichen und privaten Schulen erzogenen Frauen zu verbessern. Um das intellektuelle Niveau und die Chancengleichheit ihres Milieus zu erhöhen, sieht Marguerite keinen anderen Weg, als sich in ein anderes zu begeben: in das des staatlichen Mädchengymnasiums mit Abiturabschluß. So erlebt sie am eigenen Leibe den Kampf zwischen Staat und Kirche um die Seele der französischen Jugend.

Marguerite ist erfolgreich. Nach Abschluß des Gymnasiums

bereitet sie sich noch in Clermont durch schriftliche Kurse auf das Lehrerdiplom für öffentliche Schulen vor. Dann begibt sie sich nach Paris, um die Staatsprüfung für Literaturwissenschaft und Philosophie abzulegen. Dazu studiert sie an der Sorbonne, aus der Sicht des katholischen Milieus »in der Höhle des Löwen«, die geprägt ist vom Szientismus und Laizismus der Epoche, vertreten durch den Soziologen Durkheim, den Ethnologen Lévy-Bruhl und den Literaturwissenschaftler Lanson. Marguerite bleibt nicht verborgen, daß Henri Bergson vom Collège de France bereits zum Angriff gegen diesen überholten Geist des 19. Jahrhunderts angetreten ist, dessen Anforderungen sie sich zwar 1904 in der Staatsprüfung noch mit Erfolg stellt, den sie jedoch in seiner Zeitbedingheit schon durchschaut.

Begabung und Interesse scheinen Marguerite für die Universitätslaufbahn zu bestimmen, aber sie bleibt der ursprünglichen Absicht treu: dem höheren Schulwesen für Mädchen, vor allem dem privat-kirchlichen, voranzuhelfen, durchaus im Sinne des modernen Feminismus. So übernimmt sie vierundzwanzigjährig die Aufgabe der Institutsleiterin des Pensionats der Sionschwestern in der Rue Notre-Dame des Champs. Die Schwestern selbst können wegen des Gesetzes der Trennung von Staat und Kirche weder Leitung noch Unterricht ausüben und sind auf katholische Laien angewiesen wie auch die Jesuiten in ihren Kollegien.

Als Pierre Marguerite für sich entdeckt, ist sie bereits fast zehn Jahre in Amt und Würden und gerade mit einem Neubau für das Institut in der Rue du Montparnasse befaßt. Teilhard besucht Marguerite regelmäßig im Institut, liest dort häufig die Messe und nimmt an der Feier der Erstkommunion der Kinder teil. Dafür zeigt er Marguerite und ihrer Schwester Alice sein Reich, das Museum, wird von ihr wiederum in Pariser Familien eingeführt, zum Beispiel bei dem Geologen Emanuel Jacquin de Margerie, und erhält von ihr eine Karte zu einem Vortrag des norwegischen Polarforschers Roald Amundsen im Amphitheater der Sorbonne. Davon berichtet Teilhard seinen Eltern ausführlich. Das Wichtigste steht jedoch nur zwischen den Zeilen und wird erst aus den späteren Kriegsbriefen offenbar: Pierre hat in Marguerite die Frau gefunden, die seine Probleme aus eigener Erfahrung kennt und teilt, mit der er sich aussprechen kann, die ihn bestätigt und beflügelt, die ihn hochschätzt und die bereit ist, ihn auf seinem Weg so nah zu begleiten, wie es sein Ordensgelübde und sein Zölibatsversprechen und ihr gläubiger Respekt davor nur immer erlauben. Daß sie die erste Frau ist, die ihn liebt, steht außer Zweifel. Sie hält ihm auch die Treue, als später andere Frauen sie aus ihrer Vertrauensstellung verdrängen. Teilhard wird es ihr bis an sein Lebensende danken. Er wird nie vergessen, daß er durch sie eigentlich er selbst geworden ist. Vier Monate vor seinem Tode, am 12. Dezember 1954, schreibt er an sie aus New York – und er denkt dabei sicher auch an ihr gemeinsames Erleben, das ihn so reich gemacht hat: »Abseits von allem anderen ist mir seit einer Woche der Gedanke gekommen, eine Abhandlung zu schreiben über das (bereits begonnene) Erwachen von neuen ›Sinnbedeutungen‹ im Herzen des menschlichen Bewußtseins: der Sinn für Konvergenz (auf ein überlegtes gemeinsames Bewußtsein hin), der Sinn für Konsistenz (Unzerstörbarkeit, ›Unsterblichkeit‹ des gemeinsam Überlegten), der Sinn für Vereinigung (in einem Superego – nicht im schrecklichen Sinne Freuds: man müßte ein anderes Wort erfinden). Ich glaube, hier liegt ein wichtiges Phänomen vor (und auch eine wichtige Idee: nämlich daß das menschliche Seelenleben Schwellen überschreitet, daß es sich mit der Zeit ändert, schärfer und reicher wird). Ich möchte das wieder einmal deutlicher festhalten.«

Nach Teilhards Tod gibt Marguerite unter ihrem Schriftstellernamen Claude Aragonnès 1956 und 1957 Teilhards Reisebriefe heraus und bereitet auch die Kriegsbriefe zur Veröffentlichung vor. Das Erscheinen der letzteren erlebt sie nicht mehr: sie stirbt am 11. September 1959 an den Folgen eines Autounfalls – Worte Teilhards auf den Lippen. An ihrer Stelle schreiben ihre Schwester Alice und Teilhards Freund Max Henri Bégouën das Vorwort zu den Kriegsbriefen. Es schließt mit den Worten: »Wir hoffen, daß die Menschen, die in diesem Leben einander so nahe waren, im Tode endgültig vereint sind. Wir sind überzeugt, daß sie auch im Andenken der Menschen nicht voneinander getrennt sein werden. Es liegt darin gleichsam ein geheimnisvolles Gesetz unserer Natur, daß sich fast immer in der Nähe eines großen Mannes eine große, ein wenig verschleierte weibliche Gestalt findet; und dieses Gesetz hat sich wiederum bestätigt in Pierre Teilhard de Chardin und Marguerite Teillard-Chambon.«

> Der gegenwärtige Krieg ist *schön*; weil logisch, *über alles Maß ehrlich*, klar in seinem Prozeß; – er ist eine *sehr reine Geste* – seit langem (vielleicht seit jeher?) der erste Krieg, der seine Definition und seine Natur als Aufeinanderstoßen zweier Völker voll verwirklicht.

Auch antimilitaristische und pazifistische Kreise in Frankreich, die »von der Gründung eines brüderlichen Europas träumten und zum Aufbau einer gerechteren und menschlicheren Welt ihre Kräfte vereinten«, werden schon während der ersten Marokkokrise 1904 von der allgemeinen Woge mitgerissen. Was Romain Rolland in ›Johann Christof‹ im Bergsonschen Geist eindrucksvoll schildert, trifft dann auch für August 1914 zu: »Ergreifende Stunde, in der durch die Tiefe des Herzens die Dünung wogt! Man glaubt sich frei, Herr seines Denkens. Und man wird wider Willen fortgerissen. Ein dunkler Wille streitet gegen den eigenen Willen. Und da entdeckt man die unbekannte Kraft, deren unsichtbare Gesetze den ganzen menschlichen Ozean regieren. Die gefestigten Intelligenzen fühlten, wie sich ihre Überzeugung, deren sie sich so sicher geglaubt hatten, auflöste, schwankte, vor einem Entschluß zitterte, und sie entschlossen sich zu ihrer eigenen großen Überraschung oft in einem ganz anderen Sinn, als sie vorher gemeint hatten. Manche der glühendsten Bekämpfer des Krieges fühlten mit plötzlicher Heftigkeit einen kräftigen Nationalstolz und die Leidenschaft für das Vaterland in sich erwachen. Christof sah Sozialisten und sogar revolutionäre Syndikalisten, die zwischen diesen einander feindlichen Leidenschaften und Pflichten hin und her gezerrt wurden.«

Teilhard, in der Kriegsfrage zunächst eher der chauvinistischen »Action française« nahestehend, sind diese Probleme der Linken fremd, als am 2. August 1914 der Krieg ausbricht. Kurz vorher hat er sich auf einer Exkursion in die Alpen zwar noch über die Massaker an den kalvinistischen Vaudois durch den Herzog von Lesdiguiéres (1543–1626) entrüstet. Jetzt eilt er über Grenoble nach Paris, um dem Vaterland zu zeigen, daß ein exilierter Jesuit, der er offiziell immer noch ist – er studiert in

Paris getarnt als Abbé, als »Weltgeistlicher« –, dennoch ein tapferer Patriot sein kann. Der Kriegsdienst gilt den vertriebenen Jesuiten als Gelegenheit, sich in ihrem Vaterland die heißersehnte Anerkennung zu erkämpfen. Die deutschen Jesuiten zahlen dafür außer mit ihrem Kriegsdienst an der Front auch noch mit einer hohen Kriegsanleihe.

Doch Teilhard, der noch keinen Militärdienst geleistet hat und seit 1902 und 1904 zur verachteten Reserve gehört, wartet ab 3. August in Paris vergebens auf seine Mobilisierung. Er besucht Marguerite, die ihr Pensionat als Lazarett einrichtet. Er fürchtet, am Ende nur zu den Hilfstruppen eingezogen zu werden, die die Ernte einbringen dürfen. Er geht weiter seinem Studium bei Professor Boule nach und beneidet in Briefen nach Sarcenat, die er seit Kriegsausbruch mit »Courage!« beschließt, seine Brüder, die bereits an der Front sind oder dahin unterwegs. Er setzt sich bei seinen Eltern am 17. September dafür ein, daß sie dem noch zu jungen Bruder Victor erlauben, sich freiwillig zu melden: »Offensichtlich gibt es große Risiken, sich so zu engagieren; aber das sind die Risiken, die einen Mann für das Leben wachsen lassen, und wovon eine Karriere abhängt – ganz zu schweigen davon, daß sie die Ehre einer Familie ausmachen.« Pierre erlebt noch die Flüchtlingsströme in Paris, als die Deutschen kurz bis Compiègne vorstoßen und die Regierung vorsorglich Paris verläßt.

Da erreicht Teilhard am 24. September der Befehl seiner Ordensoberen, sich über Dieppe-Folkestone nach Canterbury in Südengland zu begeben, um dort das »Terziat« zu beginnen: das die Ordensausbildung abschließende, vorwiegend dem Spirituellen gewidmete »dritte« Probejahr nach dem zweijährigen Noviziat am Anfang des Ordenslebens in Aix-en-Provence. Gegen Ende der dreißigtägigen Exerzitien, mit denen das Terziat beginnt, erfährt Teilhard vom Kriegstod seines zwanzigjährigen Bruders Gonzague und schreibt am 23. Dezember 1914 an seine Eltern: »Daß Gottes Wille geschehe und daß sein Reich komme durch die große Prüfung, das ist das Wesentliche. Ihr könntet euch kein schöneres Ideal für Eure Söhne erträumen als sehen, wie sie sich mit christlichem Geist einer der größten Aufgaben weihen, von denen die Geschichte zweifellos jemals berichten wird.« Teilhard ist trotz dreißigtägigen Nachdenkens in den Exerzitien nicht fähig, die Problematik dieses Kreuzzugsgeistes zu erkennen, wie ihn der »linke« Schriftsteller Henri Barbusse in seinem 1916 erscheinenden Kriegsroman ›Das

Feuer‹ eindrucksvoll ad absurdum führt, als er einen Flieger erzählen läßt: »Sonntag morgen überflog ich die erste Linie ... Plötzlich erkenne ich bei den Deutschen und bei uns, in den parallelen Linien, die sich scheinbar berühren, die gleiche Bewegung: In der Mitte eine Masse, ein belebter Kern, und um ihn herum schwarze Körner, auf grauen Sand gestreut. Das alles erschien fast leblos; es sah nicht nach Alarm aus! Da bin ich heruntergegangen, um zu verstehen. Und ich habe verstanden: Es war Sonntag, und es wurden zwei Feldgottesdienste unter mir abgehalten – mit Altar, Priester und der Kriegerherde drum herum. Je tiefer ich flog, desto deutlicher erkannte ich, daß sich beide Gruppen glichen, so sehr glichen, daß es an Wahnsinn grenzte. Die eine Feierlichkeit war das Spiegelbild der andern. Ich glaubte, doppelt zu sehen. Nun ging ich noch tiefer hinunter; ich wurde nicht beschossen. Warum? Ich weiß es nicht. Dann hörte ich etwas. Ich hörte ein Murmeln – ein einziges Murmeln. Ich vernahm nur ein Gebet, das als Ganzes aufstieg, den Klang eines einzigen Chorals, der an mir vorbei zum Himmel drang. Ich kurvte herum, um dieser seltsamen Verquickung zweier Lieder zu lauschen, die gegeneinandergerichtet waren und sich trotzdem vermengten; und je mehr sie sich gegenseitig übertönen wollten, desto inniger vereinigten sie sich in den Höhen des Himmels, in denen ich flog. In dem Augenblick aber, als ich in sehr geringer Höhe von der Erde die zwei Rufe hörte: ›Gott mit uns!‹ und ›Dieu est avec nous!‹, bekam ich Schrappnellfeuer und drehte ab ... Was mag nur der liebe Gott dazu sagen? Natürlich, ich weiß, ihm entgeht nichts; aber selbst wenn er allmächtig ist, wird er nicht wissen, was er tun soll.«

Angesichts solcher Absurdität kann der Anfang September 1914 als Nachfolger Pius' X. gewählte Papst Benedikt XV. nur noch strikte Neutralität wahren und vor dem »Selbstmord des gesitteten Europa« warnen. Seine Friedensnote vom 1. August 1917 bleibt wirkungslos. Anerkennung findet der Papst wenigstens durch seine humanitäre Hilfe: Seit 1914 unterhält der Vatikan, von Romain Rolland als »zweites Rotes Kreuz« bezeichnet, eine Informationsstelle für Gefangene und Vermißte, kümmert sich um die Deportierten und um die Bevölkerung in den besetzten Gebieten ohne Rücksicht auf Nationalität. Das steht in auffälligem Gegensatz etwa zur Aktivität des Kirchenhistorikers Alfred Baudrillart, Rektors des Institut catholique in Paris, der Teilhard nach dem Krieg eine Dozentenstelle verschafft und ihn auch dann noch auf der Professorenliste mit dem Vermerk »in Urlaub« beläßt, als Teilhard von seinen Oberen nach China verbannt wird. Baudrillart unternimmt einen Propagandafeldzug gegen Deutschland als den Alleinverantwortlichen für den Krieg und als größten Feind der katholischen Kirche – unter Protest der deutschen Katholiken.

Am 15. Dezember 1915 konstatiert Teilhard in seinem Tagebuch: »Die Haltung des Papstes bereitet den französischen Katholiken Schmerzen.« Dabei nimmt er sich selbst nicht aus, wie die anschließenden »Bemerkungen« zeigen, in denen er sich krampfhaft um Verständnis für die Haltung Roms bemüht: »1. In einigen Jahrhunderten wird man es vielleicht für providentiell halten, daß der Papst sich gegen die universelle Verwerfung der Kultur stellt, deren Lebens- und Wahrheitskern vielleicht kostbar sind (das kann man sich allerdings nur schwer vorstellen ... der Krieg ist eine Explosion, ein Phänomen des Nietzscheismus, des Stolzes ...). 2. Es ist gut, daß die Menschen Religion und Vaterland nicht durcheinanderbringen. Letzteres ist im Vergleich zu jener eine Bagatelle. 3. Der Herr hat nicht gesagt, seine Kirche werde immer die schönstmögliche sein. Es hat bereits Ärgernisse, Verfinsterungen gegeben ...« Die Motivation dafür, daß es sich um einen gerechten Krieg handelt, den die Alliierten gegen das unmoralische Deutschland führen, findet Teilhard in den Sätzen des italienischen Historikers und Soziologen Ferrero, von denen er am 18. September 1915 im Tagebuch sagt: »Das sind meine Gedanken: ›Ein wenig aus Angst, ein wenig aus Blindheit haben wir uns vor dieser dunklen und beherrschenden Macht [Deutschland] gebeugt, die sich rühmte, allzu viele von diesen Termini umzustoßen, vor denen wie vor heiligen Schranken haltzumachen unsere Väter uns gelehrt hatten ... Wir warfen ihr nichts vor, wir lobten sie im Gegenteil, daß sie die Geister mit ihren das Absurde streifenden Philosophien verführe ... indem sie das Wahre und das Falsche, das Gute und das Böse durcheinanderwerfe, die die Menschen bis dahin als konkret und unterschieden angesehen hatten ... Deutschland hatte recht (weil es stärker war): Das Jahrhundert war volljährig geworden; es glaubte nicht mehr an die Narrheiten, die ihm in seinen ersten Jahren erzählt worden waren, daß nämlich *die Gerechtigkeit mit der Macht fertig wird* und daß *die Allmächtigen immer bestraft werden* ... Wenn der Konflikt sehr lange dauert, *›braucht uns das nicht zu wundern, weil wir alle seit einem halben Jahrhundert ohne Unterlaß dar-*

an gearbeitet haben, Deutschland groß und mächtig zu machen.‹«

In diesem Geist folgt Pierre Teilhard im Dezember 1914 seiner Einberufung zur 13. Sanitätsabteilung, die zunächst in Vichy, dann in Clermont-Ferrand liegt. Auf sein Drängen, an die Front zu kommen, wird er am 20. Januar 1915 als Sanitäter zweiter Klasse dem 8. marokkanischen Schützenregiment zugeteilt, das am 20. Juni 1915 zum 4. gemischten Zuaven- und Schützenregiment wird. Am 22. Januar 1915 schreibt Pierre aus Cuvilly bei Compiègne an Marguerite »aus einer kleinen Hütte, zehn Kilometer von den ›Boches‹ [Schimpfwort für die Deutschen] entfernt. Das ist noch zu weit, und ich bin noch immer nicht sicher, meiner Stellung als Krankenpfleger zu entkommen [und Krankenträger zu werden]. Hier gibt es keine Verwundeten ... Alles in allem ist meine Stellung hier noch nicht endgültig, und sie ist *sehr* gering; man fühlt sich klein den Frontkämpfern gegenüber, und sie lassen es einen spüren ...«

Teilhard verbringt die Kriegsjahre zunächst im Nordabschnitt der Front: bis August 1915 im Raum Ypres, bis Dezember 1915 vor Arras, bis April 1916 im Raum Dünkirchen; dann im Mittelabschnitt: bis Januar 1917 im Raum Verdun, bis Dezember 1917 vor Reims, Januar/Februar 1918 bei Chalons-sur-Marne, bis September im Raum Soissons; schließlich das Kriegsende September bis November 1918 im Südabschnitt, im Elsaß.

Die ersehnte Fronterfahrung wird ihm reichlich zuteil. Nachdem er am 23. März 1915 zum Korporal ernannt worden ist – er bleibt den Krieg über auf dieser unteren Stufe der Beförderungsskala und lehnt eine Ernennung zum Feldgeistlichen ab – wird er erstmals am 29. August 1915 im Divisionsbefehl erwähnt: »Hat auf eigenes Verlangen den Verbandsplatz verlassen, um in den Schützengräben der vordersten Front Dienst zu tun. Hat die größte Selbstverleugnung und eine absolute Nichtachtung der Gefahr an den Tag gelegt.« Ein Jahr später heißt es im Armeebefehl: »Von beispielhafter Tapferkeit, Selbstverleugnung und Kaltblütigkeit. Hat vom 15. bis 19. August 1916 in einem von der Artillerie umgepflügten und von Maschinengewehrfeuer bestrichenen Gelände die Bergung der Verwundeten geleitet. Am 18. August den Leichnam eines gefallenen Offiziers aus einem Gelände etwa zwanzig Meter von den feindlichen Linien entfernt geholt und in unsere Gräben zurückgebracht.« Am 20. Juni 1917 erhält er die Militärmedaille: »Ein ausgezeichneter Unteroffizier. Hat sich durch die edle Gesinnung seines Charakters Vertrauen und Achtung erworben. Am 20. Mai 1917 eigens in einen Schützengraben vorgedrungen, der unter heftigstem Artilleriefeuer lag, um einen Verwundeten zu bergen.« Am 21. Mai 1921 – Teilhard studiert wieder in Paris – wird er auf Verlangen seines ehemaligen Regiments zum Ritter der Ehrenlegion ernannt: »Ein hervorragender Bahrenträger, der im Laufe des vierjährigen Feldzugs an allen Schlachten, an allen Kämpfen teilgenommen hat, in die das Regiment verwikkelt war; der auf eigenen Wunsch in der Kampflinie verblieben ist, um den Männern näher zu sein, mit denen er stets Mühen und Gefahren geteilt hat.«

Diese gleichmäßige Tapferkeit vor dem Feind läßt nicht ahnen, daß Teilhard in den letzten Kriegsjahren eine innere Wandlung durchmacht, die auch seine Einstellung zum Krieg, zu den Deutschen, zu seinem eigenen Vaterland verändert. Am 26. November 1918 ist Teilhard beim Einzug Pétains in Straßburg dabei, aber der Siegesjubel über die Befreiung des Elsaß teilt sich Teilhard nicht in dem Maße mit, wie er sich das zu Kriegsanfang vorgestellt hat. Enttäuscht gibt er sich im Brief an Marguerite selbst die Schuld daran: »Da war das unendlich reizvolle Spalier Hunderter von Elsässerinnen in bunten Hauben und Röcken, die die Gehsteige säumten und auf den Plätzen Gruppen bildeten; – da waren vor allem der Zustrom und die so seltene Begegnung von tausend geistigen Kräften – die ganze Seele eines Landes fand sich dort zusammen, um sich mit der eines anderen Landes zu vereinigen. Neben meiner positiven und bewußten Teilnahme an diesem Erwachen (die ausreichend war) habe ich, scheint mir, vor allem meinen Mangel an Empfindungsfähigkeit erfahren ... Ich habe in mir die leidenschaftliche Liebe zum Vaterland nicht genug groß werden lassen, ich stand den Anliegen des Elsaß zu fremd gegenüber, ich hatte nicht genügend äußere Freiheit und Sammlung, um tief in den geistigen Strom einzutauchen, dessen Bewegung ich jedoch rund um mich fühlte – ohne mit ihm Berührung aufzunehmen, ohne mit ihm ›kommunizieren‹ zu können ... – Ein merkwürdiger Eindruck, diese Gegenwart und dieses gleichzeitige Außensein.«

In Wirklichkeit ist dieses »Außensein« Indiz dafür, daß Teilhard in den Kriegsjahren nicht nur aus dem kirchlichen, sondern auch aus dem politisch-gesellschaftlichen Milieu, in das er hineingeboren und in dem er erzogen worden ist, hinauswächst. Teilhard selbst wird sich der Bedeutung der Kriegsjahre für die

Entwicklung seines Weltbildes bald bewußt und beginnt deshalb am 25. August 1915 ein Tagebuch: »Möge auf dieses schlechte Schulheftpapier zur Ehre unseres Herrn das Beste meines Denkens sich ergießen ... Wünsche, Bemerkungen, Skizzen, endlich gereifte Ideen, die alle wie mit einem Schlage, kaum daß ich sie ertastete, sich wohlgestaltet in meiner Hand herausbildeten.« Die Tagebücher geben neben den Briefen an die Cousine Marguerite einen authentischen Einblick in diese inneren Kämpfe. Aus ihnen geht jener Teilhard hervor, dessen ›Schriften aus der Kriegszeit‹, die zwanzig Titel umfassen und in Abschriften unter Freunden kursieren, in Paris Aufsehen erregen. Die Kriegsjahre an der Front sind für Teilhard die Geburtsjahre eines Propheten.

21 Sehnsucht nach der Front

> Wer die ›Front‹ gekostet hat, hat das Unendliche gekostet.

Das Jahr 1917 verbringt Teilhard im Mittelabschnitt der Front südlich von Soissons. Februar/März haben die Deutschen ihre Front zwischen Arras und Soissons auf die vorbereitete »Siegfriedstellung« zurückgenommen. Der Durchbruchsversuch der Engländer bei Arras scheitert ebenso wie der der Franzosen, an der Teilhards Einheit beteiligt ist, an der Aisne und in der Champagne. Dabei werden 200000 Mann geopfert. Es kommt zu Meutereien in der französischen Truppe. General Nivelle wird durch General Pétain ersetzt, der auf weitere Offensiven verzichtet und zunächst die Ordnung in der Truppe wieder herstellt, während die Regierung gegen sozialistische und pazifistische Umtriebe vorgeht.

Die Briefe Teilhards an seine Cousine aus dieser schwierigen Zeit sind bisher nicht aufgefunden; er schreibt am 10. Juni 1917 rückblickend: »... daß Du Dich meinetwegen umsonst geängstigt hast ... Sag Dir ein anderes Mal, daß der Chemin des Dames sehr lang ist und daß selbst von den Truppen, die in einem angegriffenen Abschnitt eingesetzt sind, nur ein kleiner

Teil in Kämpfe verwickelt ist. Unter diesen Umständen ist es selten, daß Du berechtigt bist, Deine Besorgnis nach dem Ernst der Frontberichte zu bemessen. Ich werde Dir immer die Wahrheit sagen, soweit es mit der Geheimhaltung der militärischen Operationen in Einklang zu bringen ist.« Auch Tagebucheintragungen existieren nicht aus diesen Monaten, in denen Teilhard entscheidende Dinge »gesehen« hat: »Seit vier Monaten nichts geschrieben«, schreibt er am 10. Juli, »weil dieses Heft in der Tiefe einer Kiste geschlafen hat, während das Regiment am Damenweg war. – Das ist schade, denn während dieser Zeit ist mein Denken aktiv gewesen. Viele Einsichten sind so verblaßt, ohne daß ich sie in ihrer lebendigen und aufbrechenden Form festzuhalten vermochte. – Ich will in diesen Tagen versuchen, sie in den Winkeln meiner Hefte und meines Geistes ein wenig wiederzufinden.«

Als erste Frucht schließt er am 13. August 1917 den Hymnus ›Le Milieu mystique‹ ab, worauf wir im nächsten Kapitel zu sprechen kommen, als zweite im September den Essay ›La nostalgie du Front‹. In ihm stellt sich Teilhard – nach dreijähriger Fronterfahrung und mitten in einer militärisch festgefahrenen Situation – dem Problem der Faszination, die weiter von der Front auf ihn ausgeht. Seine Antwort, so persönlich sie auch ausfällt, ist repräsentativ für viele seiner Zeitgenossen auf beiden Seiten der Front und für die Heimat ein Schlüssel zum Verständnis einer gewissen Frontbegeisterung auch von Soldaten, die man nicht leicht zu den Militaristen oder abgestumpften Landsern rechnen kann. Deshalb zögert die Jesuitenzeitschrift ›Etudes‹ nicht, den Aufsatz im November 1917 zu veröffentlichen. Teilhard erwähnt ihn noch 1950 ausdrücklich in seiner autobiographischen Skizze ›Das Herz der Materie‹ als frühes Zeugnis für seine Intuition von der entstehenden Noosphäre, »der Realität und der Organizität der kollektiven Größen«, wie er sie besonders im letzten Absatz des Manuskriptes beschreibt, der »von den Herausgebern unterdrückt« worden ist und den Teilhard 1950 mitteilt.

Während Teilhard noch an dem Aufsatz arbeitet, faßt er für Marguerite am 23. September 1917 Absicht und Summe seines Nachdenkens kurz zusammen: »Es reizt mich ein wenig, dieses Gefühl der Fülle und des Übermenschlichen kurz zu analysieren und zu rechtfertigen, das ich so oft an der Front erfahren habe und das, wie ich fürchte, der Grund für meine Sehnsucht nach dem Krieg ist. Mir scheint, man könnte zeigen, daß die

Front nicht nur die Feuerlinie ist, die Korrosionsoberfläche der Völker, die sich bekämpfen, sondern auch in gewisser Weise die ›Front der Woge‹, die die menschliche Welt ihren neuen Geschicken entgegenträgt. Wenn man nach einem bewegteren Tag beim Scheine der Leuchtraketen in die Nacht hinausblickt, scheint es, als befände man sich an der äußersten Grenze dessen, was verwirklicht ist, und dessen, was im Entstehen ist. Nicht nur die Aktivität erreicht dann etwas wie einen ganz stillen Paroxysmus, der sie weit macht entsprechend dem großen Werk, an dem sie mitarbeitet, sondern auch der Geist beherrscht ein ganz klein wenig den totalen Marsch der menschlichen Masse, in dem er sich so weniger ertrunken fühlt. In solchen Minuten lebt man im wahrsten Sinne des Wortes ›kosmisch‹ – mit einem greifbaren Interesse, das so weit ist wie das Herz ... Ich weiß noch nicht, ob ich wirklich imstande sein werde, ein paar anständige Seiten über dieses Thema zu schreiben.«

Auf dreizehn Druckseiten versucht Teilhard, das anstößige Phänomen, das er sich ehrlich eingesteht, im Rückgriff auf seine Kindheits-, Jugend- und Studienjahre und im Ausgriff auf die Zukunft der Menschheit zu erklären. Ist die Faszination durch die Front nicht vergleichbar mit der Leidenschaft für das Unbekannte und Neue, die ihn immer erfüllt hat? Er erinnert sich an die langen Reisen in der Kindheit, an die bunten Lichter der Bahnhöfe – und die Schützengräben fließen zusammen zu einem transkontinentalen Schienennetz, das bis ins Unendliche reicht. Er erinnert sich an die Wüstenplateaus im Orient, die bevorzugten Stätten seiner Forschung und Wissenschaft – und der Aisne vor ihm wird zum Nil. »Das rätselhafte und lästige ›Ich‹, das hartnäckig die Front liebt, ich erkenne es: es ist das ›Ich‹ des Abenteuers und des Erforschens, jenes, das immer bis zu den äußersten Enden der Welt gehen will, um neue und seltene Visionen zu haben und um sagen zu können, daß es ›en avant‹ ist.« Diese Fronterfahrung bestätigt Teilhard in seiner Überzeugung, zur Avantgarde zu gehören. Er wird bis ans Lebensende nicht mehr daran zweifeln.

Doch was bietet die Front? »Neue Wüsten, neue Vulkane, eine neue Harmonie von Licht und entfesselten Tönen?« Für Teilhard besteht die unvergeßliche Erfahrung der Front in einer »immensen Freiheit«. Die Last der sozialen Konventionen, der geregelte Tagesablauf, die großen und kleinen Sorgen und Pflichten des Alltags für die Gesundheit, Familie, den Erfolg, die Zukunft, all das hat keine Bedeutung mehr an der Front. Eine Wirklichkeit höherer Ordnung, die »Seele der Front«, ergreift den Menschen und erweckt ungeahnte physische und moralische Kräfte. Der Mensch der Front handelt für die ganze Nation und für alles, was sich hinter den Nationen verbirgt. Diese Entindividualisierung läßt den Kämpfenden an einem höheren menschlichen Wesen teilhaben und ist »das letzte Geheimnis des unvergleichlichen Eindrucks von Freiheit, den er erfährt und niemals mehr vergißt.«

Deshalb ist der Mensch der Front, vor allem, wenn er durchs Feuer gegangen ist, ein anderer Mensch geworden gegenüber den Menschen in der Etappe; er ist in der Heimat ein Fremder. »Diese mehr als menschlichen Stunden haben das Leben mit einem strengen, bestimmten Aroma der Exaltation und der Initiation getränkt, als habe man sie im Absoluten verbracht. Alle Lobgesänge des Orients, der ganze hitzige Geist von Paris sind nichts im Vergleich ... mit dem Schlamm von Douaumont« während der Schlacht um Verdun.

Daraus ergibt sich für den Menschen der Front der Auftrag für die Zeit des Friedens, »von den Nationen ersehnt (und zuallererst von mir)«: Der Krieg hat »ein Fenster geöffnet auf die geheimnisvollen Mechanismen und die tiefen Schichten des menschlichen Werdens«. Die Menschen der Front sollen wissen, daß die übermenschliche Realität, die sich ihnen offenbart hat, auch nach dem Krieg in der Menschheit anwesend ist: »Und derjenige wird sie wieder erkennen können und sich mit ihr vereinigen, der sich der Arbeit des alltäglichen Lebens nicht mehr egoistisch wie vorher, sondern religiös hingibt, mit dem Bewußtsein, in Gott und für Gott das große Werk der Schöpfung und der Heiligung einer Menschheit zu verfolgen, die vor allem in den Stunden der Krise geboren wird, aber sich nur im Frieden vollenden kann.«

Das Erstaunliche und Neue an Teilhards Essay sind nicht die geschilderten Erfahrungen der Abenteuerlust, der Befreiung von den bürgerlichen Konventionen und des Aufgehens in einem geheimnisvollen höheren Wesen. Das Erstaunliche an Teilhards Schrift ist vielmehr die Tatsache, daß er sich als Jesuit und Priester zu diesen elementaren Erfahrungen bekennt, sich ihrer nicht schämt, wahrhaftig ist. Er weiß sich in diesen Erfahrungen solidarisch mit den Männern der Front: das ist das ihnen Gemeinsame, worauf man für später bauen kann.

Erstaunlich ist sodann die Deutung, die Teilhard diesen Erfahrungen gibt: für ihn sind sie religiöser Natur. Die Front hat ihm die Augen dafür geöffnet, daß es der Krisen bedarf, damit der Mensch seinen Egoismus überwindet und im gemeinsamen Werk die Entwicklung der Welt vorantreibt: Diese Gemeinsamkeit ist der entscheidende Schritt voran – Gott entgegen.

Darin unterscheidet sich Teilhards ›Sehnsucht nach der Front‹ kaum noch von der Vision, mit der der Sozialist Henri Barbusse die literarische Bearbeitung seines Kriegstagebuchs ›Das Feuer‹ beschließt. Das Buch erhielt 1916, mitten im Krieg, in Paris den Prix Goncourt und wurde in Hunderttausenden von Exemplaren verbreitet und heftig diskutiert: »Die Kameraden, die noch nicht gestorben sind, haben sich endlich erhoben ... Sie fangen an, die grenzenlose Einfachheit der Dinge zu verstehen. Und die Wahrheit läßt in ihnen nicht nur Hoffnung dämmern, sondern richtet auch Kraft und Mut wieder auf. ›Wir haben genug über andere gesprochen‹, sagt einer von ihnen in befehlendem Ton. ›Lassen wir sie jetzt ...! Auf uns kommt es an! Auf uns alle ... Das Bündnis der Demokratien, das Bündnis der Massen, der Aufstand der Völker der ganzen Welt, der Glaube an die unverdorbene Einfachheit des Menschen ... Alles übrige, alles übrige in der Vergangenheit, in der Gegenwart und in der Zukunft ist völlig gleichgültig.‹ Und ein Soldat wagt, beinahe flüsternd am Anfang, den Satz hinzuzufügen: ›Wenn dieser Krieg auch nur ein Schritt auf dem Weg des Fortschritts war, so wird das Unheil und all das vergossene Blut wenig zu bedeuten haben.‹«

Am 23. Februar 1917, ein halbes Jahr vor Abfassung von ›La nostalgie du Front‹, schreibt Teilhard an seine Cousine nach einem Heimaturlaub: »Auf der Rückreise habe ich *Le Feu* (von Barbusse) gelesen ... Diese Seiten, deren Lektüre noch zu der Dir bekannten Stimmung kam, waren für mich wie ein Peitschenhieb. Gott möge sie uns endlich schenken und sie vermehren, diese Christen, die *im Namen ihrer Religion* mehr als jeder andere Mensch das Gewicht der Sehnsucht und der Mühsal ihrer Zeit tragen werden! Ah, wüßten wir nur die leidenschaftliche Liebe, die das Volk für die Gleichheit hat, in unsere Nächstenliebe zu legen! ... Der Herr hat mehr als je einer das Leben der Menschen gelebt. Wir müssen sein wie er. Ohne diese glühende Liebe (die glühende Liebe zum Menschen) werden wir wie Eisschollen auf dem Strom unserer Zeit dahintreiben! Du bist derselben Ansicht wie ich, nicht wahr?« Diese Einsicht wird Teilhard nicht wieder verlassen: daß in den »fortschrittlichen«, von der Kirche abgelehnten Strömungen mehr christliche Wahrheit auf Verwirklichung drängt als in mancher kirchlichen Scheinaktivität: »Angesichts des demokratischen oder sozialen oder ungläubigen Drängens habe ich keine Angst vor der Gewalt, aber vor dem *Leben oder der Wahrheit, die ich dahinter spüre*«, notiert er am 13. Dezember 1918 in sein Tagebuch. »Unterdessen streiten wir über den Ort der Heiligen, kämpfen wir leidenschaftlich um Visionen und Seligsprechungen, bauen wir Wolkenkuckucksheime oder organisieren wir den Bestattungs- und Totenkult!«, heißt es in einer sarkastischen Anmerkung vom 4. Januar 1919.

Das Erlebnis der Front, die Erfahrungen, die Teilhard dort mit vielen Menschen geteilt hat, die Visionen, die ihm zuteil geworden sind: aus alldem geht Teilhard als ein neuer Mensch hervor. Er hat zu sich selbst gefunden. Wie ein Prophet, der aus der Wüste kommt, ist er seiner Berufung sicher, und unerschrocken geht er daran, seinen Auftrag zu erfüllen. Am 15. August 1917, am Fest Mariä Himmelfahrt, gibt er eine Selbstcharakteristik, die an Deutlichkeit nichts zu wünschen übrig läßt und die sein künftiges Schicksal bereits erkennen läßt: »Der Fortschritt vollzieht sich notwendig durch Bruch mit einer etablierten Ordnung. Nun gibt es eine Tendenz, das, was etabliert ist, als heilig oder tabu gelten zu lassen – es als das Wahre und das Gute zu betrachten. – Damit läuft der Neuerer Gefahr, als Gotteslästerer zu erscheinen ... Und doch ist es häufig sein Wagemut, der den Weg für die Orthodoxie von morgen bahnt. – Deshalb wendet sich die Sympathie der Menschen unwiderstehlich *dem* zu, *der wagt* ... und Erfolg hat ... ›Die Vorläufer der Wahrheit‹. Es sind die Menschen, die die ersten Regungen eines Bedürfnisses oder die ersten Strahlen eines Lichtes verspüren. – Jene, die stärker oder jünger sind als ihr Jahrhundert – jene, die zu ›früh geboren‹ sind. – Ihre Lage ist voller Gefahren, Traurigkeit und Schönheit. – Wenn sie nicht glauben, – werden sie nicht begriffen und stoßen sie sich an den Orthodoxien der Welt. – Wenn sie gläubig sind, ist ihr Leiden schlimmer ... – Und doch ist ihre Rolle fruchtbar und notwendig. Durch ihre Fragen, ihre neuen Notwendigkeiten verbreiten sie eine heilsame Unruhe. Doch die Ersten werden zermalmt wie die erste Welle ... Die große Versuchung ist die Revolte. Die große Freude ist, in der Einsamkeit voranzudringen. Es macht das große Paradox aus, daß die Rebellion manchmal providentiell und notwendig erscheint ...«

Teilhard begreift sich an der Front des Ersten Weltkrieges als einer, der sein Leben lang an der vordersten Front Gottes stehen wird, die für ihn identisch ist mit der Linie des Fortschritts für die Menschheit. Das ist seine Berufung, die er sich nicht ausgedacht hat, sondern die ihm zuteil geworden ist wie dem Moses: im brennenden Dornbusch. An der »Front« hat Teilhard Gott »gesehen«, deshalb wird ihn die »Sehnsucht nach der Front« nie mehr verlassen.

22 Die Geburt des Mystikers

> Unter dem Blick, der mich berührte, sprang die Schale auf, darunter mein Herz schlummerte.

Was die Kriegsbriefe Teilhards an seine Cousine Marguerite Teillard-Chambon schon ahnen ließen, wird zur Gewißheit, wenn man die zwanzig Schriften Teilhards aufmerksam studiert, die er 1916 bis 1919 verfaßt hat: Teilhard verdankt seine Geburt als Mystiker der Begegnung mit dieser Frau. »Ein Licht leuchtete auf in der Tiefe der Augen, die ich liebe«, heißt es in ›Der mystische Bereich‹ vom August 1917: »Mit der weiten und reinen Liebe ist eine neue Energie in mich gedrungen (oder aus mir aufgebrochen, ich weiß es nicht), die mich erfahren ließ, daß ich so offen und reich war wie das Universum.«

So wird verständlich, daß Teilhard ›Das kosmische Leben‹, seinen ersten Essay vom April 1916, der »*Terra mater* und durch sie vor allem Jesus dem Christus« widmet. In diesem »geistigen Testament« skizziert er eingangs das Problem seines Lebens, das ihm, so dürfen wir annehmen, erst in der Liebe zu Marguerite in aller Schärfe bewußt geworden ist: »Ich schreibe diese Zeilen aus Überfülle von Leben und aus dem Bedürfnis zu leben; – um eine leidenschaftliche Schau der Erde auszudrücken und um eine Lösung für die Zweifel zu suchen, in die mein Handeln gerät; – weil ich das Universum, seine Energien, seine Rätsel, seine Hoffnungen liebe und weil ich zugleich mich Gott geweiht habe, dem alleinigen Ursprung, dem alleinigen Ausgang, alleinigen Endziel. Ich möchte hier meine Liebe zur Materie und zum Leben sich ausströmen lassen und sie womöglich in Einklang bringen mit der einzigen Anbetung der allein absoluten und endgültigen Gottheit.«

Läßt sich Teilhards Ordens- und Priesterleben, das durch das Keuschheitsgelübde und das Zölibatsversprechen gekennzeichnet ist, mit der leidenschaftlichen Liebe zu einer Frau, in der seine begeisterte Hingabe an die Welt gipfelt, verbinden? In diesem persönlichen Problem spiegelt sich für Teilhard die allgemeine und grundsätzliche Frage nach dem Verhältnis von Natur und Übernatur, Schöpfungs- und Gnadenordnung, Nächsten- und Gottesliebe, Arbeit und Gebet, Fortschritt und Erlösung, Fragen, die das Christentum seit eh und je bewegt haben und auf die Teilhard zunächst seine persönliche Antwort sucht.

Doch möchte er darin die Antwort für eine ganze Generation, für ein erneuertes Christentum der Zukunft geben. Deshalb darf es keine theoretische und abstrakte Antwort sein, und sei sie noch so avantgardistisch. Teilhard will die Einheit leben, die er ersehnt. Es wird die Antwort des Mystikers sein: »Je mehr ich in mich hinabsteige, desto mehr finde ich Gott im Herzen meines Seins; je mehr ich die Verkettungen, die mich an die Dinge heften, vervielfältige, desto enger umschließt Er mich – Gott, der in mir das Werk fortsetzt, das so lange währt wie die Weltzeit, das Werk der Inkarnation seines Sohnes ... In dieser ersten, grundlegenden Schau aber deutet sich die Versöhnung des Reiches Gottes und der kosmischen Liebe an: der mütterliche Schoß der Erde ist etwas vom Schoß Gottes.«

Ein besonderes Dokument seiner Verbundenheit mit der Cousine sind Teilhards ›Drei Geschichten nach Benson‹ unter dem Haupttitel ›Der Christ in der Materie‹ vom Oktober 1916, geschrieben am Vorabend eines Einsatzes bei Verdun. Robert-Hugh Benson (1871–1914), der Sohn des späteren anglikanischen Erzbischofs von Canterbury, konvertierte 1903 zum Katholizismus, wurde 1904 katholischer Geistlicher und schrieb mehrere apologetische Romane, die eine weite Verbreitung fanden. In Auseinandersetzung mit dem bewunderten Benson wird sich Teilhard seiner eigenen mystischen Auffassung bewußt: »Ich war entzückt von der Genauigkeit«, schreibt er am 12. September 1918 an Marguerite, »mit der Benson die pantheistische Mystik und die mögliche Einigung der ›großen Monade‹ beschreibt. Aber (was mich im Jahre 1910 nicht erschüttert hatte) ich spürte die ganze Verschiedenheit des Standpunktes, die mich von dem genannten Benson trennt. Ich lasse keinesfalls gelten, daß die Begeisterung für ›den Geist der Welt‹ das Erbe des Antichrist sein muß . . . (Es) ist Platz für eine Liebe zur Erde, die sich auf einen Schöpfer-Gott stützt. Bensons Katholizismus am Schluß mißfällt mir, nicht weil er verfolgt und gedemütigt wird, sondern weil er mir ungerecht, blutarm und widernatürlich (fast ebensosehr wie übernatürlich) erscheint.«

Teilhard durchschaut diese Verteufelung der Leidenschaft zur Erde als unchristlich, der blutleere Supranaturalismus eines weltfernen Katholizismus stößt ihn ab. Er sieht sich in einer genuineren Tradition der christlichen Mystik, der »kosmischen Menschen« wie Franz von Assisi, Angela von Foligno, Katherina von Siena, »die in ihrem Herzen die Leidenschaft ihres Jahrhunderts getragen haben«, wie er im Tagebuch unter dem 5. Oktober 1916 notiert. Für diese Heiligen wie für Teilhard ist Gottes Menschwerdung in Jesus Christus das Zeichen für das Durchdrungensein der Welt von Gott. »In Erwartung der Stunden in Schlamm und Blut habe ich nun in meinem Zimmer im Pfarrhof von Nant-le Grand das Leben der stillen Stunden wieder aufgenommen«, erläutert Teilhard sein Vorhaben gegenüber der Cousine. »Daß ich mit Dir gesprochen habe [beim letzten Heimaturlaub], hat viele Gedanken und Bilder in meinem Kopf wieder belebt und in Schwung gebracht. Um im Herzen der Dinge, so schön ich es nur kann, die Gestalt des Herrn zu entwerfen – so wie ich ihn mir vorstelle –, ist mir ein Einfall gekommen, der mir besonders gefällt. Es müßten drei Erzählungen in der Art von Benson (Lumière Invisible) sein, drei Quasi-Visionen (Altartisch – Monstranz – Custodia), in denen Christus umgeben erschiene von allem, was es in der Wirklichkeit Erlesenes gibt, und unbegrenzt erreichbar und tätig in jedem Geschöpf.«

So sehr fühlt sich Teilhard mit Marguerite verbunden, daß er die drei Visionen in eine Rahmenerzählung faßt, in der eine Frau von ihrem vor Verdun gefallenen Freund berichtet. Teilhard, der weiß, daß jeder Tag für ihn der letzte sein kann, entwirft in dieser Dichtung das Bild von sich, das er Marguerite als Vermächtnis hinterlassen möchte, als Unterpfand ihrer Vereinigung in Christus über den Tod hinaus. »Mein Freund ist tot«, hebt die Erzählung an, »er, der das ganze Leben wie aus einer heiligen Quelle getrunken hat. Sein Herz hat ihn im Innern verbrannt. Sein Leib ist in der Erde verschwunden, vor

Verdun. – Ich möchte jetzt einige seiner Worte wiederholen, mit denen er mich eines Abends in die großartige Vision eingeführt hat, die sein Leben erleuchtete und befriedete: ›Du willst wissen‹, sagte er mir, ›wie das mächtige und vielgestaltige Universum für mich die Gestalt Christi angenommen hat? Das ergab sich Schritt für Schritt; und solche so neuartigen Intuitionen lassen sich sprachlich kaum analysieren. Ich kann dir jedoch von einigen Erfahrungen berichten, durch die daraufhin der Tag in meiner Seele aufgegangen ist, als habe sich ruckweise ein Vorhang gehoben‹ . . .«

Nachträglich scheint sich Teilhard ein wenig geschämt zu haben, daß er seinem Verhältnis zu Marguerite so deutlich literarischen Ausdruck gegeben hat. Er schickt deshalb das Manuskript auf Umwegen – über seine Schwester Guiguite – an die Cousine, die er am 20. Oktober 1916 auf den späteren Empfang vorbereitet: »Zu Beginn der Woche habe ich Guiguite (als Erinnerung an unsere gemeinsame Bewunderung für Benson) meine Geschichten gesandt . . . und ich habe ihr gesagt, sie möge sie anschließend an Dich weiterschicken. Du wirst bemerken, daß die zweite Geschichte auf Deinen kleinen Salon im Institut anspielt oder zumindest im Schein seiner Lampe erzählt wird. Und Du wirst so verständig sein – ich habe das auch Guiguite empfohlen –, in diesen Zeilen ein reines Phantasieprodukt zu sehen – in das ich jedoch viel Persönliches gelegt habe.«

Auch den nächsten, mehr spekulativ-metaphysischen Versuch ›Der Kampf gegen die Vielheit‹ widmet Teilhard ausdrücklich Marguerite: »Als inniges Zeichen der Verbundenheit im Denken und in Christus. Pierre, 25. März 1917.« Im Begleitbrief dazu heißt es: »Dennoch hätte ich Dir lieber etwas Persönlicheres und besser Gelungenes gewidmet als das.« Aber Marguerite wird einen Satz wie den folgenden mit Recht auf ihr Verhältnis zu Pierre bezogen haben und beglückt gewesen sein: »Seit Jesus da ist, ist auch die Kommunikation zwischen den Seelen hergestellt, die vor Ihm darunter litten, sich isoliert, verschlossen, undurchdringlich voreinander zu fühlen. Nun ist die Schranke ihrer vorläufigen Hülle gefallen, und sie berühren und begegnen sich endlich in der Einheit Christi.«

Als die Redaktion der Zeitschrift ›Etudes‹, obwohl der Chefredakteur Pater de Grandmaison Teilhard wohlgesinnt ist, das Manuskript der ›Drei Geschichten nach Benson‹ nicht zur Veröffentlichung annimmt, wird Teilhard immer mehr bewußt, daß ihn die herrschende römisch-katholische Obrigkeit spätestens nach dem Krieg wegen seiner Auffassungen zur Rechenschaft ziehen wird. Um sich selbst Klarheit über seine Position zu verschaffen und den Kritikern die Beurteilung zu erleichtern, versucht er im November 1917 eine Synthese seiner Gedanken unter der charakteristischen Überschrift: ›Die schöpferische Einigung‹. Schon die jeden »Rechtgläubigen« provozierenden Sätze der Einleitung verraten das Selbstbewußtsein dessen, der »gesehen« hat und nicht gewillt ist, seine Erfahrungen zugunsten einer oberflächlichen Richtigkeit von Sätzen zu verraten:

»Ein ›Standpunkt‹ wird angenommen und erweist sich als wahr; er läßt sich nicht beweisen. Die Logik des Systems führt, wie man sehen wird, zur Aufstellung gewisser paradoxer Sätze (z. B. über die Natur des Geistes, des Nichts, der Zukunft usw.). Ich bin nicht der Meinung, daß diese paradoxen Sätze meine Theorie als irrig erweisen ... Es ist unendlich besser, *vorläufig* eine Mischung von Wahrheit und Irrtum zu bieten, als die Realität zu verstümmeln, indem man vor der Zeit den Weizen vom Unkraut trennen will. Ich bin ohne Scheu dieser Regel des Evangeliums gefolgt, die für alle Forschung und für jeden wissenschaftlichen Fortschritt gilt.«

Als »vorläufige Mischung von Wahrheit und Irrtum« und vermutlich diktiert von Teilhards Not, in seiner Neigung zu Marguerite die von dem Keuschheitsgelübde gezogenen Grenzen nicht zu überschreiten, befremdet jene Passage über die »fleischliche Liebe«, die in deutlichem Kontrast steht zu dem, was Teilhard bereits in der Einleitung zum ›Kosmischen Leben‹ von 1916 seine »Liebe zur Materie« genannt hat.

»Die Liebe sucht die Vereinigung, d. h. den Kontakt unter den Seienden. Wie vollzieht sich indes dieser Kontakt? – Der Instinkt antwortet gern: ›durch die Materie‹, und wir handeln allzuoft dementsprechend. Wer weiß nicht, daß die lauterste Zuneigung in bloß körperliche Vereinigung ausarten kann? Wer hat nicht darüber geseufzt, wenn er sah, wie eine im höchsten Bereich der Seele gewonnene Bindung allmählich wächst und rückhaltlos sich bis ins Fleischliche ausdehnt? Die Mehrzahl der Liebenden schmeicheln sich, durch eine immer stärkere körperliche Umarmung ineinander einzudringen, wobei sie von der Leidenschaft, ineinander und miteinander zu verschmelzen, getrieben werden ... Die Erfahrung verurteilt offen diesen Weg der Vereinigung, der jedesmal zur Enttäuschung und zur Reizung des Begehrens führt, alsdann zu seiner ohnmächtigen und anwidernden Sättigung. Die auf diesen Seiten dargestellte Theorie erklärt leichter diesen Mißerfolg: die fleischliche Liebe hat keinen Erfolg, weil der Grund, auf den sie vertraut, nämlich die Materie, nicht ein Prinzip des Kontaktes, sondern der Entzweiung ist. Das Vielfältige treibt das Vielfältige aus. Je mehr man sich auf niederm Felde zu begegnen trachtet, desto mehr entfernt man sich voneinander. Wie soll man sich alsodann lieben, um in Wahrheit einander näher zu kommen? Im Geiste. Die Liebe, die nach der wechselseitigen Vergeistigung der Liebenden trachtet, die Liebe, die sie weniger unmittelbar einander erreichen als sie miteinander auf dieselbe göttliche Mitte zu gemeinsam laufen läßt, das ist die grenzenlos fortschreitende und verjüngte Liebe, innerhalb deren alles Seiende nach und nach seine Einheit aufbaut!«

Hier wird Teilhard, weil er scholastisch argumentiert und nicht seiner mystischen Intuition folgt und sich auf Erfahrungen beruft, die er höchstwahrscheinlich nicht selbst gemacht hat, das Opfer einer verhängnisvollen Tradition. Sie geht auf die Bibel zurück und verzeichnet zur Verteidigung einer spiritualistischen Position – der Jungfräulichkeit und Ehelosigkeit als des »vollkommeneren« Lebensstandes – die Ehe und die geschlechtliche Vereinigung als minderwertig und als Gefahr für die Liebe. Unbefangen betrachtet ist jedoch die leibliche Verschmelzung der Liebenden die Krönung ihrer Liebe und zugleich das überzeugendste Zeichen für die mystische Einheit zwischen Geist und Materie. Erst 1933 wird Teilhard in ›Die Evolution der Keuschheit‹ fragen: »Dieser geistige Gebrauch des Fleisches, ist es im Grunde nicht der, den, ohne die Moralisten um Erlaubnis zu fragen, viele wahrhaft schöpferische Genies instinktiv entdeckt und angewandt haben?«

Ein Blick in das Kriegstagebuch zeigt Teilhards Zwiespältigkeit in diesem Punkt: Einerseits notiert er Januar 1917: »Man muß zum Himmel mit der Lust der Erde gehen.« »Die sexuelle Vereinigung ist eine absolute, wenn auch partielle Vereinigung, das heißt, in der Ordnung und dem phyletischen Sein gemäß.« Andererseits heißt es: »Die ideale Frau (Unsere Liebe Frau? ...) – Zunächst einmal werden wir von den physischen Reizen und der physischen Vollständigkeit angezogen ... Und dann weitet der Kontakt sich unendlich aus, vergeistigt sich und endet *in Gott*. Es gibt eine *vergeistigende* und *loslösende Liebe zur physischen Welt* ... Es ist die Liebe, die, anstatt sich an ›fertige‹ und tote Gegenstände zu klammern ..., sich dem Teil der Welt zuwendet, der sich trennt, loslöst, zu Gott geht.« Hier scheint

Teilhard sogar hinter das zentrale christliche Glaubensbekenntnis von der Auferstehung des Fleisches zurückzufallen. Doch ist sich Teilhard dieses »Schismas in der Liebe« durchaus bewußt, wie er in der folgenden Schrift ›Die Weltseele‹ Anfang Januar 1918 bekennt: »Die ... den Glauben an Jesus haben, fühlen sich in der Einfachheit ihrer Hinwendung zu Gott nicht wohl. Durch den ihrer Natur eingeborenen Instinkt und durch ihre Glaubensverpflichtungen in verschiedene Richtungen gezogen, empfinden sie das Unbehagen, in einem Handeln und einer Schau zu stehen, die sich *entzweizuspalten* drohen.«

Dabei ist Teilhard überzeugt, wie er Februar 1918 – am 8. Januar hat Wilson seine 14 Punkte als Richtlinien für den Weltfrieden verkündet – in ›Die große Monade‹ visionär beschreibt: Es gibt für die Menschheit nach der Katastrophe dieses Krieges keine andere Rettung mehr als dadurch, daß sie ihre Einsamkeit und Angst durch eine bisher noch nicht dagewesene und alles umfassende Anstrengung der Liebe überwindet. Die Weltgeschichte zeigt uns: nach jeder Revolution, nach jedem Krieg ist die Menschheit immer ein wenig mehr kohärent, ein wenig mehr geeint erschienen ... Wenn die Menschen sich erst wirklich allein auf der Welt wissen, werden sie anfangen, sich zu lieben ... Ein neues Blatt der Geschichte wird aufgeschlagen: Zentren der Liebe werden sich bilden und sich zu einem großen Zentrum der Liebe zusammenschließen, in dem Gott herrschen wird.

Dann endlich wird sich »das Ewig-Weibliche« als das göttliche Lebensprinzip der Menschheit durchsetzen, wie es Teilhard in einer hymnenartigen Dichtung feiert, die er vom 19.–25. März in Verzy in der Gegend von Reims niederschreibt, zu einer Zeit, als die Alliierten durch die am 21. März begonnene Westoffensive Ludendorffs zunächst in Bedrängnis geraten, bis General Foch den Gesamtbefehl über die alliierten Truppen übernimmt. Skizzen zu dem Text finden sich ab 2. März im Tagebuch und zeigen, daß das Thema »Frau« Teilhard den ganzen Monat intensiv beschäftigt. Er gibt der Dichtung den Titel ›Das Ewig-Weibliche‹, dem berühmten Schlußvers aus Goethes Faust, Zweiter Teil, entlehnt: »Das Ewig-Weibliche / Zieht uns hinan.« Bei Goethe betet der Doctor Marianus zur Mater gloriosa: »Jungfrau, Mutter, Königin, / Göttin, bleibe gnädig!«, und der Chorus Mysticus singt: »Alles Vergängliche / Ist nur ein Gleichnis.« Bei Teilhard bekennt das personifizierte Ewig-Weibliche: »Ich verführe immer, aber zum Licht. Ich reiße auch hin, aber in die Freiheit. Ich bin von jetzt ab die Jungfräulichkeit. Die Jungfrau ist auch Frau und Mutter: Seht das Zeichen der neuen Zeit.« Trotz dieser Anklänge, die Teilhard zugibt, will er Goethe angeblich nicht gelesen haben, wie er in einem Rückblick am 13. Januar 1919 im Tagebuch schreibt: »Die Verschiedenheit der Interpretationen des Weiblichen: Für Milton (und den Islam): ›Er für Gott allein, sie für Gott in ihm‹ – Für Goethe ›das ewig Weibliche zieht uns nach oben und voran‹ (Finale des Faust) – Für Schuré: Materie, Quelle, potentia, plastisches Element . . . Für mich: *›anziehendes Element‹* (Ich hatte Goethe nicht gelesen, als ich das ewig Weibliche schrieb).« Der dichterischen Gestalt nach ist der Text »in Form einer (sehr weitgefaßten) Paraphrase der Weisheit« gefaßt: die beherrschende Rolle, die in den alttestamentlichen Büchern der Bibel der »Weisheit« zugeschrieben wird, überträgt Teilhard auf das Ewig-Weibliche, eine kühne Vision, die den Kern seiner Mystik enthüllt.

Dabei widmet er diesen Hymnus nicht einer der berühmten heiligen Frauen, deren Freundschaft mit ebenso heiligen Männern bekannt ist – Franziska von Chantal etwa, der Franz von Sales tief verbunden war –, sondern »Béatrix«: Gemeint ist Beatrice Portinari, die große Liebe und Anregerin Dantes. Auf einem Frühlingsfest des Jahres 1274 sieht Dante sie zum erstenmal, mit achtzehn Jahren begegnet er ihr wieder, den sie zu seinem ersten Sonett entflammt. Sein Buch vom ›Neuen Leben‹ ist von der Liebe zu ihr inspiriert. Bei ihrer Hochzeit mit Simone dei Bardi ist Dante zu Gast, verzweifelt. Er setzt ihr, die vierundzwanzigjährig im Juni 1290 stirbt, in der ›Göttlichen Komödie‹ ein Denkmal: an ihrer Hand gelangt er in die Sphären des himmlischen Paradieses: »Ich sah auf Beatrice, sie nach droben / . . . Sprach dann zu mir gewandt, so schön wie gern: / ›Richt dankbar jetzt den Geist auf Gott als Ziel, / Der uns verbunden mit dem ersten Sterne!‹«

Da die Briefe an Marguerite zwischen dem 16. Oktober 1917 und dem 9. Juli 1918 bisher nicht aufgefunden wurden, steht uns nur ein an Marguerite gerichteter Kommentar Teilhards zu Beatrice vom 10. Juni 1917 zur Verfügung. »Einer Nummer (der ›Etudes‹) habe ich entnommen, daß es eine Übersetzung von Dantes *Vita Nuova* von Henry Cochin gibt. Diese letzte Feststellung hat mich wieder daran erinnert, daß einer der interessantesten Mystiker, den ich von meinem Standpunkt aus untersuchen muß, zweifellos eben Dante wäre, der so erpicht auf das Wirkliche und so leidenschaftlich davon ergriffen ist. Ich glaube jedenfalls, daß wenige Beispiele deutlicher zeigen, was das ist: die Ausweitung des Gefühls (bis zum Universum), das von einem besonderen Gegenstand eingeflößt wird, nämlich von Beatrice (und die Ausweitung des Gefühls dieses Gegenstandes selbst). Ich bin bestrebt, den Realismus, aus dem die Mystik lebt, noch mehr zu betonen.« Daß für Teilhard Marguerite die Rolle der Beatrice gespielt hat, daran besteht kein Zweifel.

Einen Einblick in die realistischen Grundlagen für Teilhards mystische Dichtung geben Auszüge aus seinem Tagebuch vom März 1918, dem Monat der Abfassung des Textes. Deutlicher denn je spürt Teilhard die Anziehungskraft des Fleisches: »Die Leidenschaft ist beunruhigend (und wird böse genannt), weil: a. sie in uns den Anderen (in seinem Ursprung Unkontrollierbaren) aufzudecken scheint; b. sie eine entfesselte (in ihrer Ausübung unkontrollierbare) Kraft zu sein scheint; c. sie uns in den Schmutz zu ziehen scheint ...; d. sie *vereint*, um ein *Tertium quid* hervorzubringen! – Und doch ist sie an das phyletische Leben gebunden, das ›heilig‹, hervorragend ist? ... Sie ist die Grunddynamik des Tuns ... die Kraft, die geweckt werden muß, die den *Blick*, die Hellsichtigkeit des Geistes am weitesten trägt ...« Steht dann das christliche Ideal der Keuschheit im Sinne von Jungfräulichkeit und Ehelosigkeit nicht im Widerspruch zur Schöpfungsordnung? »*Die Keuschheit* (Gebot, Sinn, Offenbarungsinhalte) *scheint das Problem* im Sinne des Individualismus (im Gegensatz zum Kosmischen), im Sinne des Ich, im Sinne des Tutiorismus [Moralprinzip, das der Sicherheit der Entscheidung den Vorrang gibt], im Sinne der Einschränkung und der Furcht *zu lösen*.« Als erschrecke Teilhard selbst vor seinen »ketzerischen« Ahnungen, ruft er sich zur Ordnung und sucht Rettung in der Flucht nach vorn: in einer grandiosen Konstruktion des Ewig-Weiblichen, das er zum Prinzip der Entmaterialisierung, der Spiritualisierung macht und das nicht mehr im Ideal der Geliebten, sondern der Jungfrau gipfelt. »Zeigen, daß nichts an dem ist und daß das ewig Weibliche auch über das Christentum herrscht, sich über es erstreckt.« »Das Weibliche. Es als ein durchgehendes kosmisches Element behandeln, – das sich immer deutlicher in dem Maße abzeichnet, wie die Wesen geistiger, jungfräulicher, einer vollkommenen *Vereinigung* fähiger werden ... Das Weibliche ist folglich seiner Natur nach *ein Element der Vergeistigung.*«

Aber Teilhards Intuition läßt ihn selbst wieder an dieser apologetischen, krampfhaften »Lösung« zweifeln: »Vor einer Jungfrau, vor den Gelübden: muß für mich das Weibliche verschwinden? Es zieht mich mit dem Innersten meines Seins an ... Bis in unser Zeitalter ist es gewachsen. Sollte es vorübergehend, überholt, schlecht sein? Doch wie wäre das möglich? Ist das Weibliche nicht die Sensibilität und das Feuer meines Seins?« Doch es bleibt ihm keine andere Wahl, wenn er sein Leben nicht radikal revidieren will: »Sehen, wie die Frau *sich* nach und nach in vergeistigende Dynamik *verklärt*, läutert ... ›Um Dir zu gehorchen, Herr, werde ich mich Deiner Tugend weihen ... Doch ich will es in meinem vollen Mannesbewußtsein tun‹.« »Das ewig Weibliche: Gegen die Eindrücke kämpfen, daß das Gelübde eine Trennung (eine Transformation), – eine Einschränkung der Welt ist (als ob man auf eine kosmische Kraft verzichte und sich in einem ärmer gewordenen Universum verschanze, – in einer *Privatlösung* des Kosmos ...).«

Auf dem Hintergrund dieser Aufzeichnungen, die von Teilhards inneren Kämpfen Zeugnis ablegen, erscheint der Hymnus, den er am 15. März im Tagebuch entwirft, als das dichterische Manifest seiner »aggressiven, proselytischen Überzeugung« von der Überlegenheit des jungfräulichen Ordens- und des zölibatären Priesterlebens. Denn am 14. März notiert er: »Ich glaube, ich habe dank unserem Herrn aus der Erfahrung dieses Krieges die unerschütterliche, ›aggressive‹, proselytische Überzeugung gewonnen, daß die *christliche Moral*, insbesondere die Keuschheit, dem Leben (als Bedingung und Faktor) wesentlich ist.«

Deshalb läßt er das Ewig-Weibliche in dem Hymnus sprechen: »Je mehr ihr Menschen mich in Richtung der Lust sucht, desto mehr entfernt ihr euch von meiner Wirklichkeit ... Das Fleisch, das in der Tat als die Anziehungskraft des Bösen sein Spiel treibt zwischen euch und dem niederen Vielerlei (jenem Kehrbild Gottes), ist nur die Kehrseite meiner Erscheinung, die über einem Abgrund grenzenloser Auflösung d. h. der Zerstörung schwebt ... Christus hat mich erlöst. Er hat mich befreit ... Während mein trügerisches Bild fortfährt, den begehrlichen Menschen auf die Materie hin zu faszinieren, ist meine Realität erhöht worden und zieht alles an sich; sie schwebt zwischen dem Christen und Gott ... Für den Heiligen bin ich mehr als für irgendeinen anderen der mütterliche Schatten, der sich über die Wiege beugt – bin ich die strahlende Gestalt, welche die

Träume der Jugend annehmen, und die tiefe Sehnsucht, die das Herz wie eine unumstrittene und fremdartige Macht durchdringt – bin ich die Spur der Achse des Lebens im einzelnen ... Je mehr ich also Frau sein werde, desto immaterieller und himmlischer wird meine Gestalt sein. In mir strebt die Seele danach, den Leib zu vergeistigen, und die Gnade strebt danach, die Seele zu vergöttlichen. Die mich behalten wollen, werden sich mit mir wandeln müssen ...«

Weiß Teilhard schon zur Zeit der Niederschrift dieses Textes, daß die Oberen daran denken, ihn am 26. Mai 1918 während eines Heimaturlaubs in Sainte-Foy-Lès-Lyon, wo sich nach dem Exil in England jetzt das Noviziat der Jesuiten eingerichtet hat, zu den feierlichen und letzten Ordensgelübden zuzulassen? Wenn er den Termin auch noch nicht gekannt haben sollte, die Nähe dieser erneuten, nun auch den Orden verpflichtenden Bindung ist Teilhard bewußt. Das Tagebuch bezeugt es. Die spiritualistische Deutung des Ewig-Weiblichen gibt Teilhard die Möglichkeit, in seiner Leidenschaft zu Marguerite und dem Gelübde der Jungfräulichkeit keine Gegensätze, sondern sich verstärkende Momente der Hingabe an Christus zu sehen. Der Preis freilich ist hoch: Teilhards geliebte Materie erscheint nun als das, was überwunden werden muß.

23 Bilanz und Ausblick

> Im Regiment bin ich der einzige, der an den Orten, durch die wir gekommen sind, etwas von der Geschichte der Erde geahnt hat. – Weshalb sollte ich in einer sehr großen Zahl nicht der einzige sein, der die wahre Beziehung wahrnimmt, die Gott und das Universum verbindet.

Nachdem sich Teilhard wochenlang mit dem Thema Frau beschäftigt hat, möchte er – sechs Wochen vor den Gelübden – eine erste Bilanz seiner inneren Entwicklung ziehen, eine »Apologia pro vita sua« schreiben, wie er sie bei Newman bewundert hat, dessen 1864 erschienenes Werk zu den klassischen Autobiographien zählt. Am 8. April 1918 skizziert Teilhard in seinem Tagebuch sechs Druckseiten lang in Stichworten, was er dann unter dem Titel ›Mon Univers‹ ausarbeitet und mit »Ay (Marne), 14 avril 1918« datiert. Eine redigierte Fassung schickt er an Marguerite, eine Reinschrift vermutlich an einen seiner Freunde oder Oberen im Orden.

Hat Teilhard gehört, daß im Orden Einspruch laut geworden ist gegen seine Zulassung zu den feierlichen Gelübden, dem Zeichen der endgültigen Zugehörigkeit zum Orden als Vollmitglied? Will er die Entscheidung noch zu seinen Gunsten beeinflussen? Jedenfalls bedrückt es ihn, daß sogar Freunde Bedenken geäußert haben gegenüber seinen Formulierungen. Wieviel gefährdeter muß er da denen erscheinen, die ihm nicht freundschaftlich verbunden sind und als Obere Verantwortung für ihn und die Ordensgemeinschaft tragen! Teilhard wählt das dem Ordensgeist entsprechende Heilmittel: die Offenlegung des Gewissens. Durch eine Skizze seines Werdens und Wollens, wie es sich ihm zur Zeit darstellt, möchte er das Verständnis und Vertrauen derer gewinnen, von denen er abhängig ist. Im Vorspann sagt er es geradeheraus: »Das Erstaunen und eine gewisse Unruhe, die bei meinen besten Freunden die Lektüre meiner letzten Essays (Das kosmische Leben, Der Kampf gegen die Vielheit ...) ausgelöst hat, haben mich die Notwendigkeit fühlen lassen, meine Ideen näherhin zu erklären. Um für mich meine eigene Lehre zu präzisieren und denen, die das Recht haben, mich zu leiten, ihre Aufgabe der Kritik und der Berichtigung zu erleichtern, habe ich also versucht, die einfachen und wesentlichen Charakteristika meiner ›Weltanschauung‹ zu bestimmen und sie von dem philosophischen Gewand zu befreien, das ich ihnen aus Mangel an Besserem und provisorisch gegeben habe.«

Zunächst beschreibt Teilhard die ihm »eingeborenen Tendenzen«: Die Leidenschaft zum Absoluten, das er als Kind in einem Stück Metall sucht, als Student in den Elementen der Materie, in der physischen Energie, in der Totalität des Universums – »immer, ich gestehe es, mit dieser instinktiven Vorliebe für die Materie ..., was ich erst viel später korrigiert habe ... Wissenschaft (das heißt alle Formen menschlicher Aktivität) und Religion sind in meinen Augen immer nur eine Sache gewesen, die eine wie die andere sind für mich die Verfolgung des gleichen Gegenstandes.«

Dann kommt er darauf zu sprechen, wie sich ihm das Universum als eminent groß und wertvoll offenbarte, wie er sich ihm einverleibt fühlt, wie er dessen tiefe Einheit empfindet. »Das menschliche Handeln erscheint mir nur dann vollkommen befriedigend und bewußt, wenn es sich vollzieht in Einheit mit der Vollendung der kosmischen Vollkommenheit.« Feierlich erklärt Teilhard, mehr ins Ohr seiner Oberen denn seiner Freunde: »Diese Disposition in mir ist das Resultat einer angeborenen Neigung. Es bedürfte meinerseits einer positiven Anstrengung (wahrscheinlich unmöglich), um ihr zu widerstehen.«

Daraufhin erläutert er, wie er die Verbindung zwischen dem Universum und Gott sieht. Auch diese Überzeugung geht auf Erfahrungen zurück, wie er zu bedenken gibt, um jeden Widerspruch von vornherein zu entkräften: »Worauf ich vor allem die Aufmerksamkeit meiner [geistlichen] Führer ziehen möchte, ist die Tatsache, daß sich, vorgängig zu jeder reflektierenden Betrachtung, die Versöhnung und die Fusion der beiden fundamentalen Amouren (Gottes- und Weltliebe) ganz von selbst, auf vitale Weise, in meinem Geist und in meinen Gefühlen verwirklicht haben.« Gott ergab sich von selbst aus der Verlängerung der Größe, Intimität und Einheit des Universums. »Heute meine ich zu sehen und zu fühlen, daß sich die beiden Brennpunkte jeder menschlichen Liebe gegenseitig rufen und auf wunderbare Weise ergänzen, indem Gott sich der Welt bedient, um von uns erreicht zu werden und uns zu erreichen, und indem die Welt ihrerseits von Gott abhängt, um ihre Kontingenz und Vielheit zu überwinden.«

Ist nun Jesus Christus nicht diese Synthese von geschaffenem Universum und Schöpfer? Wenn ja, und Teilhard offenbart seine intimste Überzeugung, ist dann Christus nicht dem Universum koextensiv, ausgedehnt wie dieses und mit diesem zu erfahren? »Aus unbezwingbarer Neigung universalisiere ich das, was ich liebe, um es lieben zu können.« Ein Christus, der sich nur auf einen Teil des Universums erstreckte, wäre kleiner als die Wirklichkeit. »Der Gott unseres Glaubens erschiene mir weniger groß, weniger beherrschend als das Universum unserer Erfahrung! Wie könnte ich ihn mehr lieben als alles, mehr als die Welt?« Ist Christus jedoch als Einheit von Schöpfung und Schöpfer dem Universum koextensiv, ist das Universum der »Mystische Leib« Christi, wie schon die Bibel sagt, dann ist für Teilhard sein »doppeltes instinktives Verlangen« gestillt: »1) unter jeder natürlichen Energie Gott zu spüren und 2) in jeder menschlichen Handlung einen universalen, absoluten Wert zu finden.«

Dann muß es auch eine innere Korrespondenz geben zwischen dem natürlichen Fortschritt dieser Welt und der übernatürlichen Vollendung des Universums in Christus, so daß, »was immer wir erleiden, Christus bewirkt, und was immer wir bewirken, Christus getan wird«, wie Teilhard lateinisch formuliert. Dabei bleibt das Gesetz jeder Transformation gewahrt: es beruht auf Arbeit und individueller Entsagung. Auch können sich die Schwerpunkte menschlicher Aktivität verschieben oder neue Wertigkeiten annehmen, je näher das Reich Gottes kommt: »Deshalb tendiert die Jungfräulichkeit dazu, den Ehestand zu verdrängen«, wie Teilhard anfügt, ein Zeichen dafür, daß ihn das Problem noch immer bedrängt. Konsequenter wäre es freilich, die Jungfräulichkeit als eine Entsagung zu deuten, die nötig sein könnte, um die Welt dem Endzustand näher zu bringen, so daß, je mehr das gelingt, die Ehe die Jungfräulichkeit überflüssig machen könnte.

Teilhard schließt den Essay mit dem beschwörenden Appell an seine Freunde und Oberen, sie möchten trotz aller Unzulänglichkeiten der Formulierung diese Lösung, die er für das Problem seines Lebens gefunden habe, ernstnehmen, da es seiner Meinung nach das Problem vieler Christen sei: »Wie die Entsagung gegenüber der Welt (notwendig für das Leben des Christen) verbinden mit dem Geschmack an der Erde (unerläßlich für die menschliche Anstrengung)?« Teilhard ist überzeugt, daß die Dogmen und die Praxis der Kirche seit langem alle Elemente enthalten, um das Problem in der Art zu lösen, wie es Teilhard für sich persönlich bereits gelungen ist. »Vielleicht wird man überrascht sein, wie sehr Erwägungen, die in meinen Schriften forciert, kühn oder bizarr erschienen sind, einzig und allein aus den authentischsten und praktischsten Überzeugungen unseres Glaubens hervorgehen, wenn man sich nur die Mühe macht, diese nicht nur in einer Sprache, sondern in einer kohärenten Wirklichkeit zusammenzufassen.« Daß sich durch Übertreibungen aus seinem Glaubensbekenntnis eine doppelte Gefahr ergeben kann, erwähnt Teilhard selbst zum Schluß, um seinen Kritikern zuvorzukommen: Man kann das Universum so aufwerten, daß Gott überflüssig oder »materialisiert« erscheint (die Gefahr des Atheismus oder Pantheismus); und man kann sich dem hemmungslosen Genuß der Freuden dieser Welt hingeben (die Gefahr des Hedonismus). Es ist eine Frage der christlichen Klugheit, diese Gefahren zu vermeiden.

Noch bevor Teilhard die Reaktion seiner Freunde und Oberen auf ›Mein Universum‹ erfährt, fällt am 3. Mai 1918 sein Bruder Olivier am Kemmelberg während der zweiten deutschen Frühjahrsoffensive im Lys-Abschnitt südlich von Ypern. »Der Tod Oliviers«, notiert Teilhard am 17. Mai, »bestätigt mich, so scheint mir, in der Schau und in der Annahme der folgenden (*möglichen* und wünschenswerten) Einstellung: mit unserem ganzen Sein daran arbeiten, die Erde zu entwickeln, ohne sie irgendwie *irdisch* zu genießen (das Zentrum des totalen Bemühens verlagert nach außerhalb des aktuellen Lebens). Und auch diese Grundwahrheit wird immer deutlicher sichtbar: Das Sein *erneuert sich nicht,* außer durch den Tod. Um zu leben, muß man eine Schale zerbrechen.«

In dieser Gesinnung – seine früheren Spirituäle und Freunde können den skeptischen Provinzial umstimmen – legt Teilhard am 26. Mai die feierlichen Gelübde ab und kehrt an seinen Frontabschnitt zwischen Compiègne und Soissons zurück, an dem die dritte deutsche Offensive des Jahres begonnen hat. Obwohl die Deutschen den Chemin des Dames erstürmen und über die Aisne bis zur Marne vorstoßen, können die Franzosen die Front wieder stabilisieren. Auch Vorstöße westlich und südwestlich Soissons in Richtung auf Compiègne werden zum Stehen gebracht.

In diesen Juniwochen 1918 verfaßt Teilhard in Gebetsform den Text ›Der Priester‹. Hier zieht er aus dem Bekenntnis, das er in ›Mein Universum‹ abgegeben hat, die Konsequenzen für seine Auffassung vom Symbolcharakter der Meßfeier: »Herr, da ich heute, ich dein Priester, weder Brot noch Wein, noch Altar habe, will ich meine Hände über das All des Universums breiten und seine Unermeßlichkeit zur Materie meines Opfers nehmen. Ist nicht der unendliche Kreis der Dinge die endgültige Hostie, die du verwandeln willst?« Diesem Verständnis der Konsekration entspricht Teilhards Anbetung: »Ich knie nieder, Herr, vor dem Universum, das insgeheim unter dem Einfluß der Hostie zu deinem anbetungswürdigen Leib und deinem göttlichen Blut wurde.« Ebenso universal ist die Kommunion: »Die kleine reglose Hostie ist in meinen Augen so weit wie die Welt geworden, so verzehrend wie eine Feuersglut. Sie beherrscht mich von überallher. Sie will sich um mich schließen. Eine unerschöpfliche und universale Kommunion beendet die universale Konsekration. Ich wüßte nicht, Herr, wie mich solch großer Gewalt entziehen, und ich liefere mich ihr beseligt aus.« Das priesterliche Apostolat nimmt für Teilhard eine ganz persönliche Form an: »Ich, Herr, möchte, für meinen sehr bescheidenen Teil, der Apostel sein und (wenn ich so sagen darf) der Evangelist deines *Christus im Universum.* – Ich möchte durch meine Betrachtungen, durch mein Wort, durch die Praxis meines ganzen Lebens die Kontinuitätsbeziehungen aufdecken und predigen, die aus dem Kosmos, darin wir uns bewegen, ein durch die Inkarnation vergöttlichtes Medium machen, das durch die Kommunion vergöttlichend wirkt und durch unsere Mitwirkung selbst zu vergöttlichen ist. *Kraft echt organischer Anschlüsse Christus ins Herz der Realitäten tragen, die als gefährlich, naturalistisch-heidnisch im höchsten Maß gelten, das ist mein Evangelium und meine Mission* ... Denen, die laut, schüchtern, kindisch oder auch eng sind in ihrer Religion, möchte ich ins Gedächtnis rufen, daß Christus für seinen Leib die menschliche Entwicklung fordert und daß es gegenüber der Welt und der Wahrheit *eine unbedingte Pflicht der Erforschung gibt.*«

Daraus ergibt sich für Teilhard sein avantgardistisches Lebensprogramm, in das Gelübde und Priestertum integriert sind: »Meinen Kräften gemäß, *da ich Priester bin,* will ich hinfort der erste sein, der sich Klarheit darüber verschafft, was die Welt liebt, erjagt, leidet; – der erste, der sucht, mitfühlt, sich plagt; – der erste, der sich erschließt und der sich opfert – großzügiger menschlich und edelmütiger irdisch als irgendein Diener der Welt. Ich will einerseits in die Dinge hinabtauchen, und, indem ich mich mit ihnen vermenge, durch die Besitzergreifung bis zur letzten Parzelle das herauslösen, was sie an ewigem Leben enthalten – damit nichts verlorengehe. Und gleichzeitig will ich, durch die Ausübung der Räte, im Verzicht all das zurückgewinnen, was die dreifache Begierde an himmlischer Flamme in sich birgt – heiligen will ich in der Keuschheit, der Armut, dem Gehorsam die in der Liebe, im Gold und in der Unabhängigkeit eingeschlossene Potenz. Darum habe ich meine Gelübde, mein Priestertum angelegt (darin ist meine Stärke und mein Glück) in einem Geist der Annahme und Vergöttlichung der Potenzen der Erde.«

Es ist nur zu verständlich, daß Teilhard, der in den vier Jahren an der Front eine solche Klarheit über sein Weltbild und seinen Auftrag gewonnen hat, nun darauf brennt, wieder in Paris sein zu können, um seine Mission zu beginnen bei den Menschen, »die hingezogen sind von der Leidenschaft der Kunst oder des Ewig-Weiblichen – der Leidenschaft der Wissenschaft und des beherrschten Universums – der Leidenschaft der individuellen Autonomie und der befreiten Menschheit ... Welche Ehre für dich, mein Gott, welch ein Zustrom von Leben zu deiner Menschheit hin, wenn alle diese geistige Potenz sich in dir harmonisierte!«

Es ist ebenso verständlich, daß seine Freunde und Oberen, denen er seine programmatischen Schriften zugeschickt hat, zwischen Faszination und Sorge hin- und hergerissen sind: Wer das vorwiegend konservative offizielle kirchliche und theologische Milieu kennt, sieht die Konflikte vorprogrammiert, in die Teilhard geraten muß. Der für ihn zuständige Provinzialobere Pater Chanteur von Lyon hatte schon gegenüber ›Mein Universum‹ Bedenken geäußert. Am 3. Oktober 1918 berichtet Teilhard an Marguerite: »Vorgestern habe ich einen Brief von Pater Chanteur erhalten, in dem er vom *Prêtre* spricht. Auch diesmal wieder – und zum Unterschied von P.V.-S. [Vulliez-Sermet, Teilhards Spiritual im Tertiat, jetzt Novizenmeister in Lyon] – herrscht die Unruhe bei ihm vor. Er hat sichtlich Angst (sehr liebevoll übrigens), mich im Pantheismus versinken zu sehen. Diese freundschaftliche Kritik hat mir in heilsamer Weise wieder die Schwierigkeiten des praktischen Lebens vor Augen gestellt und nebenbei auch den Zwang, den uns eine gewisse Gruppe von anerkannten scholastischen Formeln auferlegt ... Es muß offenbar eine orthodoxe Sprache gefunden werden, damit ›meine Erfahrung‹ dort angenommen wird, ohne daß sie entstellt noch ›abgeschwächt‹ wird. Glücklicherweise ist das Wichtige, daß diese Erfahrung in ihrer Substanz orthodox ist; das aber kann ich annehmen, scheint mir, weil man es mir, besonders im Juni, wieder gesagt hat – und dann, weil der heilige Johannes, der heilige Paulus auf meiner Seite stehen – und auch so viele innere Forderungen und solch innere Genugtuung, die kaum täuschen können, scheint mir, so sehr sind sie in meinem Leben verankert und tief mit ihm verbunden. Es war mir trotzdem wichtig, mit Dir über diese neue Verwarnung zu sprechen, die ich bekomme, damit auch Du Dich nicht in eine etwas gefährliche – zumindest heikle – Richtung hinreißen läßt. Wenn Du den Essay mit Maschine schreiben lassen kannst, schicke dennoch ein Exemplar an M. l'Abbé Beaugeard (Feldgeistlicher beim Infantrieregiment Coloniale du Maroc, S.P. 112); mit ihm gibt es keine Schwierigkeit.«

Hier beginnt Teilhard bereits mit einer Praxis, die er sein Leben lang fortsetzen wird. Obwohl seine jetzt schon einflußreichen Freunde aus dem Philosophie- und Theologiestudium – unter anderen Paul Doncoeur, Victor Fontoynont, Christian Burdo, Joseph Huby, Auguste Valensin, Auguste Décisier und Léonce de Grandmaison – ihm wohlgesonnen sind und ihn zum Schreiben ermuntern, können auch sie nicht erreichen, erst recht nicht garantieren, daß der Orden ihm erlaubt, seine Arbeiten zu veröffentlichen. Das Beispiel der ›Etudes‹ zeigt es: P. de Grandmaison als Direktor hat nach ›La Nostalgie du Front‹ alle weiteren Essays abgelehnt. Deshalb sorgt Teilhard selbst dafür, daß sie nicht in seinem Soldatentornister oder später in seinem Schreibtisch verborgen bleiben: er schickt sie, oft in mehreren Exemplaren, an die Freunde mit der Bitte, weitere Kopien herzustellen und gezielt weiterzugeben. Auf diese Weise erreichen seine Ideen zunächst die gewollte Verbreitung im kleinen Kreis, später jedoch auch eine unbeabsichtigte in dem Maße, als die Vervielfältigung und Verteilung außer Teilhards und der Freunde Kontrolle gerät: sowohl begeisterte avantgardistische wie kritisch-konservative Kreise versuchen, in den Besitz seiner Schriften zu gelangen, um sie für ihre Zwecke einzusetzen: zur kritiklosen Verbreitung oder zur Denunziation. Teilhard ist sich über den provozierenden Charakter seiner Schriften einigermaßen im klaren, von denen er am 11. Oktober 1918 an Marguerite schreibt: »Was an meinen Essays heikel ist ..., ist nicht die rücksichtslose Veränderung der (orthodoxen) Formulierungen (deren Sinn leicht aufrechtzuerhalten ist), sondern die Inspiration und die Tendenz. – Bete viel, daß mich stets der *gute* Geist beseelt.« Auch in diesem Punkt optimistisch, verfaßt und verschickt er in den letzten Monaten, die er noch Soldat ist, zunächst aus dem Elsaß, dann aus Baden, weitere fünf Texte, die seine visionäre Gesamtschau in Einzelheiten vertiefen.

Auf über dreißig Druckseiten seines Tagebuchs von September 1918 findet sich eine Fülle von Notizen zu dem Essay ›Der wirkende Glaube‹, den er am 28. September abschließt. In ihm entwirft Teilhard die Bedeutung des Glaubens für die Zukunft der Menschheit. Nach der Schlacht bei Amiens, in der den Engländern mit 450 Tanks ein tiefer Einbruch in die deutsche Front gelingt – Ludendorff nennt den 8. August 1918 den »schwarzen

Tag des deutschen Heeres« –, und seit der Rückverlegung der deutschen Front in die Siegfriedstellung scheint der Waffenstillstand nicht mehr fern: die Zukunft hat wieder begonnen.

Für Teilhard ist der christliche Glaube vor allem Vertrauen in die Zukunft. Dadurch erweckt er im Menschen die göttlichen Energien, die die Zukunft gestalten, wird er zur »Vorformung der Zukunft«. So »enthüllt sich der christliche Glaube als eine äußerst realistische und umfassende ›kosmische Energie‹ ... Mit der Wissenschaft geht er dem kalten und genauen Licht nach, das ihm helfen wird, die Determinismen untereinander zu verketten. Mit der autosuggestiven Kraft des Willens scheucht er die am Grund seiner Natur und seiner Persönlichkeit liegenden Möglichkeiten aus dem Schlummer. So emsig, als hinge die ganze Zukunft von seiner kalkulierten Vorsorge ab – so angespannt in seinem Bemühen, als könnte er nichts erhoffen denn vom *Glauben an sich,* bewahrheitet er in seinem Verhalten eifersüchtig den volkstümlichen Spruch, darauf er sein Recht, auf Gott zu zählen; gründet: Hilf dir selbst, so hilft dir Gott.«

In ›Forma Christi‹ vom 22. Dezember 1918 erläutert Teilhard unter anderem die Konsequenzen der Menschwerdung Gottes in Christus für die Nichtchristen: »Unter dieser *natürlichen Form,* die sein *übernatürliches Sein* angenommen hat, um sich in unser Universum einzufügen, erweckt und ermuntert Christus das, was man die natürlichen Forderungen des menschlichen Herzens zu nennen pflegt. Noch ohne erkannt zu sein, einfach indem er den Mittelpunkt aller sichtbaren Dinge einnimmt, bewirkt er, daß alle, die ihren Lebenssinn aus der Erwartung und Vorbereitung eines Zeitalters des Lichtes und des Friedens schöpfen, zu Ihm aufschauen.«

Diese Überzeugung hat Teilhard unter anderem durch die Lektüre mehr oder weniger theosophisch und gnostisch orientierter Religionsphilosophen gewonnen, deren Werke er in diesen Monaten liest. Dazu gehört auch das seit seinem Erscheinen 1893 in zahlreichen Auflagen verbreitete Werk ›Die großen Eingeweihten‹ des Elsässers Edouard Schuré. Dieser hat 1916 ein leidenschaftliches Bekenntnis zum Kriegsziel Nr. 1 der Franzosen abgelegt: »L'Alsace française«. Jetzt, da es erreicht ist und Teilhard daran Anteil hat, liest er mit besonderer Anteilnahme in der Heimat Schurés dessen Standardwerk. Im Vorwort zu den deutschen Ausgaben hat Rudolf Steiner den Autor 1909 wie folgt charakterisiert: »Unter den schaffenden Künstlern der Gegenwart ist Edouard Schuré einer, dessen ganze Art auf der

Einsicht ruht, was der Seher in der geistigen Entwicklung der Menschheit ist. Alles menschliche Schaffen führt für ihn zuletzt auf die Kraft der Seher zurück.« Das zeigt Schuré, indem er die »großen Eingeweihten« Rama, Krishna, Hermes, Moses, Orpheus, Pythagoras, Plato und Jesus behandelt.

Teilhard fühlt sich vor allem bestätigt durch die »Einführung in die esoterische Lehre« am Anfang des Buches von Schuré, wo es heißt: »Das größte Übel unserer Zeit ist, daß Wissenschaft und Religion sich wie zwei feindliche, unversöhnliche Mächte gegenüberstehen ... Seitdem die Kirche angesichts der Einwendungen der Wissenschaft ihr uraltes Dogma nicht mehr beweisen kann und sich in ihm wie in einem fensterlosen Dogma einschließt, der Vernunft den Glauben entgegensetzend, wie ein undiskutierbares und absolutes Gebot; seitdem die Wissenschaft, berauscht von ihren Entdeckungen in der physischen Welt, gänzlich von der psychischen und geistigen Welt absieht und in ihrer Methode agnostisch, in ihren Grundsätzen und Schlußfolgerungen materialistisch geworden ist; seitdem die Philosophie, richtungslos und ohnmächtig zwischen beiden stehend, in gewissem Sinne ihren Rechten entsagt hat, um in transzendenten Skeptizismus zu verfallen, seitdem ist ein tiefer Riß in der Seele der Gesellschaft wie in denjenigen der Individuen entstanden ... Daher ein tiefer Widerspruch, ein verborgener Krieg, nicht nur zwischen dem Staat und der Kirche, sondern auch in der Wissenschaft selbst, im Herzen aller Kirchen, und bis in die Gewissen aller denkenden Individuen hinein.«

Kein Wunder, daß Teilhard am 13. Dezember 1918 aus Straßburg an Marguerite schreibt: »Nun konnte ich mich mit einem Schlage wieder Schuré zuwenden, der mir ein unermeßliches, ziemlich komplexes Vergnügen bereitet hat: Freude, einem Geist zu begegnen, der meinem eigenen eng verwandt ist – geistigen Auftrieb bei der Berührung mit einer Seele, die die Welt leidenschaftlich liebt – Befriedigung über die Feststellung, daß die Fragen, die mich vor allem beschäftigen, wohl die sind, die das innerste Leben der Menschheit beseelt haben – Vergnügen zu sehen, daß meine Lösungsversuche im großen und ganzen vollkommen den Ansichten der ›großen Eingeweihten‹ entsprechen, ohne das Dogma zu entstellen, und (aufgrund der integrierten christlichen Idee) gleichzeitig ihre ganz besondere und originelle Physiognomie haben. Du kannst Dir mühelos vorstellen, daß der klare Blick dafür, was mir entspricht und was in Schurés Vision im Gegenteil künstlich oder unzulänglich ist, für mich ein großes Vergnügen und ein Ansporn ist: er läßt mich doppelt meine Kraft spüren.«

Teilhard legt Wert darauf, auch vor sich selbst immer wieder seine Unabhängigkeit gegenüber derartiger Lektüre zu betonen, wie aus einer nicht widerspruchslosen Tagebuchnotiz vom 1. Januar 1919 hervorgeht, die sich auf seine nächste in Arbeit befindliche programmatische Schrift bezieht: »Ohne Abhängigkeit von irgend jemandem geschrieben ... Titel: ›Wo ist das Leben?‹ (In der heutigen Welt, in den theologischen Disputen? in den Predigten? ... oder bei Jaurès, Schuré, Maeterlinck, Wells, Osborn, James ...).«

Die ›Notiz zum Dienst an der Evangelisierung der modernen Zeit‹, wie die Schrift schließlich lautet, erläutert Teilhard am 5. Januar 1919 von Straßburg aus an Marguerite: »Ein Manifest, das ich meinen Freunden übermitteln werde und das eine Bewegung anbahnen und Pläne für praktische Einrichtungen ins Leben rufen soll.« Als sei er selbst erschrocken über sein Vorhaben, fügt er hinzu: »Ich sehe mit einiger Besorgnis den Augenblick der Zusammenstöße, der Reibungen, der Enttäuschungen kommen ... Aber das ist das Gesetz jedes Strebens, nicht wahr? – Was immer man auch schaffen will, man muß gegen die Trägheit kämpfen oder gegen noch Schlimmeres. Es ist mir wertvoller denn je zu wissen, daß Du Gott nahe und bei mir bist.«

In dieser »Notiz«, die er am 10. Januar »zusammen mit einem sehr offenen Brief« an Pater de Grandmaison schickt, heißt es gleich zu Anfang: »Um effektiv auf eine Strömung des Lebens einwirken zu können ... muß man selbst zu dieser Strömung gehören. Nur ein Arbeiter kann von Arbeitern gehört werden. Nur ein Geologe oder ein Soldat kann zu Geologen oder Soldaten sprechen ... – Nur ein Mensch kann sich unter Menschen Gehör verschaffen.« Damit formuliert Teilhard ein Prinzip, das dreißig Jahre später in den französischen Arbeiterpriestern am deutlichsten Gestalt annehmen wird, jedoch in dieser Form auch scheitert. Teilhard jedenfalls ruft die Christen, vor allem die Priester, dazu auf, sich mit dem »göttlichen Ideal«, dem der moderne Mensch zustrebt, durch Teilnahme an dessen Leben vertraut zu machen. »Täuschen wir uns nicht. Das *christliche Ideal* (wie man es gewöhnlich darstellt) hat aufgehört ..., das gemeinsame Ideal der Menschheit zu sein.« Es erscheint vielmehr unmenschlich und inferior. Aber »das Leben in seiner Gesamtheit täuscht sich nicht«. An ihm teilnehmen, öffnet die Augen für die wirkliche, verschüttete Botschaft des Christentums. Sie kann, und Teilhard beruft sich auf seine Erfahrungen, nur lauten: »Das Evangelium von der menschlichen Anstrengung«: »Das entscheidende Argument, das die Welt von der Wirklichkeit unseres Gottes überzeugen wird, wird sein, die *Verbindung der beiden Anziehungen,* der himmlischen und der irdischen, aufzuzeigen, *verwirklicht* in einem *vollkommen menschlichen, weil vollkommen christlichen* Leben.«

Damit sich die Christen mit Begeisterung unter die Arbeiter der Erde mischen können – im Namen des Christentums –, ist es höchste Zeit, daß die Theologen in der Dogmatik das Verhältnis Gott/Universum neu bedenken, in der Moral die Bedeutung der menschlichen Leidenschaften (Liebe, Arbeit, Forschung) für den Aufbau des gott-menschlichen Universums herausstellen und in der Asketik die Beziehung zwischen Entsagung und Fortschritt erkennen. Noch überkommt Teilhard, wenn er an den Zustand etwa der katholischen Dogmatik denkt, ein »Schwindel bei dem Gefühl, wie sehr wir in den Wolken außerhalb des Lebens bauen« (Tagebucheintragung vom 4. Januar 1919).

Auf einem kurzen Urlaub in der Heimat, wo er in Sarcenat »im Ofenwinkel« die kranke Schwester Guiguite tröstet, wenn er nicht in Clermont ist, zwingt ihn ein Gespräch mit dem Jesuitenpater Treuvey, da »wir absolut nicht auf die gleiche Weise denken«, in seinem Geist »zahlreiche Punkte klarzustellen ... Was mir unter solchen Umständen die meiste Ruhe verleiht, ist die Tatsache, daß die etwas gewagten oder systematischen Punkte meiner ›Lehre‹ für mich im großen und ganzen nur sekundär sind. Ich möchte viel weniger Ideen als einen *Geist* verbreiten; und ein *Geist* kann beinahe alle Formen beseelen.« So schreibt er aus Sarcenat am 1. Februar 1919 an Marguerite, bevor er sie selbst in Paris sprechen kann. Wieder bei seinem Regiment in Goldscheuer (Baden), dankt er ihr nicht nur für die letzte Begegnung, sondern bittet auch um ihre Freundschaft für die kommende, nicht weniger schwierige Zeit: »Und nun muß ich Dir wohl nicht noch einmal sagen, wie sehr ich die Tage genossen habe, die wir soeben miteinander verbrachten, und wie sehr ich darauf rechne, daß unsere notwendige Freundschaft uns in irgendeiner Form weiter stützen und sich weiter entfalten wird. Es ist wahr: Du bist mir für den Krieg geschenkt worden. Aber was wir im Laufe dieser fünf Jahre zusammen erworben haben, muß uns dienen. Und dann: Wer könnte trennen, was die Liebe zu unserem Herrn einigt? Ich habe es Dir gesagt: Ich werde Dich ohne Zweifel viel brauchen, um Dir anzuvertrauen, was ich empfinde und was ich tue. Je näher die Zeit des Verwirklichens herankommt, desto deutlicher sieht man, wie die Schwierigkeiten wachsen und die Hoffnungen schwinden. Das ist nicht der Augenblick, wo wir uns weniger helfen können.«

In dieser Stimmung – am 18. Januar 1919 wird die Friedenskonferenz im Spiegelsaal des Schlosses zu Versailles eröffnet, am 12. Februar reicht Teilhard seine Pariser Studienpläne für die nächsten Monate bei seinem Provinzial in Lyon ein, für Anfang März rechnet er mit seiner Demobilisierung – schreibt er sich auf einigen Seiten mit dem Titel ›Gelobtes Land‹ sowohl seine Enttäuschung über die Möglichkeiten des Friedens vom Herzen als auch seinen Glauben an die Zukunft: »Nach fünf Jahren der Nacht hat endlich der Tag das Schlachtfeld erhellt. Und nun erscheint unseren Blicken, die begierig waren, die Zeichen eines allumfassenden Frühlings zu erhaschen, das Antlitz der Erde so stumpf, so trüb – trüber, sagen manche, als der Herbst es uns zurückgelassen hatte. Einen Augenblick lang waren die Menschen bewegt, vereint, über sich hinausgewachsen in einer gemeinsamen Verteidigung; kaum aber hat sich der Griff der Gefahr gelockert, sind sie in ihre egoistische und eifersüchtige Zersplitterung zurückgefallen. Viel Laster, viel schamlose Ausbeutung, viel Utilitarismus und unter all dem ein tiefer und empörter Abscheu vor soviel unnütz erlittenem oder verursachtem Übel, dies scheint die traurige Bilanz des Krieges zu sein. Wozu haben wir dann soviel Anstrengung verschwendet? ... Weshalb uns so wacker geschlagen?« 1,4 Millionen Franzosen sind gefallen, 3 Millionen verwundet; 300000 Wohnhäuser sind zerstört, 500000 stark beschädigt; 50000 Straßenkilometer, 5000 Brücken, 10000 Bahnkilometer sind unbrauchbar geworden.

Doch Teilhard erinnert sich an die Erfahrungen, die er schon in ›La Nostalgie du Front‹ festgehalten hat. »Unter dem Druck einer dringenden und hohen Notwendigkeit, die allen gemeinsam war, haben die Menschen eine Arbeits-, Forschungs-, Willens- und Hingabekraft bewiesen, die sie sich vorher kaum erträumt hätten ... Sie haben sich freier und stärker gefühlt im Bewußtsein *von Etwas, das sie umgriff und sie überstieg ... An einem Versuch* – kurz aber schlüssig – konnten wir die evolutive Reserve, das Potential unserer Spezies ermessen. *Wir haben noch lange nicht alle unsere Energien freigelegt* ... Dies aber ist *die Bedingung des menschlichen Fortschritts,* wie der Krieg sie uns gezeigt hat: daß die Menschen, wenn sie es endlich aufgeben, isoliert zu leben, so weit kommen, ein allen gemeinsames Ziel ihres Lebens zu entdecken (ein für immer an ihren Himmel geheftetes Ziel, durch Erziehung überlieferbar, durch Forschung erreichbar und vollendbar), an welchem (in einer weder individuellen noch regionalen, noch sozialen, sondern *menschlichen Anstrengung)* die ganz sicher in ihnen noch schlummernden Kräfte *sich entzünden und gruppieren.«* Dieses Ziel existiert, »denn wenn es ein durch die allgemeine Erfahrung bestätigtes Prinzip gibt, dann dieses, daß *jeder Hunger irgendwo sein Brot hat, das auf ihn wartet.«*

Hat Teilhard bisher als Frontsoldat argumentiert, tut er es nun als Christ und Priester: Das gemeinsame Ziel ist Christus. »Wenn Christus bis jetzt unter den Menschen nicht das große Hingerissensein zu Ihm erregt hat, die seine Würde Ihm vorbereitet, warum sollte es nicht deswegen sein, weil bei den Menschen (im allgemeinen) die *natürliche Verfassung* noch nicht reif genug ist, die sie empfänglich machen soll für das, was es an Aktivstem (oder zumindest an Äußerstem) im Einfluß des Inkarnierten Wortes gibt?« »Wird sich ... zwischen Christus und dem Menschengeschlecht unter der Form eines aufgetragenen *irdischen Werkes ein vermittelndes Ideal* entwickeln, durch welches sich alle ›geistigen‹ Menschen galvanisiert und mitgerissen fühlen – denn dieses Ideal wäre ein abgeschwächter Anreiz, ein natürlicher Widerschein, ein Morgenschimmer Jesu, des einzigen Mittelpunktes des Universums? ... Wer könnte es sagen? Aber was fragen wir danach! – Der Weg wird sich unter unseren Schritten finden. Uns genügt zu wissen, daß die *Bahn* vor uns *frei ist.* Auf, das Leben ist immer noch schön! ... Denn erspäht habe ich von den Höhen des Gebirges das *Gelobte Land.«*

Teilhard schickt die Arbeit an Pater de Grandmaison; an eine Veröffentlichung glaubt er nicht, aber er bittet um ein Urteil. Er erhält einen langen, kritischen Brief zurück, auf den Teilhard ausführlich antwortet. Ein Entwurf dazu und endgültige Passagen daraus finden sich unter dem 28. Februar 1919 im Tagebuch. Es geht um das Problem des menschlichen Fortschritts: der Glaube daran hat, so beschließt Teilhard seinen Brief, »zwei unschätzbare Vorteile –: er läßt denjenigen nach den himmlischen Sphären ausblicken, die nicht Christen sind; – und er hindert die Christen daran, sich übermäßig von der Erde abzuwenden. Die Christen läßt er menschlich bleiben, und den anderen hilft er, mehr als Menschen zu werden ... Es gibt gewisse Arten des Glaubens, die ihren Gegenstand schaffen.«

In seiner letzten Schrift aus dem Krieg – vom 21. Februar 1919 aus Goldscheuer (Baden) – beschwört Teilhard noch einmal die Erfahrung der sensibelsten Menschen, die ihm begegnet sind: »Unter dem absorbierenden Einfluß des uns umhüllenden Universums – unter dem personalisierenden Schaffen des Gelingens – unter der zentrifugalen Auswirkung des Schmerzes *enthüllt sich etwas Einzigartiges*, und wir fühlen uns getrieben, zu ihm *auszuwandern.*« Dieses ›All-Element‹, so der Titel der Schrift, kann nicht pantheistisch verstanden werden, da es dann weder denkbar ist (es müßte notwendig und kontingent zugleich sein) noch als ein anderes erfahrbar ist, mit dem man sich vereinigen möchte. Befriedigend ist nur die christliche Lösung: »Wie ein Licht, in allen dasselbige, strahlt Christus, im niemals erreichten Herzen allen Lebens, am idealen Ziel *allen* Wachstums. Überall zieht Er uns an sich und nähert uns einander, in einer Bewegung universaler Konvergenz zum Geist hin. Ihn *allein* suchen wir, und in Ihm bewegen wir uns. Doch um Ihn zu halten, müssen wir *alle Dinge* verlängern (und überschreiten) bis ans Äußerste ihrer Natur und ihres Fortschritts. Der kosmische Christus, Er ist und Er wird. Er ist bereits in der Welt erschienen. Aber Er muß noch viel wachsen, sei es in den isoliert betrachteten Individuen, – sei es, vielleicht vor allem, in *einer gewissen geistigen menschlichen Einheit*, von welcher die derzeitige Gesellschaft nur ein blasses Abbild wäre.«

Der derzeitigen Gesellschaft den Weg zu dieser geistigen Einheit zu zeigen, kehrt Teilhard aus dem Krieg zurück an die eigentliche Front seines Lebens, nach Paris.

> Während des Krieges bin ich in einem Milieu hellsichtig geworden, in dem die Welt für mich eine Transparenz gewonnen hat, die sie vielleicht niemals mehr wiederfinden wird. Die Rückkehr zum Alltagsleben, zu den Menschen (sogar den sehr heiligen), die nicht gesehen haben (und deren Kritik und deren Unverständnis auf die Dauer dahin tendiert, mich zu den ›konventionellen‹ Ansichten zurückzuführen), könnten meine Schau verblassen lassen. Ich werde ihnen ohne Zögern Widerstand leisten. Ich will unerschütterlich mein Licht bewahren.

Was Teilhard an der Front vermißt und durch seine Korrespondenz vor allem mit Marguerite auszugleichen versucht hat, findet er jetzt in Paris: ein intellektuelles, elitäres Milieu, in dem er seine Botschaft verkünden kann. Es sind nicht die anderen Jesuiten: die wenigen Gleichgesinnten sind zerstreut und halten, von gelegentlichen Treffen abgesehen, auch nur brieflich Kontakt; bei den alltäglichen Hausgenossen stößt er auf taube oder allzu kritische Ohren. »Als ich gestern mit P. diskutierte, habe ich ganz hart die Deutlichkeit meiner Ausrichtung und die Kluft gesehen, die mich von dem größeren Teil meiner [Ordens-]Brüder trennt«, notiert er schon am 24. April 1919 ins Tagebuch, sechs Wochen nach seiner Entlassung vom Militär.

Was Teilhard braucht, ist ein Salon, wie er in der Pariser Gesellschaft für viele Intellektuelle und Künstler seit Jahrhunderten unentbehrlich gewesen ist, um ihre Ideen zu verbreiten – im Schutz und durch die Förderung einflußreicher Frauen. Ahnt Marguerite, daß sie Teilhard bei einer Konkurrentin einführt, als sie ihn mit ihrer Lehrerin und Freundin Léontine Zanta bekannt macht? Beide sind begeisterte Bergson-Anhänger. Teilhard merkt zunächst kaum, welche Spannungen er heraufbeschwört, als er die Freundschaft dieser brillanten Feministin annimmt. Jedenfalls ist Marguerite in den ersten Ferien, die sie mit Teilhard verleben könnte, abgereist. Zum Trost schreibt er ihr am 14. April 1919 vom Labor des Naturhistorischen Museums aus, in dem er wieder zu arbeiten begonnen hat: »Im Grunde hast Du recht: es ist gut, wenn Freunde manchmal getrennt sind ... Ich habe Dir gesagt, daß Paris mir nach Deiner Abreise den Eindruck macht, als sei es leer geworden. Der Ausgleich ist, glaube ich, daß dann die Zuneigung konzentrierter und vergeistigter wird ...« Und als wolle er Marguerite und sich selbst klarmachen, daß es zwischen ihnen auf die Dauer keine ausschließliche, wenn auch nur spirituelle Bindung mehr geben kann, wie es bis Ende des Krieges noch ausgesehen hat, erzählt er ihr ausführlich von seinem Besuch bei Léontine Zanta in der Avenue de Madrid mit den Porträts von Erasmus und Justus Lipsius im Salon, mit Raffaels »Disputata« über der niedrigen Bibliothekswand und dem Moses von Michelangelo und der Totenmaske Pascals neben dem Eingang, mit dem Blick vom Balkon in den Bois de Boulogne. »Was da stattfand, war eine planmäßige Plünderung alles dessen, was ich an diesem Tag an Gedanken im Kopf haben konnte. Die ›ernste‹ Unterhaltung begann mit dem ersten Gericht, und ich hatte sie erst um sechs Uhr abends überstanden. Alles in allem: halb wurde ich gefangen, halb ließ ich mich fangen, und ich bedaure diese Stunden nicht. Es waren dort die beiden jungen Freunde von Mademoiselle Z. und ihr Neffe, der Leutnant ... Nachdem die Jüngeren aufgebrochen waren, habe ich noch ziemlich lange mit Mademoiselle Z. geplaudert. Sie hat mir Ausblicke auf den stoischen Pantheismus eröffnet, die ich nicht geahnt habe. Und dann haben wir in *La Possession du Monde* von Duhamel geblättert ... Soviel ich feststellen konnte, legt das Werk (undeutlich und verwässerter) ungefähr das dar, was ich in *Das kosmische Leben* im Kapitel ›Kommunion mit der Erde‹ ausdrücken wollte. Diese Feststellung hat mich einerseits gefreut (weil sie für mich wieder ein Beweis war, daß der kritische Punkt der modernen Seele eben dort, in der leidenschaftlichen Liebe zu irgendeinem berührbaren Absoluten liegt); – sie hat mich auch etwas traurig gemacht: während Duhamel in vier Auflagen gelesen wird, ruht *La Vie cosmique* und alles, was ihm gleicht, in meiner Schublade oder denen gewisser meiner Freunde.«

Außer bei Georges Duhamel, der zum Künstlerkreis »Abbaye« von 1906 gehört und zusammen mit Jules Romains und anderen den Unanimismus propagiert – die mystische Idee der Gruppenseele, wie sie Durkheim in seiner Soziologie nachzuweisen sucht –, findet Teilhard auch bei anderen Dichtern dieser Richtung seine eigenen Erfahrungen und Einsichten bestätigt. So liest er in diesen Wochen, in denen er mit Léontine Zanta intensiveren Kontakt aufnimmt, den Roman ›Das Feuer‹ von Gabriele d'Annunzio. In ihm feiert der von Nietzsche, Wagner und Maeterlinck beeinflußte Autor seine Leidenschaft zu der Schauspielerin Eleonora Duse und sein eigenes Übermenschentum als Künstler und Prophet in einer in Venedig spielenden symbolischen Handlung.

Über die Rolle des Ewig-Weiblichen heißt es im gleichen Roman: »Zuweilen dünkt es mich«, bekennt der Held Stelio seiner Geliebten Foscarina, »als hätten Sie die Macht, den Dingen, die meiner Seele entspringen, irgendeine göttliche Eigenschaft mitzuteilen, so daß sie meinen eigenen Augen fern und anbetungswert erscheinen. Sie erzeugen zuweilen in mir das religiöse Staunen jenes Bildhauers, der, nachdem er am Abend die Bildsäulen der Götter, noch warm von seiner Arbeit, und fast möchte ich sagen, noch mit dem Abdruck seines plastischen Daumens, in den Tempel gebracht hatte, sie am Morgen darauf auf ihren Piedestalen erblickte, eingehüllt in eine Wolke von Wohlgerüchen und aus allen Poren des spröden Stoffes, in dem seine vergänglichen Hände sie geformt, ihre Gottheit ausströmend. Wenn Sie in meine Seele dringen, ist es nur, um solche Begeisterung zu entfachen. Und so kommt es, daß jedesmal, wenn mir ein gütiges Geschick gestattet, an Ihrer Seite zu weilen, Sie mir unentbehrlich scheinen zu meinem Leben. Und dennoch kann ich in den allzu langen Trennungszeiten leben, obwohl wir beide wissen, welcher Glanz von der vollkommenen Vereinigung unserer beiden Leben ausgehen könnte. Und trotzdem, obwohl ich weiß, was Sie mir geben und mehr noch, was Sie mir geben könnten, betrachte ich Sie als für mich verloren, und in dem Namen, [Perdita, die Verlorene], mit dem ich Sie so gerne nenne, will ich diese meine bewußte Empfindung ausdrücken und mein unendliches Bedauern ...«

Wie inspiriert von diesen Seiten, schreibt Pierre am Karfreitag, den 20. April 1919, an Marguerite: »Wenn ich Dir schreibe, bin ich Dir im Geiste nahe, unter dem lebendigsten Einfluß, den es hier auf Erden gibt (unter dem Einfluß des sterbenden Herrn) ... Schau, Marg, je mehr ich empfinde, wie tief meine Zuneigung zu Dir ist, desto mehr möchte ich erleben, daß Du fester, tiefer in Gott allein verankert bist. Ich sehe so klar, daß wir beide, Du und ich, noch weniger als sonst jemand auf eine andere Weise glücklich sein können. Während dieser Festtage bin ich nicht so gesammelt, wie mir lieb wäre. Paris ist ein schlechter Ort, um sich zu isolieren. Trotzdem war ich erschüttert von der Beharrlichkeit, mit der die Kirche bei jeder Gelegenheit das Wort wiederholen läßt: ›Christus ist gehorsam geworden bis zum Tode am Kreuze.‹ Offensichtlich liegt hier der genaue und tiefe Sinn des Kreuzes: Gehorsam, Unterwerfung dem Gesetz des Lebens gegenüber. Geduldig arbeiten bis zum Tode – und alles voller Liebe hinnehmen, auch den Tod: das ist das Wesen des Christentums. – Glaube mir, laß mehr denn je jedes unnütze Bedauern der Vergangenheit und jede unbestimmte Unruhe der Zukunft gegenüber! Denke nur daran, Gott gehorsam zu sein, so wie sich eben Tag für Tag sein Wille kundtut. In einer halben Stunde werde ich mir in St. Germain-l'Auxerrois ein wenig den Gesang anhören. Dann will ich einen Kreuzweg beten. Ich werde in diesem Augenblick daran denken, daß wir zwei vor dem Herrn sind, die wir uns wiederum in seine Hände geben, auf daß er uns führe, wohin er will ...« Der Brief schließt: »Ich habe ›Das Feuer‹ (von d'Annunzio) zu lesen begonnen, nicht ohne Vergnügen. Was gäbe es in diesem Werk an Stoff, der verwandelt werden müßte!« Dieser Brief ist bereits der Versuch einer solchen Verwandlung, eine Deutung des Romans aus Teilhards Sicht, im Sinne seiner Tagebucheintragung vom 24. April: »Es ist eigenartig, wie d'Annunzio (›Das Feuer‹) eine universelle *Verklärung*, eine universelle *Befreiung* (und was auf dasselbe hinausläuft, eine *Einmütigkeit*) von seiten der Kunst erahnt und erstrebt, das heißt von seiten der ästhetischen Übersteigerung ... Wenn man ihn liest, schmerzt es zu fühlen, wie künstlich das Bemühen ist (Selbsterregung, Suggestion, ›Eintrichtern‹), unfähig, den starren Rahmen *dessen, was ist*, aufzuheben, die Ebene der heutigen Sicht zu durchbrechen ... Genau dieselbe Befreiung suche ich im göttlichen Milieu: die Ebene finden, auf der der Rahmen und die Wände durchlässig, inexistent werden ... Zwei Schritte: 1. am pluralen Reichtum teilhaben ... 2. aus den niederen *Bedürfnissen* (Sorgen), den *Konventionen*, den *konventionellen Werten (menschliche Stufenleiter der Freuden und Leiden ...)* emanzipieren: denn man hat mit seiner Seele zu einer neuen Ebene Zugang gewonnen. Leidenschaftlich die *Substanz* des Kosmos (sein Omega) lieben, ohne irgendeine seiner Sonderformen festzuhalten, indem man sie alle benutzt, um aus ihnen die Dynamik *herauszuholen* (positiver Gebrauch, Virginisation, Zermalmen ...). Das Milieu der Durchlässigkeit ..., der totalen Plastizität ...: Potenz und Gefahr der Kontakte ...«

»Alle benutzen« und »Potenz und Gefahr der Kontakte«: das erinnert an Teilhards Theorie, die er in diesen Monaten im Hinblick auf Marguerite und Léontine Zanta entwickelt. Wenn Pierre in den nächsten Monaten in seine Briefe an Marguerite auch verdächtig oft »getreulich Deiner gedenkend«, »immer ganz Dein« einfließen läßt, so steht doch unvermittelt daneben: »Ob Mademoiselle Zanta meiner noch gedenkt?« als Frage an Marguerite, die gerade mit Léontine auf Schloß Voûte bei der Gräfin Melchior de Polignac, alias Frau Le Masson, die Sommerferien verbringt: »Gott befohlen. Herzliche Grüße an Mademoiselle Zanta. Du weißt, wie sehr ich Dein bin. Pierre.« Das ist die Praxis einer Theorie, die Teilhard im Tagebuch vom 20. September 1919 so formuliert: »Nicht die Frau, sondern das Frauliche in allen Frauen suchen« – »ohne die Frau zu zerstören, und ohne sich in ihr einschließen zu lassen«, fügt er am 4. Oktober hinzu. Er ist sich der Gefahren bewußt, die für alle Beteiligten aus solchen Kontakten erwachsen. Nach Marguerite gehört Léontine Zanta – und noch andere Frauen werden ihr darin folgen – ab jetzt zu denen, die für Teilhard das Ewig-Weibliche verkörpern: »Wir erreichen Gott *durch genau den Punkt* unserer Seele, der der Frau anhängt.« (12. Januar 1920) Daß das für Léontine Zanta keine leere Formel ist, zeigt Teilhards Briefwechsel mit ihr aus den Jahren 1923 bis 1939.

Tochter eines Altphilologen und Gymnasiallehrers aus dem Elsaß, hat Léontine Zanta als feministische Avantgardistin wie Marguerite das staatliche Abitur gemacht und an der Sorbonne studiert – unter anderen bei dem Philosophen Boutroux (›Die Kontingenz der Naturgesetze‹) und vor allem bei Bergson. Zwischen Studium und Lizenziat der Philosophie 1898 verbringt sie – zehn Jahre vor Teilhard – einige Zeit als Erzieherin der Kinder des Chefingenieurs Le Masson und seiner Frau de Polignac in Ägypten, wo Le Masson am Suez-Kanal tätig ist. Wieder in Paris, unterrichtet Zanta an einer privaten Lehrerbildungsanstalt, der Mutualité Maintenon. Am 19. Mai 1914, einem Markstein in der Frauenbewegung, besteht sie als erste Frau in Frankreich die Doktorprüfung in Philosophie mit der These ›Die Renaissance des Stoizismus im 16. Jahrhundert‹. Während des Weltkriegs lehrt sie Philosophie am Lycée Buffon, wird Präsidentin der Mutualité Maintenon und übernimmt eine führende Rolle in der Frauenbewegung. 1919 erscheint ihr Artikel ›Die frauliche Aktivität von morgen‹, 1922 das Buch ›Psychologie des Feminismus‹ mit einem Vorwort von Paul

Bourget. Sie hält Vorträge in Holland, Belgien und den französischen Provinzen über ›Die moderne Frau und die sozialen Fragen des 20. Jahrhunderts‹. In ihrem Salon lernen sich Bergson und Sertillanges, ein hervorragender Vertreter neuscholastischen Denkens, kennen. 1925 begegnet Teilhard dort seinem alten Lehrer wieder, Abbé Bremond. Maurice Barrès ist ihr Hausnachbar. Als Mitglied der Jury des Prix Femina hat sie Kontakt mit vielen zeitgenössischen Autoren. Jedes Jahr hält sie in der vorösterlichen Zeit »Fastenvorträge«: über das Problem des freien Willens (1925), des Glaubens (1926), über das religiöse Problem Blondels (1932). Wie Teilhard liebt sie das Reisen: Eines Abends, wird erzählt, als sie in Granada durch den Salon des Hotels zum Abendessen geht, strahlt sie solchen Charme aus, daß sich die Anwesenden wie auf ein Zeichen hin zur stummen Huldigung erheben. »Das Leben einer Frau ist ein Kunstwerk«, heißt es in ihrer ›Psychologie des Feminismus‹, »das in jedem Augenblick Eingebung und Zucht erfordert!« Von Léontine Zanta erscheinen noch zwei Romane: ›Wissenschaft und Liebe‹ (1921) und ›Der Teil des Feuers‹ (1927) sowie zwei Biographien ›Sainte-Odile‹ (1931) und ›Sainte-Monique et son fils‹, über die Mutter des Augustinus (1941). Léontine stirbt am 14. Juni 1942, eine Frau nach dem Herzen Teilhards.

Von Marguerite und Léontine zugleich beflügelt und belastet, bereitet sich Teilhard neben der paläontologischen Arbeit bei Marcellin Boule noch an der Sorbonne auf seine Prüfungen in Geologie, Botanik und Zoologie vor. Er braucht die Zertifikate für sein naturwissenschaftliches Doktorat, das er mit einer These über ›Die Säugetiere des französischen Eozäns‹ bestreiten will. Für den Achtunddreißigjährigen, der durch den Krieg in großartigen Gesichten eine Mission empfangen zu haben glaubt, ist die Rückkehr in den Hörsaal und die Examenspaukerei noch einmal eine harte Schule, die letzte Hürde, die er nehmen muß, um sich die Plattform zu schaffen, von der aus er Paris missionieren will. »Im Augenblick quält mich eine Art von ›Tantalisierung‹«, notiert er am 12. April 1919. »Ich stehe in unmittelbarem Kontakt mit einem Leben (oder genauer mit einem Milieu), das genau das ist, von dem ich träume: und so sehr ich auch darin eingetaucht bin, fühle ich mich von ihm durch die unerbittliche Wand von absurden Titeln getrennt, die mir fehlen, und die mich in die Gefahr bringen, alles zu verfehlen ...« Als ahne er das spätere Schicksal voraus – seines Lehrstuhls beraubt und ins Exil verbannt –, fährt er fort: »Im übrigen kann ich gerade eben aus Treue zu meinem Ideal mich nicht entziehen, die Partie nicht aufgeben, bevor ich meine letzte Karte gespielt habe. Meine spätere Situation, so bestürzend sie auch für mich sein mag, wird für mich die sein, die Gott will, sofern ich nur mein Bestes getan habe, um mir einen Weg zu der menschlichen Plattform zu bahnen ...«

Doch das Studium betrifft nur die Außenseite der geistigen Tätigkeit Teilhards. Im »Inneren« ringt er weiter mit der Ausformulierung seines Weltbildes. Zu einer zentralen Kategorie seines Nachdenkens in diesen ersten Monaten von Paris wird für ihn wieder einmal die Materie. Es vergeht kein Tag, an dem sich nicht die Skizzen seines Tagebuches damit beschäftigen. Von Ostern 1919 datiert eine kleine Studie ›Die Namen der Materie‹, als Vorarbeit gedacht zu dem, was sein Herz erfüllt. Nach Art der Scholastiker unterscheidet er die formale, konkrete, universale, totale, relative, befreite und auferstandene Materie mit ihren vielen Unterteilungen, um das Terrain zu sondieren für seine eigene Auffassung: »Ich will die Wahrheit befreien, die in mir ist, die stärker als alles ist, was man mich gelehrt hat und was man mich sagen läßt. Ich will (wider alle sekundären Evidenzen und die konventionellen Formeln) sagen, was, ob ich es will oder nicht, die Seele und die Sprungkraft meines Lebens ist: ›*Ich glaube an die geistige Potenz der Materie* ...‹ ›Ich habe es notwendig, mich in sie hineinzutauchen ...‹ ›Ich glaube an sie mehr als an alles, was die Menschen sagen und tun.‹« (27. April 1919)

Monatelang ringt er noch um Inhalte und um die literarische Ausdrucksform. Neben d'Annunzio liest er Maurice Maeterlinck, den großen Symbolisten und Vorläufer des Surrealismus, dessen philosophische Essays einen mystischen Pantheismus propagieren: »Alles, was wir sehen, alles, was unsere Sinne wahrnehmen, ist nichts als Bewegung«, heißt es in ›Geheimnisse des Weltalls‹. »Es gibt für uns nichts anderes. Stärker als Materie und Geist, oder vielmehr jenseits von Materie und Geist, ist das Weltall Bewegung, und Bewegung ist befreite Materie, Materie, die handelt und sich offenbart. Sie ist die geistige Kraft der Materie; und da die Materie nur verborgene Energie ist, eine vorübergehende und sichtbare Konzentration oder Kristallisierung der Energie, könnte man sagen, daß sie nur Geist sei, wären die Worte Materie und Geist nicht zu klein für das, was sie enthalten sollen.« Maeterlinck, von der Mystik eines Novalis und Emerson beeinflußt, übersetzt den flämischen Mystiker Johannes Ruysbroeck (1293–1381), dem er viel verdankt. »Im Grunde spürt jeder dieselben Dinge«, notiert Teilhard am 16. Juli 1919. »Doch welche Schwierigkeiten, den dazu passenden Ausdruck zu finden! ... De Ruysbroeck ...: Auftreten des mächtigen, lebendigen und konventionellen Gottes! Der Kosmos offenbart uns das Gesicht und die Größe Gottes!«

Erst in den Sommerferien, die er auf seiner geliebten Insel Jersey verbringt, gelingt Teilhard der Durchbruch. Am 2. August 1919 berichtet er Marguerite: »Wir sind um zwei Uhr bei hellem Sonnenschein abgefahren und um Mitternacht in Saint-Hélier angekommen: die Nacht war prachtvoll, und während der letzten Stunden leiteten uns ganz poetisch die verschiedenen Leuchttürme der Insel.« Nach der Durststrecke in Paris sucht Teilhard wieder die Berührung mit den Lebensformen der Materie: »Zweimal habe ich bei Ebbe in den Felsen merkwürdige und vielgestaltige Tiere gesammelt und habe viele Stunden damit verbracht, diese Wesen, deren Leben so weit entfernt von dem unseren ist, leben zu sehen und sie zu sezieren.« Die Poesie dieser Tage und eine biblische Inspiration führen ihm nun die Feder: »Schließlich habe ich begonnen, etwas niederzuschreiben – Stil halb poetisch – Form allegorisch. Die Allegorie ist die Geschichte des Elias: ›Während sie miteinander sprachen und dahingingen, erschien ein feuriger Wagen mit feurigen Rossen und trennte beide voneinander. Elias stieg im Sturm zum Himmel empor ...‹ (2/4 Buch der Könige, 2. Kapitel) Der Sturm, das hast Du gewiß schon verstanden, ist die Materie, die diejenigen mitreißt und befreit, die ihre geistige Macht zu erfassen vermögen. Die Sache wird ziemlich kurz werden, und man müßte Vignys Technik beherrschen, um das auszudrücken, was ich denke. Außerdem spreche ich meine Gedanken unnüanciert aus und ohne die Unterscheidungen, die meine Abhandlung haben sollte. Es werden also wieder Seiten für Freunde werden. Zumindest werde ich einem Papier das tiefste Wesen dessen anvertraut haben, was ich seit vier Monaten empfunden habe.«

Diesen Text hält Teilhard für so bedeutend zum Verständnis seines Weltbildes, daß er ihn 1950 neben einem Abschnitt aus den ›Drei Geschichten nach Benson‹ von 1916 der autobiographischen Skizze ›Das Herz der Materie‹ ungekürzt anfügt. Auch betrachtet er ›Die geistige Macht der Materie‹, wie der Titel lautet, so sehr als Ergebnis einer Inspiration, deren Werkzeug er gewesen ist, daß er am 17. September – trotz seiner monatelangen Beschäftigung mit dem Thema – allen Ernstes an

Marguerite schreiben kann: Valensin, sein Freund, »möchte, daß das erscheine. Wenn es je durch die Zensur geht, so wünschte ich, daß es ohne Namen erscheine: die Sache ist nicht als ein persönlicher Einfall, sondern eher als das Offenbarwerden einer Wahrheit geschrieben worden. Einen Namen darunter zu setzen, hieße nach meiner Meinung, sie vollständig herabsetzen. – ›Stimme eines Rufenden in der Wüste‹, wenn ich so sagen darf.« Eine Anspielung auf das Evangelistenwort Markus 1,3 über Johannes den Täufer, den Vorläufer Jesu und Vollender des alttestamentlichen Prophetentums.

Der Vorgang erinnert an die Berufungsgeschichten der alttestamentlichen Propheten. In hinreißenden Bildern schildert Teilhard die sich offenbarende, ihn gleichsam verbrennende, aus der oberflächlichen Menschheit aussondernde und ins Herz der Welt hineinnehmende Materie: »Der Mensch, begleitet von seinem Gefährten, wanderte in der Wüste, als sich die Sache über ihn entlud . . . wie ein Blitz . . . Der Mensch drückte sein Gesicht gegen die Erde . . . Ein großes Schweigen breitete sich um ihn aus . . . Und dann drang ein glühender Hauch . . . bis in seine Seele . . . Die Angst einer übermenschlichen Bedrohung erdrückte ihn . . . Und das Unwetter des Lebens, unendlich süß und brutal, flüsterte . . .: ›Du hast mich gerufen, – hier bin ich. Vom Geist von den Wegen vertrieben, den die menschliche Karawane verfolgt, hast du gewagt, der jungfräulichen Einsamkeit entgegenzutreten. Die Abstraktionen, die Abschwächungen, die Verbalismen des sozialen Lebens beiseitelassend, hast du gewollt, dich mit der ganzen und wilden Realität zu messen. – Du brauchst mich, um zu wachsen; und ich habe dich erwartet, damit du mich heiligst. – Schon immer hast du nach mir verlangt, ohne es zu wissen: – und ich habe dich angezogen. Jetzt bin ich über dir auf Leben oder Tod. – Unmöglich für dich zurückzuweichen; – zurückzukehren zu den gemeinsamen Befriedigungen und der ruhigen Anbetung. Wer mich einmal gesehen hat, kann mich nicht mehr vergessen: er ist mit mir verdammt oder er rettet sich mit mir. – Kommst Du?‹ – ›O Göttliche und Mächtige, welches ist dein Name. Sprich!‹ – ›Ich bin das Feuer, das brennt, und das Wasser, das sich ergießt, – die Liebe, die einführt, und die Wahrheit, die vorbeigeht. Alles, was sich auferlegt und was erneuert, alles, was zerreißt, und alles, was eint: Kraft, Erfahrung, Fortschritt, – die Materie, das bin ich . . . Die mich lieben, scheine ich zu töten. Die Weisen zweifeln und verfluchen mich . . . wie eine Lügnerin, eine Hexe oder eine Prostituierte. Aber ihre Worte sind im Widerspruch mit dem Leben, und die Pharisäer, die mich verdammen, verkommen in dem Geist, in den sie sich einschließen ... Du, der begriffen hat, daß die Welt – die Welt geliebt von Gott – noch mehr als die Individuen eine Seele zu erlösen hat, öffne weit dein Sein meiner Inspiration; empfange den Geist der Erde zur Rettung.‹«

Auf die Frage des Menschen, was er tun solle, fordert ihn die Materie zum Kampf heraus: »Bewaffne deinen Arm, Israel, und kämpfe beherzt gegen mich!« Eine Anspielung auf den Kampf Jakobs, eines der Stammväter des auserwählten jüdischen Volkes, mit einem unbekannten Mann, wie Genesis 33 erzählt: »Als dieser merkte, daß er ihn nicht besiegen konnte, schlug er auf die Gelenkpfanne an seiner Hüfte. Da wurde das Hüftgelenk Jakobs ausgerenkt, während er mit ihm rang. Jener sprach: ›Laß mich los; denn die Morgenröte steigt auf!‹ Dieser antwortete: ›Ich lasse dich nicht, es sei denn, du segnest mich!‹ Darauf der andere: ›Wie heißt du?‹ Er antwortete: ›Jakob!‹ Jener fuhr fort: ›Nicht Jakob, sondern Israel soll fürderhin dein Name sein; denn mit Gott und mit Menschen hast du gestritten und dabei den Sieg erfochten.‹ Nun fragte Jakob: ›Tue mir auch deinen Namen kund!‹ Jener erwiderte: ›Warum fragst du mich nach meinem Namen?‹ Er segnete ihn daselbst. Jakob nannte dieses Ortes Namen ›Gottes Angesicht‹; ›denn ich habe Gott von Angesicht zu Angesicht gesehen, und mein Leben ist doch erhalten geblieben.‹« Durch die Hüftverletzung hinkte Jakob: er war durch diese Begegnung für sein Leben gekennzeichnet. So auch Teilhard, der erst in Auseinandersetzung mit den verschiedenen Erscheinungsformen der Materie das in ihr verborgene Antlitz des wahren Gottes erkennt und die Spuren dieses Kampfes bleibend an sich trägt: »Wilder Duft der Wälder, fiebrige Atmosphäre der Städte, grauenerregender und berauschender Geruch, der aufsteigt von den Völkern im Krieg ... In der Süße des ersten Kontaktes hätte er instinktiv gewünscht, sich in dem heißen Atem zu verlieren, der ihn umgab ... Der Mensch hatte den Feind gewittert ... Er stemmte seine Füße in die Erde und begann zu kämpfen ... Seine Kraft wuchs, um sie zu meistern, und sie offenbarte ihre Schätze, um sie ihm zu überlassen.« Aber sie heilte ihn auch von einem gefährlichen Mißverständnis: »Ah, du glaubtest, du könntest dich ihrer entledigen, weil sich das Denken in dir entzündet hat! Du hofftest, dem Geist um so näher zu sein, als du sehr sorgsam zurückwiesest, was sich berührt, um so göttlicher, als du in der reinen Idee lebtest, um so engelhafter wenigstens, als du die Körper flohest.« Und sie erteilt ihm eine unvergeßliche Lektion: »Um die Welt zu begreifen, genügt das Wissen nicht: man muß sehen, berühren, leben in der Gegenwart, die Existenz ganz heiß trinken am Herzen der Realität selbst ... Nein, die Reinheit besteht nicht in der Trennung, sondern in einer tieferen Durchdringung des Universums ... Sie ist in einem keuschen Kontakte mit dem, was ›in allen dasselbe‹ ist ... Bade dich in der Materie, Menschensohn ... Sie ist es, die einst deinem Unbewußten Geborgenheit gegeben hat; – sie ist es, die dich bis zu Gott tragen wird.«

Als sich der Mensch, sehend geworden durch den Kampf, nach seinem verängstigten Gefährten umwandte, sah er die Menschenwelt, die er hinter sich gelassen, mit neuen Augen: »Er sah mit absoluter Evidenz die leere Zerbrechlichkeit der schönsten Theorien im Vergleich mit dem gültigen Reichtum der geringsten *Tat,* genommen in ihrer konkreten und totalen Realität. Er betrachtete in einer unbarmherzigen Klarheit die lächerlichen Vorsätze der Menschen, die Welt zu ordnen, – ihre *Dogmen,* ihre Maßnahmen und ihre Konventionen aufzuerlegen. Er kostete, bis zum Ekel, die Banalität ihrer Freuden und ihrer Schmerzen, den schäbigen Egoismus ihrer Beschäftigungen, die Fadheit ihrer Leidenschaften, die Schwäche ihrer Gefühlskräfte ... Soviel Dinge, die ihn einst verwirrt oder aufgebracht hatten, die Reden und Urteile der Doktoren, ihre Behauptungen und ihre Verteidigungen, ihr Verbot an das Universum, sich zu rühren, all das erschien lächerlich, nichtexistent, verglichen mit der majestätischen Realität, strotzend von Energie, die sich ihm offenbart hatte ... Endlich hatte er einen Standpunkt gefunden und eine Zuflucht außerhalb der Gesellschaft. Ein schwerer Mantel fiel von seinen Schultern und glitt hinter ihn: das Gewicht dessen, was es an Falschem, Engem, Tyrannischem, Künstlichem, Menschlichem in der Menschheit gibt. Eine Welle des Triumphes befreite seine Seele. Und er fühlte, daß nichts auf der Welt sein Herz künftig von der höheren Wirklichkeit abziehen könnte, die sich ihm gezeigt hatte ... Ab jetzt war ihm Menschsein möglich *nur noch auf einer anderen Ebene* ... Sollte er dennoch jetzt zur gemeinsamen Erde hinabsteigen ..., er wäre ab jetzt *ein Fremder* ... Selbst für seine Brüder in Gott, die besseren als er, würde er ab jetzt unwiderstehlich eine unverständliche Sprache reden, jene, die der Herr

[Jesus] den Weg des Feuers nehmen läßt. Selbst für die, die er am meisten liebte, würde seine Zuneigung eine Last bedeuten, denn sie würden fühlen, wie er zwangsläufig *etwas hinter ihnen suchte* ... Weil die Materie für immer sein Herz von allem losgerissen hatte, was lokal, individuell, fragmentarisch ist, würde sie allein in ihrer Totalität künftig für ihn sein Vater, seine Mutter, seine Familie, seine Rasse, seine einzige und brennende Leidenschaft sein. Und niemand auf der Welt vermöchte etwas dagegen.«

In einer abschließenden Vision sieht Teilhard, wie sich aus den Nebeln der Materie ein nicht zu schilderndes Antlitz abzeichnet: »Ein Sein ... anziehend wie eine Seele, sprechend wie ein Körper, weit wie der Himmel, – ein Sein, mit den Dingen vermischt, obwohl von ihnen unterschieden, – ihrer Substanz überlegen, in die es sich kleidet, und dennoch in ihnen Gestalt annehmend ... Der Orient wurde aus dem Herzen der Welt geboren. Gott strahlte auf dem Gipfel der Materie, deren Wellen ihm den Geist zutrugen. Der Mensch fiel auf die Knie in dem Wagen aus Feuer, der ihn davontrug. Und er sprach diese Hymne an die Materie.« Teilhard lobpreist die rauhe, gefährliche, mächtige, universelle, undurchdringliche, sterbliche Materie, zugleich »Hand Gottes, Fleisch Christi ... Pontifex der Wissenschaft und Prediger der Tugend«. »Ich grüße dich, göttliches Milieu, geladen mit der schöpferischen Mächtigkeit, Ozean, vom Geist bewegt, Ton, geformt und beseelt vom inkarnierten Wort ... Heb mich hinweg nach oben, Materie, durch die Anstrengung, die Trennung und den Tod, – hebe mich dorthin, wo es endlich möglich sein wird, das Universum keusch zu umarmen!«

»Unten«, so schließt der Text, »in der ruhig gewordenen Wüste, weinte jemand: ›Mein Vater, mein Vater, welch ein verrückter Wind hat ihn davon getragen!‹ Und auf der Erde lag ein Mantel.«

Läßt man den vollständigen Text auf sich wirken, muß man anerkennen, daß Teilhard gelungen ist, was er sich am 27. April 1919 als Plan in sein Tagebuch geschrieben hat: »Ich will unter Außerachtlassung jeglicher Konvention, jeglicher christlichen Formel, jeglichen systematischen Rahmens sagen, was ich fühle, was meiner Evidenz ebenso unausweichlich ist wie das Gefühl meiner Existenz – was ich nicht als eine Schwäche oder als eine Bedrückung fühle, sondern als ein Licht und eine Stärke.«

So sehr sich Teilhard auch den engeren Studienfreunden von

einst durch seine mystischen Erfahrungen entfremdet fühlt, so sehr hat ihn die Anwesenheit von zwei der Vertrauten auf Jersey bei der Abfassung dieses grandiosen Glaubensbekenntnisses an die Materie beflügelt: Auguste Valensin und Pierre Charles.

Auguste Valensin, geboren 1879, der Schüler Blondels, seit dem Noviziat in Aix Teilhards Freund, ist Professor für Philosophiegeschichte in der Philosophischen Fakultät der Jesuiten von Saint-Louis auf Jersey, in der schon Teilhard studiert hat. August 1920 geht Valensin dann nach Lyon, wo er bald Philosophieprofessor an der Katholischen Fakultät wird. Er arbeitet gerade für das ›Dictionnaire apologétique‹ des P. d'Alès, wovon er 1921 sagt: »Ich habe von meinem [Artikel] Pantheismus, der schon gedruckt war, dreiviertel seiner Substanz wegstreichen müssen, so daß er mir zur Demütigung völlig bedeutungslos geworden ist.« »In Valensin«, schreibt Teilhard am 2. August an Marguerite, »habe ich meiner Meinung nach wirklich einen verläßlichen Freund gefunden, um so verläßlicher, als er bei all seiner herzlichen und geistigen Sympathie für mich nicht unbedingt in meiner Richtung liegt.« Und am 8. August: »Mit meinem Freund V. habe ich noch nicht die entscheidende Aussprache gehabt. Er ist oft müde, und ich möchte ihm nicht zur Last fallen. Er hat jedoch schon zwei Sachen gelesen, und ich hoffe, daß wir uns in bezug auf das Wesentliche verstehen werden: er gibt in der Tat zu, daß das Universum ein natürliches Ganzes bildet, das letzten Endes nur Bestand hat, insofern es an unserem Herrn hängt ... Ich glaube zu spüren, daß sich bei ihm die Frage in erster Linie intellektuell stellt: die Notwendigkeit, eine Philosophie aufzustellen, brachte ihn eher darauf, scheint mir, als das Bedürfnis, eine Allgegenwart zu verehren. Aber gerade das hat den Vorteil, daß wir uns gegenseitig ergänzen.« Am 28. August: »Ich glaube immer mehr, daß meine Haltung sehr vertretbar ist, und ich gebe mich der Hoffnung hin, daß ich meinen Freund so weit beeinflussen kann, daß er eine aufbauende Arbeit in der Richtung in Angriff nimmt, die mich interessiert.« Die Verständigung mit Valensin gelingt. Das bestätigt sich nach ihrer Trennung: Teilhards intime Briefe an ihn vom Oktober 1919 bis zu Valensins Tod Dezember 1953 sind erhalten. Zu seinem Tode bekennt Teilhard gegenüber Marguerite: »Ich konnte ihm alles sagen, und ohne daß wir viel davon sprachen, liebten wir einander zutiefst. Jetzt ›schaut‹ er. Und wann werde ich dran sein?« Teilhard folgt seinem besten Freund achtzehn Monate später in den Tod.

Pierre Charles, der während des Theologiestudiums in Hastings zu dem Freundeskreis um Teilhard gestoßen ist – seine Philosophie hat der aus Lüttich stammende, 1883 geborene Jesuit bei dem Metaphysiker Pierre Scheuer in Löwen studiert –, ist nach einem Studienaufenthalt in Paris seit 1914 Dogmatikprofessor in Löwen und jetzt für die Ferien nach Jersey gekommen. Schon am 5. März 1919, noch als Soldat, berichtet Teilhard seiner Cousine stolz »von meinem Freund Pater Charles aus Löwen ..., der im Begriff ist, in seinem Land eine Macht zu werden. Er schreibt mir, daß es ihm seinerseits gelungen ist, ein paar Gedanken genauer auszuführen, die er für befreiend hält, und möchte gerne, daß wir uns bald treffen könnten. Ich wünsche ebenso dringend, daß diese Begegnung stattfindet. Pater Charles ist mehr Theologe und mehr ein Mann der Praxis als ich; er könnte mir wichtige Ratschläge erteilen und mir eine starke moralische Stürze sein.« Doch scheint die Begegnung mit P. Charles, der gerade eine kleine deduktive Ontologie beendet hat, in Jersey ernüchternd gewesen zu sein, wie aus Bemerkungen Teilhards an Marguerite vom 21. August hervorgeht: »Mein Freund Ch. ist ... abgereist. Wir haben vereinbart, daß wir in ständiger Verbindung bleiben. Und dann haben wir, wie ich es schon lange dachte, beschlossen, daß die beste Methode, unsere Ansichten zu verbreiten, darin bestände, daß wir vor allem von der Theologie, von der Schrift, von der Praxis der Kirche in der Mystik ausgehen. Das ist die sicherste Grundlage, die alle Philosophien nur mit mehr oder weniger Wahrscheinlichkeit illustrieren können. Während ich meine Berührungspunkte mit meinen Freunden genauer umrissen habe, habe ich mir gleichzeitig etwas deutlicher bewußt gemacht, was mich von ihnen trennt in der geistigen Haltung. Mich beschäftigt viel weniger als sie die metaphysische Seite der Dinge, das, was sein könnte oder nicht sein könnte, die abstrakten Voraussetzungen des Daseins: all das erscheint mir unheilbar trügerisch oder hinfällig. Ich sehe, daß ich bis ins Mark für das Wirkliche empfänglich bin, für das, was tatsächlich ist. Was mich in erster Linie beschäftigt, ist das Forschen nach den Voraussetzungen des Fortschritts, so wie er sich uns darbietet, und nicht irgendeine theoretische Entwicklung des Universums, ausgehend von den obersten Prinzipien. Durch dieses Streben werde ich für die Berufsphilosophen immer ein Philister sein: aber ich fühle, daß meine Stärke darin liegt, ihm zu gehorchen. Ich werde also weiter in dieser Richtung marschieren. Die anderen sollen mich mit den Prinzipien in Einklang bringen, wenn sie können.«

Von der großen Hoffnung, die sich Teilhard noch am 2. August gemacht hat: »daß aus diesem kleinen ›Konzil‹ zum Wohl der Sache eine methodische Bewegung hervorgehen wird«, ist demnach nicht viel geblieben. Eine Aktionsgruppe »Neue Religion« oder wenigstens »Neuer Glaube« scheitert an der theoretischen Einstellung seiner beiden schon in Amt und Würden stehenden Freunde. Teilhard ist noch mehr als bisher auf sich selbst gestellt. Aber er ist dankbar, daß er die Freunde hat, die trotz aller Differenzen zu ihm stehen und ihm helfen wollen, seine Botschaft immer klarer zu erkennen und im Rahmen der kirchlichen Verkündigung – wenn möglich – auch zu formulieren. Der Sommer 1919 in Jersey ist eine weitere Etappe auf Teilhards Weg in sein Prophetenschicksal.

Wie hoch die Freunde, vor allem Valensin, Teilhards Ansichten schätzen, zeigt ihr Vorschlag, einige seiner Arbeiten doch dem Philosophen von Aix, Maurice Blondel, zur Beurteilung vorzulegen. Teilhard scheint Blondels Auffassungen über das Verhältnis Christi zur Welt nahe zu stehen. Eine Klärung könnte allen Beteiligten nur gut tun. Valensin, der einige Monate des Jahres in Aix verbringt und engen Kontakt mit seinem Lehrer pflegt, übernimmt die Vermittlung: »Ich bin in kleinen Etappen auf dem Weg nach Aix«, schreibt er am 18. September 1919 an Blondel, »will sagen, zu Ihnen! Ich habe zwei oder drei kurze Niederschriften eines meiner großen Freunde, des P. Teilhard de Chardin, über die Beziehungen des Kosmos zu Christus, die ich Ihnen vorlegen möchte. P. Teilhard ist vor allem Geologe, er bereitet sich in Paris auf ein Doktorat vor, um einen Lehrstuhl zu besetzen, der auf ihn wartet, doch hat er philosophische Anschauungen, und es würde uns freuen, wenn Sie sie Ihrer Kritik unterwerfen würden.«

Die erste Bemerkung Blondels in den im Dezember 1919 zwischen Blondel, Teilhard und Valensin ausgetauschten Briefen und Memoranden bezieht sich auf eine Skizze Teilhards »über die Art und Weise, in der man die Grenzen des menschlichen Körpers verstehen muß« (Teilhard an Marguerite am 5. September 1919). »Wir sind ›in toto‹ tätig«, bestätigt Blondel Teilhard, »so wie wir das Walten des Ganzen in uns erleiden, verarbeiten und im einzelnen bestimmen. Es gibt somit nicht nur ›universale Interdependenz‹ ..., sondern wechselseitige Durchdringung; wir sind buchstäblich der eine vom andern gemacht, ohne aufzuhören, jenes ›ineffabile [unauslotbare] Individuum‹ . . . zu sein, das Newmans ›Ich allein und Gott allein‹ rechtfertigt. Gerade die Erfahrung dieser doppelten, universalen und singulären Wirklichkeit hat mich dazu gebracht, die Aktion zu untersuchen, die zugleich Ausdruck der unmittelbaren Ursprünglichkeit des Seienden und Funktion des Ganzen ist.« Blondel spielt auf seine einflußreiche Dissertation ›L'action‹ von 1893 an.

Die zweite Bemerkung: »In bezug auf das christologische Problem teile ich wörtlich die Ideen und Empfindungen von P. T. (und ich habe sie zu allen Zeiten geteilt). Angesichts der durch die Naturwissenschaften und die Anthropologie erweiterten Horizonte kann man nicht, ohne den Glauben zu verraten, sich mit mittelmäßigen Erklärungen und mit Teilwahrheiten zufriedengeben, die aus Christus ein historisches, zufälliges Ereignis machen, die ihn innerhalb des Kosmos als nachträgliche hinzukommende Episode herauslösen und die aus ihm einen Eindringling oder einen Fremdling mitten in der erdrückenden und feindseligen Unermeßlichkeit des Weltalls machen. Sehr lange vor Loisys Ideen in seinen kleinen roten Büchern [›Das Evangelium und die Kirche‹, 1902; ›Rund um ein kleines Buch‹, 1904] bin ich mir in vollster Klarheit der folgenden Alternative bewußt geworden: entweder auszuweichen in einen tödlichen Symbolismus oder bis zuletzt auf einen folgerichtigen und integralen Realismus zuzuschreiten, der die Metaphysik des Christentums in Einklang bringt mit der Mystik, wie sie die Heiligen, ja selbst die gläubigen Christen leben.«

Blondel erinnert Teilhard daran, wieviel Widerstände er selbst dabei während der Modernistenkrise, die nur scheinbar vorüber ist, zu überwinden gehabt hat: »Doch während ich mit Eifer diesen Weg beschritt, auf dem man manchen Strahl der liebenswerten Fröhlichkeit des hl. Franz von Assisi wiederfindet, bin ich lange durch so viele Zeugnisse und Autoritäten entgegengesetzter Art aufgehalten und verwirrt worden. Es hatte fast den Anschein, als ob das ›christliche Gewissen‹ sich entgegengesetzt zu dieser befreienden und umgreifenden Anschauung bewegte, um jede Anhänglichkeit an diese Welt auszuschließen und zu verurteilen, von der gesagt wird, sie sei ›totus in maligno positus‹ [gänzlich dem Verderben anheimgegeben]; und nicht nur Nichtakademiker und Journalisten (deren ich eine ganze Reihe in ›L'Univers‹, ›La Vérité‹ oder ›La Croix‹ gefunden hatte) erklären, die Wissenschaft sei gefährlich und schlecht, unsere Zivilisation sei völlig verdorben und verderblich, sondern selbst Theologen (es gab welche in der Revue Thomiste und anderswo) und christliche Soziologen, wie Le Play, haben die Vorstellung und erwecken den Eindruck, allein die persönliche Heiligung sei wichtig und außerhalb des ewig gültigen Dekalogs sei die ganze Geschichte der Menschheit und die Gestalt dieser Welt Eitelkeit, Betrübnis des Geistes und Verkehrung des Herzens. Ja, noch weit mehr. Geht nicht der allgemeine Strom in der Kirche gegen das ›Wachstum‹ der Menschheit, gegen den wissenschaftlichen und sozialen Fortschritt, gegen eine christliche Philosophie der Geschichte, die der Phylogenese eine von der göttlichen Vorsehung bestimmte Bedeutung zumessen würde; als ob ... all unsere Wissenschaften, im Grunde genommen, aus dem Sündenfall hervorgingen und der Zustand der Wiederherstellung darin bestünde, sich wieder in die Unschuld der schlichten Gemüter und in die Entsagung der Unwissenden zurückzuversetzen, die aus der ›Welt‹ hinausgegangen sind? Nun, ich habe mich nie mit dieser Auffassung zufrieden geben können ... So wiederhole ich denn, daß die Lehre von P. T., die in diesem Punkt so klar, so stark und so ermutigend ist, mir einen lebhaften Eindruck des Vertrauens und des Trostes macht.«

Angesichts dieser fundamentalen Übereinstimmung sind die in der Diskussion deutlich werdenden Meinungsverschiedenheiten zwischen den beiden Denkern unerheblich, wobei Blondel mehr die traditionellere und »orthodoxere« Richtung vertritt: Die menschliche Tat darf zwar nicht rein menschlich bleiben, »sie wird vielmehr zum Gefäß, zur Grundlage, zum Holzstoß und zur Hostie für das göttliche Feuer. Doch dieses Feuer trifft man *als solches* nicht physisch an in der ›menschlichen Leistung‹, weder in der Menschheit noch in der Welt ›ut sic‹.« Teilhard hält dagegen fest: »Durch seine Menschwerdung hat Gott *sich* irgendwie zum *Element* unserer Welt *gemacht* ... Das *Feuer des Himmels,* das uns verzehrt, erreicht uns, indem es die Welt entzündet (nachdem es sie in Brand gesetzt hat): so sehr, daß es teilweise Feuer der Erde ist und daß die Welt, *die zu Feuer geworden ist,* jetzt das Feuer in sich schließt als etwas analog, aber wirklich ›Konstituierendes‹.«

> Weil es Pantheisten, Soziologisten, Bolschewisten gibt, ist man suspekt, sobald man von der Einswerdung der Lebewesen und der Menschen spricht.

Teilhard geht aus der Auseinandersetzung mit Valensin, Charles und Blondel, den er im März 1920 noch persönlich in Aix aufsucht, mit einem neuen Selbstbewußtsein hervor, wie schon eine Pariser ›Notiz über den universellen Christus‹ vom Januar 1920 zeigt: »Das Ziel dieser Notiz ist, meinen Freunden, die in der heiligen Wissenschaft mehr Experten und besser als ich plaziert sind, um auf die Geister einzuwirken, die vitale Notwendigkeit vor Augen zu stellen, in der wir uns gegenwärtig befinden, um diese so katholische Erkenntnis von Christus Alpha und Omega [Anfang und Ende] zu erläutern.« Wieder drängt Teilhard auf eine gemeinsame Aktion, zunächst des Denkens, dann des Handelns, die Christus als die organische Einheit des gesamten Universums propagieren soll, als Anfang und Ende jeder Erkenntnis und Tätigkeit.

In dieser Aufbruchsstimmung trifft ihn und seine Freunde das Verbot der Schriften Pierre Rousselots durch den Jesuitengeneral Wladimir Ledochowski vom 15. Juli 1920 wie ein Blitz. »Ich kann es mir nicht verzeihen«, schreibt Teilhard am 11. August an Valensin aus dem theologischen Scholastikat von Ore Place in Hastings, wo er dieses Jahr die Ferien verbringt und wo er vor Jahren mit Rousselot zusammen Theologie studiert hat, »so lange gewartet zu haben, um Ihnen zu sagen, wie sehr ich Anteil nehme an dem wirklich inneren und geistigen Leid, das Sie seit vierzehn Tagen durchstehen. Seien Sie meiner vollen Sympathie gewiß, und seien Sie davon überzeugt, daß ich ohne jeglichen Parteigeist mehr als je diese Zeiten und die Vorsehung preise, die Sie und Charles mir auf meinen Weg gestellt haben. Die Zeit und der Gehorsam werden ausdrücklicher hervortreten lassen, was in den zensurierten Ideen an Unvergänglichem und an wesentlich Christlichem enthalten ist. Was ich weiß, ist, daß ich daraus lebe und daß ich ohne sie nicht wüßte, weder woraus ich mein Denken speisen noch meinen Glauben bewahren sollte. Viele andere denken so wie ich.«

Der Jesuit Pierre Rousselot, 1878 geboren, 1915 bei Verdun

gefallen, erregt schon mit seinen beiden Doktoratsthesen über den ›Intellektualismus des Thomas von Aquin‹ und über das ›Problem der Liebe im Mittelalter‹ im Jahre 1908 Aufsehen. Seine originelle Philosophie des Geistes und der Liebe führt ihn zu einer neuen Auffassung von der Natur des christlichen Glaubens unter dem Titel ›Die Augen des Glaubens‹ (1910). Sie liegt auf der Linie Teilhards, der Rousselot seit dem Theologiestudium in Hastings schätzt und 1912–1914, als Rousselot schon Theologieprofessor am Institut Catholique in Paris ist, dort manchen Spaziergang mit ihm macht. Sie haben beide ihre Zimmer in der geheimen Jesuitenniederlassung Rue du Regard. Auch die Auseinandersetzung mit Rousselot verhilft Teilhard zu sich selbst, wie er Marguerite am 19. Juni 1916 von der Front erläutert: »Intensives Fühlen zieht beinahe mit Notwendigkeit eine sehr innige Vision dessen nach sich, was empfunden wurde (mein armer Freund Rousselot vermutete, daß jede Erkenntnis ›sympathisch‹ und also auf die Liebe zurückführbar sei); es gibt natürlich Temperamente, bei denen die Intuition eher aus einem Übermaß an Lebensspannung oder Lebensglut erwächst als aus einem methodischen Bemühen; und ohne Zweifel stehe ich diesen näher. Ich bin weit eher leidenschaftlich als gelehrt.« Auf die mögliche und letztlich nötige Einheit von Wissen und Glauben, von Leidenschaft zur Erde und zu Gott weist Rousselot in ›Augen des Glaubens‹ hin und zieht sich damit schon 1910 die Kritik der römischen Jesuitenzeitschrift ›Civiltà Cattolica‹ zu. Für Teilhard und seine Freunde, besonders für Valensin, der wiederum Blondel mit Rousselot bekanntgemacht hat, sind Rousselots Maximen, die dieser sorgfältig philosophisch und theologisch begründet, Marksteine der ersehnten »Neuen Theologie«: »Die Bejahung des Seins«, heißt es in ›Augen des Glaubens‹ zum Beispiel, »die manchmal von außen her, aus der Dingwelt auferlegt scheint, ist in Wirklichkeit der Ausdruck eines unwiderstehlichen Entzückens, durch das Gott die erkennende Seele so schafft und erhält, daß er sie gleichzeitig anzieht und auf sich hinordnet.« Das wird Teilhard an Le Roys Sätze über die ›Atheisten‹ erinnert haben.

In dem Brief an alle Provinziäle des Ordens verbietet der Ordensgeneral nun ausdrücklich Rousselots ›Lehre über den Glaubensakt‹. Jedem Jesuiten wird untersagt, sie schriftlich oder mündlich, öffentlich oder privat zu vertreten. Teilhard, der sich noch im Januar 1920 in einer Fußnote zu der Skizze ›Über die Weisen des göttlichen Wirkens im Universum‹ auf ›Augen des Glaubens‹ berufen hat, begreift sogleich die Dimension dieses Verbots: »Eine Kriegserklärung der einen Mentalität an die andere: Die künstliche, atomistische, separatistische, veräußerlichte usw. Geisteshaltung attackiert die Anhänger der organischen Einheit unter allen ihren Formen. Das ist schlimm, weil unlösbar. Aber es ist tröstlich, weil wir unbesiegbar sind«, versucht er optimistisch Valensin Zuversicht einzuflößen. Doch für seine Person kann sich Teilhard nicht unterwerfen: »Innerlich halte ich unverkürzt (intégralement) meine Positionen, denn ich kann nicht anders, ohne Selbstmord zu begehen. Ich kann auch nicht mehr vermeiden, mit aller Kraft meiner Persönlichkeit ... die Ideen der Evolution zu verbreiten, die, ich weiß es, der Lehrautorität wesentlich widersprechen!«

Einen Tag vor diesem Brief an Valensin, am 10. August 1920, hat Teilhard darum ungebrochen seine ›Bemerkung zum Fortschritt‹ abgeschlossen. Wie Paulus auf dem Areopag in Athen verkündet Teilhard darin sein Glaubensbekenntnis an Christus als den Motor der Evolution. Die Reaktion der »Weisen« beschreibt er ähnlich wie schon der Autor der Apostelgeschichte: »Wer diese Worte vor dem Areopag spricht, wird als ein Träumer verlacht, und man verurteilt ihn. ›Der gesunde Menschenverstand sieht es, und die Wissenschaft bewahrheitet es: nichts bewegt sich‹, wird ein erster Weiser sagen. ›Die Philosophie entscheidet es: nichts kann sich bewegen‹, wird ein zweiter Weiser sagen. ›Die Religion verbietet es: nichts bewege sich‹, wird ein dritter Weiser sagen. Ohne diesen dreifachen Wahrspruch zu beachten, verläßt jener, der gesehen hat, den öffentlichen Platz und kehrt in den Schoß der festen und tiefen Natur zurück ... Indem er dann seine Augen über sich hinaus auf die den neuen Schöpfungen bereiteten Räume richtet, weiht er sich mit Leib und Seele gefestigten Glaubens einem Fortschritt, der sogar jene mitreißt oder hinwegfegt, die nichts von ihm wissen wollen. Und in seinem ganzen Wesen zitternd vor religiöser Kraft, läßt er zum bereits auferstandenen, aber noch unvorhersehbar großen Christus diese Anrufung, höchste Huldigung des Glaubens und der Anbetung, auf seine Lippen steigen: ›Deo ignoto‹ [Dem unbekannten Gott].«

Mit gemischten Gefühlen übernimmt deshalb Teilhard in diesem von Intrigen geschüttelten und von Denunziationen vergifteten katholischen Milieu von Paris nach Annahme seiner Dissertation im Juli 1921 für das kommende Semester eine Dozentur für Geologie am Institut Catholique. Nach der erfolgreichen Verteidigung der Dissertation am 22. März 1922 wird er außerordentlicher Professor für Geologie an der Naturwissenschaftlichen Fakultät. Vermittler ist Abbé Gaudefroy, Mineraloge am gleichen Institut und bald Teilhards Freund. Er läßt seinen Lehrstuhl teilen und übernimmt selbst die Mineralogie, für die Geologie schlägt er Teilhard vor.

Durch Gaudefroy lernt Teilhard den Lazaristen M. Portal kennen, der als Studentenseelsorger und Leiter mehrerer Studienzentren in Teilhard den lang gesuchten Priester erkennt, der in der Lage ist, als Priesterforscher den vor allem naturwissenschaftlich orientierten Studenten den christlichen Glauben neu zu verkünden. Jeder Vortrag, jede Diskussion ist Teilhard Anlaß, sich mit dem jeweiligen Thema neu auseinanderzusetzen, die eigene Position zu überprüfen und mit Kritik auch an den Freunden nicht zu sparen: »Im Januar werde ich vor den Normaliens [Studenten der École Normale Supérieure] des M. Portal sprechen«, schreibt er am 17. Dezember 1922 an Valensin, »vermutlich über das pantheistische Antlitz des Christentums ... Zu dem Zweck habe ich Ihren lichtvollen Artikel gelesen, der mich viel gelehrt hat. Aber ich spreche Ihnen die folgenden Tadel aus: 1. Zu Unrecht verachten Sie den Pantheismus der Dichter. Dieser Pantheismus dort ist die Mystik, wovon Spinoza und Hegel die Philosophen sind ... 2. Sie lassen dem Leser den Eindruck, daß die Spinozische Position, zum Beispiel, einfach schlecht, falsch ist ... Ich bitte Sie, weisen Sie nicht allein zurück! Sie, bauen sie auf! ... Ich bin manchmal ein wenig erschrocken, wenn ich an die Transpositionen denke, die ich in mir vornehmen muß, um die landläufigen Begriffe der Schöpfung, Inspiration, Wunder, Erbsünde, Auferstehung usw. akzeptieren zu können ...« Und Teilhard berichtet von einem Gespräch mit dem Philosophieprofessor vom Collège de France, Edouard Le Roy, dessen persönliche Bekanntschaft Teilhard durch Abbé Breuil im Oktober 1921 gemacht und woraus sich eine Freundschaft entwickelt hat: Le Roy sehe eine tödliche Gefahr des modernen Denkens darin, daß sich die Spezialisten eine esoterische und raffinierte Wahrheit leisten – auch in der Kirche –, während die breite Masse praktisch im Aberglauben verharre. Aber Teilhard kommentiert: »Man kann deshalb nicht aufhören zu denken. Offensichtlich muß man tapfer und kindlich immer vorwärts gehen. Die Wasser werden uns tragen, wenn wir in Richtung auf den Herrn zugehen.«

Schon in den Tagebuchnotizen von 1919/20 fällt auf, daß

Teilhards im Weltkrieg gewonnene neue Weltsicht nicht ohne Konsequenzen bleibt für seine politische Einstellung. Der mystische Kontakt mit den tiefen Strömungen der Menschheit hat ihn davon überzeugt, daß den Parolen der Revolutionen, deren sich die politische Linke bedient, wirkliche Bedürfnisse des Menschen zugrunde liegen. »Muß man *integrieren* oder umleiten?« notiert er am 30. März 1919. »Zum Beispiel das Bedürfnis nach Gerechtigkeit, Gleichheit, befreiter Liebe auf Christus und seinen mystischen Leib ... Mir scheint durchaus, es muß mehr getan werden, das heißt, man muß dahin streben, *bereits in dieser Welt* zu verwirklichen.« Und er sieht deutlich die Gegensätze zu gewissen Idealformen des abendländischen Christentums: »1. Recht des individuellen Eigentums (... Gebrauch nach eigenem Gutdünken); 2. Demokratie (Gegensatz zum Papst); 3. Feminismus (Gegensatz zum Priestertum) ... 4. Moral des ›de sexto‹ [des sechsten Gebotes: Du sollst nicht Unkeuschheit treiben] (Ehe einzig für die Fortpflanzung).«

Die Vorgänge seit der Oktoberrevolution 1917 in Rußland und die Diskussionen, die sie überall in bürgerlichen und kirchlichen Kreisen auslösen, helfen Teilhard, sich – spät genug – auch über seinen politischen Standort Gedanken zu machen. Da sich die Abwehrhaltung gewisser Kreise gegenüber allem, was Sozialismus, Kommunismus und erst recht »Sowjets« heißt, aus der gleichen Quelle nährt wie ihr Widerstand gegen seine eigene »neue« Botschaft, fühlt sich Teilhard als religiöser Prophet eher mit den politischen Revolutionären solidarisch als mit den Verteidigern des Status quo um jeden Preis. Teilhard spürt schmerzlich, wie die Entwicklung ihn nun auch im politischen Raum isoliert und seinem angestammten Milieu entwurzelt, wie eine Tagebucheintragung vom 18. Juli 1919 zeigt: »Habe heute morgen dieses sowjetische Glaubensbekenntnis gelesen: ›Keinen Gott, keinen Herrn.‹ ›Ein einziger Haß: das Kapital. – Ein einziges Gesetz: das Gewissen; ein einziges Vaterland: das Universum; eine einzige Religion: die Menschheit.‹ Alle für alle. – Und klarer als jemals habe ich mich der Unmöglichkeit gegenüber gesehen, ›simpliciter‹ ein Anathema zu sprechen. Unter Leugnung des göttlichen *Gipfels,* den ich anbete, wird der Glaube an die natürliche *Basis* ausgesagt, die ich mit meinem ganzen Sein verehre. – Es wimmelt von Zweideutigkeiten und Widersprüchen in diesem neuen Credo: ›Kapital‹, das eigentlich ›Egoismus‹ bedeuten soll, lenkt den Volkshaß auf eines der heiligsten Elemente des Fortschritts (Vererbung, individueller Besitz). – Das Universum kann nur von den in niederen (untergeordneten) Kollektivitäten festgruppierten Individuen geliebt werden: Die Menschheit, der Kosmos, die sich dem individuellen Willen (Laune) entgegenstellen, sind wahrhaft Gott und Herr ... – Kurz, unter dieser Formel der Religionslosigkeit und des Hasses verbirgt sich (so glaube ich) eine Seele der Anbetung und der Liebe (Caritas) ... Der Haß und die Leugnung richten sich gegen ein *falsches* Bild Gottes und des Herrn, das wir, die Christen, haben großwerden und zu Ansehen kommen lassen.«

Die Aufgabe der Kirche im politischen Raum nennt Teilhard am 24. Oktober 1919 ohne Zögern: »Nach links. Aber dreifaches Zaudern: 1. Dort sind die Bösen, 2. hier sind die Guten, ›das Heilige‹, 3. Angst davor, ›an die Welt zu glauben‹. *Antwort:* Das Gesetz der entstehenden Wahrheit a. jede Erneuerung kommt aus der Masse, b. sie zerbricht ›Heiliges‹ (Pseudo-Heiliges).« Anderthalb Jahre später, am 16. März 1921, äußert sich Teilhard gegenüber Valensin ungehalten über das unzusammenhängende und unerfreuliche Geschreibsel zum Thema Fortschritt und Bolschewismus in der 1920 gegründeten ›Revue universelle‹, in der neben anderen Charles Maurras von der reaktionären »Action française« und der thomistische Philosoph Jacques Maritain – er wird später Teilhard scharf angreifen – ihre Ansichten zum besten geben. »Alle Snobs und frommen Leute von Paris glauben, sich im klaren zu sein und bieten dem Bolschewismus die Stirn, indem sie versichern, daß sich die Dinge dieser Welt im Kreise drehen. Sie fragen sich nicht einmal, wie sie selbst unter diesen Bedingungen auf die Welt gekommen sind!«

Teilhard spürt seit dem Weltkrieg instinktiv, daß er wenig mehr gemeinsam hat mit den offiziellen Erneuerungen der katholischen Philosophie und Theologie und mit den ihnen verbundenen Künstlern und Dichtern, bei denen er vergeblich nach einem »Pantheismus der Dichter« Ausschau hält. Teilhard mißtraut der dogmatischen Sicherheit, mit der Paul Claudel zum Beispiel die ganze Welt in seinen statischen Katholizismus integrieren möchte. Teilhard steht eher der Ansicht André Gides nahe, der am 10. September 1922 in seinem Tagebuch notiert: »Es ist merkwürdig, daß der Katholizismus bei den drei übergetretenen Künstlern, die ich am besten kenne, bei Ghéon, Claudel und Jammes, lediglich den Hochmut gestärkt hat. Die Kommunion macht sie eingebildet.«

Was Teilhard in seinem Tagebuch vom 23. Februar 1920 von

einem imaginären Künstler erbittet: »einen Christus universalis malen, – ein Herz, in dem sich *die Welten* bewegen und fortsetzen«, wäre von den katholischen Künstlern, die er kennt, vermutlich entrüstet als Zumutung, als Ketzerei des Pantheismus zurückgewiesen worden, ganz im Sinne von Gides Kritik: »Ich habe es Claudel oft gesagt: – Was mich zurückhält, ist weniger Freidenkertum als vielmehr das Evangelium. – Wovon zurückhält? – Katholisch zu werden, natürlich. Die Katholiken kennen das Evangelium nicht. Und nicht nur kennen sie es nicht, sie wissen gar nicht, daß sie es nicht kennen; sie sind guten Glaubens, es zu kennen; was bewirkt, daß sie auch weiterhin in Unkenntnis verharren.« Teilhard ist überzeugt: hätten sich die katholischen Künstler und Dichter mehr der Inspiration überlassen, statt sie durch einen dogmatischen Glauben zu zähmen und zu töten, ihnen wäre auch Gides Einsicht zuteil geworden, die sich mit der Teilhards deckt: »Begreift, daß Gott das Endziel, nicht der Ausgangspunkt der ganzen Schöpfung ist. Was übrigens die Schöpfung nicht hindert, sein Werk zu sein. Es wird aber erst nach uns vollendet werden. Alle Entwicklung muß in Gott münden.«

Es verwundert nicht, wenn ein ungläubiger Freund Teilhards, der dessen kritische Entwicklung in diesen Pariser Jahren beobachten kann, dem Pater vorwirft, seine Unterwerfung gegenüber einer solchen Kirche und seine Integration in einen solchen Katholizismus seien inkonsequent und stellten seinem angeblich revolutionären Glauben ein schlechtes Zeugnis aus. Darauf antwortet Teilhard unter dem 5. Januar 1921: »Trotz des uneingestandenen und instinktiven Verlangens, das ich in gewissen Stunden verspüren konnte, einen positiven Grund zu finden, um ›alles fallen zu lassen‹, kann ich nicht umhin zu sehen: ›Es wäre für mich ein biologischer Mißgriff, die religiöse Strömung des Katholizismus zu verlassen.‹ . . . Vorausgesetzt, diese religiöse Form wäre noch viel weiter von der Wahrheit entfernt, als wir denken, bliebe, daß sie die am weitesten gelungene Annäherung ist, die es für diese Wahrheit gibt – und daß, um höher zu gelangen, man sie übersteigen muß, indem man mit ihr glaubt, nicht, indem man hinausgeht, um seinen Weg allein zu suchen . . . Der Papst und alle Bischöfe zusammen sind ohnmächtig, uns genau alles zu sagen, was es in Christus gibt. Christus (sein Leben, sein Wissen) sind in der ganzen Kirche (Gläubige und Hirten) aller Zeiten niedergelegt. Damit Christus schließlich begriffen wird, braucht es die Anstrengung aller Christen bis ans Ende der Zeiten; und kein Konzil könnte diese lange Reifung abkürzen ... Das Dogma entwickelt sich wie ein Mensch, der mit vierzig Jahren derselbe ist wie mit zehn Jahren, aber dessen Form mit vierzig Jahren nicht aus der von zehn Jahren deduziert werden kann ... Ich glaube, daß die Kirche noch ein Kind ist. Christus, von dem sie lebt, ist unermeßlich viel größer, als sie sich ihn vorstellt; und deshalb werden noch in Tausenden von Jahren, wenn das wahre Antlitz Christi ein wenig mehr enthüllt sein wird, die Christen noch immer ohne Zögern das Credo sprechen.«

Teilhard ist vierzig Jahre alt, als er dieses persönliche Credo formuliert: ein Glaubensbekenntnis, das man dem Zehnjährigen nicht angesehen hat; ein Treueversprechen gegenüber einer Kirche, die daran zweifeln läßt, ob sie Teilhards Auffassungen von ihr und Christus teilt; ein hoffnungsvoller Ausblick in eine Zukunft, die Teilhard von dunklen Wolken verhangen erscheint. Was er dreißig oder vierzig Jahre später glauben wird, läßt sich aus diesem Credo von 1921 ebensowenig ableiten wie aus dem von 1891. Nur eines ist gewiß: der Prophet der Materie ist entschlossen, seinem Ruf Folge zu leisten. Was er kommen sieht, deutet er am Ende eines Artikels an, der unter dem Titel ›Das Antlitz der Erde‹ im Dezember 1921 in den ›Etudes‹ erscheinen darf, weil er darin angeblich nur als Naturwissenschaftler spricht: »Der große erzieherische Wert der Geologie ist dieser: da sie uns eine wahrhaft *eine* Erde, nämlich eine Erde zeigt, die nur einen Leib bildet; da sie ein Gesicht hat, erinnert sie uns an die Möglichkeiten immer höherer Organisation, die in der Zone des Denkens angelegt sind, die die Welt umhüllt. Wahrlich, es ist nicht möglich, wie gewohnt die Augen auf die großen, von der Wissenschaft aufgedeckten Horizonte zu richten, ohne daß ein dunkles Verlangen aufsteigt zu erleben, daß sich ein wachsendes Kennenlernen und eine wachsende Zuneigung unter den Menschen anknüpfe, bis es schließlich unter der Einwirkung irgendeiner göttlichen Anziehung nur noch ein Herz und eine Seele auf dem Antlitz der Erde gibt.«

> Im Grunde habe ich Paris nur deshalb mit China vertauscht, um an einem Beispiel zu zeigen, wie ich die Aufgabe des Christen verstehe, und auch deswegen, um, während ich unterwegs bin und arbeite, meinen »Glauben« tiefer Gestalt gewinnen zu lassen und mit größerer Kraft zu vertreten.

Gegen Ende des Jahres 1922 gerät Teilhard in Paris in eine Krise. Die Reaktion auf seine Lehrtätigkeit am Institut Catholique, auf seine Vorträge in studentischen und intellektuellen Zirkeln, auf seine Gespräche im Salon von Léontine Zanta sowie auf seine Veröffentlichungen in der Jesuitenzeitschrift ›Etudes‹ haben deutlich gezeigt, wie stark der Widerstand gewisser kirchlicher Kreise gegen einen Jesuiten ist, der sich offen als »Evolutionist« bekennt. Teilhard ist innerlich zerrissen. Am 17. Dezember 1922 schreibt er an seinen Ordensfreund Auguste Valensin, Philosophieprofessor in Lyon: Einerseits werde ihm immer deutlicher, daß es für das Leben keinen anderen Ausweg gibt als »N. S.« [Notre Seigneur, Christus], andererseits entwikkele er ein immer stärkeres Gefühl für das, »was es an Schwerem, Engem und Überlebtem in der aktuellen Kirche gibt. – Das läßt mich manchmal (mit Paulus) denken: ›Ich wünschte, aufgelöst zu sein‹, um der Zerrissenheit zu entgehen.«

Dabei ist Teilhard von der Richtigkeit der Evolutionstheorie mehr denn je überzeugt. Wie um seinem Freund und sich selbst noch einmal vorzuführen, daß es für einen gewissenhaften Geologen keine andere Wahl gibt, zählt er Valensin am 5. Januar 1923 auf, wer »unter den Leuten, die ich kenne, Anhänger der Evolution sind: Boule [sein Lehrer] und alle Professoren des Museum [d'Histoire Naturelle in Paris], Breuil, Obermaier, Haug, Rabot, Pérez, Jollaud (die vier letzten Professoren an der Sorbonne), Depéret, Douvillée, Kilian, Cuénot, alle Löwen, und London, und Berlin, und München (wenigstens die Geologen), Genf, das ganze geologische Personal der amerikanischen Universitäten (Osborn, Matthew, Gregory) etc., etc.« Teilhard wünscht sich nichts sehnlicher, als in Freiheit unter seinesgleichen forschen und lehren zu können, einzig der Wahrheit verpflichtet, wie sie sich ihm enthüllt.

Daß das Evolutionsgesetz seiner Ansicht nach auch mit dem christlichen Glauben in Einklang gebracht werden kann, hat er schon in seinem Aufsatz ›Wie stellt sich heute die Frage des Transformismus‹ in den ›Etudes‹ vom 5. Juni 1921 angedeutet: »In die Sprache des Kreationisten [an die Schöpfung Glaubenden] übersetzt, ist dieses Gesetz vollkommen einfach und orthodox. Es bedeutet, daß die erste Ursache [Gott], wenn sie wirkt, sich nicht mitten zwischen die Elemente dieser Welt einschaltet, sondern unmittelbar auf die Naturen derart einwirkt, daß, so könnte man sagen, Gott die Dinge weniger ›schafft‹, als daß er ›sie sich schaffen läßt‹.«

Noch in einer anderen Angelegenheit fühlt sich Teilhard gegen Ende des Jahres 1922 zerrissen. Seine Cousine Marguerite Teillard-Chambon, der er sein emotionales und intellektuelles Erwachen verdankt, seit er ihr 1912 in Paris begegnet ist, hat im Mai 1922 die Leitung des Institut Notre-Dame-des-Champs in Paris aus Krankheitsgründen niederlegen müssen und hält sich jetzt in Italien auf. Ahnt Teilhard, wie sehr, seit er nach Kriegsende die Studien in Paris wieder aufgenommen hat, seine Nähe für Marguerite immer unerträglicher geworden ist: die Nähe des durch Ordensgelübde und Zölibatsversprechen »unerreichbaren« geliebten Mannes? Ist ihre Krankheit ein Fluchtversuch, wenn auch nicht aus ihrer gegenseitigen Bindung, so doch aus der das Herz zerreißenden Nähe? Hat nicht auch Teilhards wachsende Freundschaft zu Marguerites Freundin Léontine Zanta die Cousine tief getroffen und in die Krankheit getrieben? »Marguerite wird Ihnen gesagt haben«, schreibt Teilhard ein Jahr später, am 12. Dezember 1923, an Léontine, »daß ich meinen Aufenthalt in China um sechs Monate verlängert habe. Ihr diesen Kummer zu machen, hat mich bei diesem Entschluß am meisten gekostet. Aber ich wäre ihrer Freundschaft nicht würdig, wenn ich nicht ihretwegen getan hätte, was mir das Beste schien. (Das alles gilt entsprechend auch für Sie, gelt?)«

Wie Marguerite in die Krankheit und nach Italien, so flüchtet Teilhard nach China: nicht nur wegen der drohenden Schwierigkeiten in puncto Evolutionismus. Er ist sich seiner angesichts der beiden Frauen nicht mehr ganz sicher, wie er Léontine gegenüber offen eingesteht. Er weckt Erinnerungen an ihre Pariser Plaudereien – »derweil die schöne rote oder goldene Sonne hinter Ihren Balkonpflanzen sank?« – und fährt im gleichen Brief fort: »In der Zwischenzeit, wenn mir die Abende in Tientsin ein bißchen kalt und grau vorkommen (dem Herzen noch mehr als den Augen und der Haut), überlege ich, daß der Herr, neben anderen Absichten, mein jetziges Fernsein auch deswegen gewollt hat, um mir eine Weile solche beglückenden Freuden zu entziehen. Ich war in Gefahr, mich in ihnen zu verlieren und mich nicht mehr, durch alles hindurch, einzig auf Ihn zu stützen (wie ich es doch in meinem Gelübde versprochen habe). Und ich ermuntere mich, ein wenig zu fasten, mit der zuversichtlichen Hoffnung, der Herr werde, gerade weil ich fern und einsam bin, meinen Platz einnehmen bei Freunden, so wie Sie – es würde für sie ein sehr vorteilhafter Tausch sein.« Sicher denkt Teilhard dabei auch an Marguerite.

So auf doppelte Weise in Paris in Schwierigkeiten geraten, nimmt Teilhard die im August 1922 an ihn ergangene Einladung seines Ordenskollegen Emile Licent nach Nordchina an. Er soll den Pater, der als Geograph, Geologe, Naturkundler und Ethnograph China seit 1914 bereist, auf einer Expedition begleiten und das geologische, zoologische und botanische Material für das Museum in Paris wie auch für Licents Museum der chinesischen Geologie und Paläontologie in Tientsin sichten und präparieren. Im Auftrag des Museums von Paris, dem Licent seit Jahren Fossilien geschickt hat, die Professor Boule an seinen Schüler Teilhard zur Bearbeitung weiterzugeben pflegte, und mit Unterstützung der Akademie der Wissenschaften, des Instituts für Paläontologie und des Unterrichtsministeriums, nicht zuletzt mit dem Segen seiner Ordensoberen, die froh sind, Teilhard auf diese Weise wenigstens für eine gewisse Zeit aus Paris entfernen zu können, besteigt dieser am 6. April 1923 in Marseille das Schiff Richtung China – fast achtzehn Jahre nach seiner ersten Orientreise als Physiklehrer ans Jesuitenkolleg von Kairo und fast vierzehn Jahre nach der Abfahrt seiner Schwester Françoise auf der »Polynésien« Richtung Shanghai. Teilhard ahnt nicht, daß China sein Schicksal sein wird: von Urlaubs- und Arbeitsunterbrechungen abgesehen, wird er die nächsten dreiundzwanzig Jahre – bis 1946 – in China verbringen.

Schon während der sechswöchigen Überfahrt wird Teilhard bewußt: Wie zu jeder Phase seiner Lebensgeschichte wird er auch auf dieser Reise nach Asien neue Erfahrungen machen, von denen er nicht weiß, wie sie sein Weltbild beeinflussen werden.

Der Zustand, in dem sich China befindet, als Teilhard in Shanghai ankommt und seine Reise nach Tientsin mit der Eisenbahn fortsetzt, stößt ihn erneut auf das Problem des Einen und Vielfachen: das chinesische Reich ist zerfallen, in den Provinzen herrschen unabhängige Militärgouverneure. Von der angelsächsischen Presse Warlords genannt, verfügen sie über eigene Ressourcen und Armeen, verbünden und verfeinden sich miteinander, lassen sich von den ausländischen Mächten – Japan, England, Frankreich, Rußland – protegieren und drangsalieren vor allem die Landbevölkerung. Die umherziehenden Truppen plündern. Korruption, Terror und Banditentum breiten sich aus. Noch am Tage seiner Ankunft in Tientsin, den 23. Mai, schreibt Teilhard an seine Cousine: »In Pukow habe ich den berühmten ›blauen Zug‹ genommen, der vor etwa drei Wochen überfallen worden ist . . . Der Fahrplan war geändert worden, so daß der Zug bei Tage durch die verdächtige Zone fuhr, und zwei bewaffnete Soldaten wachten in jedem Wagen über die Sicherheit der Reisenden. Eine schwache Vorsichtsmaßnahme, wenn die Banditen von neuem vorgehen wollten, aber es sieht nicht so aus, als wollten sie die kleine Komödie wiederholen, die ihnen scheinbar die erwarteten Vorteile nicht eingebracht hat.« Teilhard scheint zu verharmlosen, vielleicht um die Cousine zu beruhigen. Vielleicht aber ist er sich über die katastrophale Situation Chinas tatsächlich nicht im klaren, über die unheilvolle Rolle, die die ausländischen Mächte seit langem spielen, um China der Auflösung nahezubringen und unter sich aufzuteilen.

1923 ist Teilhard noch weit davon entfernt, die revolutionären Anstrengungen der Chinesen wahr- und ernstzunehmen. Noch teilt er die Vorurteile der europäischen Kolonie in Tientsin und Peking. Sie beziehen sich nicht nur auf die unmittelbaren politischen Verhältnisse – hoffnungsloser Anarchismus! –, sondern auch auf die sittlich-religiösen Kräfte des Vielvölkerstaates mit seiner einst so hochstehenden Kultur. »Ich war in der Hoffnung nach China gekommen, ein Sammelbecken von Denken und Mystik zu finden, aus dem unser Abendland sich verjüngen könnte«, schreibt Teilhard am 7. August 1923 an Léontine Zanta und fährt, nach nicht einmal drei Monaten Aufenthalt im Land, mit schwer erträglichen Pauschalurteilen fort: »Jetzt habe ich das Empfinden, daß das Becken geleert (oder ›verstopft‹) ist. Die Chinesen sind (unter ihrem modernen oder konfuzianischen Anstrich) Primitive; die Mongolen sind im Begriff, langsam zu verschwinden, und ihre Lamas sind fette und schmutzige Mönche.« Zwar korrigiert er nach einem Gespräch mit einem Missionar diese Urteile in einem weiteren Brief vom 3. Oktober an Léontine, aber der Eindruck bleibt, daß es sich Teilhard in der Tradition vieler Europäer mit China zu leicht macht: Die Chinesen seien zwar abgestumpft durch einen Konfuzianismus, der ein einfacher Moralkodex sei und ein bequemes Gemeinschaftsleben stifte ohne Bezug auf ein lebendiges Ideal. Doch im Herzen einiger chinesischer Philosophen und einiger Lamas lebe noch das alte buddhistische Anliegen fort, den Rhythmus der Welt zu ergründen, eine Sicht ihrer unzähligen Entwicklungen zu begründen und den höchsten Buddha zu erwarten, der alles erlösen soll. »Diese Versicherungen aus dem Munde eines Mannes, der China von Grund auf kennt, haben mich in meiner alten Hoffnung bestärkt, daß wir vielleicht in der Schule der fernöstlichen Mystiker unsere von der Moral zu sehr aufgesogene (das heißt zu konfuzianische) Religion ein wenig mehr ›buddhistisch‹ machen könnten, um endlich einen Christus zu entdecken, der nicht mehr nur ein *Vorbild für gutes Verhalten und ›Menschlichkeit‹* ist, sondern wirklich das *über-menschliche* Wesen, das von Anbeginn an im Schoß der Welt Gestalt wird und eine Seinskraft besitzt, die durch ihre das ganze Leben umgreifende Herrschaft alles in die Knie zu zwingen, alles in sich aufzunehmen vermag.«

Einem Teilhard, der ganz von dieser kosmischen Christusmystik fasziniert ist, entgeht zunächst die Vielschichtigkeit der politischen und geistigen Probleme Chinas und dessen Auseinandersetzung mit den Ausländern. Auch sieht Teilhard nicht deutlich genug, daß vor allem die abstoßende politische Gestalt des Christentums, sein Bündnis mit dem westlichen Kapitalismus und Imperialismus, gerade in China ein Hindernis ist für eine Mission, wie sie Teilhard vorschwebt.

27 Reise in die Vergangenheit

> Ich, ein Pilger der Zukunft, kehre von einer gänzlich in die Vergangenheit unternommenen Reise zurück.

Teilhard und sein Ordenskollege Licent sind zunächst nicht als Seelsorger nach China gekommen, sondern als Wissenschaftler. Das ist Jesuitentradition, seit Matthäus Ricci von 1583 bis 1610, Adam Schall von 1622 bis 1666 und Ferdinand Verbiest von 1659 bis 1688 in China wirken und das Vertrauen des kaiserlichen Hofes gewinnen: Schall und Verbiest als Direktoren des kaiserlichen mathematisch-astronomischen Büros in Peking. Freilich sehen die Jesuiten-Wissenschaftler ihre Tätigkeit als Mittel zum Zweck an: um die Wege zur Missionstätigkeit zu öffnen, zur Bekehrung des Volkes über die Bekehrung der Elite, oder wenigstens durch deren tolerante Haltung. So erlaubt denn auch 1692 ein von den Jesuiten erwirktes Dekret des Kaiser Kanghi die Predigt des Christentums in ganz China.

Außer den Jesuiten bemühen sich im 17. Jahrhundert auch spanische Franziskaner und Dominikaner um das Seelenheil der Chinesen. Während sich die Jesuiten, erstaunt über die hohe Kultur Chinas mit seinen alten Traditionen, diesen weitgehend anpassen und dadurch missionarische Erfolge erzielen, sehen die Franziskaner und Dominikaner darin unerlaubte Zugeständnisse ans Heidentum: in der Verehrung des Konfuzius als Weisen und Staatsmann; im Ahnenkult; in der Verwendung von Tien (= Himmel) und Shangti (= höchster Herr) als Gottesnamen; in der Unterlassung mißverständlicher Zeremonien bei Taufe und Letzter Ölung; in der lockeren Handhabung kirchlicher Gebote wie Gottesdienstbesuch am Sonntag und Fasten; vor allem im Gebrauch des Chinesischen bei der Messe, von Papst Paul V. 1615 genehmigt, von der römischen Propaganda-Kongregation 1698 wieder untersagt. Von 1633, als der Dominikaner Jean-Baptiste de Morales und der Franziskaner Antoine de Sainte Marie die Praxis der Jesuitenmissionare erstmals verdächtigen, bis zur Unterwerfung der Jesuiten unter die Bulle »Ex quo singulari« Benedikts XIV. vom Juli 1742 tobt der sogenannte Ritenstreit.

Wie sehr für Teilhard diese Vergangenheit gegenwärtig und er entschlossen ist, den Ritenstreit wieder aufzunehmen, zeigt eine Passage aus dem Brief, den er am 27. Mai 1923, vier Tage nach seiner Ankunft in Tientsin, an seinen Freund Auguste Valensin schreibt: »Wenn ich diese außerordentliche Verschiedenheit und diese große Masse der Menschheit in ihrer Realität sehe, fühle ich mit noch mehr Macht die Notwendigkeit, unsere Religion von allem zu befreien, was sie an spezifisch Mittelmeermäßigem an sich hat. Ich glaube nämlich nicht, daß die größte Zahl der östlichen ›Denkformen‹ nichts anderes seien als vergangene und überlebte Formen, dazu bestimmt, mit dem Menschentyp zu verschwinden, der sie hervorgebracht hat. Ich meine stattdessen, daß die Betrachtung dieser Formen, so überlebt sie auch sein mögen, eine solche Fülle an ›Möglichkeiten‹ offenbart in der Philosophie, in der Mystik, in der menschlichen Moral, daß man sich kaum eine gänzlich und endgültig entwickelte Humanität vorstellen kann in dem engen Netz von Vorschriften und Dogmen, in das gewisse Leute die ganze Fülle des Christentums meinen entfaltet zu haben.«

Teilhard jedenfalls ist froh, daß er als Wissenschaftler nach China gekommen ist und »der chinesischen Masse« nicht als einer der fremden Missionare gegenübersteht, »die kommen und ihr Veränderungen vorschlagen, nach denen sie gar kein Verlangen hat«.

Deshalb fühlt sich Teilhard am wohlsten in Peking, der »Stadt der chinesischen Intelligenz und des chinesischen Denkens«, wohin er im Winter 1923 einige Wochen geht, um wissenschaftliche und gesellschaftliche Kontakte zu pflegen. Am 21. November berichtet er Marguerite: »Ich bin in dieser geistigen Wärme untergetaucht, und ich habe aufgeatmet, als ich wieder das Gespräch mit Menschen aufnehmen konnte, die denken und arbeiten wie ich. Gestern zum Beispiel habe ich meinen Tag damit verbracht, die amerikanischen und chinesischen Anthropologen, Paläontologen und Geologen aufzusuchen ... Es kommt mir wirklich gut zustatten, ein wenig in der internationalen Gesellschaft zu verkehren und nicht nur in der Gesellschaft von Paris ... Der Empfang beim Gesandten (M. de Fleuriau) war sehr herzlich. Er hatte sogar den Nuntius eingeladen, so daß das Diner sehr diplomatisch war.«

Im Gegensatz zum Umgang mit seinen Ordenskollegen und den kirchlichen Kreisen in Tientsin und Peking erlebt Teilhard bei den wissenschaftlichen Kollegen, die oft religiös indifferent sind oder sich sogar atheistisch geben, jenen Geist herzlicher Verbundenheit und jene Aufgeschlossenheit der Wahrheit gegenüber, wie es ihn schon in Paris fasziniert hat. »Als Abschluß«, schreibt er am 4. Dezember aus Peking an Marguerite, »gab es bei einem Amerikaner, der beim Geological Survey von China arbeitet, ein brüderliches Diner (und ganz ohne Alkoholverbot), das drei Chinesen, zwei Amerikaner und einen Franzosen (mich) in der wärmsten und herzlichsten Atmosphäre zusammenführte. Ich habe den wirklich natürlichen und tiefen Kontakt sehr geschätzt, der zwischen so verschiedenen Elementen entstand, nur unter dem Einfluß gemeinsamen und von ein wenig Wahrheit überzeugten Forschens. Die einigende Macht des Geistes ist wirklich weit größer, als wir annehmen können. Aber damit sie sich offenbart, muß der Geist rein und natürlich handeln und nicht unter der Hülle von Formalismus oder Konvention.«

Die meisten Monate ist Teilhard auf Expedition, zunächst in der westlichen Mongolei, in den Ordos. Ziemlich aufgeregt informiert Teilhard am 25. Juli Abbé Breuil, seinen wissenschaftlichen Kollegen vom Naturwissenschaftlichen Museum in Paris: Licent und er hätten vor drei Tagen in der Steilwand eines Sturzbaches eine typisch altsteinzeitliche menschliche Herdstätte gefunden. Am 19. August ergänzt er: In den Steilwänden eines Cañons von achtzig Meter Tiefe, durch den sich der kleine Fluß Shara-Usso-Gol schlängelt, hätten sie in Sedimentgesteinen aus dem Quartär schon fünfzehn Kisten Fossilien gefunden, »ungemein viele Knochen von Rhinozerossen und Gazellen, etliche vom Bison (mit riesigen Hörnern), von Hirschen mit eigenartigem Geweih, vom Pferd, vom Wildesel, eine Lamelle von einem Elefantenzahn (Mammut?), von der Hyäne, vom Wolf. Das gibt eine merkwürdige Gesellschaft. Und der Mensch? Es gab ihn sicherlich, aber hier muß ich methodisch vorgehen . . . Sicher ist, daß wir nun zwei Plätze mit altsteinzeitlichen Fossilien *in situ* kennen und noch vor drei Monaten keine solchen in China bekannt waren.« Ein großer wissenschaftlicher Erfolg. Bisher »wußte man nichts über den Menschen der Älteren Steinzeit nördlich des Himalaja; nun haben wir ihn an drei Stellen, auf einem Streifen von dreihundertfünfzig Kilometern, gefunden. Das ist wichtig«, schreibt Teilhard triumphierend auch an Marguerite am 30. September, nachdem die Expedition an die Fundstelle vom 23. Juli zurückgekehrt ist und dreitausend Kilogramm Beute auf dreißig Eseln und Maultieren abtransportiert.

Im Frühjahr 1924, nachdem sich Teilhard – auch mit Rücksicht auf die Freundinnen in Paris – seinen Aufenthalt in China hat verlängern lassen, bricht er zu einer Expedition in die Wüste Gobi auf, wieder mit Licent. Das Ergebnis teilt er Marguerite am 25. Juni mit: Es ist paläontologisch nicht überwältigend, erst gegen Ende der wochenlangen Züge kommen sie in fossilreiches Gelände.

Während dieser Expedition macht Teilhard nähere Bekanntschaft mit dem schottischen Geologen George B. Barbour, den er bereits in Peking und Tientsin kennengelernt hat. Das ist der Beginn einer lebenslangen Freundschaft, und wir verdanken Barbour eine faktenreiche Beschreibung der gemeinsamen wissenschaftlichen Arbeit vor allem in China.

Vom Reichtum der Forschungsergebnisse, von der Darstellungsgabe Teilhards und von seinem unermüdlichen Fleiß zeugen die über fünfzehn wissenschaftlichen Berichte, die 1924 bis 1926 in den Bulletins der Geologischen Gesellschaft Chinas und Frankreichs erscheinen und die in der faksimilierten Werkausgabe über 750 Druckseiten ausmachen: mit Skizzen, Karten und Fotos. In die Zukunft weisend, den sensationellen Fund des Peking-Menschen 1929 gleichsam einleitend, so liest sich nachträglich die englisch geschriebene Problemskizze ›Wie und wo soll man den ältesten Menschen in China suchen‹ aus dem chinesischen Bulletin. Nach nur zwei Expeditionsjahren zählt Teilhard international zu den wenigen Experten für die Geologie und Paläontologie Chinas, eine unerwartet steile Karriere, die seine Wahl zum Präsidenten der »Société Géologique de France« 1922/23 nachträglich rechtfertigt.

Um so mehr überrascht Teilhards Klage über die spirituelle Unergiebigkeit der Expeditionen. Trotz der anschaulichen Reisebeschreibungen in den Briefen vor allem an Marguerite läßt Teilhard keinen Zweifel daran, daß ihn das alles »kalt« läßt, wie es an Léontine Zanta am 3. Oktober 1923 heißt, geschrieben auf einem Floß, das beladen mit sechzig Kisten Fossilien den Gelben Fluß hinabtreibt: »Die Fahrt ist voll malerischer Ausblicke: links zieht langsam die hohe blaue Schranke des Ala-Chan vorbei, die Grenze der großen Einöden Zentralasiens. Rechts zeigt sich umrißhaft das rote und blaue Plateau der Ordos, die wir eben erforscht haben. Die Ufer sind grün von Schilf, und die Wildgänse tummeln sich zu Hunderten über den morastigen Niederungen. Über alledem ein etwas kalter und nebliger Himmel, wie man ihn im Herbst über den Hochplateaus der Auvergne sieht. So etwas hätte mich vor zwanzig Jahren begeistert und läßt mich heute fast kalt, wo ich verstanden habe, daß, in sich betrachtet, weder die Vergangenheit noch der Raum die Lösung irgendeines Geheimnisses bergen, sondern daß jedes entscheidende Licht in der Zukunft zu finden ist, der wir uns entgegenstrecken.«

Die Begegnung mit Asien hat Teilhards Berufung, wie er sie in den Schützengräben des Weltkrieges empfangen hat, nicht verschüttet, sondern noch mehr verdeutlicht. Das zeigt sich darin, daß er zwei wichtige Texte aus dem Jahre 1918 in China überarbeitet: aus ›Der Priester‹ wird in den Ordos 1923 ›Die Messe über die Welt‹, und am 25. März 1924 schließt er in Tientsin die zweite Fassung von ›Mein Universum‹ ab. Dessen Quintessenz legt er Léontine Zanta bereits am 26. Mai 1923 dar, als er von einem Gespräch mit Dr. Béchamp auf der Überfahrt nach China berichtet: »Entweder geht die Welt auf ein allumfassendes Absolutes zu (und dann kann sie weiterbestehen und Fortschritte machen) – oder aber ein solches Ziel gibt es nicht (und dann erweist sich das Universum *als unfähig, das Leben, das es hervorgebracht hat, zu ernähren*, und zwar von dem Augenblick an, da dieses Leben zur Reflexion und zur Kritik fähig wird; dann ist es unerträglich und mißglückt). Aber ich kann mich nicht zu der Annahme verstehen, daß das Universum als Ganzes ein Fehlschlag, ein ›Fiasko‹ sei . . . Und das ist der Grund dafür, daß ich an ein Absolutes glaube, das sich hic et nunc nicht anders offenbart als durch Christus. Sie wissen es, das ist meine ganze Apologetik.«

Auf der Rückreise nach Europa besucht Teilhard am 10. September 1924 in Shanghai das Grab seiner dort 1911 an den Schwarzen Blattern verstorbenen älteren Schwester Françoise, mit Ordensnamen Schwester Marie-Albéric vom Heiligsten Herzen, Oberin der Kleinen Schwestern der Armen. Spürt er etwas vom Willen zur totalen Hingabe, der seine Schwester erfüllt hat, wenn er daran denkt, was ihm in Paris bevorsteht? Seit Anfang des Jahres hat er alarmierende Nachrichten über neue Aktivitäten von Rechtskatholiken erhalten, die noch immer nach »Modernisten« fahnden und die Gläubigen auf traditionelle Positionen festlegen wollen, mit Unterstützung der römischen Kurie. »Ich werde mir zu helfen wissen«, schreibt er am 20. Mai 1924 an Léontine Zanta, »indem ich meine ›Schriebe‹ auf das unangreifbare Gebiet der Tatsachen beschränke. Aber Sie vermuten richtig, daß es keiner Macht auf der Welt gelingen wird, weder die Richtung noch die Intensität jeglicher Einflußnahme, deren ich fähig bin, zu ändern.« Trotzdem bemüht sich Teilhard, Gottes Wirken »auch noch in den unangenehmsten Ränken gewisser abgestumpfter Geister« zu sehen. »Mein ganzes inneres Leben orientiert und festigt sich immer mehr in der Vereinigung mit Gott, und die finde ich in ›allen inneren und äußeren Kräften dieser Welt‹. Aber damit diese Haltung voll zur Wirkung kommt, darf man von diesen Kräften *nichts* ausschließen: weder den Tod noch die ›Verfolgung‹ auf dem Gebiet der Ideen.« Teilhard ist für diese Verfolgung gerüstet.

28 Der Streit um das Paradies

> Je mehr wir die Vergangenheit wissenschaftlich wieder lebendig werden lassen, um so weniger finden wir weder für Adam noch für das Paradies einen Platz.

Fast vier Wochen nach seiner Ankunft in Marseille schreibt Teilhard am 13. November 1924 aus der Rue du Vieux-Colombier im 6. Arrondissement von Paris einen Brief an seinen Freund Auguste Valensin in Lyon und erzählt ihm »eine kleine Geschichte«, die ihm gerade passiert sei. Eines seiner Papiere über die Erbsünde sei, »ich weiß nicht wie«, nach Rom gelangt, »nicht an jemand außerhalb des Ordens, glaube ich«. Die Arbeit habe die Note »Häresie oder Faselei« bekommen. Praktische Konsequenz: »Ich soll schriftlich versprechen, niemals mehr etwas gegen die traditionelle Ansicht der Kirche über die Erbsünde zu *sagen* oder zu schreiben. Das ist jedoch gleichzeitig zu vage und zu absolut. Wie ich Costa [dem für Teilhard zuständigen Provinzial von Lyon] geantwortet habe, glaube ich mich in meinem Gewissen verpflichtet, mir vorzubehalten: 1. das Recht zu forschen (zusammen mit den Fachleuten) *(ex iure naturali)*; 2. das Recht der Hilfestellung (gegenüber den Beunruhigten und den Ratlosen) *(ex iure sacerdotali)*.« Teilhard bringt gegenüber den disziplinären, nur kirchenrechtlichen Maßnahmen seine Grundrechte zur Geltung: das der menschlichen Natur innewohnende Recht auf Wahrheitssuche und das den Priester verpflichtende Recht auf Seelsorge. Teilhard möchte sich, heißt es weiter in dem Brief, höchstens dazu verpflichten, die in seinem Papier enthaltenen einzelnen Erklärungsversuche des Erbsünde-Dogmas nicht weiter zu verbreiten und Anhänger dafür zu gewinnen. Was ihn jedoch an der römischen Reaktion am meisten beunruhige, sei die zwar nicht ausdrücklich genannte, aber mitgemeinte Verurteilung seiner Christologie »als außerhalb jedes guten Sinnes«: »Sie kennen sie: die Erlösung gleich weit umfassend wie die Schöpfung usw.« Über all das wolle er am 20. November in Lyon mit seinem Provinzial Costa verhandeln, sich jedoch vorher unbedingt mit Valensin beraten.

Was ist geschehen? Auf Bitten des Paters Riedenger, eines Theologieprofessors an der Jesuitenhochschule von Enghien (Eggenhoven) bei Löwen, hat Teilhard Ostern 1922 einige Seiten zum Erbsündenproblem an ihn geschickt, im Anschluß an ein Gespräch mit Riedenger vierzehn Tage vorher in der Hochschule, wo Teilhard zwei Konferenzen über den Transformismus und die Primaten gehalten hat. Das Papier gelangt nach Rom zum Ordensgeneral Ledochowski, der 1920 schon die Auffassungen Pierre Rousselots, denen Teilhard viel verdankt, verboten hat.

Es kommt noch schlimmer: Auch Kardinal Merry del Val – was Teilhard noch nicht weiß – ist auf dem laufenden und übt Druck auf den Orden aus, damit man Teilhard zum Schweigen bringe. Der spanische Kardinal, von 1903 bis 1914 Staatssekretär Pius' X. und maßgeblich an der Antimodernisten-Kampagne beteiligt, nach dem Tode Benedikts XV. im Januar 1922 neben dessen Staatssekretär Kardinal Gasparri der zweite Anwärter auf den Papstthron, gilt auch nach der überraschenden Wahl des Kardinals Ratti, der sich Pius XI. nennt, in Rom noch immer als »allmächtig«. Wenn nicht nur die Ordenskurie, sondern auch Merry del Val informiert ist, dann existiert sicher schon ein Dossier beim Heiligen Offizium mit der Anklage: Teilhard leugne das Dogma von der Erbsünde.

In Wirklichkeit ist Teilhard weit davon entfernt. Er sucht das Dogma vielmehr neu zu verstehen, die eigentlich gemeinte Wahrheit freizulegen, von der er überzeugt ist, daß sie mit den Erkenntnissen der modernen Wissenschaft vereinbar ist. Was Teilhard ablehnt, sind die zeitgebundenen, jetzt unzulänglich gewordenen Interpretationen, wie sie von den traditionellen

Theologen weiterhin aufrechterhalten und vom römisch-katholischen Lehramt als Glaubenssätze auferlegt werden.

Vor allem in drei Texten hat sich Teilhard mit der Erbsünde befaßt: In ›Sündenfall, Erlösung und Geozentrik‹ (Juli 1920), in ›Über einige mögliche historische Darstellungen der Erbsünde‹ (März/April 1922) – der Text, der nach Rom gelangt –, und noch einmal November 1947 in ›Gedanken über die Erbsünde. Den Theologen zur Kritik vorgelegt‹. Für eine theologische Spitzfindigkeit hätte Teilhard kaum so viel Verständnis gehabt und darauf auch keine Zeit verschwendet. Es geht vielmehr um ein Problem, das für Teilhards Praxis als Wissenschaftler und Mystiker von Bedeutung ist. »Ohne Übertreibung kann man sagen«, betont er noch 1947, »daß die Erbsünde in ihrer heute noch geläufigen Formulierung eines der Hauptthindernisse ist, an denen sich derzeit die intensiven und extensiven Fortschritte des christlichen Denkens stoßen. Hemmnis oder Ärgernis für die zaudernden Köpfe guten Willens, und zugleich Zuflucht für die Engstirnigen, lähmt die *Geschichte* des Sündenfalls vor unseren Augen den so notwendigen Aufbau einer voll humanen und humanisierenden christlichen Weltanschauung. Fast jedesmal, wenn ich Gelegenheit hatte, in der Öffentlichkeit die Berechtigung und die Überlegenheit eines christlichen Optimismus zu verteidigen, wurde mir unschuldig oder ängstlich von den aufgeschlossensten Zuhörern die Frage gestellt: ›Und was machen Sie mit der Erbsünde?‹«

Nach der traditionellen Lehre der römisch-katholischen Kirche, die sich auf die biblische Schöpfungsgeschichte (Genesis 1–3) und deren Interpretation vor allem durch Paulus im Römerbrief stützt, steht am Anfang der Menschheitsgeschichte der paradiesische Mensch: Unmittelbar von Gott geschaffen, besitzt er zusätzlich zu seinen »natürlichen« Gaben und diese überformend die »übernatürliche« Berufung zur Teilnahme am ewigen Leben Gottes. Frei von ungeordneter Begierlichkeit und von jeglichem Leid, erfreut er sich leiblicher Unsterblichkeit und verfügt über ein von Gott eingegossenes Wissen bezüglich der »natürlichen« und »übernatürlichen« Wahrheiten. Trotz dieser ausgezeichneten Situation übertreten die Stammeltern, angestiftet durch den Teufel, ein göttliches Prüfungsgebot. Diese Ursünde des Ungehorsams gegen Gott hat den Verlust der »übernatürlichen« Berufung zur Folge. Als Zeichen für den Zorn und Unwillen Gottes verfallen die Stammeltern dem Tod und der Herrschaft des Teufels. So wie die ursprüngliche Befindlichkeit der Stammeltern auch für ihre Nachkommen gültig gewesen wäre, geht der durch die Ursünde eingetretene Zustand durch Abstammung auch auf die Nachkommen über: als Erbsünde. Aus dieser Situation hat uns Christus gerettet: »Wie nämlich durch den Ungehorsam des einen Menschen zu Sündern gemacht wurden die vielen, so werden auch durch den Gehorsam des einen zu Gerechten gemacht werden die vielen!« (Röm 5, 19)

Teilhard befürchtet nun: Dadurch, daß Einzelaussagen über den paradiesischen Zustand und den Sündenfall den gesicherten naturwissenschaftlichen Erkenntnissen über die Entwicklungsgeschichte des Kosmos und der Menschheit widersprechen, könnte auch der entscheidende Glaubenssatz des Christentums von naturwissenschaftlich Gebildeten in Frage gestellt werden: die Aufgipfelung der kosmischen Entwicklung in Christus als dem Endpunkt der Schöpfungsgeschichte. Deshalb plädiert Teilhard für eine Neuinterpretation von Paradies und Erbsünde und für die Preisgabe unhaltbarer, die Substanz des Christusdogmas nicht betreffender Auffassungen:

»Das Drama Edens wäre in dieser Konzeption das Drama der ganzen menschlichen Geschichte, die in einem wirklichkeitsnahen Symbol zusammengefaßt wäre: Adam und Eva, die Bilder der Menschheit auf dem Wege zu Gott. Die Seligkeit des irdischen Paradieses wäre das uns allen beständig angebotene, aber von vielen abgewiesene Heil, das derart organisiert ist, daß niemand in seinen Besitz gelangen könnte, es sei denn durch Einswerdung seines Wesens in Unserem Herrn (dabei macht es den *übernatürlichen* Charakter dieser Einswerdung aus, daß sie sich unverdient um das Wort und nicht um ein infragöttliches Zentrum herum verwirklicht ...) ... Schöpfung, Sündenfall, Inkarnation, Erlösung: diese großen universellen Ereignisse erscheinen uns nicht länger als augenblickshafte, über den Lauf der Zeit verstreute Zufälle (eine kindische Sehweise, die ein dauerndes Ärgernis für unsere Erfahrung und unsere Vernunft ist); sie werden alle vier der Dauer und der Totalität der Welt koextensiv; sie sind in gewisser Weise die (tatsächlich verschiedenen, jedoch physisch miteinander verbundenen) Seiten ein und desselben göttlichen Wirkens ... Die Sünde schlechthin ist nicht rückwärts, als von einer stammelnden Menschheit begangen, zu suchen: wäre sie nicht viel eher nach vorn hin an dem Tage vorauszusehen, da die endlich ihrer Kräfte voll bewußt gewordene Menschheit sich in zwei Lager teilen wird, für oder wider Gott?«

Daß man in Rom über Teilhards Text entsetzt ist, kann nicht

überraschen. Seine Interpretation widerspricht offensichtlich der Entscheidung der Bibelkommission vom 30. Juni 1909, wonach eine allegorische oder symbolische Deutung der ersten Kapitel der Genesis ausdrücklich untersagt ist.

Doch Teilhard sucht in diesen Monaten nicht den Bruch mit der Amtskirche, auch nicht mit dem Orden. Er versucht über seinen Provinzial Costa und die Freunde, in Rom Verständnis für seine Auffassung zu finden oder wenigstens eine Abänderung der Sätze zu erreichen, die er unterschreiben soll. Vergebens. Die Ordensoberen sehen sich gezwungen, Teilhard aus Paris zu entfernen, um dem Orden Ärger zu ersparen. Die römischen Behörden unter Führung Merry del Vals drängen auf diese noch relativ unauffällige Maßnahme, da für eine spektakuläre Aktion Roms die kirchenpolitischen Verhältnisse zwischen der französischen Republik und dem Vatikan zur Zeit nicht günstig sind. Am 20. Januar 1925 hat Ministerpräsident Edouard Herriot der Abgeordnetenkammer vorgeschlagen, die erst 1921 beim Vatikan errichtete französische Botschaft zu schließen und die Gelder für die Errichtung einer diplomatischen Vertretung in Sowjetrußland zu investieren. Dabei erwähnt er in der Diskussion, Brassacs ›Manuel Biblique‹ sei von Rom verurteilt worden auf einen Bericht des Paters Le Floch hin, des Superiors des französischen Seminars in Rom, das mit Saint-Sulpice in Paris rivalisiere und dessen unversöhnlicher Feind sei. Das radikal-sozialistische Kartell unter Herriot, das Briands gemäßigte Regierung des rechten Flügels im Mai 1924 ersetzt, sieht bestätigt, was ein Sprecher des linken Flügels als Ergebnis der Aufnahme diplomatischer Beziehungen zum Vatikan 1921 auf die Formel bringt: »Intrigen des Nuntius und ultramontane Verschwörungen.«

Am 16. Mai 1925 schreibt Teilhard an seinen Freund Auguste Valensin: »Ganz unter uns, gestern habe ich Costa gesehen. Es ist beschlossen, man versetzt mich von Paris.« Sechs Monate habe er noch Zeit, seine Vorlesungen zu Ende zu bringen und für nächstes Ostern seine Abreise nach China vorzubereiten: zusammen mit Licent, der sich auch in Frankreich aufhält. Und dann bricht es aus ihm heraus: »Lieber Freund, helfen Sie mir ein wenig. Ich habe das Gesicht gewahrt, aber innen gibt es etwas, das ähnelt dem Todeskampf oder dem Unwetter. – Ich glaube zu sehen, daß, wenn ich mich [vom Orden] trennte oder auf irgendeine Weise aufbegehrte (menschlich gesehen, wäre das so einfach und so ›wohltuend‹ ...), würde ich meinem Glauben daran untreu, daß alle Ereignisse durch N. S. [Notre Seigneur, Christus] bewirkt werden und daß sein Wert über alle Elemente dieser Welt erhaben ist. Ich kompromittierte darüber hinaus in den Augen der Unsrigen [der Ordensmitglieder] (wenn nicht der anderen) die religiösen Werte meiner Ideen. Man sähe darin Entfernung von der Kirche, Stolz, was weiß ich. Es ist wichtig, daß ich durch mein Beispiel zeige: wenn meine Ideen schon neuerungssüchtig sind, machen sie mich doch ebenso treu wie jeden anderen gegenüber der alten Einstellung. – Das ist es, was ich zu sehen glaube. Aber selbst da gibt es Schatten. Welches ist die heiligste meiner beiden Berufungen? – jene, der ich gefolgt bin als Junge mit achtzehn Jahren? – oder jene, die sich als wahre Braut geoffenbart hat gegenüber der Fülle meines Manneslebens? – Ich sage mir, daß es keinen Widerspruch gibt, das heißt, indem ich ohne Revolte mein Gebäude der Forschung demolieren lasse, arbeite ich weiter und predige das Evangelium der Forschung. Aber bin ich nicht ein Opfer genau dessen, was ich immer zu bekämpfen suchte: des Formalismus, – der falschen Mechanisierung des Geistes? Gehorche ich nicht dem Aberglauben, der bewirkt, daß die einzelnen Orden der Kirche sich absolut setzen und aus der Treue zu ihrem Kader das erste der Gebote Gottes machen? – O Freund, sagen Sie mir, daß ich meinem Ideal nicht untreu bin, wenn ich gehorche.«

29 Trost und Versuchung der Freunde

> Ich ergreife alle Maßnahmen der Klugheit, die mein Gewissen von mir fordert. Aber die sich gegenüberstehenden Energien bleiben beträchtlich – und ich bin mir darüber im klaren, daß *meine* Ansicht von der Freundschaft, die möglich ist, nur langsam verstanden wird.

Auguste Valensin in Lyon ist der Freund, dem sich Teilhard in den schwierigen Monaten, die ihm in Paris noch bevorstehen, wiederholt anvertraut. Valensin hat ihn in der Entscheidung, sich dem Orden zu fügen, bestätigt. Aber Teilhard vermißt die innere Kraft und Freude, die sich laut Exerzitienbuch einstellen und die Gewißheit geben sollen, richtig gehandelt zu haben. Am 19. Mai 1925 schreibt er an Valensin: »Meine Befürchtung (sie macht im tiefsten mein Unbehagen aus) besteht zusammengefaßt darin, auf Sicherheit zu gehen, nicht auf Wahrheit; – darin, den banalen breiten Weg zu nehmen unter dem Vorwand einer Treue, die nur ein Mangel an Courage wäre. Ich bin in der letzten Zeit Menschen begegnet, die ich bewundert habe, weil sie das ganze konventionelle Leben ihren Überzeugungen geopfert haben. Bin ich im Grunde nicht ein Schwächling (Konventionalist), wenn ich mich auf andere Weise zerbrechen (opfern) lasse? ... Sie verstehen, in welchem Geist ich Ihnen dieses sage. – Ich spüre wie Sie, daß dies vielleicht in diesem Moment der Augenblick der großen Wahl in meinem Leben ist. Aber ich möchte mich um so mehr hingeben ohne Hintergedanken, in vollem Vertrauen, in der Gewißheit, meiner ganzen Vergangenheit nicht zu widersprechen! ... Ja, ich glaube, daß ich *mit einer tiefen Freude* diesen kleinen Kelch trinken würde: könnte ich *sicher* sein, zumindest, daß es das Blut Christi ist. – Was die Dinge enorm erleichtert, ist, wie Sie sehr richtig festgestellt haben, daß es sich [zunächst] nicht darum handelt, Thesen zu unterschreiben, sondern einen Befehl auszuführen.«

Tatsächlich wird Teilhard beides tun: den Befehl, Paris zu verlassen, ausführen und sechs Sätze unterschreiben, worüber er am 12. Juni 1925 Valensin konsultiert: Der vierte bereite ihm Schwierigkeiten, er könne ihn nur mit dem Vorbehalt unterzeichnen, daß er diesen Satz als zu denen gehörig betrachte, die wie die Sätze über die acht Tage der Schöpfung und über die Sintflut nicht mehr wörtlich geglaubt werden müssen. »Soll ich in diesem Punkt *explizit* oder *implizit* sein? Antworten Sie mir. Ich tendiere dahin, explizit zu sein. Das ist weniger politisch, sondern die einzig wahrhaft loyale Haltung ... ›Die Wahrheit wird euch frei machen.‹ M. Wl. [»Monsieur Wladimir« Ledochowski, Jesuitengeneral von 1915 bis 1942] hat mir einen schönen Brief geschrieben, aber voll tiefstem Unverständnis. Er erweckt nicht den Anschein, eine Assimilation (Animation) der Wissenschaft durch den Glauben zu begreifen, die keine Reduktion des Glaubens auf die Wissenschaft ist. Er sagt mir: ›Der katholische Wissenschaftler hat eine unfehlbare Regel, die ihm viel unnötige (!!!) Arbeit erspart: er muß von vornherein alles beiseite lassen, was dem katholischen Dogma widerspricht.‹

Aber welches ist denn genau die Substanz des Dogmas? Und hat uns nicht alle Erfahrung gezeigt, daß die Offenbarung niemals legitimerweise von einer Anstrengung menschlicher Forschung dispensiert hat? Mit dem Grundsatz des M. Wl. müßten wir noch sowohl die acht Tage [der Schöpfungsgeschichte] als auch Josue [dessen Posaunenschall die Mauern Jerichos zum Einsturz brachte] und Jonas [der im Bauch des Walfisches überlebte] als historische Tatsachen festhalten.«

Volles Verständnis findet Teilhard in diesen Monaten bei Edouard Le Roy, dem Nachfolger Bergsons auf dem Lehrstuhl der Philosophie am Collège de France. Die alte Freundschaft ist ungebrochen und vertieft sich zusehends. Seit seinem Buch ›Dogma und Kritik‹ aus dem Jahre 1906 hat Le Roy Erfahrung im Umgang mit der kirchlichen Inquisition. Er hält es bereits für eine große Chance, daß Teilhard keine Vorladung wegen seiner Ideen erhalten hat. Auch hofft er, daß Teilhard in einigen Monaten wieder »auf die Füße falle, in Paris«.

An Le Roy berichtet Teilhard am 16. August 1925 aus Sarlat in der Dordogne, wo er sich in der kleinen Jesuitenniederlassung bei der Lektüre von Balzac und Daudet ausruht, über eine weitere Ermunterung durch einen Freund: »Der Pater Charles [in Löwen] – ganz auf dem laufenden über meine Affäre – schreibt mir, daß er absolut entschlossen ist, ›Die Hominisation‹ in seiner kommenden Revue (Wann?) mit einigen theologischen Stützpfeilern versehen erscheinen zu lassen. Ich denke, daß ich es zulasse: man hat mir nicht verboten zu schreiben.« Tatsächlich wird aus dieser Veröffentlichung nichts.

Le Roy kennt Teilhards Schrift, hat sich doch eingebürgert, daß beide wechselseitig ihre Ideen austauschen und ihre Projekte besprechen. »Ich sehe Le Roy weiterhin regelmäßig«, heißt es am 10. Januar 1926 an Auguste Valensin. »Es ist wirklich wahr, dieser Mittwochabend ist für mich eine der besten ›geistlichen Übungen‹ jeder Woche geworden. Ich kehre immer besser und wieder aufgemuntert zurück.« Teilhard erwähnt Le Roy in ›Die Hominisation‹, beide verwenden gleichzeitig und erstmals den neu geschaffenen Ausdruck »Noosphäre«, um die Eigentümlichkeiten der Menschenwelt im Rahmen einer evolutiven Welt zu kennzeichnen. In beiden Büchern, in denen Le Roy seine Vorlesungen am Collège de France 1925/26 wiedergibt – ›Das idealistische Erfordernis und die Tatsache der Evolution‹ und ›Die menschlichen Ursprünge und die Evolution der Intelligenz‹ – betont er die enge Zusammenarbeit mit Teilhard: »Die

Ansichten, die wir vorlegen werden, ... haben wir, er und ich, so häufig und so eingehend miteinander diskutiert, daß wir dahin gelangt sind, sie in derselben Ordnung untereinander zu verknüpfen, sie durch fast die gleichen Formulierungen auszusagen, so daß wir nunmehr selbst nicht mehr eine genaue Scheidung unserer jeweiligen Beiträge durchzuführen vermögen.« Das wird 1931 dazu führen, daß Rom Le Roys Werke auf den Index setzt, um Teilhard zu treffen.

Auf der Fahrt nach Sarlat hat Teilhard in Lyon unerwartet ein halbes Dutzend guter Freunde aus dem Orden getroffen: darunter die beiden Valensin, einen Professor aus Hastings, einen anderen aus Toulouse. »Wir befanden uns in einer vollkommenen Einheit der Ideen«, schreibt er an Le Roy ebenfalls am 16. August, »und diese Harmonie im Wetteifer, die für mich das Unverständnis meiner römischen Zensoren kompensiert, war mir eine große Freude. Und indem ich Kraft schöpfte durch die Bestätigung so zahlreicher Geister, die ihrer sicher sind und die Kirche lieben, habe ich die Unsinnigkeit des Skandals und des Schadens ermessen, die ein Akt der Disziplinlosigkeit meinerseits verursacht hätte.«

Eher eine Versuchung, mit dem Orden zu brechen und als für die Wissenschaft freigestellter Priester ungehindert forschen zu können, ist Teilhards Priesterkollege am Paläontologischen Institut, Abbé Breuil: »Du bist schlecht verheiratet«, ist von ihm zu hören, »laß dich scheiden!« Und der verehrte Lehrer Marcellin Boule sieht durch Teilhards Schwierigkeiten seine antiklerikalen und atheistischen Überzeugungen bestätigt: Kirchenglaube und Wissenschaft können nicht zusammengehen. Diese Einstellung seiner Kollegen hindert Teilhard nicht, mit Abbé Breuil im April 1925 noch eine Rundreise durch England zu machen: zum Museum von Ipswich (Suffolk), zu den Ablagerungen des Crag sowie zu den Steilhängen von Cromer. Beflügelt von den wissenschaftlichen Erfolgen in China, deren Berichte in diesen Monaten erscheinen, als katholischer Evolutionist erneut bestätigt durch seinen Artikel ›Das transformistische Paradoxon‹, der im Januar 1925 in der ›Revue des Questions Scientifiques‹ erscheint und in dem er sich mit der jüngsten Kritik am Transformismus durch L. Vialleton auseinandersetzt, ausgewiesen als wissenschaftstheoretischer Denker durch einen Artikel in der Januarnummer von ›Scientia‹ »über den Wert und die Zukunft der Systematik« unter dem Haupttitel »Die Naturgeschichte der Welt«, trägt Teilhard mit neuem Selbstbewußtsein vor der

Société d'Anthropologie in der Sitzung vom 17. März 1926 einen kurzen, aber wichtigen Text vor: ›Über das notwendig diskontinuierliche Erscheinungsbild jeder evolutiven Reihe‹: »›Keine sichtbaren Zwischenglieder‹, sagen die Fixisten, ›also keine Evolution.‹ ... Wer könnte den Ursprung der Sumerer, der Ägypter, der Phönizier nennen? Oder aber den des Hebräischen, des Griechischen oder des Lateinischen? Und doch, wer wagte zu behaupten, diese Idiome seien eines Tages voll ausgebildet, ohne wechselseitige Beziehungen und außerhalb irgendeines, ihre Entstehung beherrschenden Gesetzes aufgetreten? ... Die Entstehungsperioden, die den Minima an Dauer und Umfang entsprechen, verschwinden automatisch aus unserem Gesichtsfeld, ohne Spuren zu hinterlassen. ... Weit davon entfernt zu beweisen, daß die tierische Welt einen außergewöhnlichen, sich der Geschichte widersetzenden Bereich bildet, ist die Diskontinuität der phyletischen Reihen ein positives Anzeichen zugunsten der Wirklichkeit einer biologischen Evolution, die mit Recht ebenso feststellbar ist wie die des Römischen Reiches.«

Auch in diesen Monaten sucht Teilhard wie schon 1921/22 verstärkt den Kontakt zur studentischen Jugend: er braucht deren Bestätigung, daß ihm die Zukunft gehört. Ist es Zufall, daß er im Winter 1925/26 eine Konferenz über André Gides ›Nourritures terrestres‹ (deutsch: ›Uns nährt die Erde‹) hält, über Gide, der sich 1924 offen zur Homosexualität bekannt hat, zum Entsetzen vieler Gegner und Freunde? Gide hat die gesellschaftliche Ächtung beantwortet mit der öffentlichen Versteigerung seiner Widmungsbibliothek. So wird verständlich, warum die katholischen Studenten der Ecole Normale Supérieure der Rue d'Ulm Teilhard mit besonderer Aufmerksamkeit zuhören. Er versucht ihnen zu zeigen, wie auch Gide auf seine Weise dem Geheimnis der Welt auf der Spur ist, das in der Inkarnation offenbar geworden ist: Indem die Welt sich selbst treu geblieben ist, hat sie Gott in sich entdeckt. Teilhard selbst fühlt sich von Gide wie von einem Freund bestätigt, wenn es am Ende von ›Uns nährt die Erde‹ heißt: »Wirf mein Buch fort; sage Dir, daß dies nur eine Haltung dem Leben gegenüber ist. Such Deine eigene. Was ein anderer ebenso tun könnte wie Du, tu Du es nicht. Was ein anderer sagen könnte, sag Du es nicht. Was er schreibt, schreib Du es nicht. Nur was sich nirgend anders findet als in Dir, das halte fest, und schaffe Dich in einmaliger Tat oder in langsamem Werden zum unvergleichlichen, ja zum unersetzlichen Einzigen.«

Einen Nachklang dieser Konferenz spürt man im Brief Teilhards an Auguste Valensin vom 10. Januar 1926: »Ich glaube mehr und mehr zu sehen, daß es keine Heilsachse der Welt gibt außerhalb der christlichen Achse, – aber auf dieser Achse habe ich den Eindruck, mich mit der Mehrheit der offiziellen Christen nur noch mehr und mehr locker zu vereinigen. In gewisser Weise habe ich kein Vertrauen mehr in die äußeren Manifestationen der Kirche. Ich glaube, daß mich durch sie auch weiterhin der göttliche Einfluß erreicht. Aber ich glaube nicht mehr an den unmittelbaren, greifbaren, kritisierbaren Wert der Entscheidungen und offiziellen Direktiven.«

Und am 24. April 1926, bereits auf der Fahrt nach China, heißt es aus der Meerenge von Bonifacio zwischen Korsika und Sardinien in einem Brief an Ida Treat: »Im Grunde bin ich mir bewußt, daß ich von demselben hartnäckigen Engel oder Dämon besessen bin, der mir einflüstert, daß ich nur ich selbst sein werde, wenn ich versuche, die Erde zu besitzen ...«

Ida Treat ist nach Marguerite und Léontine Zanta die dritte Frau, der Teilhard in kritischer Situation begegnet. Auch Ida Treat eröffnet ihm im Winter 1924/25 einen neuen Horizont. Hat der politisch links stehende Marcellin Boule Hintergedanken, als er Teilhard bittet, die Arbeit über die Ammoniten, die ausgestorbenen Kopffüßer der Kreidezeit, der bei ihm debütierenden Geologin zu überwachen? Ida Treat, amerikanischer Herkunft, ist die erste Frau von Paul Vaillant-Couturier, dem einflußreichen Mitglied des Direktionskomitees der Kommunistischen Partei Frankreichs. Diese ist 1920 auf dem Kongreß von Tours entstanden, als sich die Mehrheit der Sozialisten aus Solidarität mit der sowjetischen Revolution für den Anschluß an die kommunistische Internationale entscheidet. Auch die Zeitung ›L'Humanité‹ kommt in die Hände der neuen Partei: Paul Vaillant-Couturier wird später ihr Direktor. Seine Frau ist begeisterte Kommunistin, und durch sie entdeckt Teilhard den Marxismus und Kommunismus, nicht durch theoretische Studien, sondern durch das Zeugnis engagierter Anhänger. »Die Kommunistin schreibt mir oft«, heißt es am 5. April 1927 aus Tientsin an Valensin, »und ich bin erstaunt, immer wieder, über den überschwenglichen Reichtum dieses Temperaments. Welche Kräfte noch außerhalb der Kirche!« Und am 11. November 1927, wieder aus Paris, an denselben: »Wenn Sie wüßten, wie sehr ich mich, wenn ich sie von ihrer Partei erzählen höre (mit unbezweifelbarer Aufrichtigkeit), desorientiert fühle, – das heißt unfähig, ein Urteil über eine Bewegung abzugeben, die allzuviele Dinge hassenswert machen von außen, aber die sich als glühend offenbart von innen.« Dabei sind die beiden anfangs durchaus nicht einer Meinung (und werden es auch später nie ganz sein): »Wir befanden uns genau an den Antipoden, als wir uns begegnet sind, – mit einer Gewalt, die mir noch immer unbegreiflich ist«, bekennt Teilhard an Valensin am 10. Januar 1926, noch in Paris, mitten in der Krise. Doch die »Gewalt«, von der er spricht, ist nicht nur die der weltanschaulichen Auseinandersetzung, sondern auch die einer leidenschaftlichen Zuneigung, wie sie Teilhard bisher weder bei Marguerite noch bei Léontine erfahren hat. Bei ihnen, den gläubigen Katholikinnen, schützt ihn sein Status als Ordensmann und Priester. Im Fall Ida gesteht er Valensin: »Ich ergreife alle Maßnahmen der Klugheit, die mein Gewissen von mir fordert. Aber die sich gegenüberstehenden Energien bleiben beträchtlich – und ich bin mir darüber im klaren, daß *meine* Ansicht von der Freundschaft, die möglich ist, nur langsam verstanden wird. ... Auch deshalb wird die Abreise nach China ohne Zweifel eine Vorsehung sein (auch wenn es mir unter diesem Gesichtspunkt weniger notwendig erscheint als noch vor einiger Zeit).« Es kommt, wie es auch im Fall Marguerite während des Weltkrieges gewesen ist: Ida Treat wird die bevorzugte Briefpartnerin Teilhards während seines weiteren Chinaaufenthalts. Die an Marguerite veröffentlichten Briefe umfassen nur ein Drittel und die an Léontine nur ein Siebtel des Umfangs der Briefe an Ida Treat. Ihr, der Kommunistin, verdankt er eine neue Dimension seines Wahrnehmungsvermögens: Teilhard wird politisch und sieht China und die Welt mit anderen Augen. Ihr, der Atheistin, versucht er seine Christusmystik verständlich zu machen. Dabei entsteht, vielleicht ohne daß ihm dieser Zusammenhang bewußt wird, das ihm wichtigste und liebste Werk: ›Le milieu divin‹ (›Der göttliche Bereich‹).

Das Verhältnis Teilhards zu seiner Cousine Marguerite ist in diesen Jahren in ein neues Stadium getreten. Sie hat nach ihrer schweren Erkrankung im Mai 1922 den Winter 1922/23 in Italien verbracht und sich anschließend als Schriftstellerin versucht. 1925 erscheint bei Calmann-Lévy unter dem Pseudonym Claude Aragonnès ihr erster Roman ›La Loi du faible‹ (›Das Gesetz der Schwäche‹): die Geschichte einer Frau, die sich für ihren Cousin, der sozialen Verpflichtungen nachgeht, opfert. Ohne Zweifel der Versuch Marguerites, ihre Erfahrungen mit

Pierre künstlerisch zu verarbeiten. Von Oktober 1924 an übernimmt sie an ihrer früheren Schule den Literaturunterricht für die Sekunda und Prima, den sie erst 1953 aufgeben wird. Jetzt während Teilhards Gehorsamskrise steht sie ihm wie selbstverständlich zur Seite, besorgt, daß er den Willen Gottes finde, und den Ideen nach ganz auf seiner Linie. Als Edouard Le Roy seine apologetischen Konferenzen wieder aufnimmt, ist sie unter den Zuhörern und gehört mit zu denen, die im Auftrag des Erzbischofs ausgefragt werden, damit man für Le Roy und Teilhard belastendes Material findet.

Marguerite gegenüber gesteht Teilhard ein, daß er in den letzten Monaten gealtert ist und ihn eine gewisse Freude verlassen habe. Am 26. April 1926 schreibt er an Bord der »Angkor«, die ihn nach China zurückbringt, diesmal ins Exil: »Heute ist das Meer grau und böse ... Die Ideen werden nicht mehr mit derselben Überfülle in mir geboren ... Gleichgültig, fast ohne Freude suche ich noch immer die Herrschaft über die Welt. Fünfundzwanzig Jahre Erfahrung haben mich gelehrt, die Natur und den Sinn des Zaubers, den ich dunkel in der Materie spürte, besser zu erklären. Ich sehe klarer, ich bin sicherer geworden. Nur empfinde ich weniger. Es ist derselbe Zauber ohne seinen Zauber, den ich jetzt verfolge ...«

Mit nach China nimmt Teilhard auch die Erinnerung an schöne Stunden mit Léontine Zanta und die Gewißheit ihrer gegenseitigen Sympathie. Am 10. Januar 1927 wird er ihr aus Tientsin rückblickend auf den Jahreswechsel 1925/26 in Paris schreiben: »Danke für Ihr Gedenken und für die Beschwörung des freundlichen Rahmens, in dem wir so schöne Stunden verlebten. Sein Bild ist mir am 31. Dezember abends wieder vor Augen getreten ... Ich erinnerte mich daran, daß ich 1925 zur gleichen Stunde in Ihrem Heim war, um Ihnen ein gutes Jahr zu wünschen. Und ich habe es von fern in Gedanken wieder getan und meine Wünsche mit einem guten Gebet begleitet ... Je älter ich werde, desto mehr bin ich der Meinung, daß die wahre Weisheit, die wahre ›Philosophie‹ darin besteht, jenen göttlichen Bereich herauszufinden [Teilhard arbeitet gerade an seinem Hauptwerk ›Le milieu divin‹], der so mit den Dingen vermengt ist und doch so weit über ihnen steht, und dann dorthin aufzubrechen. Dort wollen wir einander wiederfinden, einverstanden? Die Wege, dorthin zu gelangen, sind Ihnen natürlich bekannt, nicht wahr, sonst wären wir einander ja nie begegnet?«

> Was geht unter unseren Augen in der Masse der Völker vor? Woher diese Unordnung in der Gesellschaft, diese unruhige Gärung, diese sich aufbäumenden Wogen, diese Strömungen, die kreisen und sich vereinigen, dieses verworrene, erschreckende und neue Drängen?

Noch während Teilhard in Paris weilt, stirbt der Führer der Kuomintang, Sun Yat-sen, am 12. März 1925 an Leberkrebs in Peking, wo er mit den Warlords wegen einer friedlichen Einigung Chinas verhandelt hat. In den Nachfolgekämpfen spaltet sich die Kuomintang in einen rechten und linken Flügel. Als starker Mann geht aus einem Militärputsch General Chiang Kai-shek hervor. Im Namen der »Nationalregierung der Republik China«, die in Kanton errichtet wird, beginnt er im Juli 1926 mit Unterstützung der Armeen von fünf Warlords und der von den Kommunisten, vor allem von Mao Tse-tung organisierten Bauernbewegung den Nordfeldzug gegen die übrigen Militärmachthaber, der zwei Jahre dauern wird. Teilhard bekommt einen Eindruck davon, als er mit Licent zur ersten Expedition nach Shensi, dem Land innerhalb der Schleife des Gelben Flusses, aufbricht.

Am 12. Oktober 1926 zeigt sich Teilhard gegenüber Ida Treat überzeugt: »Die Kuomintschuns haben einen guten Eindruck hinterlassen. Sie sind aber schrecklich fremdenfeindlich. Ich beginne zu glauben, China wird sich nur neu organisieren aufgrund eines Erfolgs der Kantonesen im Süden und der Kuomintschuns im Westen: doch das wird ein harter Schlag für die amerikanisch-europäischen Einrichtungen. Vielleicht ist diese *tabula rasa* notwendig. Es macht die Stärke der bolschewisierenden Chinesen aus, daß sie eine Art Glauben und Ideal haben. Als Gegenüber finden sie nur unverhohlen egoistische Führer und Armeen mit vulgären Neigungen.«

In dem Maße, als Chiang Kai-shek im Nordfeldzug erfolgreich ist und seine Macht wächst, rückt der rechte Flügel der Kuomintang von Suns drei Prinzipien – Allianz mit Rußland, Zusammenarbeit mit den Kommunisten und Unterstützung der Arbeiter und Bauern – ab und vertritt unter Führung Chiang

Kai-sheks die Interessen der chinesischen Großkaufleute und der Großgrundbesitzer, aus deren Kreisen sich auch vorwiegend das Offizierskorps rekrutiert. Chiang Kai-shek kann dafür auf Unterstützung durch die übrigen ausländischen Mächte rechnen, die seinem Nationalismus lieber einige ihrer Privilegien opfern als eine kommunistische Revolution riskieren wollen. So kommt es zur offenen Kommunistenverfolgung. Ihr Höhepunkt sind blutige Massaker im April 1927 in Shanghai und Nanking unter den Funktionären und den von ihnen kontrollierten Arbeiterorganisationen. Auch der linke Flügel der Kuomintang, der in Wuhan eine Regierung gebildet hat, bekämpft die Kommunisten, nachdem bekannt wird, daß Stalin zur kommunistischen Machtübernahme aufgefordert hat. Als ein Aufstand unter Leitung Mao Tse-tungs scheitert, der daraufhin aus dem Politbüro ausgeschlossen wird, flüchten die Überlebenden in ein schwer zugängliches Berggebiet zwischen den Provinzen Hunan und Kiangsi.

Teilhard kommentiert das Fiasko der Kommunisten diesmal an Léontine Zanta am 7. Mai 1927: »Gegenwärtig sieht es so aus, als ob die Kommunisten im Fernen Osten verspielt hätten. Aber die geistige Auseinandersetzung ist glücklicherweise nicht beendet. Ich hoffe, daß die konservative Reaktion nicht zu roh sein noch zu lange anhalten wird; man beginnt schon von chinesischem Faschismus zu sprechen! Wie Sie wissen, haben die Diktatoren hier eine derbe Hand: In den letzten Wochen hat man in Tientsin achtzehn Studenten hingerichtet! . . . Man muß zugeben, daß die Südstaatler ihr Spiel auf dumme Art verpfuscht haben. Dennoch bleiben meine Sympathien insgeheim auf ihrer Seite, und ich hoffe, daß schließlich ihr ›humanitärer‹ Geist die Oberhand behalten wird. Er findet sich schon überall.« Wie sehr Teilhard das Problem beschäftigt, zeigt das Postskriptum, das er dem Brief gibt: »Um auf die (verdiente) Schlappe der Kommunisten im Fernen Osten zurückzukommen, so will mir scheinen, daß dieses Scheitern eines Strebens nach ›Internationalisierung *durch Haß*‹ der Weckruf sein sollte für das Bemühen um eine (starke und konstruktive) Internationalisierung durch Zuneigung und gegenseitige Hilfe. – Es greift mir ans Herz zu sehen, daß sich dem Kommunismus nun der Faschismus entgegenstellt, das heißt die brutale und rückschrittliche Verneinung dessen, was in den zahlreichen *guten* Elementen des kommunistischen *Aufbruchs* dunkel vorausgeahnt und ersehnt wurde.«

Der »Internationalisierung durch Haß« setzt Teilhard jene durch den »göttlichen Bereich« entgegen, und er möchte zu den ersten gehören, die dieser neuen Wirklichkeit in sich und um sich herum den Weg bereiten: im Gegensatz zu dem Stalinschen Agitationsplan, den man in der russischen Botschaft in Peking gefunden hat und »dem jedes Ideal und jede Größe mangelte« und der auch vor Blutvergießen nicht zurückschreckte. »Je mehr ich zu begreifen und mich zu begreifen versuche«, bekennt er an Ida Treat am 30. April 1927 aus Tientsin, »um so mehr dürste ich – ebensosehr wie irgendein Kommunist, so nehme ich an – nach einer menschlichen Erneuerung; aber um so mehr bin ich auch überzeugt, daß die Zukunft denen gehört, die rücksichtslos durch alle nationalistischen und bürgerlichen Konventionen hindurch das Beispiel eines größeren Glaubens an die im Menschen verborgenen Kräfte des Guten und des Geistes und einer größeren Liebe zu allem, was aufsteigt oder aufzusteigen versucht, geben.«

Das ist die Botschaft, die er in den vergangenen Wintermonaten in seinem ersten Manuskript, das er sich als Buchveröffentlichung wünscht, niedergelegt hat: nicht in Form eines politischen Manifestes, sondern als sein persönliches Glaubensbekenntnis: »Sie sind vielleicht enttäuscht, daß ich anstelle des Buches von der Erde ein ›frommes‹ Buch schreibe«, erläutert er Ida Treat am 14. November 1926. »Doch ich habe auf das Buch der Erde deswegen nicht verzichtet. Wenn ich das andere beginne, so deshalb, weil es seit langem in meinem Geist fertig ist ... Es hat nichts von einer Predigt an sich, und es ist der ehrlichste Ausdruck meines christlichen Denkens. Ich sagte es Ihnen im Oktober, ich fühle, daß ich an den Punkt gekommen bin, wo ich versuchen muß, mitzuteilen, was ich seit zehn Jahren ruhiger innerer Verzauberung gesehen habe.« Trotzdem ist es auch ein »politisches« Buch im Sinne Teilhards. Es ist Teilhards Antwort auf das, was er seit dem Weltkrieg an der Front, in der Nachkriegszeit in Paris und jetzt wieder hier in China – mit Ida Treats Hilfe – schärfer gesehen hat: das kollektive Erwachen. »Überall auf einmal ... erscheint das gleiche Streben nach einem umfassenderen und besser geordneten Einen hin.« Dieses Streben muß der Christ unterstützen, wenn er seinen Namen nicht verraten will. Denn »der Fortschritt des Universums und besonders des menschlichen Universums ist weder eine Konkurrenz gegen Gott noch ein sinnloser Verschleiß der Kräfte, die wir Ihm schulden. Je größer der Mensch ist, je mehr die

Menschheit einig, ihrer Kraft bewußt und ihrer Kraft Herr ist, um so schöner ist auch die Schöpfung, um so vollkommener die Anbetung, und um so mehr wird Christus, um sich mystisch auszudehnen, einen der Auferstehung würdigen Leib finden.«

Schon der dritte Satz des Buches muß die kirchlichen Zensoren hellhörig machen: »Für die Unruhigen ist es geschrieben, in der Kirche und außerhalb, das heißt für jene, die, statt sich der Kirche ganz zu übergeben, ihr nur am Rande angehören oder sich gar von ihr entfernen, indem sie hoffen, über sie hinauszuwachsen.« Genau das ist die Situation, in die Teilhard während seines ersten Exils in China geraten ist: Obwohl er mit der Kirche und dem Orden nicht brechen will, strebt er über beide hinaus, wobei ihm die Problematik seiner Haltung gelegentlich bewußt wird. »Ich vertraue darauf, daß meine Linie wesentlich christlich ist, wenn ich auch durchaus gezwungen bin, sie mir manchmal mit einem scheinbar recht gefährlichen Wort zu definieren: hyper-katholisch«, schreibt er am 25. Juni 1926 an Ida Treat. Und am 14. Februar 1927: »Ich möchte sicher sein, daß Sie sich nicht allzusehr darüber aufgeregt haben, daß ich vom *Institut Catholique* vor die Tür gesetzt wurde [bis dahin war Teilhard nur beurlaubt worden]. Im Grunde, ich weiß, finden Sie wie Boule, wie viele andere Freunde, mich schwach, und vielleicht achten Sie mich weniger, weil ich nicht die (für mich doch so befreiende) Geste tue, diejenigen fallenzulassen, die mich daran hindern zu sagen, was ich sehe. Verstehen Sie mich recht: bei dieser ganzen Angelegenheit geht es mir nur um eines, und nur eines lenkt mich dabei: versuchen, dem Leben so treu wie möglich zu sein. Ich habe Ihnen schon gesagt, vor meinem Geist wächst die Welt, ganz besonders die humane Welt – ich möchte fast sagen von Woche zu Woche. Doch je mehr sie vor mir diese Eindeutigkeit und Konsistenz gewinnt, um so mehr erkenne ich, daß sie nur in dem Bemühen in Richtung eines Göttlichen Bestand haben kann. Wäre es für mich logisch, wenn ich, durch einen Bruch mit meiner Kirche, ungeduldig das Wachsen des christlichen Triebes forcierte, von dem ich überzeugt bin, daß sich in ihm der Saft der Religion von morgen vorbereitet? Ich bin Gefangener in der Kirche aufgrund eben der Anschauungen, die mir ihre Unzulänglichkeit aufdekken. Ist das nicht ein wenig dramatisch oder komisch? Helfen Sie mir, indem Sie mir Vertrauen schenken. Ich weiß noch nicht, was für eine Existenz ich führen werde. Ich möchte den Teil in Paris so groß wie möglich machen. Doch nehme ich an, daß ich auch den Teil der Arbeit hier recht groß ansetzen muß (um Paris zu retten). Ich bin entschlossen, mit rückhaltlosem Optimismus vorwärtszugehen. Wenn es einen Gott gibt, wie ich glaube, wird er die Hindernisse in den Dienst meines Marsches stellen; und ich werde schließlich fähiger als je zuvor sein, das Licht strahlen zu lassen, das man ersticken wollte.«

In diesem Geiste verkraftet er auch die Enttäuschung, daß ›Le milieu divin‹ doch nicht gedruckt wird, obwohl sich alles gut anläßt. Er schickt das Manuskript an seinen Provinzial in Lyon, der zwei Gutachter bestellt, die sich positiv äußern. Von seiten der Ordensprovinz steht demnach nichts im Wege, daß Pierre Charles das Buch in seiner Reihe ›Museum Lessianum‹ in Löwen herausbringt. Sicherheitshalber läßt Charles das Manuskript noch einmal von zwei Kollegen prüfen, ob es in die Reihe paßt. Der eine hat einige kleine Vorschläge, die Teilhard berücksichtigt. Der andere urteilt: »Die Seiten erscheinen mir hervorragend, meisterlich. Sie scheinen mir originell, neu im besten Sinne; und dennoch so authentisch traditionell wie möglich... Ich wünsche, daß es so bald wie möglich veröffentlicht wird.« Im letzten Moment passiert das Unglück: der Kanonikus, der im Namen des zuständigen Ortsbischofs von Malines das kirchliche Imprimatur geben muß, erinnert sich, daß über Teilhard ein Dossier in Rom existiert. Um ganz sicher zu gehen, schickt er das Manuskript an die römischen Behörden. Ergebnis: Verbot einer Drucklegung mit dem Hinweis, es sei im großen und ganzen zwar orthodox, aber wegen der neuen Perspektiven den Gläubigen nicht zumutbar. Teilhard bleibt ein Trost: dieser Vorgang, der sich bis 1932 hinzieht, erregt in eingeweihten Kreisen so sehr die Gemüter, daß Kopien des Manuskriptes um die ganze Welt gehen. Teilhard ist von jetzt an weltweit der »Geheimtip« unter den katholischen Philosophen und Theologen, und er kann sicher sein, daß seine weiteren Schriften trotz Zensur ihre Leser finden. Die Keime für die »Neue Theologie« der Nachkriegszeit werden gelegt.

Auch dem Geologen und Paläontologen bringt dieser zweite China-Aufenthalt den internationalen Durchbruch. Die Expeditionen sind zwar nicht sehr ergiebig, bedingt auch durch die Behinderung politischer und kriegerischer Art. Aber Teilhard hat bereits ein solches Ansehen unter den in Peking arbeitenden Wissenschaftlern, daß er ein von der amerikanischen Carnegie-Stiftung finanziertes Angebot erhält, die Oberaufsicht über die Erforschung der Wirbeltier- und Menschenfossilien in China zu übernehmen. Dadurch wird Teilhard unabhängiger von den Pariser Auftrag- und Geldgebern, was Marcel Boule zeitweilig verstimmt. Auch zu seinem Ordenskollegen Licent, mit dem Teilhard sich ohnehin nicht gut versteht, kann Teilhard auf Distanz gehen. Teilhard spürt bei ihm nichts von dem neuen Geist, der ihn und seine nichtklerikalen Kollegen in Peking beseelt. »Noch in den letzten Tagen habe ich in Peking intensiv den Atem dieses neuen Geistes gefühlt«, schreibt er an Ida Treat am 30. April 1927, bevor er zu einer letzten Expedition vor der im August geplanten Rückkehr nach Paris aufbricht: »Als Dr. Andersson für ein Jahr nach Europa zurückkehrte, haben wir ein Essen unter Freunden gehabt, das uns von Ting angeboten wurde, von dem ich Ihnen oft erzählt habe – der bemerkenswerteste Neuchinese, den ich kenne. Es waren drei weitere Chinesen dabei (der Direktor des *Geological Survey,* ein Professor der Nationalen Universität und schließlich ein Vertreter der alten Pekinger Aristokratie); außerdem Sven Hedin, Granger (der *splendid fellow* der Osborne-Expedition), Dr. Grabau, Dr. Black (vom Rockefeller-Institut) und ein anderer befreundeter Geologe, Barbour. Ich glaube wirklich, in meinem ganzen Leben – das Familienleben eingerechnet – habe ich niemals so reiche und herzliche Stunden verlebt wie an diesem Abend. Wie so viele andere Male in Peking lag über uns der dunkel gespürte Triumph über die rassischen, nationalen und konfessionellen Schranken. Hineinvermischt noch diese einzigartige Intimität von Abschiedsabenden oder Augenblicken des Kampfes: Andersson ging für einige Zeit fort; Hedin war unterwegs nach Turkestan, Granger war im Grunde traurig, weil seine Mission vorläufig unmöglich ist. Und in dieser fast pathetischen Atmosphäre in einem China voller Unbegreiflichkeiten hat jeder offen sein Herz sprechen lassen; und angesichts der über den Tisch hingestreuten blühenden Apfelzweige – ein Symbol des Frühlings und des Sturmes – wurde von gegenseitiger Hilfe, von glorreicher Zusammenarbeit und Zukunft gesprochen. Und ich, ich dachte an das Gleichnis vom Samenkorn. Ich glaube, wie Sie wissen, daß nichts Menschliches aufgebaut wird, wenn es sich nicht auf ein göttliches, vom Menschen unterschiedenes Zentrum aufstützt; doch ich glaube auch, für dieses Göttliche gab es an jenem Tag nicht viele ihm liebere Tempel als den Saal des Nordhotels, Hatamèn-Street in Peking.«

»Frühling und Sturm« – wie ein Frühlingssturm haben die Ereignisse in Paris 1924/25 und in China 1926/27 Teilhard geschüttelt, ohne ihn zu entwurzeln. Er hat seine Wurzeln vielmehr tiefer getrieben und steht jetzt da als ein Mann, »der endlich die Scheidewände und die Decken der kleinen Länder, der kleinen Gesellschaften, der kleinen Sekten durchstoßen hat und über allen diesen Kategorien auftaucht und sich als Kind und Bürger der Erde entdeckt«, wie er am 12. Oktober 1926 an Ida Treat schreibt, nicht ohne Glück und Stolz.

So seiner selbst und seines künftigen Weges sicherer, bedrängt Teilhard seinen Provinzial P. Costa, in Rom einen Frankreichaufenthalt für ihn zu erreichen. Je mehr er sich gegenüber China und den hier arbeitenden internationalen Wissenschaftsteams verpflichtet fühlt, um so mehr spürt er: »Meine Wurzeln sind in Paris, – würden sie abgeschnitten, verlöre ich meine besten Kräfte«, wie er am 31. Dezember 1926 an Freund Valensin schreibt. Deshalb muß er sich, will er in China in den nächsten Jahren innerlich und äußerlich nicht scheitern, vom Orden ein regelmäßiges Atemholen in Paris erzwingen: achtzehn Monate in Paris, wieder achtzehn Monate in China, schlägt er für die nächsten drei Jahre seinem Provinzial vor. Vertraulich teilt er seinem Freund noch mit, daß er sich selbstverständlich auch die Einflußsphäre bewahren will, die er sich in Paris bereits geschaffen hat. »Niemand ist notwendig; aber es scheint mir, daß es gerade jetzt dort unten eine Arbeit gibt, die genau für mich vorbereitet ist.« Nach einigem Hin und Her – Teilhard stellt die Forderung immer ultimativer – erhält er die Erlaubnis zu einem einjährigen Paris-Aufenthalt.

Als Teilhard sich am 27. August 1927 in Shanghai nach Marseille einschifft, weiß er, daß er bald nach China zurückkehren wird. Ob sich in der Zwischenzeit das Rätsel um »Peking's Lady« lösen wird oder ob er selbst nach seiner Rückkehr Anteil daran haben wird? Von einem Besuch mit einigen der oben erwähnten Freunde an der Ausgrabungsstelle Choukoutien hat Teilhard schon am 30. April Ida Treat erzählt: »Ich bin im Hinblick auf das Vorhandensein eines Menschen oder eines Anthropoiden an dieser Stelle etwas skeptisch. Doch Zdansky ist weiterhin so positiv, daß meine Skepsis etwas erschüttert wurde. Man müßte die Abdrücke seiner Stücke sehen. Bis sich die *Pekings's Lady* zeigt, wie man hier unter Freunden das angenommene prähistorische Wesen nennt, häufen sich die Ausgrabungen zahlreicher Fossilien an: Nagetiere, Fledermäuse und größere Tiere.«

> Instinktiv habe ich mich, vor allem seit zehn Jahren, immer wieder Unserem Herrn als eine Art Experimentierfeld angeboten, damit er dort im kleinen die Fusion zwischen den beiden großen Amouren, zu Gott und zur Welt, bewirke ... Vielleicht läßt er mich deshalb so intensiv teilnehmen am Geist derer, die wir die Freidenker, die Häretiker und die Heiden nennen?

Als Teilhard im Oktober 1927 nach Frankreich zurückkommt, hat sich die kirchenpolitische Situation durch die Maßnahmen, die die Kirche gegen die »Action française« getroffen hat, verändert. Unzufrieden damit, daß die Agitation der konservativ-monarchistischen Katholiken im Wahljahr 1924 ungewollt die kulturkämpferische Linksblockmehrheit unter Herriot an die Regierung gebracht hat, und gestört durch ein von der »Action française« inspiriertes Schreiben vom 15. April 1926, der Papst solle sich in seiner Politik gegenüber dem französischen Staat gefälligst an dem reaktionären Kurs Pius' X. orientieren, entschließt sich Pius XI., die immer stärker werdende Liaison der französischen Bischöfe mit der »A. F.« und deren Anziehungskraft auf einen Teil auch der katholischen Jugend zu unterbinden.

Die Stellungnahme Teilhards zu diesen Vorgängen, die sich größtenteils während seiner Abwesenheit in China abgespielt haben, ihre verheerende Wirkung in den Köpfen und Herzen der französischen Katholiken jedoch erst jetzt deutlich zeigen, ist von seinem eigenen Schicksal geprägt. Auch von ihm verlangt Rom, seine Ideen wie ein Kleid zu wechseln. »Ich weiß fast nichts hinsichtlich der A. F.«, schreibt er am 14. Februar 1927 an Auguste Valensin, »außer, daß man in Rom die Gesellschaft [Jesu; den Jesuitenorden] ziemlich lässig findet zum ›Marschieren‹ [gegen die A. F.]. Ihnen möchte ich sagen, so ganz feind ich den Theorien der A. F. auch bin, ich frage mich manchmal, ob diese ›Lässigkeit‹ bei uns nicht die mehr oder weniger dunkle Manifestation dieses Gefühls ist, daß es im Christen ›nicht vorschreibbare‹ Dinge oder Bereiche gibt, die von der Kirche beherrscht, überbeseelt werden können (müssen), aber daß diese nicht das Recht hat, [jene] zu vergewaltigen oder durch einen Verwaltungsakt zu unterdrücken. Ich spüre undeutlich, daß die Autorität im Falle der A. F. ... (in ihrem äußeren Vorgehen) wie ein Oberer gehandelt hat, der von einem Untergebenen verlangt, seine Ideen wie das Kleid zu wechseln. – Anders gesagt, Rom hat sich vielleicht keine Rechenschaft darüber gegeben, daß es, indem es zu vereinfachend in ›der Politik‹ Schnitte macht, die Quellen des Glaubens in den Seelen antastet, die (mehr oder weniger glücklich) die Verbindung zwischen dem Menschlichen und dem Christlichen in sich hergestellt haben. – Das Verständnis und der heilige Respekt vor dem Menschlichen, das ist, was uns vor allem in diesem Augenblick fehlt, so scheint es.«

Weil Teilhard sich um dieses Verständnis und diesen Respekt gegenüber Anders- und Ungläubigen bemüht, kann er im gleichen Brief über seine Arbeit sagen: »Sehr beschäftigt durch das Museum [der Naturwissenschaftlichen Sammlungen] – mit nicht wenigen Nebenbeschäftigungen, ein wenig bei allen Leuten: von der extremen Rechten bis zur extremen Linken. Wegen dieser letzten Seite brauchen Sie sich nicht zu beunruhigen, vor allem nicht für das Herz. [Anspielung auf sein Verhältnis zu Ida Treat.] Es scheint mir, daß die gefährliche Strecke gut vorübergegangen ist. Aber das menschliche Milieu in dieser Richtung interessiert mich immer noch leidenschaftlich. Ich erkenne darin durchaus alle niedrigen und parasitären Strömungen. Aber welch ein Eifer, um uns eifersüchtig zu machen! ... Ich träume mehr und mehr von einer Kirche, die – um uns zu verführen, mit ihr zu fühlen und vorauszufühlen – sich fähig zu zeigen wüßte, ›mit der Welt zu fühlen und vorauszufühlen‹. – Ich kann nicht zulassen, daß die abgeschlossene und ängstliche Atmosphäre, die man im Augenblick in der Kirche atmet, die des Evangeliums sein soll.«

Symptome dafür, daß die kirchlichen Behörden in der Zwischenzeit toleranter gegen eigenständige Philosophen und Theologen geworden wären, auch gegenüber Teilhard, gibt es nicht. Im Gegenteil, die theologische Richtung, die durch das Verbot der »Action française« eine Niederlage erlitten hat, versucht sich nun an den »liberalen« Theologen zu rächen – durch Indizierung. Daß Teilhard in Le Roys Büchern so oft erwähnt wird, macht ihn den Zensoren erneut verdächtig. Vorsichtshalber läßt Teilhard eine Rezension über Le Roys Werk ›Das idealistische Erfordernis und die Tatsache der Evolution‹ in ›La Vie catholique en France et à l'étranger‹ im August 1928 unter dem Pseudonym seines Freundes Max Bégouën erscheinen. Daß Le Roy geäußert hat, er und Teilhard hätten ihre gemeinsamen Wurzeln in der Philosophie Bergsons, ist im Jahr 1928, da Bergson den Nobelpreis für Literatur erhält, für kirchliche Ohren kein Lob: immerhin steht Bergson seit 1914 auf dem Index der verbotenen Bücher. Da Teilhard noch nichts veröffentlicht hat, ist nicht ausgeschlossen, daß man ihn zu treffen sucht, indem man Vorbereitungen trifft, Le Roy auf den Index zu bringen. Jedenfalls wird diesem in ›La Revue des Jeunes‹ im Namen des einflußreichen neuthomistischen Dominikanerpaters Garrigou-Lagrange mit Sitz in Rom nachgesagt, er spreche dem Denken objektiven Wert ab und seine Philosophie sei von »einer Religion des Widerspruchs« beseelt.

Die Bestätigung dafür, daß Le Roy Gefahr droht und daß sein Fall indirekt auch Teilhard betrifft, erhält dieser am 28. Juni 1928 von nahezu höchster Stelle: als unmißverständliche Warnung gedacht. Der für die französische Ordensprovinz beim Jesuitengeneral zuständige Assistent Norbert de Boynes läßt anläßlich der offiziellen Visite der Ordenshäuser von Paris durchblicken: das Buch von Le Roy, in dem Teilhard erwähnt werde, befinde sich in Rom, und es könne auf den Index kommen. Ob Le Roy überhaupt noch Christ sei, fragt der Assistent Teilhard. So endet das Gespräch, in dem Teilhard »einen unaufhebbaren, prinzipiellen Gegensatz zwischen mir und Rom« spürt. Der Assistent hat ihm dargelegt, daß die Gesellschaft Jesu »wesentlich ein Orden der Konservativen« sei. So bleibt Teilhards Situation die gleiche: entweder er beschränkt sich auf die reine Wissenschaft, oder man wird ihn daran hindern, den geringsten Einfluß auf andere auszuüben. Der Assistent deutet noch einen Ausweg an: Teilhard könne seinen »gesunden Geist« unter Beweis stellen und einen Text verfassen, der die kirchlichen Oberen beruhigt. »Ob ›Der göttliche Bereich‹ dazu dienen kann?«, fragt Teilhard seinen Freund Valensin in dem Brief, in dem er über dieses entscheidende Gespräch berichtet. Zu diesem Zeitpunkt hofft er noch auf Veröffentlichung des Manuskriptes in Löwen. Er weiß, daß er »Orthodoxeres« nicht schreiben kann. Nach diesem Gespräch ist ihm deutlicher denn je: »China ist für mich eine providentielle Zuflucht.«

Dabei hat Teilhard in diesen Pariser Monaten vor allem durch seine Kontakte mit den Studenten erneut erfahren, wie sehr seine Interpretation des Christentums, die mit den neuesten naturwissenschaftlichen Erkenntnissen vereinbar ist, den Erwartungen der Jugend entspricht. Ein ehemaliges Mitglied der Gruppe Légaut, G. Soulages, berichtet: »Seit 1926–1927 hatte die Gruppe Tala der Rue d'Ulm [der dortigen Ecole Normale Supérieure] sich gespalten: auf der einen Seite die etwas aufrührerischen guten Katholiken, die schnell einen konformistischen, klassischen Weg gefunden haben, und auf der anderen Seite schroffe Leute, die um Perret, Montel und Légaut geschart ein einzigartiges (oder doch zumindest seltenes) Abenteuer in der Geschichte des Christentums versuchten: das Christentum, das Evangelium, die Heiligkeit nicht nur ernst, sondern in ihren totalsten Forderungen zu nehmen – und zugleich in der Welt zu bleiben und das Leben des Forschers, des Gelehrten, des Technikers mit derselben Leidenschaft, derselben Sauberkeit zu leben, wie man sie bei den Besten der Ungläubigen erahnt ... Diese so intensiv religiöse Gruppe aber (die den kirchlichen Autoritäten Furcht einflößte) hatte Teilhard gern. Dort gab er vielleicht den besten Teil seines Denkens frei. Und wir haben als erste in Vervielfältigungen (und mit welchem Aufwand an Vorsichtsmaßnahmen) die ersten Texte Teilhards veröffentlicht.« In Einkehrtagen für die Gruppe behandelt Teilhard den ›Göttlichen Bereich‹, der spätere Philosoph Etienne Borne sowie der Historiker des Christentums Marrou sitzen zu seinen Füßen. Ein Philosophieprofessor schreibt zwei Tage und zwei Nächte lang eigenhändig das gesamte Manuskript ab, das ihm Teilhard ausgeliehen hat. In diesem Milieu spürt Teilhard den »göttlichen Bereich« wachsen, fühlt er sich in seinem Element.

Eine Bestätigung eigener Art findet Teilhard am 14. Juni 1928, als er die Ehe seines Neffen Jean Teilhard d'Eyry mit Odette Bacot in der Kirche Saint-Augustin in Paris einsegnet. Die Ansprache gibt ihm Gelegenheit, der Familientradition nachzugehen, die Jean, in Indochina geboren und dort als Ingenieur der Air Liquide tätig, und Teilhard selbst durch ihr Leben fortführen. »Es brauchte nicht weniger als diese kraftvolle Mischung der kalten Auvergne und des Fernen Ostens, um in Dir in würdiger Weise eine kühne und reisefreudige Mutter und auch diesen legendären ›Onkel Georges‹ weiterzuführen, dessen Gesicht ich noch als Kind voller Bewunderung ... neben der Ahnin mit bereits weißen Haaren im etwas dunklen und halbchinesischen Salon der Rue Savaron [in Clermont-Ferrand] betrachtete«. Sich an die Braut wendend, erinnert Teilhard an die beiden Elemente, denen sie alle ihre geistig-wache Existenz verdanken: die Provinz und Paris: »In Ihrer Familie blühten auch Sie auf einem in einer alten Provinz Frankreichs einwurzelnden Stamm auf – in der Touraine anstelle der Auvergne – eine etwas mehr lächelnde und sanftere Landschaft, und hinzu kam diese unersetzliche Vollendung, welche die Atmosphäre von Paris verleiht.« Was gibt er dem jungen Paar mit auf den Weg? Seine »liebste und tiefste Überzeugung«: »Die vereinte Liebe von so vielen versammelten Verwandten und Freunden, so warmes und reines Verlangen, das durch ein subtiles Milieu von der Auvergne, der Touraine oder dem Poitou und auch der Côte d'Argent hierher mitgebracht wurde; Segnungen, die jene schickten, die wir nicht mehr sehen; über allem die unermeßliche Zärtlichkeit dessen, der in Eurem Paar wieder sich ein wertvolles Glied mehr in der Kette seines großen Werkes der *Unio creatrix,* der schöpferischen Vereinigung, schließen sieht. Gewiß, weit mehr als der äußere materielle Prunk, der Euch feiert und umgibt, erfüllen die angehäuften Kräfte eines unsichtbaren Wohlwollens diese Kirche. Möge dieses geistige Feuer auf Eure entstehende Liebe herabsteigen und sie für das ewige Leben bewahren.«

So zieht es denn auch Teilhard vor seinem nächsten Aufenthalt in Asien, von dem er nicht weiß, wie lange er dauern wird, mit Macht von Paris weg in die Provinz, zu den Ursprüngen in der Auvergne, um sich seiner selbst noch sicherer zu werden. Zunächst studiert er zusammen mit seinem verehrten Lehrer Marcellin Boule von Montsalvy im südlichen Cantal aus das Diluvium der Auvergne, ihrer gemeinsamen Heimat, die sie sich im Auto erobern. Anschließend fährt Teilhard wieder nördlich ins Herz des Cantal nach Chambon bei Laveissière, gleich weit von Dienne und Murat entfernt, den Stammplätzen der Teilhards, auf den Landsitz der Teillard-Chambons. Dort verbringt er einige Tage mit seiner Cousine Marguerite und ihrer Familie. Er nimmt die Gelegenheit wahr, über sein Verhältnis zu den Frauen, die er in Frankreich kennt, nachzudenken. Ida Treat scheint begriffen zu haben, wo die Grenzen ihrer Freundschaft liegen. An Léontine Zanta schreibt er aus Chambon am 22. August 1928: »Seit langem habe ich in Ihnen die wahre Freundin gespürt; eine Freundin, bei der man sich geborgen fühlt, da sie sich so durch und durch zuverlässig erweist und so ohne Falsch auf der gleichen Ebene (wie wir es ausdrükken). Verlassen wir uns immer mehr auf Gott, damit er diese schöne Kraft zu etwas immer Schönerem dienen läßt.« Das wird in diesen Tagen auch sein Verhältnis zu Marguerite bestimmt haben.

Anschließend verläßt Teilhard die Auvergne in Richtung Südwesten und besucht die Bégouëns auf ihrem Schloß Les Espas bei Montesquiou-Avantès im Department Ariège am Nordhang der Pyrenäen. »Jetzt bin ich fast allein, in der großen Stille zwischen kleinen Kalksteinhügeln, die von tausend Höhlen, den Heimstätten einer vorgeschichtlichen Welt, durchlöchert sind«, schreibt er am 1. September 1928 an Léontine Zanta. Abbé Breuil, der große Entdecker und Deuter der Eiszeitkunst, ist wieder abgereist. Mit ihm hat Teilhard noch die Grotte von Niaux besichtigt, neben Altamira und Lascaux enthält sie die ausgeprägtesten Darstellungen, die an den modernen Impressionismus erinnern: Bisons, Steinböcke, Wildpferde und an einer Stelle ein Wildgehege: ein Zaun mit einer Falle, in der man ein Pferd erkennt. Die Bégouëns sind durch die Entdeckung und Erforschung wichtiger Höhlen auf ihrem Grund und Boden in die Forschungsgeschichte eingegangen. Teilhard hat den Grafen Bégouën bereits 1913 auf einer prähistorischen Exkursion des Museums nach Amiens kennengelernt. Die beiden Söhne Max und Jacques gehören im Ersten Weltkrieg zur gleichen Brigade wie Teilhards Regiment. Jetzt 1928 hat Max seinen Namen als Pseudonym für Teilhards Rezension über Le Roy geliehen. Ihre Freundschaft wächst, und immer häufiger sind die kommenden Reisebriefe Teilhards an Max und seine Frau Simone gerichtet. Sie werden in den dreißiger Jahren Teilhards Schriften in Paris vervielfältigen und gezielt weitergeben. Nach dem Tod von Marguerite Teillard-Chambon wird Max Bégouën zusammen mit Marguerites Schwester Alice 1961 Teilhards Kriegsbriefe herausgeben.

Als Teilhard am 12. September nach Paris zurückkehrt, findet er einen Brief von Abbé Bruno de Solages vor, der bei ihm im Collège de Juilly »Intellektuelle Einkehrtage« mitgemacht hat und von Teilhard überzeugt ist. Solages ist zur Zeit Philosophieprofessor am Kleinen Seminar von Saint-Sulpice in Tarn, Diözese Albi, später wird er Professor und Rektor des Institut Catholique von Toulouse und schließt Freundschaft mit den nahebei wohnenden Bégouëns. Jetzt überläßt Teilhard Solages sein Manuskript ›Die Grundlagen und der Kern des Evolutionsgedankens‹, das er 1926 im Golf von Bengalen geschrieben hat. Darin heißt es: Wir werden gewahr, daß der Evolutionismus »im Sittlichen und Religiösen das Emporkommen der universalistischen Anschauungen und Bestrebungen begleitet und schützt, die in noch stärkerem Maße als alles Anwachsen des Individualismus das moderne Zeitalter kennzeichnen. Die Gegner des Transformismus betrachten ihn noch als einen kleinen Stein, den man mit dem Fuß beiseite schieben kann. Sie mögen einmal versuchen, um diesen Stein herum zu graben: sie werden feststellen, daß er bis in die Struktur selbst der Neuen Erde hinabreicht.«

In diesem Bewußtsein besteigt Teilhard am 7. November 1928 in Marseille die »Chantilly« zu seiner dritten Asienreise. Er wird sie zu einem längeren Aufenthalt in Französisch-Somaliland unterbrechen, zu einem Abenteuer eigener Art.

32 Die Revolutionäre und der Peking-Mensch

> Die Entdeckung wird einen großen Widerhall haben, – denn man konnte sich kaum ein typischeres morphologisches Mittelding zwischen dem Menschen und den Anthropoiden wünschen. Aber werden die Theologen diesen Lärm hören? Sie werden auf keinen Fall die Leute daran hindern können, zu sehen und zu denken.

Teilhards Freundschaft mit dem Abenteurer und Schriftsteller Henry de Monfreid datiert aus dem Jahre 1926. Jetzt ist Teilhard in Begleitung des Geologen Pierre Lamare und mit einem Forschungsauftrag des Museums Gast in Monfreids Haus in Obock am Golf von Aden. Als der Gouverneur von Französisch-Somaliland, der in Dschibuti residiert und auf den rebellischen Monfreid nicht gut zu sprechen ist – man verdächtigt ihn des Waffenschmuggels –, diesem und seinen Gästen den Landweg ins Gebiet des Danakil-Stammes sperren läßt, nehmen die drei unter den Augen des Gouverneurs ein Boot. Es nützt nicht viel. Ihnen nachgeschickte Askaris und Zollbeamte verhindern die Erforschung der Mabla-Berge unter Führung der Eingeborenen, mit denen Monfreid guten Kontakt hält. Anzeichen der kommenden Auseinandersetzung zwischen den Anhängern des »Empire français« und einer einzuleitenden Dekolonisierung.

Die Gäste werden durch eine romantische Kreuzfahrt im Golf von Tadjura entschädigt: »Monfreid und ich«, schreibt Teilhard am 28. Dezember an Marguerite, »wir hatten beinahe nichts Europäisches mehr an uns. Abends warf man den Anker am Fuß der basaltischen Klippen, auf denen Rosmarin wuchs. Die Männer fuhren im Kanu aus, um die seltsamen Fische auf den Korallenriffen zu fangen. Eines Tages haben uns Issa ein Zicklein und Milch von der Kamelstute verkauft. Die Schiffsmannschaft hat das zum Anlaß genommen, das Schiff zu ›weihen‹. Der alte, durchtriebene Neger, der Monfreid bei allen seinen Abenteuern gedient hat, hat Steuer, Mast und Bug mit Blut gefärbt, und dann spät in der Nacht wurde in einer dichten Weihrauchwolke der Koran gesungen.«

Mit der strategisch wichtigen Französisch-Äthiopischen Eisenbahn von Dschibuti nach Addis-Abeba fahren die Abenteurer dann zwei Tage bis Dire-Dawa in Äthiopien, wo Monfreid ein Elektrizitätswerk und eine Mehlmühle betreibt. Von dort steigen sie auf das zweitausend Meter hochgelegene Plateau von Harar nach Harawa zu den »Ländereien«, die Monfreid dort besitzt. In der Umgebung von Dire-Dawa macht Teilhard schließlich zwei wichtige Entdeckungen, wie er Marguerite am 19. Januar 1929 meldet: »1. Eine Höhle mit wichtigen Versteinerungen von schönem Werkzeug, das wahrscheinlich aus der Älteren Steinzeit stammt, und einigen Wandmalereien; 2. Eine Schicht voller Ammonshörner [sie werden ihn an die Arbeit von Ida Treat erinnert haben!], und diese Tatsache war noch unbekannt in diesem Teil von Abessinien und ist in geologischer Hinsicht sehr wertvoll. . . Ich habe Boule unverzüglich benachrichtigt, und ich wünschte, daß die Kisten mit Proben rasch und gut in Paris ankommen.«

Auf der Weiterfahrt nach China Februar 1929 an Bord der »André-Lebon« liest Teilhard ›Les Conquérants‹ von André Malraux. Wie müssen die Sätze, mit denen Malraux eine gewisse Gruppe von Revolutionären in China kennzeichnet, ihn getroffen und zur Gewissensrechenschaft angehalten haben! Es geht um »diejenigen, die schon zu Zeiten Suns – um 1921 oder 1922 – in das Land gekommen sind mit dem Vorsatz, ihr Glück zu machen und dabei gegebenenfalls das Leben zu riskieren. Diese Leute muß man wohl als Abenteurer bezeichnen; für sie ist China der Schauplatz eines Dramas, dem sie sich mehr oder weniger verbunden fühlen. Das sind Leute, deren revolutionäres Gefühl etwas gleichwertig ist dem: ›Oh, welche Lust, Soldat zu sein!‹ der Fremdenlegionäre, Leute, die sich niemals in eine soziale Existenz haben einfügen wollen, die ihrem Leben (von dem sie viel erwartet haben) einen individuellen Sinn haben geben wollen, und die jetzt, von alledem abgekommen, *nützliche Dienste leisten.*« Und Teilhard? Findet auch er den Sinn seines Lebens nicht, weil er sich nicht in eine soziale Existenz, in Kirche und Orden, einfügen will? Oder findet er umgekehrt seine individuelle Erfüllung deshalb nicht, weil er sich von Kirche und Orden daran hindern läßt, die ihm zugedachte revolutionäre Aufgabe im Rahmen des Christentums und der modernen Gesellschaft zu erfüllen?

Mitten im Indischen Ozean bricht die große Krise seines Lebens über Teilhard herein. In der Not greift er zur Feder und schüttet vor Auguste Valensin am 25. Februar 1929 sein Herz aus: »Ich habe den Eindruck, daß die letzten Monate der großen Unabhängigkeit, die ich geschützt vor jedem Einfluß irgendeines ›Kaders‹ verbracht habe, in meiner inneren Entwicklung einen Einschnitt markieren. Ich habe deutlicher die einzigen Dinge gesehen, woran ich jetzt glaube, und das einzige, was ich sein kann, ›mein Evangelium und meine Berufung‹, wenn ich so sagen darf. Woran ich glaube, ist nicht mehr viel. Es ist: Zuerst und grundlegend, der Wert der Welt: und *zweitens,* die Notwendigkeit eines Christus, um dieser Welt eine Konsistenz, ein Herz und ein Gesicht zu geben. – Das einzige, was ich sein könnte: eine Stimme, die wiederholt, gelegen oder *ungelegen,* daß die Kirche so lange dahinsiechen wird, als sie nicht der künstlichen Welt der leeren Theologie, des quantitativen Sakramentarismus und der subtilen Devotionen, in die sie sich einwickelt, entrinnt, um sich in die *wirklichen* menschlichen Bestrebungen zu inkarnieren ... – Ich habe in den letzten Tagen meine Ideen über die gegenwärtige Krise in einer kurzen Arbeit ›Der menschliche Sinn‹ niedergelegt, die ich Ihnen sende, wenn ich sie getippt habe. Das sind nicht gerade Seiten ›ad usum Delphini‹. Ich glaube trotzdem, daß ich, ohne daß es dabei an Aufrichtigkeit gefehlt hätte, in dieser kleinen Schrift die Grenzen der Orthodoxie nicht überschritten habe.«

Wie sehr Teilhard sich selbst und seine Erfahrungen in dieses vierundzwanzig Druckseiten starke Manifest über den Konflikt der Kirche mit der Religion der Zukunft, mit dem Glauben an die Möglichkeiten des Menschen und der Welt, einbringt, zeigt sein Hinweis auf Pascal als Beispiel für die herrschende Mentalität vor dem »Erwachen des menschlichen Sinnes«: »Pascal hat sich getadelt, Wissenschaft zu treiben. Pascal hat die Stunden, die er der physikalischen und mathematischen Forschung gewidmet hat, als an Nichtigkeiten vergeudete Zeit angesehen. Muß man noch etwas hinzufügen, um die Revolution einsichtig zu machen, die, wenigstens seit zweihundert Jahren, die geistigen Perspektiven erschüttert hat, die wir uns vom Wert der Welt machten.«

Diese neue Perspektive, dieses Erwachen des menschlichen Sinnes wird von vielen Menschen freilich nur instinktiv gespürt – und Teilhard hat vermutlich sein Erlebnis mit Monfreid vor Augen und seine Malraux-Lektüre, wenn er fortfährt: »Aber dieser Geist ist überall um sie herum; wenn er nicht aus ihrem Munde spricht, läßt er sich wenigstens durch sie hören – oder er beurteilt sie. Der Flieger, der zu Tode kommt bei der Errichtung einer Postlinie; der Kletterer, der seine Haut riskiert beim Besteigen des Mount Everest; der Mediziner, der seine Glieder verliert durch den Kontakt mit den Strahlen X; alle insgesamt, die die augenblicklichen Pioniere der Menschheit sind, gehorchen im Grunde dem Bedürfnis, an einem großen Gelingen mitzuwirken, das sie übersteigt. Sie sagen es in ihren Testamenten, in ihren letzten Worten, in ihren Büchern. Und man versteht sie. Und die, die nicht verstehen, verachtet man. Die moralische Unterstützung, die man im Gewissen sucht, um die Welt größer zu machen, indem man die Menschheit größer macht, tendiert dahin, eine normale und gewohnheitsmäßige Spannkraft jeder menschlichen Aktion zu werden. Welch gewaltiger Umschwung seit Pascal und seit Bossuet!«

Gegenüber diesem optimistischen »menschlichen Sinn«, so fährt Teilhard fort, predige die Kirche weiterhin: »Es gibt nichts zu forschen, es gibt nichts zu finden.« »Ein kollektiver Optimismus, realistisch und tapfer, müßte entschieden den Pessimismus und den Individualismus ersetzen, deren übertriebene Begriffe von Sünde und persönlichem Heil den christlichen Geist schrittweise erobert und pervertiert haben.« Und in einer Anmerkung dazu betont Teilhard, die ganze gegenwärtige religiöse Literatur sei größtenteils veraltet, weil sie dieser entscheidenden Tendenzwende nicht Rechnung trage. Das gilt auch für die neueste Literatur der sogenannten »Katholischen Erneuerung« in Frankreich, etwa für ›Die Sonne Satans‹ von Georges Bernanos. Bei Erscheinen des Werkes 1926 hat Henri Bremond die fatalen Zusammenhänge zwischen dem theologischen Pessimismus der Neuthomisten, dem faschistischen Konservatismus der »Action française«, die Bernanos auch nach ihrem Verbot durch den Papst noch verteidigt hat, und dem Weltbild des Bernanos vor Augen, wenn er Ende April 1926 an Blondel schreibt: »Das ist immer wieder die gleiche Tendenz zu apokalyptischen Verfluchungen, in der Nachfolge von Léon Bloy und von Tertullian.«

Auch im internationalen Forschungsteam von Peking machen sich unterdes die Spannungen bemerkbar, die durch den chinesischen Nationalismus hervorgerufen werden. Teilhard sucht seinen Platz zu behaupten. »Ich bin wiederum für etwa zehn Tage in Peking«, schreibt Teilhard am 13. April 1929 an Marguerite, »und sehr damit beschäftigt, Ordnung in die Menge von Fossilien zu bringen, die, mehr oder weniger zerbröckelt, seit achtzehn Monaten in der berühmten Spalte von Choukoutien gesammelt wurden. In der Tat versucht der chinesische Survey mehr und mehr, mich in Beschlag zu nehmen. Wenn die Oberen von Tientsin nichts dagegen einwenden . . ., werde ich für Juni oder Juli die wissenschaftliche Führung eines jungen chinesischen Paläontologen zu Ablagerungen am Ufer des Gelben Flusses zwischen Shansi und Shensi übernehmen. Ich habe schließlich während dieses letzten Aufenthaltes tatsächlich eingesehen, daß es für einen Fremden immer schwieriger wird, in diesem Land außerhalb einer offiziellen Bindung an den nationalen Dienst Geologie zu betreiben. Hier liegt wahrscheinlich eine ziemlich bedeutende Kursänderung in meinem Leben, aber ich hoffe, das erwartet das Leben von mir . . . Wer weiß, ob in einigen Jahren die großen ausländischen Institutionen (Universitäten, Museen) ihre Unabhängigkeit aufrechterhalten!«

Im China Chiang Kai-sheks, der im Februar 1928 zum Vorsitzenden des Zentralen Exekutivkomitees der Kuomintang-Nationalregierung in Nanking (»Südliche Hauptstadt«) geworden ist und am 8. Juni 1928 bald nach dem Einmarsch in Peking den Nordfeldzug erfolgreich zum Abschluß gebracht hat, beginnt die Epoche der Entkolonisierung. Peking, »Nördliche Hauptstadt«, wird umbenannt in Peiping, »Befriedeter Norden«. Nicht nur die ausländischen Wissenschaftler, auch die Missionare müssen sich darauf einstellen. Teilhard, dem jegliche Art von Klerikalismus zuwider ist, der als Wissenschaftler höchste Autorität genießt und immer mehr Verständnis für das

Freiheitsstreben Chinas aufbringt, sieht in der für viele Ausländer schwieriger werdenden Situation seine Chance der Vermittlung, des Dienstes – ganz im Sinne seines Glaubens – an die wachsende Einheit der Welt.

Das führt zum offenen Konflikt mit Licent, mit dem er im Mai die letzte gemeinsame Expedition in die Mandschurei unternimmt. Die Chinesen, schreibt er am 2. April 1929 an Valensin, geniert »jeder nicht nationale Organismus (selbst ein in China fixierter wie das Museum Licent). Die *Individuen* wie ich sind dagegen willkommen. Licent sagt mir, daß die Chinesen mich zu ihrem ›Kuli‹ machen werden. In dem Fall werde ich sie eben sitzenlassen. Aber ich bin sicher, daß sich das nicht ereignet. Tatsächlich setzt Licent praktisch sein Museum vor die Forschung. Ich setzte die Forschung hundert Gipfel über das Museum: das ist der Unterschied zwischen uns. Tiefer gesehen, ist Licent in Wirklichkeit ein ›Klerikaler‹, der sich darin gefällt, mit den Missionaren ein Missionswerk zu schaffen. Und ich, Sie wissen, was ich bin ...«

Licent kehrt 1938 aus Gesundheitsgründen nach Frankreich zurück, Teilhard und sein Ordenskollege und Freund Pierre Leroy gründen 1940 in Peking das »Institut de Géobiologie«, in dem das Licent-Museum aufgeht. In diesem Konflikt spiegeln sich die Spannungen, die die gesamte römisch-katholische Mission in China seit Jahren erfüllen. Teilhard trägt selbst zur richtigen Einschätzung der Situation in China durch die kirchlichen Behörden bei mit der kleinen Skizze ›Die intellektuellen Tendenzen des modernen China. Ein Spezialfall: Die Gruppierungen der wissenschaftlichen Forschung‹. Der Beitrag erscheint 1928 in den ›Dossiers de la Commission synodale‹ von Peking. Das Fazit Teilhards lautet: »Je mehr ich die Entwicklung der wissenschaftlichen Gruppen in China und die Persönlichkeiten, die sie tragen, beobachte, um so mehr bin ich überzeugt, daß sie Menschen und einen Geist umfassen, die fähig sind, dem ganzen China, das entsteht, heilsame und gültige psychologische Richtlinien zu geben.«

Was Teilhard als Wissenschaftler und Menschen an diesem Problemkomplex interessiert – die praktische Frage der Integration in die chinesische Wissenschaft hat er für sich gelöst – ist anthropologischer Natur: »Haben die Gelben den ›gleichen menschlichen Wert‹ wie die Weißen?«, fragt er Valensin am 2. April 1929. »Licent und viele Missionare sagen, ihre gegenwärtige Inferiorität sei bedingt durch ihr langes Heidentum. Ich fürchte, daß das nur eine ›Erklärung von Pfarrern‹ ist. – Es ist das natürliche rassische Fundament, das mir die Ursache zu sein scheint. – Und das hat nichts zu tun, was Charles auch darüber sagt, mit der christlichen Liebe, die alle Ungleichheiten überwindet, aber sie nicht leugnet. – Ich bin bezüglich China Optimist geworden nur unter meinen großartigen Freunden des Survey. Aber sind sie repräsentativ für ihre Rasse – oder Ausnahmen?«

Was in der Praxis des Zusammenlebens zählt, ist Vertrauen. Als 1926 Sven Hedin nach Turkestan aufbrechen will und ihm die Chinesen Bedingungen stellen im Hinblick auf das wissenschaftliche Eigentum, nimmt Hedin diese zum Erstaunen und Ärger seiner europäischen Freunde an. Sie werfen ihm vor, er laufe zu den Chinesen über. Teilhard, der davon hört, bestärkt Hedin in seiner Haltung. Jetzt 1929 trifft Teilhard den berühmten Forscher in Peking wieder und unterhält sich drei Stunden mit ihm: »Er bewahrt mir deswegen eine rührende Dankbarkeit«, schreibt Teilhard an Marguerite am 13. April, »als ob er während all der Monate, die seinem Erfolg vorausgingen, auf mein Wort hin gelebt hätte, und es ist ein Erfolg auf der ganzen Linie: er hat nunmehr das volle Vertrauen der fremdenfeindlichsten Chinesen und nur ergebene Freunde unter denen, die er mit sich genommen hat. Wieder einmal hat der Glaube an den Geist oder an das Gute gesiegt. Ich war nach dieser Unterhaltung mit Hedin endgültig in meiner Linie festgelegt. Und auch ich (wie die Kirche übrigens ...) gehe zu den Chinesen über. Mein Freund Wong, der zur Zeit in Nanking ist, verhandelt über die Form meiner offiziellen Aufnahme in den National Survey.« 1935 wird Wong, der ein geschickter Politiker ist, aus dem Geologischen Landesamt ausscheiden und Mitglied der Regierung werden: Sekretär Chiang Kai-sheks, ab 1939 Minister für Kommunikation.

In dieser Aufbruchsstimmung und Überzeugung – daß die Menschen Berge versetzen können, wenn sie nur gemeinsam daran glauben und ans Werk gehen – gelingt dem internationalen geologisch-paläontologischen Team von Peking jener Fund, dessen Vorgeschichte Teilhard selbst in ›Eine wichtige Entdekkung in der menschlichen Paläontologie: Der Sinanthropus Pekinensis‹ erzählt. Der Artikel erscheint am 20. Juli 1930 in der ›Revue des Questions Scientifiques‹ und informiert fachkundig vor allem die französische Öffentlichkeit über das Ereignis: »Was als ein Zufall begonnen hatte, hat die Methode geduldig vollendet. Die Entdeckung des *Sinanthropus* ist nicht, wie man glauben könnte, das Ergebnis eines glücklichen Spatenstichs. Sie ist der Erfolg dreier Jahre hartnäckiger und systematischer Arbeit.«

Teilhard, er erwähnt sich selbst in dem Artikel nicht, ist daran 1929 dadurch beteiligt, daß er im April die Arbeit mit Pei und Young in Gang bringt, die Geologie der Gegend mit ihnen studiert und wieder mehr Licht in die Zusammenhänge bringt. Noch von der Shensi-Expedition berichtet er am 16. September an Marguerite: »Ich war ganz ›excited‹ durch die Funde, die diesen Herbst in den Spalten von Choukoutien gemacht wurden: Kieferknochen und Bruchstücke des Schädels eines sehr merkwürdigen Anthropoiden oder Hominiden; das Gebiß ganz menschlich, die Form des Kiefers typisch vom Affen, der Schädel von ganz menschlichen Dimensionen(?). Wenn sich dieser letzte Punkt bestätigt (die Stücke sind unvollständig freigelegt), so wird er zum Gnadenstoß für die Gegner der auch auf den Menschen ausgedehnten Transformationslehre werden. Ich habe das Le Roy angekündigt.« Am 11. November schreibt er aus Tientsin an Max Bégouën: »Den ganzen Monat Oktober verbrachte ich in Peiping (Peking) beim Survey, wo ich nun mein ›office‹ habe (ohne durch irgendeinen Vertrag gebunden zu sein). Dort habe ich mit einem Chinesen [Young] den ersten geologischen und paläontologischen Bericht vorbereitet, der über die berühmte Sinanthropen-Ablagerung von Choukoutien gemacht wurde. All das ist sehr interessant.«

In Choukoutien hat währenddessen schon die Winterpause begonnen. Doch Dr. Wong gibt dem Drängen Peis nach und läßt noch ein bis zwei Wochen weiter arbeiten, ohne daß Neues auftaucht. Am 2. Dezember 1929 zahlt Pei die Arbeiter aus und steigt noch einmal auf den Hügel, um die genauen Maße der Grube zu nehmen, damit er die bewegten Kubikmeter berechnen kann. »Als er«, beschreibt G. Barbour die entscheidenden Augenblicke, »mit einem Metermaß unter einem Kalküberhang in den Sand stieß, legte er plötzlich die glatte Wölbung eines Schädels frei, der im Höhlentravertin eingebettet war. Dieser mußte sich als Tropfstein von der Decke einer Höhle gebildet haben, um dann später von herabfallenden Felsbrocken völlig zugeschüttet zu werden, mit Zwischenschichten von Schwemmsand, der in die Höhle hineingespült wurde. Als Pei den Block mit Hammer und Meißel loslöste, sah er plötzlich, daß der Schädeloberteil größer als bei allen Affen war, die bis jetzt ausgegraben worden waren. Mit größter Sorgfalt brachte er den Schädel in sein Zimmer im Dorf. Ein Bündel Kerzen aus dem Dorfladen hatte gerade genug Licht gegeben, um vorher eine Zeitaufnahme des Fundes an Ort und Stelle zu machen.«

Am 30. Dezember 1929 gibt Teilhard an Valensin die Nachricht weiter und bemerkt: »Ich bin angestellt, um die geologischen und paläontologischen Studien der Ablagerung zu leiten. Die menschlichen Reste werden von meinem Freund Dr. Black studiert.« Und Barbour erläutert: »Was Hominidenfunde betraf, brauchte Black keine Hilfe, denn schließlich war dies ja sein eigenes Spezialfach. Er legte jedoch großen Wert auf Teilhards unabhängige Bestätigung seiner eigenen Schlußfolgerungen und auf die damit zusammenhängende Diskussion. Bei diesen ging es allerdings vor allem um die möglichen anatomischen Beziehungen zwischen dem Sinanthropus und anderen ausgestorbenen und lebenden Hominiden oder um die Kulturstufe der später gefundenen Steinwerkzeuge ... Ein Studium der gleichzeitigen Säugetierfossilien – Teilhards Lieblingsgebiet – versprach einen Zeitindex für das relative Alter der Höhlenbewohner ... Viele der Tiere gehörten Ordnungen an, die Young in Deutschland studiert hatte. Andere waren mit Formen verwandt, die Teilhard in gleich alten Ablagerungen in Europa, Ägypten und anderswo gefunden hatte.«

Teilhards Einordnung des Sinanthropus in seinem erwähnten Artikel von 1930 ergibt »die Gegenwart eines Hominiden vom Typus des Vor-Neandertalers in Ostchina im unteren Pleistozän«. Dank des Sinanthropus »zeigt sich uns eine wichtige Perspektive in einem hellen Licht, nämlich diejenige einer klar bestimmten Schicht primitiver Menschheit, die in den allerersten Anfängen (wenn nicht vor den Anfängen) der durch die ältesten paläolithischen Werkzeuge gekennzeichneten Phase die Alte Welt bewohnte. Als im großen und ganzen Zeitgenosse des *Homo heidelbergensis* und des noch rätselhaften *Pithecanthropus* hängt der *Sinanthropus* deutlich mit beiden durch die außerordentlich primitive Form sowohl seines Schädels als auch seines Unterkiefers zusammen. Daß man bei der Entdeckung einer Vor-Neandertaler-Phase, die die Menschheit durchschritten hat, auch nur einen Schritt vorangekommen ist, bedeutet eine wissenschaftliche Eroberung, deren Wert nicht hoch genug eingeschätzt werden kann.«

Im März 1930 begleitet Teilhard seinen amerikanischen Freund George Barbour auf einer zweiwöchigen geologischen

Informations- und Bestätigungsfahrt noch einmal ins Shansi, diesmal im Auto. Vom 22. April bis zum 21. Mai ist er mit fünf jungen chinesischen Geologen in der Mandschurei unterwegs. Im Mai/Juni schließt er sich der amerikanischen Central Asiatic Expedition des American Museum of Natural History unter Leitung von Roy Chapman Andrews an mit dem Ziel: die östliche Wüste Gobi. Trotz der perfekten technischen Ausrüstung – sie fahren mit geländegängigen Lastwagen – bleibt es ein Abenteuer, und wie schon von Monfreid ist Teilhard von Andrews fasziniert: »Andrews ist ein wunderbarer Erzähler, voller Geschichten über Jagderlebnisse von Yünnan bis nach Sibirien ... Die Männer, die seit sechs Jahren wahre Wunder in der Erforschung der Gobi vollbracht haben, halten mit ihren Kräften haus und wissen zu leben«, berichtet er an Marguerite. Am 29. Juni ergänzt er aus dem »Wolf Camp«: »Wir leben und arbeiten in absoluter Einsamkeit, in Gesellschaft von Wölfen, Adlern und Gazellen ... Im Lager herrschen immer die gleiche Fröhlichkeit und der gleiche Familiengeist. Diese Leichtigkeit und Annehmlichkeit der Reise habe ich vorausgesehen.«

Teilhard hat die Amerikaner liebgewonnen. Wenn er seinen wöchentlichen Besuch im Hauptquartier des Geologischen Landesamtes in der Pekinger Weststadt macht, ißt er regelmäßig in Grabaus Haus. Amadeus W. Grabau, der 1920 die Universität Columbia verlassen hat, ist der »spiritus rector« für die Gründung der Chinesischen Geologischen Gesellschaft. In seinem gastlichen Haus, dem Teilhards Großzügigkeit manchmal zu Hilfe kommt, lernt dieser auf einer der zahlreichen Abendgesellschaften Lucile Swan kennen. »Einer der faszinierendsten Männer, denen ich je begegnet bin«, sagt die amerikanische Bildhauerin von ihm. Sie hat eine Ehe hinter sich und flieht vor den unliebsamen Erinnerungen um die Welt. 1929 kommt sie nach China, und eines guten Abends sitzt sie neben Teilhard am Tisch. Er erzählt ihr, wer er ist, was er hier treibt und daß die Wissenschaft den Glauben an die Existenz Gottes eher stützt als ihm widerspricht. »Mein Aufenthalt in Peking gab mir mancherlei«, erzählt Lucile Swan in späteren Jahren, »ein neues Interesse an meiner Arbeit, Freunde, denen ich meine Sorgen anvertrauen konnte, und vor allem – von Pierres Gesprächen allein – die Überzeugung, daß ich eine Beziehung zu einer Höheren Macht in meinem Leben finden mußte ... Obgleich ich niemals zu irgendeiner Kirche zurückkehrte (es schien mir immer, Pierre wollte eine eigene Kirche gründen), begann ich nach einigen Wochen, in denen ich ihn täglich sah, ein Vertrauen zu fühlen darauf, was er ›den Primat des Geistigen‹ nannte ... Ich war fast vierzig, aber zum erstenmal seit Jahren fühlte ich mich jung und wieder voll Hoffnung. Ich entschloß mich, meinen Aufenthalt in China zu verlängern.«

Und Teilhard? In den letzten Briefen aus dieser Periode an Léontine Zanta fällt auf, wie herzlich und sehnsuchtsvoll er von ihr, von Marguerite und von Paris spricht. Am deutlichsten läßt Teilhard am 3. April 1930 durchblicken, daß er wegen einer anderen Frau in Not ist: »Halten Sie mich immer auf dem laufenden darüber, was Sie tun, schreiben und denken. Sie wissen ja doch, wie teuer mir Ihre Zuneigung und Ihre Hilfe sind. Es wäre viel zu sagen und zu unterscheiden, was die Freundschaft im Vergleich mit der Liebe betrifft ... Aber das läßt sich besser in Ihrem lieben kleinen ›Denkstübchen‹ untersuchen als brieflich erörtern. Halten wir diese Sitzung also im Herbst ab, hoffe ich ... Ganz der Ihre.«

Tatsächlich erhält Teilhard die Erlaubnis, sich den Herbst 1930 in Paris aufzuhalten: »Ich fühle ein ziemlich allgemeines Bedürfnis nach dieser Rückkehr (wissenschaftliche Beziehungen aufrechterhalten, Publikationen, Fossilien bestimmen, Kontakt aufnehmen mit der Mission Citroën, – und noch mehr, vielleicht, ein ›geistiges Aufatmen‹ sichern). Aber wenn der P. Jean [Costa, der Provinzial] Einwände macht, stelle ich mir vor, daß meine Ruhe dadurch nicht erschüttert wird.« Und unvermittelt gesteht Teilhard seinem Freund Valensin in diesem Brief vom 23. März 1930, daß er seit Jahren unter einer schweren Glaubensnot leidet: »Wenn nur der Herr mir einen konkreteren und ›tröstlicheren‹ Glauben an das gebe, was am Ende des Lebens sein wird! ... Es scheint mir, daß keine seiner Strengheiten mich sehr beunruhigten, vorausgesetzt, daß ich *glaubte,* daß er *existiert.* Aber ich bin (seit Jahren) im Schatten der Angst, Ihm nicht zu begegnen, in diesem Moment, Ihm. Ich denke, das ist die angeborene Kehrseite meines Temperaments, – mein kleiner Anteil an der menschlichen Last. Es bleibt mir also nur, voranzuschreiten, blind vertrauend auf ›das Sein‹. Es gibt eine Art von Trunkenheit der Hingabe auf dem Grunde selbst des Zweifels.«

Am 10. September 1930 macht sich Teilhard mit der Transsibirischen Eisenbahn auf den Weg nach Paris.

33 Die »Gelbe Kreuzfahrt«

> Tatsächlich war ich seit dem Krieg nie mehr wieder so sehr in die brutale Vielschichtigkeit der Menschen eingetaucht.

Teilhard läßt in Peking eine Freundin mit künstlerischem, spontanem Temperament zurück, von der er noch nicht weiß, wie sich die Dinge entwickeln werden. Um so mehr beruhigt es ihn, daß er in Frankreich einen neuen Freund gefunden hat, dem er sich in jeder Beziehung anvertrauen kann: Henri de Lubac, Theologieprofessor an der Jesuitenfakultät von Fourvière in Lyon seit 1929. Er ist fünfzehn Jahre jünger als Teilhard, auch Schüler des Jesuitenkollegs von Mongré, seit 1913 im Orden, seit 1922 mit Teilhard bekannt und von dessen Anschauung überzeugt. Es tut Teilhard gut, einen jüngeren Ordenskollegen als »Schüler« zu haben, der zugleich imstande ist, ihm mit positiver Kritik zu helfen, wo es notwendig ist. »Danke für alles, und für die Ermutigungen, die Ihre Sympathie mir gibt«, schreibt er noch vor seiner Abreise am 31. Juli 1930 an de Lubac. »Wenn die Älteren die Jüngeren schulen können, – die Jüngeren sind ihrerseits den Älteren ein wesentlicher Stützpunkt (für das Herz und für den Geist).« Und er schließt den Brief: »Tausend Freundschaften an alle Freunde: Fessard, Hamel, Rideau, Nicolet, Jouve, etc.« Es sind Studenten de Lubacs, Teilhards Hoffnung für die Zukunft.

Diese sieht wirtschaftspolitisch düster aus: Seit dem 25. Oktober 1929, dem »schwarzen Freitag« an der New Yorker Börse, hat eine Kette von Kurseinbrüchen eingesetzt, die auch nach Europa übergreifen und zu Preis- und Lohnabfall, Kreditverknappung, Produktionsrückgang, sprunghafter Erhöhung der Arbeitslosigkeit, Rückgang des Welthandels, nationalwirtschaftlichen Maßnahmen der Wirtschaftspolitik ohne ausreichende internationale Zusammenarbeit, Devisenbewirtschaftung und Autarkiebestrebungen führen (Ploetz). Das ›Memorandum über die Organisation eines Systems eines europäischen Staatenbundes‹, das der französische Außenminister Aristide Briand am 17. Mai 1930 den Völkerbundstaaten überreichen läßt, hat deshalb aus wirtschaftlichen und politischen Gründen keine Chancen.

Angesichts dieser Situation, die den weltweiten Kapitalismus in seine größte Krise stürzt, sitzt Teilhard im November 1930 in Paris mit gemischten Gefühlen Henry Field, dem Enkel des amerikanischen Milliardärs Marshall Field und Gründers des Field Museum von Chicago, gegenüber. Es geht um Subventionen für die von der französischen Autofirma geplante Expedition »Citroën Zentralasien«, zu der Teilhard als Vertreter des chinesischen Geological Survey eingeladen worden ist. Teilhard, der noch im letzten Mai/Juni die Expedition des American Museum von New York, des Rivalen des Field Museum, mitgemacht hat, möchte nun auch diesem eine wissenschaftliche Chance und dem immer schwieriger zu finanzierenden französischen Unternehmen zusätzliche Dollars vermitteln. Die Gegenwart der Freunde Bégouën und Abbé Breuil machen ihm dieses diplomatische Essen erträglicher.

Wohler fühlt er sich bei den Studenten der Gruppe Marcel Légaut, denen er im November/Dezember in Chadefaud in der Auvergne vier Vorträge hält über das Thema: ›Versuch der Integration des Menschen in das Universum‹. Im zweiten Vortrag macht er deutlich, wieso es nötig ist, den Kapitalismus, wenn man ihn schon nicht verhindern kann, wenigstens dazu zu bringen, daß er die aufgehäuften Reichtümer zur Förderung der geistigen Werte zur Verfügung stellt: Das Gold »stellt auf der Erde für die Menschheit die materielle Energie in nutzbarer Form dar: Gold ist Petroleum, Kohle, Kunst, Bücher, eine Bibliothek. Es ist das Symbol und das Transportmittel aller dieser Einheiten, ist die Elementarwirtschaft; in diesem Sinne ist es großartig ... Reichtum mißbrauchen, Reichtum aufhäufen, sich seiner schlecht bedienen, das ist, möchte ich sagen, nicht nur eine Sünde der Ungerechtigkeit gegen das Individuum nebenan, das nichts hat; das ist eine Sünde gegen die Welt, denn um zu leben, um sich zu entwickeln, braucht die Menschheit das [Gold]: um Geistiges, um Personen zu schaffen; so daß irgendein Anhalten dieser Zirkulation der Gesamtheit der Dinge schadet.«

Ein Besuch in Sarcenat bei der Familie enthüllt Teilhard, daß es mit der Gesundheit seines Vaters bergab geht. Wird der Sohn ihn beim nächsten noch ungewissen Besuch noch lebend antreffen? Die Schwester Guiguite hat aus ihrer Krankheit das Beste gemacht. Seit 1927 ist sie Präsidentin der »Katholischen Vereinigung der Kranken«, die sie 1922 kennenlernte. Jeweils zehn Kranke schließen sich zu einer Gruppe zusammen, die durch einen Rundbrief Kontakt halten und sich einen Führer und einen auch kranken Geistlichen als Leiter wählen. Unter der Präsidentschaft Guiguites wächst die Vereinigung von 27 auf 275 Gruppen. Eine Zeitlang entrinnt sie der Betreuung durch die Familie in Sarcenat und lebt in einer Privatklinik in Paris unter Wirbelsäulen- und Hüftgelenkskranken. Zusätzlich zu den Leitungsaufgaben und der umfangreichen Korrespondenz gründet sie nacheinander fünf Studienzirkel mit speziellen Zeitschriften: »Wir wollten unsere Gedanken niederschreiben, wollten den Mut haben, sie einander aufrichtig mitzuteilen und sie unter Umständen auch widersprochen zu sehen.« Seit längerem übt sie sich in der Schriftstellerei, übersetzt ein Werk Bensons, den Teilhard während des Ersten Weltkrieges so geschätzt hat, und schreibt selbst einen Roman ›L'Echo‹: »allzu naiv und ziemlich schlecht aufgemacht«, sagt sie selbst darüber. 1933 und 1934 erscheinen von ihr unter dem Pseudonym André Cercamp die Novellen ›Esher-Castle‹, ›Initiation‹ und ›Tante‹ in der Jesuitenzeitschrift ›Etudes‹, die ihrem Bruder immer weniger offensteht.

In der alten Jesuitenresidenz in der Rue Bansac zu Clermont-Ferrand fasziniert Teilhard bei diesem Auvergne-Besuch einen jungen Philosophiestudenten des Ordens, P. Gannes, der später berichtet: »Wir saßen auf dem Bett, alle Stühle waren wacklig. ›Begreifen Sie‹, sagte er mir, ›was heute geschieht, ist sehr wichtig: wir sind dabei, das Neolithikum zu verlassen.‹ ... Wir trennten uns zwischen drei und vier Uhr morgens ... Er hat mich begreifen lassen, daß die wirkliche Demut mit der größten Kühnheit identisch ist.«

In Paris trifft Teilhard Léontine Zanta, die außer einer Studie über Vittoria Colonna einen originellen Pilgerroman ›Sainte-Odile‹ geschrieben hat. Teilhard erzählt ihr von einer geologischen Exkursion, die auch ihn im September 1925 für einige Stunden in das Kloster auf dem Sankt-Odiliens-Berg im Elsaß geführt hat, in Léontines Heimat. Auch seine Cousine Marguerite, die neben ihrem Literaturunterricht noch den Posten einer Generalsekretärin der »Vereinigung der Sekundarschulen für Mädchen« versieht, findet weiterhin Zeit zur Schriftstellerei. Zur Zeit arbeitet sie an einem historischen Roman über die Schriftstellerin Madeleine de Scudéry und die Pariser Salons in der zweiten Hälfte des 17. Jahrhunderts.

Ende Januar 1931 schifft sich Teilhard nach den Vereinigten Staaten ein, um auch dort bei der Vorbereitung der »Gelben Kreuzfahrt« mitzuwirken, wie das Unternehmen Citroën bald genannt wird. Zur Einstimmung auf die »Neue Welt« liest er die ›Scènes de la vie future‹ von Georges Duhamel, dessen ›Possession du Monde‹ er 1919 bei Léontine Zanta kenngelernt hat. Der Weltreisende Teilhard muß gestehen, er habe bei der Berührung mit New York keinerlei Erschütterung empfunden. Am 8. Februar 1931 heißt es an Marguerite: »Keine Abneigung jedenfalls wie Duhamel, aber auch keine Bewunderung. Nur einfach eine tiefe Achtung vor der Ordnung und der Majestät der Stadt.« Er trifft dort seine Freunde Osborn und Andrews vom Naturhistorischen Museum und hält dort und an der Columbia-Universität Vorträge in englischer Sprache. Mit den Geologen der Mongolei konferiert er über die Vorbereitung der Expedition. Die Nationale Geographische Gesellschaft von Washington ist bereit, die »Gelbe Kreuzfahrt« ebenso hoch zu subventionieren wie die Südpolreise von Byrd. Dr. Maynard Owen Williams wird die Geographische Gesellschaft auf der Expedition vertreten.

Um die diplomatische Unterstützung der Expedition nach allen Seiten sicherzustellen, trifft Teilhard mit dem derzeitigen Botschafter Frankreichs in den Vereinigten Staaten zusammen: mit Paul Claudel. »Eine volle Stunde mit Claudel im dreißigsten Stockwerk des Hotels verbracht, in dem er gegenwärtig weilt«, schreibt Teilhard an Marguerite. »Ich machte ihm wegen Haardt und Point [den Leitern der Expedition] einen Besuch, aber tatsächlich war vor allen Dingen von Religion die Rede. Der große Dichter war reizend und vertrauensvoll.« Die gegensätzlichen Auffassungen lassen sich jedoch nicht verbergen. Für Teilhard ist Claudel der reine Dichter, für den sich alles in Ästhetik verwandelt. Schwierigkeiten bei der Bibelauslegung kennt er nicht, ihm genügt, daß sie sein Denken nährt. Das Christentum wird nach Meinung Claudels alle Menschen guten Willens überzeugen. Geistige Krisen seien anachronistisch. Dennoch gibt es Berührungspunkte zwischen beiden: Claudel ist noch mehr als bisher Teilhard in der Welt herumgekommen. Schon 1893 wurde er Vizekonsul in New York, 1905 Konsul Erster Klasse im Fernen Osten, 1911 Generalkonsul in Frankfurt, 1917 Sonderbevollmächtigter in Brasilien und Dänemark, 1931 Botschafter in Tokyo, dann in Washington. »Wir wohnen einer kontinuierlichen Schöpfung bei«, schreibt er am 25. Mai

1907 an Jacques Rivière. 1909 liest auch er mit Interesse ›Der Meister der Erde‹ von Benson. Schon 1908 besucht er Tientsin, »eher ein strenger Ort, der die Nacktheit der Wüste hat ohne ihre Größe, und das Elend ohne die Einsamkeit ... Allein der Himmel ist schön, immer den Augen offen, immer von wunderbarer Reinheit.« Auch kennt Claudel Teilhards Problem, statt der Vergangenheit sich der Zukunft zuzuwenden: »Mein ganzes Leben habe ich versucht, nach vorn zu leben und mich von dieser Melancholie zu befreien, von diesem Bedauern vergangener Dinge, die zu nichts führt, als den Charakter und die Imagination zu schwächen.« Im November 1947 werden sich Teilhard und Claudel in Paris wiedersehen, und dieser wird in seinem Tagebuch über Teilhard notieren: »Schöne aristokratische Figur, die mir jedoch nur mittelmäßig sympathisch erscheint.« Doch hindert das Claudel nicht, im Sinne von Teilhard festzustellen: »Der Skandal der Christen des 19. Jahrhunderts vor den Entdeckungen der Wissenschaften rührt daher, daß sie sich Gott nicht so immens und ewig vorstellen konnten, wie er ist.« Teilhard seinerseits notiert von Claudel den Satz: »Das Universum ist ein solidarischer Organismus, dem das Herz präsidiert.« Claudel stirbt einige Monate vor Teilhard, am 23. Februar 1955, mit den Worten: »Laßt mich in Ruhe – ich habe keine Angst«, was Teilhard am 9. März im Tagebuch festhält.

Was Claudel im März 1930 in sein Tagebuch schreibt, zeigt, daß Teilhard für seine wissenschaftlichen Vorhaben auf Verständnis rechnen kann, auch wenn Claudel nicht alle philosophisch-theologischen Ansichten Teilhards teilt und einige vielleicht sogar für Irrtümer hält: »Doch der Irrtum ist wesentlich für die Menschheit, er ist ein Element des Fortschritts und der Entdeckung; wer den Irrtum eliminiert, eliminiert die Forschung, diese Provokation zum Unbekannten und Unerwarteten.«

Um so enttäuschter ist Teilhard in diesem Punkt von der römisch-katholischen Kirche in den Vereinigten Staaten und von den meisten amerikanischen Jesuiten: sie stehen nicht an der Front des Fortschritts. So schreibt Teilhard an de Lubac am 9. Februar 1931: »In diesem äußerst naiven Land wird der Evolutionismus ... als gleichbedeutend mit materialistischem Monismus verstanden.« Bei seinen späteren Aufenthalten in den USA wird Teilhard mit dem Konservatismus der Katholiken nähere Bekanntschaft machen.

Zufrieden mit den Verhandlungen in New York, reist Teilhard mit dem Pullmanwagen über Chicago, wo er noch einmal mit Henry Field zu einem »reizenden Diner im Familienkreise« zusammentrifft, und Santa Fe nach San Francisco. Dort schifft er sich an Bord der »Präsident Garfield« nach China ein. »Amerika hat mir im großen und ganzen gut gefallen«, schreibt er am 23. Februar 1931 an Abbé Breuil, »zweifellos, weil man mich dort wie ein verwöhntes Kind empfangen hat (eine übertriebene Bewunderung, in der sich ein wenig zeigt, wie ›jung‹ das Land ist), aber mehr noch deshalb, weil man bei allen Forschern Jugendfrische und Feuereifer spürt, ohne daß das erste Interesse einer Stellung oder einem Lehrstuhl gilt. Jetzt brauchte ich mich nur in New York, Chicago oder San Francisco vorzustellen, um sofort eine Arbeit oder eine Stelle zu haben. Aber China soll mich anscheinend nicht loslassen.«

Teilhards Optimismus über die Chancen in den Vereinigten Staaten rührt auch daher, daß er die Krise, in dem sich dieses Land nach der Großen Depression vom Oktober 1929 gerade befindet, höchstens vom Hörensagen mitbekommt. Im Herbst 1930 gibt es vier Millionen Arbeitslose, im Frühjahr 1931 acht und gegen Ende des Jahres zehn Millionen. Vor den Ausgabestellen der Wohltätigkeitsvereine stehen die Hungernden Schlange nach einem Teller Suppe und einer Scheibe Brot. Die Angst vor einem völligen Zusammenbruch der Wirtschaft greift um sich. Durch die Kreditknappheit können viele Familien ihre Haushypotheken nicht erneuern. Die Obdachlosen suchen Zuflucht in den »Hoovervilles« aus Blech- und Bretterhütten. Die Maßnahmen der Regierung Hoover, zum Beispiel eine Finanzierungsgesellschaft für verschuldete Hausbesitzer, greifen nicht.

Mitten auf dem Pazifik, am 9. März 1931, schließt Teilhard ein Manuskript ab, von dem er bereits am 12. Oktober 1926 aus Tientsin an Ida Treat geschrieben hat: »Ich möchte endlich sprechen, wie ich denke, ohne mich um das zu kümmern, was zugelassen wird, mit der alleinigen Sorge, so getreu wie möglich das zum Ausdruck zu bringen, was ich in mir wie eine Stimme oder ein Lied brausen höre, die nicht von mir, sondern von der Welt in mir sind.«

In dem Essay ›Der Geist der Erde‹, der dreiundvierzig Druckseiten umfassen wird, bekennt sich Teilhard vor allem zur zwischenmenschlichen Liebe: »Die Liebe ist die universellste, die ungeheuerlichste und die geheimnisvollste der kosmischen Energien. Nach jahrhundertelangem Tasten haben die sozialen Einrichtungen sie äußerlich eingedeicht und kanalisiert. Unter Ausnützung dieser Lage haben die Moralisten versucht, sie zu reglementieren ... Sozial tut man so, als kenne man sie nicht in der Wirtschaft, in den Geschäften, in den Versammlungen – während sie verstohlen überall ist ... Ist es der Menschheit wirklich möglich, weiterzuleben und zu wachsen, ohne sich darüber zu befragen, was sie an Wahrheit und Kraft in ihrem unglaublichen Vermögen zu lieben verlorengehen läßt?«

Damit die Liebe ihre volle menschliche Reife erreicht, darf sie sich nicht in der Fortpflanzungsfunktion erschöpfen: »Nicht mehr nur die einzige und periodische Anziehung im Hinblick auf die materielle Fruchtbarkeit, sondern eine grenzenlose und ruhelose Möglichkeit des Kontakts durch den Geist eher als durch den Leib: unendlich zahlreiche und subtile Antennen, die unter den zarten Nuancen der Liebe zu finden sind; seit der wechselseitigen Sensibilisierung und Vollendung, in denen die Sorge um die Rettung der Art nach und nach in dem immer umfassenderen Rausch verschmilzt, zu zweien eine Welt zu vollenden. ... Die Frau steht vor ihm [dem Mann] als der Anreiz und das Symbol der Welt. Er vermöchte sie nur zu umarmen, indem er selbst seinerseits nach dem Maße der Welt wächst. Und weil die Welt immer größer ist und immer unvollendet und immer uns selbst voran – hat sich der Mann in eine grenzenlose Eroberung des Universums und seiner selbst eingelassen, um seine Liebe zu ergreifen. In diesem Sinne vermag der Mann die Frau erst in der vollendeten universellen Vereinigung zu erreichen. – Die Liebe ist ein geheiligter Energievorrat – und sozusagen das Blut selbst der geistigen Evolution ...«

Ist in den Passus über die Liebe Teilhards persönliche Erfahrung mit der Cousine Marguerite, mit Léontine Zanta, mit Ida Treat und mit Lucile Swan, die ihn nun in China erwartet, eingegangen – in der folgenden Passage spiegelt sich die Weltwirtschaftskrise, die er gerade in Paris und Amerika erlebt hat und die an Bord der »Präsident Garfield« vor allem diskutiert wird. »Zuviel Eisen, zuviel Weizen, zuviel Automobile; – aber auch zuviel Bücher, zuviel Beobachtungen; – und auch zuviel Diplome, Techniker und Handarbeiter – oder sogar zuviel Kinder. Die Welt kann nicht funktionieren, ohne Lebende, Nahrung, Ideen hervorzubringen. Doch ihre Produktion übersteigt immer offensichtlicher ihr Konsumations- und Assimilationsvermögen. – Und hier stellt sich wieder, wie im Falle der Liebe, die Frage: Was bedeutet dieser seltsame Überschuß? Ist die Welt, da sie wächst, dazu verurteilt, automatisch, unter dem Übermaß ihres eigenen Gewichts erstickend, zu sterben? Keineswegs, werden wir antworten: sie ist vielmehr dabei, in sich die Elemente eines höheren und neuen Leibes zu sammeln. Es macht die ganze Frage in dieser Geburtskrise aus, ob unverzüglich die Seele emergiert, die durch ihr Auftreten diese Anhäufung stagnierender und wirrer Materie organisieren, entlasten, vitalisieren wird. Doch diese Seele kann, wenn sie existiert, nichts anderes als die ›Konspiration‹ der Individuen sein, die sich verbinden, um das Gebäude des Lebens *um ein neues Stockwerk höher zu bauen ... Das Zeitalter der Nationen ist vorbei. Es handelt sich nunmehr, falls wir nicht zugrunde gehen wollen, für uns darum, die alten Vorurteile abzuschütteln und die Erde zu bauen* ... Das bedeutet innere Qualen und Verfolgungen. *Die Erde wird sich ihrer selbst nur durch die Krise der Bekehrung hindurch bewußt werden.*«

In diesem ›Geist der Erde‹ erlebt der nun fast fünfzigjährige Teilhard während einer kurzen Zwischenlandung die Hawaii-Inseln, wo ihn der Leiter des Geologischen Dienstes im Pazifik, Dr. Gregory, zu einem Mittagessen im Club, zu einer Exkursion in die Berge aus Lava und zum Tee in ein Landhaus mitnimmt, »fernab von der Stadt, wohin sich alle glücklichen Bürger dieser Inseln zurückziehen«. Nach weiterer zwölftägiger Fahrt verbringt er einen Tag in Kyoto auf Japan. Während er auf das Schiff nach China wartet, besucht er eine Reihe von klassischen Tempeln: »Ich war leider nicht allein – ein Missionar führte mich – und ich konnte mich daher vor den vergoldeten Altären ohne Götterbilder nicht aufhalten, wie ich gewollt hätte« – um wie Paulus auf dem Areopag dem noch unbekannten Gott zu opfern.

Nähe und Abstand des Geistes, den die Mannschaft der »Gelben Kreuzfahrt« beseelt, zu dem »Geist der Erde«, wie ihn Teilhard beschrieben hat, bezeugt das Vorwort »der Ehemaligen« zu einem Fotoband über die Expedition: »Bei unserer Fernfahrt von Beirut nach Peking haben wir uns alle wie die wahren Abenteurer der modernen Zeit gefühlt. Der gute Kameradschaftsgeist, die hohe Widerstandsfähigkeit des Materials, die Dynamik unserer Expeditionsleiter und das Genie André Citroëns haben es uns erlaubt, die ungeheueren und ungezählten Schwierigkeiten zu überwinden, die wir ständig antrafen.

Die Expedition Citroën Zentralasien, das Abenteuer unseres Lebens, ist auch das Abenteuer all derer geworden, die sich für die Geschichte der Menschheit und des Automobils begeistern.«

Hinter diesem Unternehmen, an dem Teilhard als Repräsentant des chinesischen Geologischen Dienstes teilnimmt, stecken freilich handfeste wirtschaftliche, militärstrategische und politische Interessen. Ob man nicht die alte Trasse der Seidenstraße wiederfinden kann, die im 7. Jahrhundert der chinesische Pilger Hiuantsang und im 13. Jahrhundert der Venetianer Marco Polo gezogen sind? Kann man nicht einen Verkehrskorridor eröffnen, der China, Persien und Arabien mit Europa verbindet? Die französische Regierung, der Außen-, Kolonial- und Postminister, unterstützen das Unternehmen, das weniger eine sportliche als eine diplomatische Leistung zu sein scheint. Ursprünglich sind nur sieben schwere Kettenfahrzeuge für die Expedition vorgesehen. Doch nachdem die russische Regierung keine Durchreiseerlaubnis erteilt und man den Himalaya überqueren muß, wird die Expedition in zwei Gruppen aufgeteilt: die Gruppe Pamir, bestehend aus 23 Mann, mit 7 leichten Militär-Kettenfahrzeugen mit Spezialkarosserie und 7 Anhängern unter Führung von Georges-Marie Haardt, dem Generaldirektor von Citroën; und die Gruppe China, bestehend aus 19 Mann unter Führung von Kapitänleutnant Victor Point, darunter Teilhard, mit dem von Anfang an vorgesehenen schweren Material: mit 7 Kettenfahrzeugen, 4 Lastkraftwagen, 2 Motorrädern und 7 Anhängern. Die Gruppe Pamir soll von Beirut aus, die Gruppe China von Peking aus starten. Nach dem Zusammentreffen beider Gruppen soll nur mit der Ausrüstung der Gruppe China nach Peking weitergefahren werden. Veranschlagt sind sechs Monate, in Wirklichkeit dauert die Expedition fast ein Jahr.

Teilhard schließt sich der Gruppe China, die mit dem schweren Material von Tientsin am 6. April 1931 aufbricht, erst am 10. Mai in Kalgan an, wo die Gruppe auf Ersatzketten wartet, die über Rußland am 11. Mai eintreffen. Die Gruppe verirrt sich zwei Tage in der Wüste Gobi. Am 22. Mai schließen sich acht chinesische Wissenschaftler der Expedition an, in diesen unabhängigen Provinzen unerwünschte Vertreter der Zentralregierung von Nanking. Am 10. Juni entkommt man einem Angriff von etwa hundert Banditen. Am 17. Juni läßt der Gouverneur von Soutschou die Radioantenne abbauen, beschlagnahmt die Pässe und untersagt die Weiterreise. Am 28. Juni gerät man zwischen kämpfende Moslems und Chinesen. Treibstoffvorratslager sind geplündert. In Turfan, dem heißesten Ort der Erde, beschlagnahmt der Statthalter auf Befehl von Marschall King Pässe und Waffen. Die Gruppe wird nach Urumtschi geschickt und dort von King interniert. Die Mechaniker montieren die Ketten ab, damit die Fahrzeuge für die Chinesen unbrauchbar werden. Am 25. Juli gelingt es durch einen Trick, einen SOS-Ruf hinauszufunken. Am 6. September ist man nach 43 Tagen Gefangenschaft frei. Vier Fahrzeuge setzen sich nach Aksu in Bewegung. Am 8. Oktober werden sie von Soldaten angehalten. Ein Mann kann mit dem Pferd fliehen und trifft auf die Gruppe Pamir.

Für drei Citroën-Limousinen, die aus Berlin eintreffen, erhält die nun vereinigte Expedition am 29. November von Marschall King einen Sammelpaß zur Rückkehr nach Peking. In Chami und nach der Durchquerung der Wüste Gobi bei minus 33 Grad wird der Sammelpaß erneut abgenommen und ist nur gegen Schmiergelder zurückzuhaben. Den Neujahrstag feiert man in einer Missionsstation bei deutschen Patres. Teilhard hält eine kurze Ansprache während der Messe. Am 27. Januar 1932 greift eine Gruppe unabhängiger Soldaten die Expedition an. Am 12. Februar trifft man in Peking ein. Am 16. März stirbt der Chef der Expedition, Georges-Marie Haardt, und Leiter der Gruppe Pamir in Hongkong an einer doppelseitigen Lungenentzündung. Am 7. August begeht der Leiter der Gruppe China, Victor Point, in Frankreich aus Liebeskummer Selbstmord. Ein Teil der Gruppe, die noch in Indochina gefilmt hat, kehrt nicht wie ursprünglich geplant mit dem Passagierdampfer »Georges Phillipart«, auf den ein Teil der Ausrüstung der Expedition verladen worden ist, nach Frankreich zurück, sondern mit dem Frachter »Metzinger«. Zum Glück! Denn die »Georges Phillipart« geht mit Mann und Maus unter.

Teilhard erlebt auf der Expedition ein ihm völlig neues menschliches Milieu: das der technischen Intelligenz und der Industriearbeiter in Gestalt der Mechaniker. Er macht dort die ernüchternden Erfahrungen der späteren Arbeiterpriester, die er ermutigen und verteidigen wird. »Hier entdecke ich eine ernste Aufgabe für mich«, schreibt er an Marguerite am 4. Mai 1931, »und gleichzeitig erfahre ich alle möglichen Reaktionen, die für mich heilsam sind. Mit dem Chefingenieur und Point habe ich endlose Gespräche über ›grundlegende‹ Fragen . . . Ich war betroffen von der Schwierigkeit, gewisse universalistische

Perspektiven Menschen klarzumachen, die nie Christen waren oder die dem christlichen Einfluß von Grund aus entgangen sind.« Aus der Gefangenschaft in Urumtschi berichtet er am 27. August 1931: »Das Personal ist dank der technischen Arbeiten, die die Gruppe der Mechaniker beschäftigen, hinlänglich einig, obwohl die Untätigkeit gewisse Bestrebungen, die Leute zu spalten, eher fördert ... Mittlerweile bildet sich eine geistige Gemeinschaft zwischen Point, dem Arzt, Ingenieur Brull, dem jungen Raymond, einem Naturwissenschaftler, und mir ... Tatsächlich war ich seit dem Krieg nie mehr wieder so sehr in die brutale Vielschichtigkeit der Menschen eingetaucht.«

Der wissenschaftliche Ertrag ist, gemessen an der Dauer der Expedition und den Strapazen, gering. Was man vom gegenwärtigen Relief des Hochlandes von Asien festhält, kann sich mit den Ergebnissen der Expeditionen Sven Hedins nicht vergleichen. Gegenüber Valensin legt Teilhard am 13. März auf anderes Wert: »Vom psychologischen und religiösen Standpunkt haben mich zwei Dinge getroffen: 1. Zunächst, in der Gruppe, die wir zufällig gebildet haben, nicht ein einziger praktizierender Katholik; – aber dafür allein im Generalstab (die Mechaniker sind weniger bezeichnend) sechs (oder gar sieben) Männer, die, obwohl christlich erzogen, fast alles aufgegeben haben, weil die Religion (so wie sie sie verstanden) ihnen nichts positiv mehr sagte. – 2. Dann, bei den Abständigen oder bei den von Anfang an Ungläubigen eine wirkliche Schwierigkeit (trotz eines sehr deutlichen religiösen Bedürfnisses), die Ebene der unmittelbaren oder individuellen Perspektive zu übersteigen: Skeptizismus und Pessimismus verweisen auf ein nicht verhülltes Verlangen zu glauben und zu hoffen. Die erste dieser beiden Feststellungen hat mich in der Idee bestärkt, daß das Christentum gegenwärtig in den lebendigen Bereichen der Gesellschaft Terrain verliert (vergessen Sie nicht, daß wir insgesamt eine stark ausgesonderte Elite bilden); und das, weil die Schriftgelehrten und Pharisäer das *Über-Menschliche* (und daher Hinreißende), was das Evangelium zu Recht ist, in seinen Erscheinungsformen *un-menschlich* gemacht haben (das heißt fremd gegenüber den wahren und hohen Erwartungen *des sich immerfort in Geburt befindlichen Menschen*). – Die zweite Beobachtung macht mich dagegen geneigt zu denken, daß außerhalb des beständig wirkenden christlichen Einflusses die Menschen die größte Mühe haben, zu der Erkenntnis der großen universellen Wirklichkeiten der Gegenwart und noch mehr der Zukunft zu gelangen und diese Erkenntnis festzuhalten. Anders gesagt, die ›Bürger der Welt‹, von denen ich träume, würden sich nur aus den *vorrangig christianisierten* Elementen rekrutieren. – Eine deutlichere Sicht der ›phyletischen‹ Rolle, die die Kirche in der Entwicklung der ›Noosphäre‹ spielt, – und eine ausdrücklichere (und nicht künstliche) Reintegration des ›Personalen‹ in die Konzeption von Welt: ich glaube wohl, das sind zwei seit einem Jahr zu verzeichnende Schritte, die mich wieder einer liebenswerteren Orthodoxie annähern. Physisch geht es mir gut. Diese Reisen in der Wüste sind mein Jungbrunnen.«

Deshalb scheut sich Teilhard auch nicht, vor seinem nächsten Aufenthalt in Paris noch eine Expedition nach Shansi zu unternehmen unter den früheren primitiven Bedingungen: auf dem Maultier, in schmutzigen Herbergen, geplagt von Fliegen. Doch erstmals fühlt er sich elend, die physische Müdigkeit schlägt in psychischen Widerwillen um. »Ich habe eine unbestimmte Vorstellung«, schreibt er an Marguerite am 11. Juli 1932, »daß ich jetzt zum letztenmal auf diese Weise herumziehe. Ich habe neue Dinge ins Auge gefaßt, die aber wahrscheinlich anderer Art sind, mehr meinem Alter entsprechend und der Art von Arbeit, die ich jetzt leisten kann. Ich nehme fast an, daß ich an einer Wende meines Lebens ankomme.«

34 Mystik des Ostens oder des Westens

> Mystik der ›Loslösung‹ oder Mystik des ›Hindurchgangs‹? Ich glaube (das macht mein ganzes Leben aus), daß das heutige Christentum sich *auf die zweite* ausrichtet, worin das Heil der Menschheit liegt.

Vergleichbar den Jahren 1917/18, als Teilhards Geburt als Mystiker ihren Niederschlag in den beiden Schriften ›Der mystische Bereich‹ und ›Das Ewig-Weibliche‹ findet, beginnt auch dieser neue Lebensabschnitt mit einer ähnlichen Auseinandersetzung, die die Jahre 1932 bis 1935 umfaßt. Als »Wanderer zwischen zwei Welten«, dem Orient und dem Okzident, verschafft sich Teilhard Klarheit darüber, ob der Mystik des Ostens die Zukunft gehört, wie manche westliche Intellektuelle meinen. Und durch die Freundschaft mit Lucile Swan in Bedrängnis geraten, stellt er 1934 über die »Evolution der Keuschheit« Thesen auf, die seine Freunde in Aufregung versetzen.

Am 8. September 1932, an Bord der »Porthos« auf der Fahrt nach Paris, schließt Teilhard in Penang auf Malaysia die Schrift ›Der Weg des Westens. Für eine neue Mystik‹ ab. Der Titel erinnert sowohl an Paul Claudels ›Erkenntnis des Ostens‹ wie an Malraux' ›Lockung des Okzidents‹. Hier setzt Teilhard an. Der sich wissenschaftlich gebende Agnostizismus des Abendlandes, sein positivistischer und ästhetisierender Pluralismus, sein alles verstehender und alles ironisierender Kulturrelativismus, sein übertriebener, bis zum verzweifelten Ichkult getriebener Individualismus und Aktionismus von Gide bis Malraux sind Anzeichen einer auseinanderstrebenden Vielheit, die den westlichen Menschen nach einer neuen Einheit suchen läßt: das uralte Thema der Mystik. Bietet sich der Weg des Ostens als Lösung an? »In unseren Tagen hat es scheinen können, als entstünde, selbst in Europa, eine Renaissance der ›buddhistischen‹ Mystik. Die monistische Ruhe des Orients – könnte sie nicht die pluralistische Agitation des Okzidents bekehren?« Doch das wäre eine verhängnisvolle Selbsttäuschung. Denn für die asiatische Mystik ist nach Teilhard »die Vielheit des Seins und der Wünsche nur ein böser Traum, aus dem man erwachen muß. Unterdrücken wir die Anstrengung der Erkenntnis und der Liebe, das heißt die Personalisation, die dahin tendiert, dieser Täuschung mehr Konsistenz zu geben: und ganz von selbst, durch das bloße Verschwinden der Vielheit des Vielen werden wir den wesentlichen Grund der Leinwand aufscheinen sehen; – in der entstandenen Stille werden wir die einzige Note vernehmen. Die Phänomene offenbaren nichts, sie verbergen uns die Substanz. Das ist stark vereinfacht die ›orientalische Lösung‹ des vollkommenen Lebens, das heißt die Rückkehr zur Einheit.« Das aber kann nicht, davon ist Teilhard überzeugt, der Weg des Westens sein, denn das wäre »der vollkommene Tod der konstruktiven Aktivität, die radikale Nichtigkeit des experimentellen Universums«. Der Westen kann den Weg, den er eingeschlagen hat, nicht zurückgehen, er muß ihn weiter und noch radikaler vorwärts gehen, hin zu mehr Bewußtsein, zu einer höheren Form der Personwerdung. »Gegen Westen«, verkündet Teilhard im Gegensatz zu Malraux, »befiehlt uns das

Leben voranzuschreiten, historisch und experimentell. Mehr wissen, mehr vermögen, schließlich mehr von Gott ergriffen sein.« Und Teilhard zeigt den Unterschied zwischen der östlichen und westlichen Mystik an einem wichtigen Punkt: »Den ›pantheistischen‹ Mystikern des Westens ist wesentlich Sinn und Kult für die *realen* Werte des Universums. Logischerweise existieren diese Werte für den östlichen Philosophen im Gegenteil nicht.«

Im Gegensatz zu Claudel, der dem Osten den »Gott von oben« als Erlösung zugedacht hat, wie ihn die traditionelle christliche Mission verkündet, fordert Teilhard: »Einzig ein erneuerter Glaube an eine gewisse Einheit, die aus der Welt entsteht, kann in uns den Geschmack des Lebens retten. Genau an diesem Punkt trennen sich die Wege vor uns: Hier der alte Weg des Ostens, weg von der Materie, hin zu weniger Forschung, weniger Trubel, weniger äußere Anstrengung: die Einheit enthüllt sich durch die Negation der Vielheit; – dort, im Gegensatz, der neue Weg des Westens, geradewegs gerichtet auf die irdischen Mysterien und Nahrungsmittel [Gides ›Nourritures terrestres‹!], die Einheit ergibt sich aus der Herrschaft über die Vielheit.«

Die neue Mystik beschäftigt Teilhard so sehr, daß er bei einem Vortrag für die Studenten der Ecole Normale Supérieure der Rue d'Ulm ebenfalls das Thema wählt: ›Orient und Okzident oder die Mystik der Personalität‹. Dort begegnet dem Pater erstmals Claude Cuénot, der Sohn des Biologen Lucien Cuénot, der mit Teilhard befreundet ist. Claude wird später Mitglied und Sekretär des Komitees zur Herausgabe der Schriften Teilhards und dessen erster Biograph.

Anläßlich einer Sitzung der Gesellschaft für religiöse Studien im Pfarrhaus von St. Séverin gedenkt man in Gegenwart Teilhards des Oratorianerpaters Laberthonnière, der Seele dieser Gesellschaft, der am 6. Oktober 1932 gestorben ist. 1906 sind Schriften von ihm auf den Index der verbotenen Bücher gekommen, und Abbé Bremond und der Modernist Tyrrell haben ihn damals besucht. Jetzt schreibt Teilhard am 20. Oktober an Valensin: Laberthonnière sei fromm gestorben, ohne einen Pfennig, an einer »Krise der Melancholie«. Doch »seine Papiere sind an einem sicheren Ort«, ein Problem, das Teilhard im Hinblick auf seine Schriften mehr und mehr beschäftigt. Im gleichen Brief berichtet Teilhard von Gesprächen mit seinem Freund Edouard Le Roy, der ihm helfen will, das Manuskript ›Der

Geist der Erde‹ zu redigieren, damit es vielleicht die kirchliche Zensur passieren kann. Teilhard hat auch de Lubac gebeten, es zusammen mit Valensin durchzusehen und sich dafür einzusetzen, daß der neue Provinzial M. de Bonneville es für eine englische Zeitschrift mit großer Auflage freigibt. Große Hoffnung hat Teilhard nicht mehr, seit die Werke Le Roys, in denen Teilhard oft zitiert wird, durch Erlaß des Heiligen Offiziums vom 24. Juli 1931 indiziert worden sind. Le Roy hat einen Widerruf unterschrieben, »dessen Sinn er nicht verstehe«, doch wollte er seinen Willen kundtun, der Kirche zu gehorchen.

So ist es verständlich, daß die Briefe Teilhards aus diesen Pariser Monaten nicht ohne Bitterkeit und gelegentliche Schärfe sind, zumal er bald erfährt, daß keine seiner Schriften Aussicht hat, die Zensur zu passieren. Seine Mystik des Westens, die alle Schriften seit ›Der göttliche Bereich‹ beseelt, ist den kirchlichen Behörden verdächtig. »Die auf dem Stuhl des Moses sitzen, sind heutzutage zu bizarr«, klagt er am 6. Oktober 1932 an de Lubac, und an Valensin droht er am 17. Oktober: »Ich glaube, wenn ich erneut einem ›veto‹ begegne, werde ich auf die eine oder andere Weise aus meinem Schweigen heraustreten (in aller Treue zur Gesellschaft [Jesu], – fürchten Sie nichts).« Valensin selbst zieht sich resignierend mehr und mehr von der philosophischen und theologischen Arbeit im kirchlichen Bereich zurück: »Ihr Brief«, schreibt Teilhard an ihn am 20. Oktober, »läßt mich ein wenig besser den Grad der Tyrannei und der intellektuellen Furcht ermessen, an dem die Führer der Kirche angelangt sind ... *In der Tat,* ich wage nicht und habe niemals gewagt, jemand zu drängen, Christ zu werden. Die Last wird zu schwer zu tragen ... Das einzige Ziel meines Lebens wird ab heute noch mehr einzig darin bestehen, dahin zu wirken, den Ring zu zerbrechen, in den, durch eine bittere Ironie, die ›Kinder des Lichts‹ den Geist eingesperrt haben ... Ich habe nichts zu verlieren, um die Chancen [einer offiziellen Revision] bis zum Ende zu verfolgen ... Wir sterben deshalb dahin, weil wir niemand haben, der sich für die Wahrheit zu opfern weiß.« »Ich möchte Ihnen sagen, daß mir diese Tage die Furcht gekommen ist, Rom gebe sich nicht damit zufrieden, mir einige persönliche Schwierigkeiten zu machen, – sondern daß man, da man jetzt die Hand auf einen Text oder präzisen Kode der ›Spiritualität‹ gelegt hat, eine gewisse Anzahl Sätze herausziehen und in der Gesellschaft [Jesu] mißbilligen werde (erinnern Sie sich, was Rousselot [1920] passiert ist).«

So am 25. Oktober 1932 an Valensin, ein Zeichen dafür, daß Teilhard auf Schlimmes gefaßt ist.

Während Teilhard auf der Gelben Kreuzfahrt weilte, ist am 11. Februar sein Vater im Alter von siebenundachtzig Jahren gestorben. Seine kranke Schwester Guiguite leidet besonders unter diesem Verlust. »Er wußte so viel und hatte immer Verständnis und ein aufmunterndes Wort für meine Unternehmungen. Infolgedessen war dann stets ein doppeltes Interesse an einer Sache vorhanden, durch das seinige, das zum meinigen dazukam. Mit seinem Tod ist im wahrsten Sinn des Wortes in meinem Leben etwas erstorben.« Auch der Bruder Pierre wird ähnlich empfunden haben. Für Guiguite führt dieser Verlust zu einer Verschlimmerung ihrer Krankheit. Anfang 1933 muß sie drei Monate lang ununterbrochen mit der Schlundsonde künstlich ernährt werden. Ihr ganzer Körper ist wie ohnmächtig und gelähmt.

Im Januar 1933 hält Teilhard in der Kapelle der Franziskaner-Missionarinnen Mariens in der Avenue Reille in Paris für die Mitglieder der Kranken-Union, deren Präsidentin seine Schwester Guiguite ist, einen Vortrag über ›Die Bedeutung und der konstruktive Wert des Leidens‹. Der Vortrag erscheint am 1. April des Jahres in der Zeitschrift der Union. Der Gegensatz zwischen der Mystik des Ostens und der des Westens erscheint hier unter dem Bild vom Blumenstrauß (Osten) und vom Baum (Westen). Die Versuchung des Ostens: »Als ob das Universum vom Anfang bis zum Ende seiner Geschichte in der Zeit und im Raum eine Art riesiges Blumenbeet bildete, dessen Blumen nach dem Willen des Gärtners untereinander austauschbar wären ... Nein, wir sind nicht den Elementen eines Blumenstraußes vergleichbar, sondern den Blättern und den Blüten eines großen Baumes, auf dem alles zu seiner Zeit und an seinem Ort erscheint, nach dem Maß und dem Verlangen des Ganzen.« Die Konsequenzen dieser westlichen Mystik für die Einschätzung des Leidens liegen auf der Hand: »Bei einem Blumenstrauß würde man sich darüber wundern, unvollkommene, ›leidende‹ Blumen zu finden, weil die Elemente eines nach dem anderen gepflückt und künstlich zusammengestellt wurden. Bei einem Baum dagegen, der wider die inneren Zufälligkeiten seiner Entwicklung und die äußeren Zufälligkeiten der Wetterunbilden zu kämpfen hatte, sind die zerbrochenen Zweige, die zerfetzten Blätter, die vertrockneten, kränklichen oder verwelkten Blüten ›an ihrem Ort‹: sie sind Ausdruck für die mehr oder weniger schwierigen Wachstumsbedingungen, denen der Stamm begegnete, der sie trägt ... Die Welt ist auf unserer Stufe, wie sie sich in der Erfahrung zeigt, ein unermeßliches Tasten, ein unermeßliches Suchen, ein unermeßlicher Angriff: sie kann ihre Fortschritte nur um den Preis vieler Mißerfolge und vieler Wunden erzielen. Die Leidenden, welcher Art ihre Leiden auch seien, sind der Ausdruck für diese herbe, aber edle Bedingtheit. Sie stellen keine nutzlosen oder geminderten Elemente dar [wie in der Mystik des Ostens]. Sie zahlen lediglich für den Vormarsch und den Triumph aller. Sie sind auf dem Felde der Ehre Gefallene.« Und Teilhard erinnert an die biblische Vorstellung von der Menschheit als dem »mystischen Leib Christi«, in dem die Glieder unterschiedliche Funktionen ausüben zum Fortschritt der Menschheit. Dabei kommt außer den Kontemplativen und den Betenden sicher auch den Kranken und Leidenden die Aufgabe zu, die allgemeine Arbeit des Fortschreitens und der Eroberung zu sublimieren, zu vergeistigen: »Ihnen kommt es zu, Ihre Brüder, die wie Bergleute in den Tiefen der Materie arbeiten, atmen zu lassen ... Im Leiden ist mit einer extremen Intensität die Aufsteigekraft der Welt verborgen ... Welchen Sprung würde die Welt in Richtung auf Gott tun, wenn alle Kranken zugleich ihre Mühsal in ein gemeinsames Verlangen kehrten, daß das Reich Gottes rascher durch die Eroberung und durch die Organisation der Erde hindurch reife.« Teilhards Mystik des Westens bewährt sich auch angesichts sonst »sinnlosen« Leidens.

Bei einem Abstecher nach London im Dezember 1932 versichert sich Teilhard erneut der Freundschaft seines Jesuitenkollegen Martindale, den er seit dem Noviziat in Aix-en-Provence ins Herz geschlossen hat. Die gemeinsame Hochschätzung der Schriften Robert-Hugh Bensons gehört zu den Wurzeln ihrer Vorliebe für die Mystik.

In Paris lernt Teilhard die amerikanische Bildhauerin Malvina Hoffmann kennen, eine Rodin-Schülerin. Sie stellt gerade hundert ihrer völkerkundlichen Köpfe im Trocadéro Museum aus, die für die Hall of Man im Field-Museum von Chicago bestimmt sind. Teilhard schließt dauernde Freundschaft mit Malvina. Wir verdanken ihr eine Büste Teilhards aus dem Jahre 1939, die sich im Musée d'Art Moderne in Paris befindet. Jetzt besucht er sie häufig in ihrem gemütlichen Salon, wo sich auch Abbé Breuil, der Afrikaforscher Marcel Griaule und der Folklorist Henri Rivière einfinden. Teilhard ist wieder unter seinesgleichen, und er genießt es, wenn Ernest Schelling Chopin spielt. Kommt die Musik unter den Künsten der mystischen Empfindung doch am nächsten. Schon am 14. Februar 1927 schrieb er Ida Treat aus Peking, und seine künstlerisch-mystische Tendenz ist jetzt noch ausgeprägter: »Im Grunde wollte ich nicht so sehr eine Theorie, ein System, eine *Weltanschauung* verbreiten, sondern eine gewisse Lust, eine gewisse Wahrnehmung der Schönheit, des Pathetischen, der Einheit des *Seins*. Genau das verursacht wahrscheinlich das Unverständnis, auf das ich stoße. Ich versuche, diese Art ruhiger Trunkenheit, die das Bewußtsein des tiefen Stoffes der Dinge mir verursacht, in Begriffen von Theorien auszusagen (wie ich es, wenn ich dazu fähig wäre, in Musikstücken tun möchte!); doch diese Theorien gelten für mich in Wirklichkeit nur wegen ihrer Resonanz in einem Bereich der Seele, der nicht der des Intellektualismus ist. Diejenigen, die die tiefe Harmonie des Universums nicht hören, die ich zu transkribieren versuche (sehr viele hören sie auch glücklicherweise), suchen in dem, was ich schreibe, ich weiß nicht welches eng logische System, und sie sind verwirrt oder wütend. Im Grunde ist es nicht möglich, die Wahrnehmung einer Qualität, eines Geschmacks direkt durch Worte zu übermitteln. Noch einmal, für meinen Zweck wäre es besser, ich wäre der Schatten eines Wagner denn der Schatten eines Darwin.«

Nach dem Zweiten Weltkrieg wird sich Teilhard noch einmal intensiv mit den östlichen Religionen befassen (›Der geistige Beitrag des Fernen Ostens‹, 1947) und ihre Eigenart in Gesprächen mit René Grousset, dem Verfasser der ›Geschichte der Kreuzzüge‹ (1948/49), und mit Solange Lemaître, der Teilhard freundschaftlich verbunden ist, erörtern. Sie sammelt ›Mystische Texte des Orients und Okzidents‹, die 1955 erscheinen, und gewinnt Teilhard zur diskreten Mitarbeit im »Bund der Glaubenden«. Diese weltweite Bewegung entspricht Teilhards Auffassung der Noosphäre und des Ökumenismus – unter der Bedingung, daß die östliche Auffassung vom Verhältnis zwischen Körperwelt und Geist nicht bestimmend wird.

Im Februar/März 1933 befindet sich Teilhard in Begleitung von Abbé Breuil, der von Monfreid nach Abessinien eingeladen worden ist, und des Ordenskollegen und Geophysikers Lejay an Bord der »Aramis« auf der Rückreise nach China.

> Die Frau für die Fortpflanzung der Rasse –, oder überhaupt keine Frau: Das ist das von den Moralisten aufgestellte Dilemma. Gegen diese Vereinfachung erheben sich jedoch die teuersten und sichersten unserer Erfahrungen.

Die nächsten drei Monate in Peking stehen im Schatten einer drohenden Invasion der Japaner. Schon 1931 sind japanische Truppen in die Mandschurei eingefallen. Das Nankinger Regime Chiang Kai-sheks, das sich auf eine Einheitspartei nach sowjetischem Muster, die Kuomintang, und auf die mit dem Ausland zusammenarbeitende Geschäftsbourgeoisie stützt, hat genug zu tun, sich der erstarkenden Kommunisten in der Provinz Kiangsi zu erwehren. Dort hat der erste Nationale Sowjetkongreß am 7. November 1931 die Chinesische Sowjetrepublik ausgerufen, die vor allem die verarmten Bauern auf ihrer Seite hat. So kann sich Chiang Kai-shek eine Auseinandersetzung mit den Japanern nicht leisten, bei der er auch militärisch den kürzeren ziehen würde. Er konzentriert sich stattdessen darauf, die Propagandamethoden des italienischen Faschismus und des deutschen Nationalsozialismus zu imitieren, eine »Bewegung des Neuen Lebens«, verbunden mit einem modernisierten Konfuziuskult, ins Leben zu rufen und durch seine politische Polizei, die »Blauhemden«, die Liberalen und Revolutionäre verfolgen zu lassen. »Wir leben weiter hier in großer Ruhe und erwarten doch jeden Tag, daß wir beim Aufwachen an Mandschukuo [so haben die Japaner die Mandschurei umgetauft] angeschlossen sein könnten, unter der Herrschaft der Marionette Pu-I.« Dieser letzte Mandschu-Kaiser war 1912 sechsjährig zurückgetreten und wird 1934 Kaiser von Japans Gnaden über Mandschukuo. Und Teilhard berichtet seiner Cousine Marguerite am 24. April 1933 noch von der vorsorglichen Übersiedlung eines Teils seiner Bücher und seiner Sammlung vom Chinesischen Survey in die Rockefeller-Stiftung zu seinem Freund Black. Als die Lage sich beruhigt, unternimmt Teilhard noch einen »Trip« ins Shansi, zusammen mit einem amerikanischen Freund.

Und wieder ruft Amerika. Schon am 7. Juli 1933 schreibt er an Ida Treat nach Paris: »Meine physische Existenz fährt derzeit auf dem Pazifik spazieren. In Gesellschaft von vier Geologen habe ich Peking am 22. Juni verlassen; und in drei Tagen fahren wir durch das *Golden Gate*. Wie Sie wissen, nehme ich am Washingtoner Kongreß Ende Juli teil. Am 8. September werde ich in San Francisco wieder an Bord der *President Coolidge* gehen.« Was er der amerikanischen Freundin verschweigt, bekennt er am 10. Juni gegenüber Marguerite: »Diese neuerliche Reise begeistert mich nicht sehr, denn sie erscheint mir als ein ebenso großer Zeitverlust für meine persönliche Forscherarbeit (mit dem Alter wird man geiziger mit der Zeit), sie kann mir aber unvorhergesehene Horizonte und Beziehungen erschließen.« Tatsächlich begegnet Teilhard auf diesem Internationalen Panpazifischen Geologenkongreß Helmut de Terra, der ihn bald darauf nach Indien einladen wird und dadurch Teilhard ein neues Forschungsfeld eröffnet. Rhoda de Terra, die Frau des Forschers, wird dann in Teilhards Leben eintreten und vor allem die letzten Jahre seines Lebens im amerikanischen Exil seine Stütze sein.

In Sorge über die Entwicklung seines Verhältnisses zu Lucile Swan richtet er auf der Rückreise nach Peking von dem luxuriösen Schnelldampfer »President Coolidge« aus eine vom 28. September 1933 datierte Grußadresse an Lucile. Er versucht ihr klarzumachen, wie sehr er ihre gegenseitige Zuneigung nur im größeren Zusammenhang der kosmischen Liebe sehen kann, in der sich die Person Gottes selbst zeigt: »Wir können nur im tiefsten Grunde und unerschöpflich glücklich sein in einer personalen Vereinigung mit einer Art Personalem in dem Ganzen, mit der Persönlichkeit des Ganzen. – Das ist der höchste Anruf in dem, was den Namen ›Liebe‹ trägt. Die substantielle Freude des Lebens findet sich deshalb in dem Bewußtsein oder der Intuition, daß wir durch alles, was wir verkosten, schaffen, übersteigen, entdecken und leiden, in uns selbst und in anderen, auf jeder nur möglichen Linie des Lebens oder des Todes ... schrittweise das Wachstum der universellen Seele oder des universellen Geistes beschleunigen.« Lucile ist guten Willens, Teilhards Höhenflug mitzumachen, aber es fehlen ihr die spirituellen Voraussetzungen, was für beide in den nächsten Monaten die Quelle leidvoller Auseinandersetzungen sein wird.

Nach der Ankunft in China gibt es zunächst bei den fortgesetzten Grabungen in Choukoutien eine weitere Überraschung: Wie Teilhard in einem Artikel für die ›Revue des Questions Scientifiques‹ im Jahre 1934 berichtet, wurde Herbst 1933 noch eine obere und jüngere Höhle in Choukoutien gefunden mit Tier- und Menschenknochen: »Vom Menschen (ein richtiger Homo sapiens) wurden gesammelt: drei absolut vollständige Schädel von Erwachsenen (Kiefer inbegriffen); ein Becken mit den beiden Oberschenkeln; Speiche, Elle, Schienbein, Fersenbein und so weiter. Insgesamt ist ein gutes halbes Dutzend Individuen vertreten, darunter ein ganz kleines Kind.« Alles deutet darauf hin, daß die Ablagerungen dieser Höhle, außer den Tier- und Menschenknochen auch Werkzeuge, Schmuckstücke und Holzkohlenspuren, ins Pleistozän, ins Löß-Zeitalter gehören und es sich um eine Kultur aus dem Jungpaläolithicum handelt. Damit ist nach dem älteren Pekingmenschen ein weiteres neues Glied in der Kette der Vorgeschichte des Fernen Ostens entdeckt worden.

In dem gespannten Verhältnis zu Lucile Swan zeigt sich Ende 1933 noch ein Zug von Eifersucht, als Ida Treat nach Peking kommt, um eine politische Reportage zu machen. Teilhard wird mit ihr auch über die Entwicklung in Europa gesprochen haben, im Sinne seiner Äußerungen an Henri de Lubac vom 8. Oktober und 9. Dezember 1933: »Trotz gewisser Appelle an die familiären und häuslichen Tugenden (im Namen fast ›zoologischer‹ Motive) erscheinen mir die Bewegungen des Faschismus und des Nazismus so fern wie nur möglich von den alten Formen der Zivilisation und Religion.« »Die Faschismen erscheinen mir mehr und mehr (in dem Maße, als sie Rassisten und Nationalisten sind) eine anormale, sterile, regressive und deshalb zeitbedingte Reaktion zu sein, – deren bedauerlichstes Resultat sein wird, daß die Konservativen in der Kirche darin eine Verdammung des ›Fortschritts‹ sehen und ein Zurück der Welt zum statischen christlichen Ideal von einst.« Wie ein Echo der Gespräche mit Ida Treat klingt die Einschätzung der Kommunisten, speziell in China: »Meiner Meinung nach ist es mehr und mehr der Kommunismus, der gegenwärtig das wahre menschliche Wachstum repräsentiert und monopolisiert. Wenn wir die Worte in ihrer rein psychologischen und natürlichen Bedeutung nehmen, ist es augenblicklich die einzige Bewegung, die im größten Maßstab ›bekehrt‹, – durch *spontane und innere* Begeisterung und Propagierung –; selbst hier in China lassen sich ihre ›Zeugen‹ nicht mehr zählen. Noch etwas, das man lernen muß, objektiv zu betrachten, worüber uns jedoch die Konventionen der ›bourgeoisen‹ Presse blind macht. – Mein

Traum wäre eine Christianisierung der Erde durch die Taufe des Kommunismus.«

An die Adresse aller Frauen, die ihm nahestehen, vor allem jedoch an Lucile Swan, in deren Pekinger Residenz er täglich seinen Tee trinkt, die seine Manuskripte abtippt, in deren Freundeskreis er die Wochenenden verbringt, aber auch an die Freunde im Orden und nicht zuletzt an sich selbst richtet Teilhard die Schrift ›Die Evolution der Keuschheit‹, die von Februar 1934 datiert ist. Lucile Swan wird sich mit ihr bald auseinandersetzen, während sie den Text ins reine schreibt. Den anderen Frauen gegenüber ergeht sich Teilhard zunächst in Andeutungen: »Die Arbeit«, heißt es am 24. Juli 1934 an Léontine Zanta, »liegt noch in meiner Schublade – weil sie Gefahr läuft, falsch verstanden zu werden. Indessen stellt sie ein durchaus redliches und vorurteilsfreies Bemühen dar, einen Versuch, einer Frage auf den Grund zu gehen, die mir ungeheuer lebenswichtig und ungeheuer ungeklärt scheint. Ich habe da alles zusammengetragen, was ich jemals in meinen tiefsten Überzeugungen angesichts von Fragen und Anfechtungen, die nichts Abstraktes an sich hatten, habe finden können, um ›die Verteidigung der Keuschheit‹ zu begründen, und vor allem, um ihren Wert oder ihr Wesen zu umreißen. Wir müssen das einmal miteinander erörtern.« Und an Ida Treat schreibt er am 30. Juni 1930: »Wie ich Ihnen im letzten Winter schrieb (als ich eine Schrift abschloß, die ich Ihnen sicher eines Tages zeigen werde), wenn der Mensch endlich das Mittel gefunden haben wird, die gewaltigen Kräfte des Herzens zu kontrollieren und zu nutzen, wird das zum zweitenmal in der Gschichte die Entdeckung des Feuers bedeuten. Ich klammere mich wie irr an die Überzeugung, daß diese Eroberung notwendig und möglich ist.«

Zunächst stellt Teilhard in der Schrift fest, daß sich in der traditionellen Theorie und Praxis der christlichen Keuschheit richtige und bedenkliche Momente vermischen. Insgesamt können sie ihn nicht überzeugen, erst recht nicht Außenstehende wie Lucile Swan. Da schwinge immer noch mit: Die Frau ist ein zweitrangiges Wesen, für den Mann eine dauernde Versuchung. Die Geschlechtlichkeit ist eine bedauerliche Notwendigkeit zum Zweck der Fortpflanzung in der Ehe. An sich ist Sexualität Sünde; Begierde und Lust sind Folgen der Ursünde im Paradies, Zeichen eines Abfalls des Menschen ins Tierische. Der Leib ist der Widersacher der Seele, wie die Materie der Widersacher des Geistes ist. Moralisches Ideal des Menschen ist deshalb die Jungfräulichkeit, sie steht ethisch höher als die Ehe. Und selbst in der Ehe ist die Enthaltsamkeit der sicherste Weg zum ewigen Heil.

Demgegenüber interpretiert Teilhard die Keuschheit auf dem Hintergrund seiner Auffassung von der Aufwärtsentwicklung der Materie hin zu mehr Bewußtsein, zu Geist, zu einer höheren Form der Vereinigung. Das ergibt zunächst ein neues Bild von der Frau: »Die Frau für die Fortpflanzung der Rasse, – oder überhaupt keine Frau: das ist das von den Moralisten aufgestellte Dilemma. Gegen diese Vereinfachung erheben sich jedoch die teuersten und sichersten unserer Erfahrungen. So fundamental sie auch ist, die Mutterschaft der Frau ist fast nichts im Vergleich zu ihrer geistigen Fruchtbarkeit. Die Frau bringt zur Entfaltung, sensibilisiert, offenbart an sich selbst den, der sie als Geliebte gehabt haben wird. Diese Wahrheit ist so alt wie der Mensch. Aber damit sie ihren vollen Wert erhielt, mußte die Welt diesen Grad an psychologischem Bewußtsein und sozialer Evolution erreichen, wo in einer weithin ausgebreiteten und wirtschaftlich installierten Menschheit die Fragen der Ernährung und der Fortpflanzung anfangen, von den Problemen der Erhaltung und der Entwicklung der geistigen Energien beherrscht zu werden.« Sind nicht die gegenwärtigen »freien« Sitten Anzeichen dafür, daß die Menschen nach reicheren und geistigeren Formen der Vereinigung suchen, als sie bisher im engen Umkreis der Kulturen gebräuchlich, wünschenswert und anerkannt waren? Der Mann ist auf die Frau angewiesen wie die Frau auf den Mann: »Nicht isoliert (verheiratet oder nicht verheiratet), sondern als vereinigte Paare sollen die zwei männlichen und weiblichen Teile der Natur zu Gott aufsteigen.« Man hat gemeint, im Bereich des Geistigen die Geschlechtlichkeit unterdrücken zu können. Doch auch der noch so sublimierte Mensch ist kein Eunuch! »Nicht auf menschlichen ›Monaden‹, sondern auf ›Dyaden‹ beruht die Geistigkeit.« Aus dieser Grundauffassung ergibt sich für Teilhard: »Es gibt also keine heiligen oder profanen, reinen oder unreinen Dinge. Es gibt nur *einen guten Sinn und einen schlechten Sinn*: der Sinn des Aufstiegs, der zunehmenden Vereinigung, der größeren geistigen Anstrengung; und der Sinn des Abstiegs, des einengenden Egoismus, der materialisierenden Lust.«

Teilhard stellt sich auch dem für ihn existentiellen Problem einer Freundschaft mit mehreren Frauen gleichzeitig. Widerspricht das nicht der von ihm vertretenen Tendenz zu höherem

Bewußtsein, zur geistigen Vertiefung, zu größerer Einheit? Hat die christliche Tradition nicht recht, wenn sie gegenüber Gott, aber auch gegenüber dem Ehepartner das ungeteilte Herz fordert? Teilhard wehrt sich gegen eine Auffassung, die das Herz mit einem Glas vergleicht, dessen Inhalt sich durch Austeilung erschöpft. Im Bereich der leidenschaftlichen Kräfte leuchtet ihm das eher ein. »Aber daß unser Herz sich notwendig für einen mindert, indem es sich (in einer anderen Beziehung oder auf eine abgestufte Weise) an einen anderen wendet, das zuzugeben habe ich Mühe. Ich kann zwei Blumen finden, – und von der einen werden meine Augen sensibler für die Wertschätzung der anderen. Der Gebrauch vermehrt die Kraft. Wahr ist, daß im besonderen Fall der Liebe der Ehemann für seine Frau die privilegierte Stellung reservieren und stärken muß, die aus ihr in irgendeiner Weise die Sonne seines inneren Universums macht. Und in diesem Punkt hat die Eifersucht einen Sinn: es kann nur eine Sonne am Himmel unseres Herzens geben. Aber untergeordnete Sterne, warum nicht?«

Das gilt nach Teilhard erst recht für das Verhältnis von Gottes- und Menschenliebe, auch für den ihn betreffenden Spezialfall der Liebe eines Priesters und Ordensmannes zu einer Frau. »Gott ist nicht Person in der selben Ordnung wie wir. Er ist eine ›Hyper-Person‹, ein ›Hyper-Zentrum‹, – das heißt jemand von größerer Tiefe als wir. Das will sagen, die Tatsache, daß ein Mann sein Herz auf eine Frau zentriert, bedeutet nicht *notwendig*, daß dieser Mann sich in seiner Beziehung zum Göttlichen gefühlsmäßig ›neutralisiert‹ findet. Durch den weiblichen Stern *hindurch* kann die göttliche Sonne (*weil* viel stärker) noch wahrgenommen werden. Sie kann scheinen, und selbst mit einem lebendigeren Ausbruch, auf der gleichen Linie und darüber. Selbst gesättigt durch Beziehungen zu anderen menschlichen Personen, kann sich das liebende Paar noch frei und sogar durch seine Zweiheit begeistert der höheren Anziehung Gottes zur Verfügung stellen. Es gibt eine Art zu lieben, die nicht unter den Tadel fällt, den der Apostel über das ›Geteiltsein‹ ausgesprochen hat. Utopischer Fall, werden Sie sagen. Aber sterben wir nicht, noch einmal, an der Konfusion, die zwischen den Klugheitsregeln und den Werturteilen entstanden ist?«

Doch wenn der Geist der Materie bedarf, um zu sich selbst zu kommen, und wenn die Materie vergeistigt werden soll, stellt sich dann nicht die Frage: »Wieviel Körper ist nötig für ein Optimum an Geist?« »Wenn die Keuschheit ein Geist ist, der sich ernährt, warum sie auf rigoroseste Weise ihrer Nahrungsmittel berauben? Ist das Geschenk des Körpers nicht die vollständige und natürliche Form, unter der sich die natürliche Macht der Materie darbietet, um sublimiert zu werden? Erwartet der Geist nicht wie ein Funke den Schock dieser Begegnung, um zu sprühen? Diese Wellen, diese Energien, die die physische Liebe befreit, gibt es das nicht vor allem deshalb, weil es sich darum handelt zu provozieren, zu erobern, zu transformieren?« Teilhard gibt zu, daß ihn diese Fragen in Verlegenheit bringen: »Meinem eigenen Urteil überlassen, sehe ich nicht klar, ›was nicht erlaubt ist‹.« Das Argument der traditionellen Lehre, körperliche Liebe außerhalb der Ehe verletze die »natürliche Ordnung«, erscheint ihm als »theologische Biologie« und setze voraus, die »natürliche Ordnung« sei ein für allemal gegeben, während sie doch in Wirklichkeit eine dynamische Größe sei, die dauernd ihr Gleichgewicht neu sucht. »Je mehr ich nachdenke, um so weniger gelange ich dahin, die Idee der Heldin eines russischen Romans absurd zu finden, daß ›wir schließlich eine andere Art zu lieben finden werden‹. – Die geistige Fruchtbarkeit mehr und mehr an die Stelle der materiellen Fruchtbarkeit setzen, – und schließlich *durch sie allein* die Vereinigung rechtfertigen. Vereinigung für das Kind. Aber auch Vereinigung für das Werk, Vereinigung für die Idee? Warum nicht? ... Dieser geistige Gebrauch des Fleisches, ist es im Grunde nicht der, den, ohne die Moralisten um Erlaubnis zu fragen, viele wahrhaft schöpferische Genies instinktiv entdeckt und angewandt haben? Ist aus diesen sogenannten unreinen Quellen nicht ein Leben geschöpft worden, von dem sich sogar in diesem Augenblick die Konservativsten unter uns nähren!«

Trotzdem versucht Teilhard für sich selbst und für die mit ihm verbundenen Frauen in einem letzten Anlauf, den mit dem traditionellen Keuschheitsbegriff verbundenen Verzicht auf körperliche Liebe doch noch einsichtig zu machen. Dazu greift er wieder auf seine Auffassung von der Materie und von der Gesamttendenz der Entwicklung zurück. Sie zielt auf eine »*universelle Konvergenz,* in derem Schoß die materielle Vielheit sich in Geist aufhebt«. Zeigt nun nicht die Erfahrung, daß die körperliche Liebe leicht in einen »Kurzschluß« umschlägt, der gerade den Teil der Seele, der zur höheren Vereinigung mit Gott strebt, absorbiert und neutralisiert? Ist es nicht vernünftig, wegen dieser Gefahr auf die körperliche Liebe zu verzichten? Eine andere Motivation setzt tiefer an: Wenn man erkannt hat, daß die Entwicklung auf Vergeistigung zielt, warum diese nicht schon vorwegnehmen und zur Avantgarde gehören wollen: »Nicht den unmittelbaren Kontakt, sondern die Konvergenz in der Höhe?«

Vereinigung, auch körperliche, im Namen des Geistes? Geistige Vereinigung mit Verzicht auf die körperliche, auch im Namen des Geistes? »Zwei Lösungen. Zwei Wege. Welcher ist der Gute? – In diesem Punkt gibt es gegensätzliche und sich widersprechende individuelle Zeugnisse.« Teilhard hält sein eigenes Bekenntnis nicht zurück, auch wenn es mehr auf den vorhergehenden Seiten als in diesen abschließenden Zeilen zu suchen ist: »Durch Geburt, kann ich sagen, finde ich mich auf dem zweiten [Weg] engagiert. Ich bin ihm gefolgt so weit wie möglich. Selbstverständlich habe ich dort schwierige Stellen gefunden. Doch ich habe mich dort niemals gemindert oder verloren gefühlt.«

Am Ende dieser fünfundzwanzig Druckseiten starken Aufzeichnung ist sich Teilhard bewußt, die Quadratur des Kreises versucht zu haben. Seine allgemeine Auffassung vom Verhältnis Materie-Geist und von der Gesamtentwicklung des Kosmos ist eher geeignet, eine »körperliche Vereinigung im Namen des Geistes« als seine eigene konkrete Existenz als zölibatärer Priester und Ordensmann zu propagieren. Unter diesem Widerspruch leidet schon seine Schrift ›Das Ewig-Weibliche‹ von 1917, die er als »aggressiv-proselytische Überzeugung« charakterisiert hat. Jetzt schließt er: »Praktisch, ich verheimliche es mir nicht, erscheint die Schwierigkeit des Versuchs so groß, daß alles, was ich auf diesen Seiten geschrieben habe, von neun Zehntel der Menschen als naiv oder verrückt beurteilt werden wird. Ist die Erfahrung nicht allgemein und schlüssig, daß die geistigen Lieben immer im Schmutz geendet haben? Der Mensch ist geschaffen, um auf der Erde zu gehen. Hat man jemals die Idee gehabt zu fliegen! ... Ja, antworte ich, Verrückte haben diesen Traum gehabt ... Sich der Leidenschaft bemächtigen, um sie dem Geist dienstbar zu machen, wäre mit biologischer Evidenz eine der Bedingungen des Fortschritts ... Eines Tages, nach dem Äther, den Winden, den Meeren, der Gravitation werden wir für Gott auch die Energien der Liebe einfangen. – Und dann wird der Mensch zum zweitenmal in der Weltgeschichte das Feuer gefunden haben.«

Es überrascht nicht, daß diese Seiten das Problem Lucile Swan nicht lösen können, sondern erst eigentlich stellen. Zu durchsichtig scheint für sie das Bemühen Teilhards, seine eingefahrene Lebensweise zu verteidigen: Sich der schwesterlichen, mütterlichen, weiblichen Geborgenheit und Liebe vieler Frauen zu versichern, ohne auf die eigene Unabhängigkeit für Abenteuer und Forschung, für Schriftstellerei und für – Gott verzichten zu müssen. So kommt es zu einer schweren Krise für beide. Von Haus aus protestantisch, sieht Lucile nicht ein, warum Priester ehelos bleiben müssen. Obwohl sie von ihrem Mann, einem Künstler, noch nicht geschieden ist, hält sie ihr Verhältnis zu Teilhard für entwicklungsfähig. Doch Teilhard bleibt abweisend. Eine Notiz an sie verrät schon stilistisch die Kompliziertheit ihrer gegenseitigen Beziehung: »Aus dem einzigen Grund, weil Du für mich ein solcher Schatz bist, liebe Lucile, bitte ich Dich, nicht zuviel Deines Lebens auf mich zu bauen . . .Bedenke, welche Zärtlichkeiten auch immer Dir nicht zu schenken ich mich zwinge, ich tu's, um Deiner wert zu sein.« Im Juli 1934 »flieht« Lucile zu schwedischen Freunden auf eine Pony-Ranch in der Nähe von Kalgan, um alles zu überdenken. Im Herbst, wieder in Peking, lenkt sie ein und akzeptiert Teilhards Bedingungen für ihre weitere Freundschaft. Doch nach der Neujahrsparty 1934/35, die Lucile für die engsten Freunde gibt, macht sie einen erneuten Versuch, Teilhard umzustimmen und enger an sich zu binden. Teilhard setzt ihr anhand seines Terminkalenders für das begonnene Jahr 1935 auseinander, daß seine Verpflichtungen eine Änderung ihres Verhältnisses nicht zulassen. Daraufhin beschließt Lucile im Februar, nach Amerika zu reisen, um dort ihre Arbeiten auszustellen und ihre alten Eltern zu besuchen. Teilhard schreibt ihr täglich. Im Sommer aus Paris greift er in einem Brief noch einmal das Thema der ›Evolution der Keuschheit‹ auf: »Du wirfst mir vor, daß ich eines der fundamentalsten Gesetze des Universums leugne, wenn ich den Zölibat verteidige . . . Ich habe dir schon gesagt, wie sehr ich über die Idee unschlüssig bin . . . Unter den gegenwärtigen Umständen laß uns nicht zu viel diskutieren.« Lucile Swan wird Teilhard die Treue halten wie vor ihr schon seine Cousine Marguerite, Léontine Zanta und Ida Treat. Erst als Rhoda de Terra nach dem Zweiten Weltkrieg zunehmend Teilhards Begleiterin wird, fällt ein Schatten auf sein Verhältnis zu Lucile. Doch ein Skriptum, das sie 1957 in New York an Freunde weitergibt, ist ein überzeugendes Dokument dafür, daß sie Teilhards Intentionen letztlich verstanden und akzeptiert hat. »My first meeting with Père Teilhard de

Chardin quite changed my life«, so beginnt der Text. Ihre Bekehrung war von Dauer. Wir verdanken Lucile eine eindrucksvolle Porträtplastik Teilhards und die schönsten Porträtphotos aus China.

Die Art und Weise, wie Teilhard sich offen und sich selbst nicht schonend mit dem Problem der Begegnung der Geschlechter auseinandergesetzt hat, löst bei seinen Freunden de Lubac und Valensin, denen er ›Die Evolution der Keuschheit‹ zuschickt, große Besorgnis aus. Schon der Begleitbrief Teilhards an Valensin vom 24. August 1934 zeigt den Ernst der Lage: »Ist es nötig, Ihnen zu sagen, daß es sich hier mehr als je um eine Gewissenssache unter uns handelt, – wo ich Sie als Berater und Führer betrachte? – Dieses neue Papier (schon vor sechs Monaten geschrieben) Ihnen mitzuteilen, habe ich lange gezögert. Doch dann habe ich mich schließlich versichert, es enthält soviel vom Intimsten meines Denkens, daß es ohne Vorteil wäre, es Ihnen nicht zu zeigen. Versuchen Sie, es unparteiisch zu lesen, – kühl (wie ich es geschrieben habe). Und halten Sie im voraus dies fest: In völliger Aufrichtigkeit versichere ich Ihnen, daß ich diese Seiten ohne irgendeinen Hintergedanken geschrieben habe, mir eine Erleichterung zu verschaffen oder irgendeine Entschuldigung. Ganz im Gegenteil, ich habe mich angestrengt, mit allen meinen Kräften die traditionelle Position zu verteidigen, – indem ich so wirksam wie möglich alle Gründe ›*für*‹ versammelt habe, die mir gültig erschienen. – Was ich da geschrieben habe, ist das Beste dessen, was ich zu antworten (mir und anderen) gefunden habe, als ich, drei- oder viermal in meinem Leben, während längerer Perioden, in die Enge getrieben worden bin. – Sie werden vielleicht finden, daß das schwach ist, als Triumph. Aber es ist so, ich kann in Wirklichkeit nicht mehr sehen. In dieser Frage des Fleisches (›Klimax‹ der Frage nach der Materie) folge ich ›blindlings‹ der Kirche, ohne zu begreifen, was sie mir sagt (oder selbst indem ich glaube, anderes zu sehen). – Glauben Sie mir, ich würde viel dafür geben, um eine persönlichere Überzeugung in mir zu fühlen. Und lassen Sie mich sehen, wenn Sie können.« Am 11. November 1934 dankt Teilhard Valensin für dessen Antwort: Er habe sie erhalten »und vernichtet«. Die weiteren Ausführungen in dem Brief zeigen, daß Teilhard für seine Auffassung nicht mit dem Verständnis, geschweige denn mit der Billigung seiner Freunde rechnen kann. Auch für sie ist er in diesem Punkt »verrückt«. Zwei Tage vor seinem Tode, Karfreitag 1955, wird sich Teilhard an dieses Unverständnis seiner besten Freunde erinnern. Für ihn ist es Symptom dafür, daß selbst sie noch zu wenig im Sinne der Kosmogenese denken.

36 Sterben am Rande einer Straße

> Wir müssen in einem gewissen Maße einen beständigen Hafen suchen. Doch wenn das Leben uns unaufhörlich losreißt, ohne uns irgendwo Wurzeln schlagen zu lassen, ist das vielleicht ein Ruf und ein Segen: die Welt wird nur von jenen begriffen und gerettet werden, die keinen Platz haben, wohin sie ihr Haupt legen können. Persönlich bitte ich Gott, mich am Rande einer Straße sterben zu lassen.

Was Teilhard an Ida Treat am 31. Dezember 1934 als »etwas hektische Lebensweise« bezeichnet, sieht wie folgt aus: Seit Ostern 1934 versucht Teilhard, nach einem noch mit Davidson Black ausgearbeiteten Plan, zusammen mit Barbour, Wong und zwei chinesischen Geologen das Tertiär des Yangtse mit dem des Hoang-ho zu verbinden. Von Ostern bis Mai besucht er den Abschnitt Hankung bis Hoang-ho, von Mai bis Ende Juni den Abschnitt Hoang-ho bis Tschung-king. Dabei dringt er bis nach Tschengtu am Fuß der Vorgebirge von Tibet vor. »Die Schluchten des Yangtse bleiben ihrem Ruf treu«, schreibt er am 30. Juni rückblickend an Ida Treat, »und das Szetschuan ist ein großartiger Garten, den nur die ›Militärs‹ und ihre verrückten Steuern stören. Die Kommunisten haben eben einen neuen ›Flecken‹ im Nordosten der Provinz gebildet. Und in verkleinertem Maßstab hat mir diese Reise denselben Dienst geleistet wie die Gelbe Kreuzfahrt. Sie hat mir eine Welt entdeckt.«

Diese Expeditionen unternimmt Teilhard als Vertreter von Davidson Black, dem Direktor des Geologischen Dienstes, der am 16. März 1934, erst 49 Jahre alt, gestorben ist. Nach dem Tod seines Vaters hat Teilhard kein anderer Verlust so getroffen wie dieser. Bis im April 1935 Professor Weidenreich, der als

Jude die Universität Frankfurt verlassen muß, an die Stelle Blacks tritt, bleibt Teilhards Arbeit weiterhin hektisch.

Im Juli/August 1934 reist er nach Honan, durchquert den Tsingling von Norden nach Süden und verbindet so die Becken des Hoang-ho und des Yangtse. Von dieser Expedition erzählt Barbour eine Episode, die für Teilhard auch tödlich hätte ausgehen können: »Am Dienstag, dem 24. Juli, betraten wir den Hof des ›jamen‹, d.h. des Verwaltungssitzes, in Luschih am Lo-ho ... um dort die Genehmigung für den Übergang und sicheres Geleit zu erhalten ... Die Höflichkeit erforderte jedoch, daß uns der neue Bezirkskommandeur seine Gastfreundschaft anbot, und so ließ er uns im Außenhof warten, während er sein Büro präsentabel machte und uns ein Willkommensmahl bereiten ließ. Teilhard setzte sich auf die Steinstufen des ›jamen‹, um die kommenden Ereignisse abzuwarten, und betrachtete die Versuche von drei Soldaten, ihre Ausrüstung vom Rücken eines widerspenstigen Maulesels abzuladen. Einer der Männer rief in Chinesisch, daß das Tier äußerst schlechter Laune sei, aber diese Bemerkung war für Teilhard, der kein Chinesisch verstand, in den Wind gesprochen. Er war zudem immer noch damit beschäftigt, uns zu erklären, wie wahr doch jenes Li-Tai-po-Zitat sei, das Young vor zwei Monaten auf einer Steininschrift am Yangtse gefunden hatte: ›Eine Reise durch Szetschuan ist ebenso mühsam wie der Weg in den Himmel‹, als einer der Männer das Gleichgewicht verlor, das Maultier seine Last abzuwerfen versuchte, tückisch mit dem Hinterhuf ausschlug und Teilhard an der Schläfe traf. Durch den Schlag wurde ein Blutgefäß verletzt, und in ein paar Sekunden hatte Teilhard einen Bluterguß von der Größe eines Taubeneis über der Schläfenarterie ... Die ganze Nacht hindurch mußte ich daher Teilhards Schläfe mit ständig erneuerten Kompressen kühlen. Aus dem Brevier, das er am Nachmittag noch benutzt hatte, las ich ihm die Lesung des Tages vor ... Die ganze Zeit sprach Teilhard nur von ... ›diesen armen Leuten‹, die mit so viel Mühe ein Essen vorbereitet hatten und nun keine Gäste hatten ... Innerhalb von zwei Tagen war Teilhard wieder reisefähig.«

Den Herbst über ist Teilhard, außer kurzen Aufenthalten in Tientsin, in Peking seßhaft, vormittags in seinem Büro im Survey, am Nachmittag im Peiping Union Medical College am Schreibtisch Blacks. Er schreibt und redigiert »mit Bleistiften, die er [Black] noch selbst angespitzt hat«, die fällig gewordenen wissenschaftlichen Berichte.

Gegen die chinesischen Kommunisten ist mittlerweile der 5. Vernichtungsfeldzug Chiang Kai-sheks im Gange, und es gelingt ihm, die Kiangsi-Sowjets immer mehr einzuzingeln. Im Oktober 1934 durchbrechen die Kommunisten den Kessel und beginnen ihren legendären »Langen Marsch« nach Nordwesten. Verfolgt von den nationalistischen Armeen, bahnen sich hunderttausend Kommunisten einen zwölftausend Kilometer langen Weg durch zwölf Provinzen, unter anderem durch die unwirtlichen Regionen von Westszetschuan. Sieben- bis achttausend erreichen im Herbst 1935 Nordshensi, wo eine neue Sowjetbasis entsteht und der Kampf gegen die japanische Invasion und für die Gewinnung der Bauern fortgesetzt wird.

Im Januar 1935 bricht Teilhard in Begleitung von Young und Pei nach Kanton und in das Kwangsi auf »mit dem Ehrgeiz, in das Quartär und das Tertiär der Gegend (in fünf Wochen!) etwas Ordnung zu bringen«, wie er am 31. Dezember 1934 an Ida Treat schreibt. Im März kommt Abbé Breuil nach China, um die Ablagerungen und Funde von Choukoutien an Ort und Stelle zu begutachten.

Breuil ist schon einmal 1931 dort gewesen, ohne Teilhard anzutreffen, der sich noch auf der Gelben Kreuzfahrt befand. Die Freunde besuchen auch Teilhards Lieblings-Buddha in einem kleinen Tempel nordwestlich von Peking: den »Jade-Buddha« von seltener Schönheit, auf dessen Antlitz ein leichtes Lächeln schwebt. »Ich habe diesen Kopf sehr gern«, entfährt es Teilhard, »weil er mir etwas sagt: er sagt mir, daß es etwas gibt, was das Christentum sich aneignen müßte.«

Im Mai reisen Teilhard und Breuil gemeinsam mit dem Trans-Sibirien-Expreß Richtung Paris. Eine Trauungsansprache am 15. Juni 1935 in der Kirche Saint-Louis des Invalides in Paris gibt Teilhard Gelegenheit, auch von sich selbst und den Frauen zu sprechen, die ihn lieben: »Bedauern Sie es niemals, liebe Braut«, wendet er sich an die Forscherin Madame de la Goublaye de Ménorval, »bedauern Sie niemals die langen Stunden im Laboratorium, die langsame Abfassung der großen Abhandlungen, die schwierigen Durchquerungen des Busches auf Madagaskar. Haben Sie nicht gerade eben im Laufe dieser Abenteuer des Geistes und des Leibes in sich die vollkommene Weggefährtin für den vorbereitet, der seinerseits auch, ist es nicht wahr, lieber Bräutigam, zu dem Geschlecht der Arbeiter und der Erforscher gehört?« Und eine Mahnung an das junge Brautpaar und an die, mit denen Teilhard selbst verbunden ist:

»Wie wird diese niemals abgeschlossene Geschichte ihrer wechselseitigen Eroberungen weitergehen? ... Eine eng in sich selbst geschlossene Zuneigung erstickt den Leib und den Geist ... Sie werden nur glücklich sein ..., wenn Ihrer beider Leben einander begegnen und sich ausbreiten, wagemutig in die Zukunft ausgestreckt, in der Leidenschaft für einen Größeren als Sie selbst.«

Teilhards jüngerer Bruder Victor ist inzwischen, am 28. Oktober 1934, an den Folgen einer Gasvergiftung im Ersten Weltkrieg gestorben. Seine Schwester Guiguite erfährt davon in einem Sanatorium in Pau am Fuß der Pyrenäen, wohin man sie völlig erschöpft nach einer Lourdes-Wallfahrt gebracht hat. Dort bemächtigen sich ihrer Verzweiflung und Widerwillen gegen alles Religiöse. Im März 1935 ist sie wieder in Sarcenat: »Ich fühle mich nicht mehr so einsam; selbst wenn niemand bei mir im Zimmer ist, vernehme ich doch wenigstens das mir seit fünfzig Jahren vertraute Raunen des alten Hauses. Alte Häuser bekommen mit den Jahren eine Art Sprache, die ihnen bleibt, auch wenn die Bewohner wechseln. Mir haben schon immer die Offiziersfamilien leid getan, diese ewigen Zugvögel!« Jetzt steht ihr Bruder zu kurzem Besuch vor ihr, auch ein Zugvogel, aber das Raunen des alten Hauses im Herzen, das ihm Geborgenheit schenkt. Ahnt er, daß er Guiguite zum letzten Male unter den Lebenden sieht? Nicht nur sie, auch seine Mutter. Am 7. Februar 1936 wird sie nach einem Schenkelhalsbruch an einer Embolie sterben, am 17. August des Jahres wird ihr Guiguite in den Tod folgen. Ihr letztes Wort wird der Lieblingsausspruch ihrer Mutter sein: »Der liebe Gott ist so gut.« Teilhard wird seiner Schwester 1950 im Vorwort zu ihrer Biographie mit den Worten gedenken: »Während ich im Dienst der positiven Kräfte des Universums Länder und Meere durcheilte, leidenschaftlich bemüht, alle Tönungen der Erde zu beobachten, hast Du, bewegungslos auf Dein Lager hingestreckt, in der Tiefe Deines Wesens das schlimmste Dunkel der Welt in Licht umgewandelt. Sage mir, Marguerite, wer von uns beiden hat nun in den Augen des Schöpfers den besseren Teil erwählt?« Jetzt im August 1935 schreibt er an Lucile Swan: »Heute bin ich im Haus meiner Familie, am Berghang im Angesicht einer wunderbaren Landschaft ... Äußerlich bin ich im Frieden ... Aber aus verschiedenen Gründen – unter ihnen meine drohende Abreise – fühle ich mich nicht behaglich ... Ich habe das Gefühl, daß ich abseits stehe und auf das Kind oder den jungen Mann schaue, der ich einmal zu sein pflegte ... Und für meine Mutter (wenn nicht auch für meine Schwester) *bin* ich jener junge Mann.«

In diesem Geiste zunehmender Distanz zu sich selbst begegnet der vierundfünfzigjährige Teilhard seiner Cousine Marguerite wieder. 1934 ist im angesehenen Verlag Armand Colin ihre Darstellung der ›Madeleine de Scudéry, reine du Tendre‹, erschienen, wieder unter dem Pseudonym Claude Aragonnès, das Marguerite einer ihrer Vorfahren, Jeanne Aragonnès, entlehnt hat, die mit Madeleine de Scudéry befreundet gewesen ist.

Während dieses Frankreichaufenthalts diskutiert Teilhard mit den Freunden aus dem Orden in Paris und Lyon auch seine beiden letzten in China verfaßten theologischen Schriften ›Christologie und Evolution‹, datiert von Weihnachten 1933 aus Tientsin, und ›Wie ich glaube‹ vom 28. Oktober 1934 aus Peking.

Im ersten Essay kreist Teilhards Denken wieder um das Übel, um Leid und Tod in der Welt. Welchen Sinn haben sie? »Ich sage es offen. Es ist mir immer unmöglich gewesen, ehrlich vor einem Kruzifix das Leid mitzufühlen, solange dieses Leid mir als die Sühne für eine Sünde dargestellt wurde, die Gott hätte vermeiden können, sei es, weil er den Menschen keineswegs brauchte, sei es, weil er es anders hätte machen können ... Alles aber ändert sich in beeindruckender Weise auf der Leinwand einer evolutiven Welt, wie wir sie ausgespannt haben ... Er [Jesus] ist derjenige, der die von der Konstruktion her unvermeidliche Last jeder Art von Schöpfung trägt. Er ist das Symbol und die Geste des Fortschritts. Der vollständige und endgültige Sinn der Erlösung ist *nicht mehr nur* zu sühnen: sondern hindurchzugehen und zu überwinden.«

Noch in China, am 24. August 1934, hat Teilhard eine sieben Druckseiten lange Kritik zu ›Christologie und Evolution‹ vom angesehenen Joseph Maréchal aus der philosophisch-theologischen Jesuitenhochschule in Löwen erhalten. Eine Veröffentlichung von ›Christologie und Evolution‹ scheint demnach aussichtslos.

›Mein Glaube‹ ist auf Bitten von Bruno de Solages entstanden, seit 1932 Rektor des Institut Catholique von Toulouse. Auch er sieht sich nicht in der Lage, die Arbeit drucken zu lassen, obwohl er für Teilhard eingenommen ist. Wie vier Trompetenstöße klingen die ersten programmatischen Sätze: »Ich glaube, das Universum ist eine Evolution. Ich glaube, die

Evolution geht in Richtung des Geistes. Ich glaube, der Geist vollendet sich im Personalen. Ich glaube, das höchste Personale ist der Christus-Universalis.« Auf vierundvierzig Druckseiten entfaltet Teilhard das Werden, den Inhalt und die Chancen dieses seines Glaubens und schließt: »Nein, Gott verbirgt sich nicht, dessen bin ich sicher, sofern wir ihn nur suchen ... Unsere Zweifel sind wie unsere Übel der Preis und sogar die Bedingung einer universellen Vollendung. Unter diesen Bedingungen nehme ich es auf mich, bis ans Ende einer Straße zu marschieren, deren ich immer gewisser bin, in Richtung von immer mehr in Nebel eingetauchten Horizonten. Das ist mein Glaube.« 1946 wird der Dominikaner Garrigou-Lagrange aus dieser Schrift zitieren, um Teilhard und Blondel als Väter der »Neuen Theologie« abzustempeln.

Der politische Horizont erscheint in diesem Sommer 1935 besorgniserregender denn je. Seit dem Marsch der »Ligue des Croix-de-Feu« auf das Palais-Bourbon, den Sitz der Kammer, am 6. Februar 1934, bei dem siebzehn Demonstranten erschossen und über zweitausend verletzt worden sind, scheint auch in Frankreich die Gefahr eines faschistischen Staatsstreichs nicht mehr ausgeschlossen. Teilhard berichtet 1935 an Ida Treat in einem undatierten Brief aus Paris: »Unmöglich vorauszusehen, wie das Frankreich von morgen aussieht. Zumindest habe ich den Eindruck, daß unterhalb des Chaos sich ein gewisser Wille und eine gemeinsame Hoffnung herauskristallisieren, etwas aufzubauen. Das wäre ein Fortschritt gegenüber der Schlaffheit, unter der wir leiden.«

Im gleichen Brief teilt er noch mit: »Ich schiffe mich am 6. September in Marseille nach Bombay ein.« Und am 14. September schreibt er von Bord der »Cathay« an seinen Bruder Joseph: »Da bin ich also wieder einmal zu meinem Vagabundendasein zurückgekehrt. Die Begeisterung ist nicht mehr so frisch wie seinerzeit. Aber ich folge gern meinem Schicksal und vertraue mich ihm an. Nie habe ich wirklich weniger gewußt, wohin es mich führte. Wahrscheinlich zu nichts anderem als zu neuen Reisen, so lange, bis ich an einem Wegrand sterben werde. Aber auch das hat vielleicht seine Bedeutung.«

37 Eine neue Moral

> ›Man hat uns allzuviel von Lämmern gesprochen. Ich möchte ein wenig die Löwen herauskommen sehen.‹ Zuviel Sanftmut und nicht genug Stärke.

Während der Überfahrt nach Indien erinnert ein kleiner Truppentransporter in Port Said an die italienischen Vorbereitungen für den Abessinienfeldzug. Teilhard versucht, diese und ähnliche Auseinandersetzungen aus seiner Auffassung von der unabänderlichen Entwicklung der Menschheit zu einer höheren Gemeinschaft zu beurteilen. »Es ist klar, daß wir danach trachten müssen, die Erde geistig und biologisch zu organisieren«, schreibt er am 14. September 1935 an Max und Simone Bégouën. »Aber wie sollen sich die Menschengruppen untereinander verhalten? Haben diese Gruppen nicht sehr verschiedenartige soziale Werte und Fähigkeiten? . . . Je besser ich den Orient kennenlerne, desto mehr mißtraue ich den Demagogen des Internationalismus.«

Diesem Problem begegnet Teilhard in Indien wieder, dessen Innenpolitik seit Jahren durch das Ringen um Verfassungsreformen bestimmt ist. Am 4. August 1935 wird eine neue Verfassung erlassen. Sie sieht eine Föderation zwischen den Provinzen von Britisch-Indien und den Fürstenstaaten vor, die durch Einzelverträge mit der Britischen Krone verbunden sind. Doch weigern sich die indischen Fürsten, der Föderation beizutreten. Teilhard ist von den höheren Schichten der indischen Gesellschaft beeindruckt, »aber als Ganzes«, schreibt er am 21. Januar 1936 an seinen Bruder Joseph, »macht das Land geradeso wie China oder Malaia den Eindruck, daß es unfähig ist, sich ganz selbständig zu verwalten. Zum Unglück ist die Abneigung der ›Eingeborenen‹ gegen die Engländer allgemein. Sie wollen um jeden Preis ihre volle Unabhängigkeit, auf die Gefahr hin, daß sie daran zugrunde gehen. Die Engländer geben Leine, soviel sie können, aber sie lassen nicht los; ich glaube, daß sie recht haben. Je mehr ich in der Fremde herumkomme, um so mehr fürchte ich, daß Genf (dessen großer Anhänger ich im Grunde bin), eine Anzahl von liberalen Katholiken und ganz im besonderen meine Mitbrüder, die ›Missionswissenschaftler‹, einen großen Irrtum begehen, wenn sie entgegen jeder Biologie für die Gleichheit der Rassen eintreten. Universalismus ist nicht Demokratie (= Gleichmachung).« In der Korrespondenz, die wir von Teilhard aus Indien kennen, fällt nicht einmal der Name Gandhi. Teilhard hat für dessen Ziel der politischen Unabhängigkeit Indiens und für die Methode des gewaltlosen »bürgerlichen Ungehorsams« durch bewußtes Übertreten von Gesetzen sowie für die Methode der »Nichtzusammenarbeit« wenig Verständnis.

Gegenüber Léontine Zanta verschärft Teilhard am 26. Januar 1936 seine These noch. Mittlerweile sind italienische Truppen am 3. Oktober 1935 in Abessinien eingefallen. Die am 11. Oktober vom Völkerbund beschlossenen Sanktionen gegen Italien werden nicht von allen Ländern eingehalten, vor allem nicht von Frankreich und England. Deutschland, das am 7. März 1936 das entmilitarisierte Rheinland besetzen wird, unterstützt Italien mit Rohstoffen. In dieser Situation plädiert Teilhard für Mussolini: »Worin Mussolini mir am meisten unrecht zu haben scheint, ist, wenn er feige und unnötig sich der Gewalt bedient (wenn andere Faktoren hätten ins Spiel gebracht werden können), und daß er es auf die Gefahr hin tut, Ideen und Bindungen, die vom Abendland mühsam angesammelt worden sind, durcheinanderzubringen ... Und doch scheint mir der objektive Sachverhalt so: 1. es gibt keine mögliche internationale Moral ohne die vorherige Übereinkunft, daß es über die Staaten hinaus die Erde aufzubauen gilt; 2. wenn dieser Aufbau einmal beschlossen ist, muß sich alles fügen, und da nicht alle Völkergruppen denselben Wert haben, muß man sie beherrschen (was nicht heißen will, daß man sie geringschätzen soll – im Gegenteil). Mit anderen Worten, man müßte öffentlich *gleichzeitig* anerkennen: 1. den Vorrang/Primat der Erde vor den Nationen; 2. die Ungleichheit der Völker und der Rassen. Nun wird aber gegenwärtig *dieses* vom Kommunismus ... und von der Kirche mit Entrüstung abgelehnt, und *jenes* wird nicht weniger mit Empörung verworfen von den faschistischen Systemen (und selbstverständlich von den minderbegabten Völkern). Also wird über den, der die Wahrheit sagt, die ganze Welt herfallen, alle miteinander.«

Der Ausbruch des spanischen Bürgerkrieges zwischen den Anhängern der Republik und denen der Generäle, ausgelöst durch einen Militärputsch im Juli 1936, ist erneut eine Herausforderung an Teilhards Konzeption einer neuen, auch innenpolitischen Moral. Er schreibt darüber am 15. August 1936 an

Henri de Lubac: »Seit ich Sie verlassen habe (schon ein Jahr), mußten Sie in Europa ›hektische‹ Stunden erleben; und die spanischen Affären scheinen eine neue Phase der Geschichte zu eröffnen (eine größere und reflektierte Wiederauflage der Kriege gegen die Mauren oder der Religionskriege): die Kriege der menschlichen Mystik. Aus der Entfernung zittere ich, wenn ich sehe, daß sich zwischen Faschismus und Christentum eine Identifikation herstellt . . . Ich wäre immer für die Partei, die am meisten für die Menschheit erhoffen und erreichen läßt.« Am 16. August 1936 wiederholt er seine Befürchtung gegenüber Bruno de Solages, daß man Christentum und Faschismus »aus Gründen des Konservativismus« identifiziere. In der Tat werden am 1. Juli 1937 die spanischen Bischöfe fast geschlossen Partei für Franco ergreifen.

Gegenüber de Lubac erläutert Teilhard am 22. November 1936 die Prinzipien seiner »neuen Moral« und bittet um Kritik. »Die praktische Wissenschaft vom Menschen (Moral, Wirtschaft, Politik usw.) scheint vor allem verstanden worden zu sein als ein Problem des Gleichgewichts: jedem sein Recht, sein Brot, sein Territorium usw. geben. Nun handelt es sich offensichtlich jetzt darum, dort ein Problem der Energie zu erkennen. Wie der Menschheit ihre vollen geistigen Energien verschaffen?. . . Moral scheint mir das zu sein, was die Größe, die es zu moralisieren gilt, nutzt und Frucht bringen läßt. Von daher sollte das Geld nicht regiert werden durch die zuteilende Gerechtigkeit (Prinzip der kommunizierenden Röhren), sondern durch die Nutzung der lebendigen Kraft des Geldes. Das gleiche gilt für den Gebrauch der Kräfte des Herzens und der Freiheit. Die Anwendungen ergeben sich überall, – bis hin zum Fall der politisch-sozialen Wirtschaft, als deren Gegenstand nicht mehr das Huhn oder der Topf erscheint, sondern die Befreiung (durch Organisation und Maschine) der immensen menschlichen Energie, die bis jetzt durch die Arbeit an der materiellen Produktion absorbiert wird. Diese Befreiung bringt offensichtlich große Probleme mit sich: worauf diese freie Energie übertragen? Aber das ist das Problem des Lebens selbst: die Existenz eines Ideals, das heißt eines Glaubens, offenbart sich als strukturell wesentlich für die weitere Entwicklung der Erde. – Denken Sie ein wenig an diese neue Moral, und sagen Sie mir, was sie davon halten.«

Seiner neuen Moral sicher, scheut sich Teilhard nicht, die drei Bewegungen, die gerade um die Herrschaft in der Welt kämpfen, zu beurteilen: die Demokratie, den Kommunismus und den Faschismus. ›Die Menschheit retten. Überlegungen zur gegenwärtigen Krise‹ heißt der Artikel, den er am 11. November 1936 in Peking abschließt und von dem eine gekürzte Fassung in der Pariser Jesuitenzeitschrift ›Etudes‹ vom 20. Oktober 1937 erscheint. Der neue Direktor René d'Ouince ist ein Verehrer Teilhards und entschlossen, ihm Gehör zu verschaffen.

Für Teilhard ist entscheidend, wie weit jede der drei Massenbewegungen mit dem objektiven Trend der Weltentwicklung, wie Teilhard ihn zu erkennen glaubt, übereinstimmt. Zunächst stellt er fest: »In jeder der drei vorliegenden Massen sind deutlich, jedoch als unvollständige Entwürfe *die drei selben Bestrebungen zu erkennen,* die sich uns als die Charakteristika des Glaubens an die Zukunft gezeigt haben. Leidenschaft für die Zukunft, Leidenschaft für das Universelle, Leidenschaft für das Personale – alle drei schlecht oder unzulänglich begriffen.« »Als erstgeborene Tochter der ›revolutionären‹ Fortschrittsidee ist die Demokratie in der begeisterten Hoffnung auf unbegrenzte irdische Vervollkommnung aufgewachsen. Da sie näher als alles andere der brennenden Quelle ist, aus der das moderne menschliche Bewußtsein hervorgegangen ist, bleibt sie von diesem ursprünglichen Feuer durchtränkt.« Dagegen zeigt sie Schwächen gegenüber dem Personalismus und Universalismus: »Außer dem Christentum hat keine geistige Bewegung jemals so sehr den Wert der menschlichen Person begriffen und gepriesen. Leider haben die Apostel von 1789, mitgerissen vom Eifer für die Freiheit, nicht gesehen, daß das soziale Element seine volle Eigenständigkeit und seinen vollen Wert nur in einem Ganzen gewinnt, in dem es sich differenziert. Anstatt frei zu werden, ist es emanzipiert. Jede Zelle hat sich deshalb berechtigt geglaubt, sich als Zentrum für sich selbst aufzurichten. Von daher erklärt sich die durch die Tatsachen verurteilte Zersplitterung der falschen intellektuellen und sozialen Liberalismen. Und von daher auch der zerstörerische und unmögliche Egalitarismus, der jeden ernsthaften Aufbau einer neuen Erde bedroht.«

Sündigt die Demokratie gegen den Personalismus durch ihren übertriebenen Individualismus und Liberalismus, dann der Kommunismus durch die Unterdrückung der Person sowie durch mangelnde Offenheit für die geistige Zukunft der Menschheit. Zunächst skizziert Teilhard die Suggestionskraft, die von der kommunistischen Variante des Universalismus ausgeht. »Im Kommunismus wurde der Glaube an einen universellen menschlichen Organismus in den Anfängen großartig gesteigert ... Für eine Elitegruppe ist die Versuchung des russischen Neo-Marxismus weit weniger sein humanitäres Evangelium denn seine Vision einer totalitären, stark an die kosmischen Kräfte der Materie gebundenen Zivilisation. Der wahre Name des Kommunismus wäre der ›Terrenismus‹. Von dieser Begeisterung für die Quellen und die Zukunft der Erde geht eine wirkliche Verführungskraft aus«, der sich auch Teilhard anfangs nicht entziehen konnte und die er an Ida Treat miterlebt hat. »Leider ist auch auf dieser Seite wieder das menschliche Ideal in schwerwiegender Weise lückenhaft oder entstellt. Einerseits gelangt der Kommunismus durch seine allzu lebhafte Reaktion auf den anarchischen Liberalismus der Demokratie dahin, die Person virtuell zu unterdrücken und aus dem Menschen eine Termite zu machen. Andererseits hat er sich in seiner unausgewogenen Bewunderung für die greifbaren Kräfte des Universums systematisch den Hoffnungen für die Möglichkeiten einer geistigen Metamorphose des Universums verschlossen. Das menschliche Phänomen ... wird dadurch auf die mechanischen Entwicklungen einer seelenlosen Kollektivität reduziert.«

Scheint die Faszination durch den Kommunismus bei Teilhard überwunden, so zeigen die folgenden Sätze über den Faschismus, wie stark in Teilhard das konservative Erbe nachwirkt. »Der Faschismus ist offen für die Zukunft. Es ist sein Ehrgeiz, große Gesamtheiten unter seiner Herrschaft zu umfassen. Und in der festen Organisation, von der er träumt, wird sorgfältiger als sonst irgendwo der Erhaltung und der Verwendung der Elite (das heißt des Personalen und des Geistes) ein Platz eingeräumt. *In dem Bereich, den er erfassen will,* genügen seine Konstruktionen also mehr als irgendwelche anderen den Bedingungen, die wir als grundlegend für den Zukunftsstaat erkannt haben. Das einzige, aber große Unglück ist, daß dieser Bereich, den er in Betracht zieht, lächerlich beschränkt ist. Der Faschismus scheint bisher die kritische menschliche Transformation und die unwiderstehlichen materiellen Bindungen übersehen zu wollen, die bereits jetzt schon die Zivilisation in das Stadium des Internationalismus haben eintreten lassen. Er versteift sich darauf, die in ihm lebendige moderne Welt in ›neolithischen‹ Dimensionen zu denken und zu verwirklichen ... Der Faschismus ... wird das, was wir erwarten, nur sein, indem er sich im gegebenen Augenblick von dem engen Nationalismus lossagt, der ihn zwingt, aus seinen Konstruktionen gerade alle die Elemente auszuschließen, die den Maßen der Erde entsprechen würden, – und der ihn mit der Idee in die Zukunft rudern läßt, für immer verschwundene Zivilisationsformen wiederzufinden.«

Nach dieser Analyse, die den Faschismus noch am meisten auf der Linie der neuen Moral marschieren läßt – es fehlt ihm nur noch der Internationalismus, den Hitler durch seine Weltreichsidee dann einführte! –, beurteilt Teilhard auch die gegenwärtige Auseinandersetzung zwischen Demokratie, Kommunismus und Faschismus positiv, als Wachstumskrise: »Eine Welt, die arbeitet, um sich zusammenzuschließen, und nicht eine Welt, die zerfällt. Eine Geburtskrise und nicht Todessymptome. Wesentliche Affinitäten und nicht endgültiger Haß ... Das geschieht vor unseren Augen; und man muß nur dies in den Strömungen und in dem Sturm erkannt haben, um das Manöver zu erkennen, das uns retten soll.«

Nach Teilhard ist es unsere Pflicht, »mit allen unseren Kräften bei der Geburt der neuen Welt zu helfen ... Ein Glaube an eine unbegrenzte Zukunft, in der alle positiven Werte der Zivilisation sich in einer die individuellen Werte steigernden Totalität vereinten. Eine höhere Leidenschaft, in der sowohl der demokratische Sinn für die Rechte der Person als auch die kommunistische Schau der Materiekräfte und das faschistische Ideal der organisierten Eliten in einer neuen Synthese zugleich Aufnahme fänden und vollendet würden. Das ist der *›vierte Geist‹*, der heranreift und den wir alle erwarten. Entwickeln wir sein Bewußtsein in uns selbst und verkünden wir ihn.«

> Derzeit schließe ich eine Periode ab, die zu den interessantesten meines Lebens zählen wird. In Indien (mit de Terra) und zuletzt in Java (mit einem anderen reizenden jungen Deutschen, von Koenigswald) habe ich eine Orgie prähistorischer Funde gefeiert.

Noch auf der Fahrt nach Indien schließt Teilhard am 15. September 1935 an Bord der »Cathay« eine kurze Skizze ab mit dem Titel: ›Die Entdeckung der Vergangenheit‹. Sie erscheint durch Vermittlung von René d'Ouince schon am 20. November des Jahres in den ›Etudes‹ – was Teilhard für die Zukunft hoffen läßt. Um die Zukunft geht es paradoxerweise auch in dem Artikel, dessen Quintessenz Teilhard am 14. September den Freunden Max und Simone Bégouën mitteilt. Er möchte den Artikel ihrem Vater, dem Entdecker und Erforscher der Höhlen von Ariège, für seine Festschrift zur Verfügung stellen. »Aber ich weiß nicht, ob an dem, was ich sage, nicht meine Freunde von der Vorgeschichte Anstoß nehmen werden. Ich ziehe zuletzt den Schluß, daß es nur eine einzige wahre Art von Entdekkung gibt (die die historische Forschung uns lehrt), nämlich: die Zukunft zu erbauen. Das ist ganz einfach, aber es gibt noch so viele Menschen, die so tun, als wäre die Vergangenheit an sich von Interesse, und sie so behandeln, wie es nur die Zukunft verdient.«

Von Bombay aus, wo Teilhard von den spanischen Jesuiten im Saint Xavier's College freundlich aufgenommen wird, fährt er mit dem Zug nach Rawalpindi im Pandschab. Dort erwartet ihn der junge englische Archäologe Patterson, mit dem er sich nach Srinagar in Kaschmir aufmacht, um den Expeditionsleiter Helmut de Terra zu treffen. Sie kennen sich vom Internationalen Geologenkongreß 1933 in Washington, wo sich Teilhard nach den Worten de Terras »als Experte von Weltruf auf dem Gebiet der Vorgeschichte, Geologie und Wirbeltierpaläontologie von Asien« eingeführt hat. Seitdem ist er als Berater und Mitarbeiter gesucht. De Terra hat auf dem Kongreß einen Vortrag über die geologischen Beziehungen zwischen Alpen und Himalaja gehalten und über einige Funde steinzeitlicher

Artefakte in Kaschmir und den Fußhügeln des Himalaja berichtet. Sie deuten auf Spuren des Frühmenschen hin, wodurch Aussicht besteht, die menschliche Vorgeschichte in Asien weiter zu klären: Teilhards große Leidenschaft. Teilhard nimmt de Terras Einladung an und erfüllt damit einen Plan seines verstorbenen Freundes Black.

Mit Genugtuung stellt Teilhard gegen Ende der Arbeit mit de Terra in einem Brief an Abbé Breuil vom 18. Dezember 1935 aus Kalkutta fest: »Meinen Aufenthalt in Indien habe ich mit äußerst interessanten vierzehn Tagen in dem berühmten Becken der Narbada (Zentralindien) abgeschlossen. Die Narbada wird als das klassische Pleistozän Indiens angesehen, um 1850 hatte man dort altsteinzeitliches Werkzeug *in situ* angezeigt. Aber seit achtzig Jahren war nichts unternommen worden! Groß war unsere Überraschung, dort Sedimente zu finden, die außerordentlich reich an alter Industrie sind. Sie werden sehen, daß das Material unserer kleinen Expedition eine Hauptbasis für die Vorgeschichte Indiens liefern kann. De Terra kann mit dem Ergebnis seiner Expedition zufrieden sein.«

De Terra selbst hat seinen ›Weg mit Teilhard de Chardin‹ in Buchform veröffentlicht und neben der fachlichen auch die menschliche Seite Teilhards geschildert: »Teilhard stand neben mir, in Khakihosen und offenem Hemd, sein Gesicht unterm Tropenhelm zeigte eine Ungeduld, als sei er ganz besonderen Dingen auf der Spur. Auf einmal begann er mitten durch eine Ziegenherde an der Talwand bergauf zu steigen, und dabei fiel mir auf, daß seine Füße nur mit leichten Tennisschuhen bekleidet waren. Ich warnte ihn vor Giftschlangen, die in jener Gegend besonders zahlreich sind, worauf er mich erstaunt ansah und sagte, er könne in leichten Schuhen den Boden viel besser fühlen. Flink wie ein Tänzer stieg er bergan und verschwand zwischen den Ziegen. Die Hirten sorgten mit ihren gelegentlichen Zurufen dafür, daß wir in dieser öden Wildnis miteinander Kontakt hielten. Alte Männer und Knaben tauchten von irgendwo auf und schlossen sich uns für eine Weile an. Wir trafen einen alten zahnlosen Mann, der uns unbedingt zu einem Ort führen wollte, wo es große fossile Knochen geben sollte. Teilhard aber schenkte diesem verlockenden Bericht nicht das geringste Interesse. Er war soeben mit einem fossilen Zahn beschäftigt und ließ sich auf einem Stein nieder, dann nahm er das Notizbuch aus der Tasche und begann zu schreiben. Er hatte die Gewohnheit, Beobachtungen in kurzen Skizzen festzuhalten, die gewöhnlich eine Schichtfolge darstellten und die geographische Lage andeuteten, sofern sie aus Karten zu entnehmen war. Doch diente ihm das Kartenbild nur zur allgemeinen Orientierung, weil er von jeder geologischen Situation eine eigene Vorstellung hatte. Ich begriff sehr bald, daß die eigenartige Mischung von Wissen und Intuition seinen wissenschaftlichen Beobachtungen etwas so Individuelles und Autoritatives gab, daß eine geologische Karte demgegenüber geradezu veraltet wirken mochte.«

De Terra bewundert Teilhards Geduld, mit der er in den primitiven Steinwerkzeugen nach Anzeichen urmenschlicher Vernunft sucht. »Bei der ungeheuren Weite dieser Ebenen, wo die Täler nur hin und wieder gute geologische Einblicke gestatteten, war es für uns schwierig, einen Beweis für das geologische Alter von Artefakten zu liefern, die dem mittleren Quartär angehörten, in welcher Periode der Himalaja eine besonders starke Emporwölbung erfahren hatte. Es ist Teilhards Verdienst, diesen Beweis erbracht zu haben. Die von ihm als primitive Artefakte erkannten Steine konnte ich dem Ausgang der zweiten Himalaja-Vereisung zuschreiben, womit die sogenannte ›Proto-Soan-Kultur‹ Nordindiens ungefähr mit dem Zeitalter des Pekingmenschen in Beziehung gebracht wurde.«

Doch Teilhard hat nicht vergessen, daß seine »Entdeckung der Vergangenheit« ab jetzt noch intensiver als zuvor der Zukunft dienen soll. So schreibt er an Marguerite am 19. Dezember 1935: »Es gibt tatsächlich, biologisch und physisch gesehen, verschiedene Menschengruppen, und man kann sie nur ›bekehren‹, indem man sie vorher auf menschlicher Ebene umwandelt. Ich halte dieses Konvergieren für möglich. Soweit ich die Hindus beurteilen konnte, haben sie mich enttäuscht. Auch ihre schöpferische Kraft scheint sehr angekränkelt zu sein. Und man muß nach Indien gehen, um zu ermessen, wieviel Erstarrendes und Tödliches in einer Religion liegt, die mit Materialisation und mit Riten überladen ist.« Diese Gefahr sieht Teilhard freilich auch in der römisch-katholischen Kirche, soweit sie dogmatische Leerformeln und eine erstarrte Liturgie für das Wichtigste hält.

Wieder interessiert ihn das Phänomen Frau. Aus einer mohammedanischen Gegend berichtet er am 21. Oktober 1935 an Abbé Breuil: »Ich wollte, Sie könnten die Frauen von hier sehen und abschätzen, was unsere westliche Zivilisation letzten Endes für ihre europäischen Schwestern errungen hat! Es sind arme, frühzeitig mit Runzeln bedeckte Wesen, die immer verängstigt und unter Schleiern vergraben sind. All das muß wohl zerbrochen werden, und es kann nicht mehr lange dauern.« Welch ein Kontrast zu Rhoda de Terra, der Frau des Forschers! »Es amüsierte [Teilhard] gewiß nicht wenig«, erzählt Helmut de Terra, »das Hauptquartier meiner Expedition zu sehen: ein geräumiges Hausboot, das ich mit meiner Frau und kleinen Tochter teilte. Was er über solch ein romantisches Quartier auch denken mochte, so ließ doch seine gütige Art davon nichts merken. Wie er so im Khakianzug am Tische saß und in weltmännischer Art plauderte, hätte man ihn wahrlich nicht für einen Priester halten mögen.« Spürt Teilhard schon bei dieser ersten Begegnung mit Rhoda de Terra, daß auch sie zu den Frauen gehört, mit denen ihn eine lebenslange Freundschaft verbinden wird? »Durch die Frau«, wird Teilhard in seinem Essay ›Ein personales Universum‹, datiert vom 4. Mai 1936 in Peking, schreiben, »und durch die Frau allein, kann der Mann der Isolierung entgehen, in die gerade seine Vollkommenheit ihn einzuschließen droht. Es ist also nicht mehr im ganz strengen Sinne richtig, zu sagen, die Masche des Universums sei für unsere Erfahrung die denkende Monade. Das vollständige menschliche Molekül ist um uns herum bereits ein synthetischeres und von vornherein vergeistigteres Element als die Individual-Person – es ist eine Dualität, die zugleich das Maskuline und das Feminine umgreift.« Diese Erfahrung macht Teilhard erneut durch Rhoda de Terra. Briefe Teilhards an sie vom 5. Juni 1938 bis 8. September 1950 sind veröffentlicht unter dem deutschen Titel ›Briefe an eine Nichtchristin‹; ein Beispiel, wie unwichtig konfessionelle und weltanschauliche Übereinstimmung dort ist, wo Freundschaft dominiert. Vor allem in den letzten Lebensjahren wird Rhoda Teilhards Stütze. Sie wird Teilhard nach Afrika, auf seinen letzten Expeditionen zur Entdeckung der Frühmenschen, begleiten. In ihrer New Yorker Wohnung wird Teilhard 1955 der tödliche Schlag treffen.

Während die Familie de Terra Mitte Dezember 1935 in Richtung Amerika aufbricht – Teilhard wird sie dort bald wiedersehen –, fährt er auf Einladung des jungen, schon berühmten Paläontologen Harald von Koenigswald nach Java.

Teilhard berichtet von seinem kurzen Aufenthalt in Java am 24. Januar 1936 zwischen Hongkong und Shanghai an Marguerite: »In Batavia erwartete mich der junge und prächtige v. Koenigswald am Kai. Ein fröhlicher junger Mann, für den ich sofort Freundschaft empfand. Er hat mich gleich nach Bandung ins Gebirge geführt (das Verwaltungszentrum von Holländisch-Indien) und hat mich in seinem Bungalow untergebracht. Seine junge Frau hatte eine typhusartige Krankheit überstanden und war gerade auf Erholung in Batavia, aber der malaiische Boy und dessen Frau Bibi sorgten für die Bedienung. Der größte Teil des Tages verging mit Exkursionen nach Süden und ins Innere der Insel, wo v. K. gerade außergewöhnliche Dinge entdeckt hat, die er mit mir zusammen zu klären wünschte, namentlich eine wundervolle Chelléen-Industrie [Gebrauchsgeräte der Vor-Neandertaler], von der niemand etwas ahnte. Ich glaubte mich nach Indien zurückversetzt, an die Narbada. Es war für mich eine göttliche Fügung, daß ich mich nach den letzten Funden mit de Terra gerade rechtzeitig in Java einfand, um die Entdeckungen von v. K. gewissermaßen zu begutachten und genau zu bestimmen. Manchmal bin ich halb beunruhigt, wenn ich an die ununterbrochene Folge dieser Glücksfälle denke, die sich in meinem Leben aneinanderreihen. Was soll das heißen, und was erwartet Gott von mir?«

In China findet Teilhard eine prekäre politische Situation vor. Die Japaner haben sich in Nordchina weiter festgesetzt und bedrohen Peking, so daß ein Teil der Dienststellen, auch des Geologischen Dienstes, nach Nanking, in die Hauptstadt Chiang Kai-sheks, verlegt wird. In Peking gibt es jetzt nur noch den »Nördlichen Zweig« des Survey. Dr. Wong ist eine gewichtige politische Persönlichkeit in Nanking geworden: Chiang Kai-sheks erster Sekretär. »Hier herrschen beinahe Einsamkeit und Abgeschiedenheit«, schreibt Teilhard am 20. Februar 1936 an Marguerite. »Zu viert oder fünft irren wir in den Gebäuden herum, die einst so voller Leben waren. Es gibt fast keine Bücher, keine Sammlungen mehr ... Selten habe ich so in einer Atmosphäre der Unbeständigkeit gelebt.« In der Osterwoche nimmt Teilhard die Ausgrabungen in Choukoutien wieder auf, unternimmt bald darauf sogar eine Expedition nach Ostshantung. Im August erhält er die Nachricht vom Tod seiner Schwester Guiguite: »Daß sie nicht mehr ist, schafft eine Art Welteinsamkeit um mich«, gesteht er seiner Cousine.

Doch da ist noch Lucile Swan in Peking. An Ida Treat berichtet Teilhard am 30. Oktober 1936: »Auf Drängen von L. S. habe ich (for private circulation) eine englische Ausgabe von ›Der Geist der Erde‹ und ›Mein Glaube‹ gedruckt (ich glaube, ich hatte unbedingt das Recht, es zu tun, doch weiß ich, man wird mich ernstlich ›zurechtpfeifen‹, wenn es bekannt wird). Die Übersetzung ist natürlich dem Text nicht gleichwertig. Doch sie ist immerhin ein Mittel zur Verbreitung. Und ich stelle ständig fest, wie leicht sich Ideen dieser Art verbreiten.«

39 Ärgernisse

> Alles versuchen, bis ans Ende. Diese Formel wird erst ihre volle Gültigkeit gewinnen, wenn das wissenschaftliche Experimentieren auf einer nicht mehr nur nationalen, sondern menschlichen Stufe organisiert wird.

Am 25. Februar 1937 schifft sich Teilhard an Bord der »Empress of Japan« ein nach Amerika. Auf Einladung Helmut de Terras nimmt er als einziger Franzose an einem Symposion der Carnegie-Stiftung in Philadelphia teil. Harald von Koenigswald wird auch da sein und einige Exemplare seiner neuesten Funde aus Java ausstellen. Man will unter Experten einen systematischen Plan für die kommenden Forschungen nach der Abstammung des Menschen entwerfen. Aus Sparsamkeitsgründen hat Teilhard die Touristen-Klasse genommen: »Aber ich bin nichtsdestoweniger bei einer ununterbrochenen Folge von Cocktails interessanten Passagieren der ›Ersten‹ begegnet«, schreibt er seinem Bruder Joseph am 12. März 1937. Wieder erlebt Teilhard auf diese Weise, was er die Noosphäre nennt: »Ein Netz lebendiger (psychologischer, wirtschaftlicher, sozialer usw.) Zusammenhänge, unaufhörlich in jedem Augenblick dabei, sie [die Körper] in ein und derselben Membran zu verbinden.« Während der Überfahrt arbeitet er darüber ein Papier aus: ›Das geistige Phänomen‹. Darin unterstreicht er seine in den letzten Jahren gewonnene Überzeugung, daß die in der Entwicklung der Welt angelegte Vereinigung der Menschheit nicht auf Kosten der Personalität des einzelnen, sondern nur mit deren Hilfe möglich ist. »Im Gegensatz zum Anschein können die Personen noch als Elemente einer weiteren Synthese dienen, *weil gerade ihre Vereinigung ihre Differenzierung vollendet. Die Vereinigung im Personalen differenziert.*«

Daraus ergibt sich für die Moral eine neue Aufgabe auch gegenüber dem Individuum: Nicht mehr »das Individuum zu bewahren und zu beschützen – sondern es so gut in der Richtung seiner erwarteten Vollendung zu lenken, daß die in der Menschheit noch diffuse ›Quantität des Personalen‹ sich in Fülle und Sicherheit herauslöst. Der Moralist war bisher ein Jurist oder ein ›Gleichgewichtskünstler‹. Er wird zum Techniker und Ingenieur der geistigen Energien der Welt.« Praktisch heißt das: »Kein Versprechen und kein Brauch [sind] legitim, wenn sie nicht dahin tendieren, die Macht, die sie innehaben, *in Dienst zu stellen* ... Der Reichtum wird nur *gut* in dem Maße, wie er in Richtung des Geistes *arbeitet.*« Teilhard fordert eine »Moral der Bewegung (offene Moral)«, die einem Abenteuer gleicht: »Auf den geheimnisvollen Ozean der zu erforschenden und zu vermenschlichenden sittlichen Energien werden sich die wagemutigsten Seefahrer von morgen hinauswagen. Alles versuchen und alles bis ans Ende in Richtung des größeren Bewußtseins vorantreiben, das ist in einem als im Zustand der geistigen Transformation befindlich erkannten Universum das allgemeine und höchste Gesetz der Sittlichkeit: *die Kraft eingrenzen* (es sei denn, um eben dadurch noch mehr Kraft zu erhalten), *das ist die Sünde.*« Datiert vom März 1937, Pazifik.

Wie wenig die römisch-katholische Elite Amerikas bereit ist, zu den von Teilhard beschriebenen wagemutigen Seefahrern zu gehören, erfährt er in den nächsten Wochen. Zunächst genießt er die Gastfreundschaft von Helmut und Rhoda de Terra in Bryan Mawr, einer Vorstadt von Philadelphia. Am 19. März hält Teilhard seinen Vortrag über das Zeitalter des Quartärs in China, am gleichen Tag erscheint in der ›New York Times‹ ein Interview von ihm, das er am Vortag einem Journalisten gegeben hatte. »Dieser Bericht brachte in sensationeller Aufmachung eine Darstellung jener neuen Ideen Teilhards, die sich auf die Herkunft des Menschen bezogen. Es klang, als ob er die Darwin'sche Theorie unterstütze, eine offensichtlich ungenaue Wiedergabe, welche die Grundidee Teilhards von der Vorherbestimmung organischer Entwicklung, die im Menschen ihren höchsten Ausdruck gefunden hatte, außer acht ließ. Ich erinnere mich«, schreibt de Terra, »daß er in unserem Hause über die Verfälschung jenes Interviews klagte und eine Gelegenheit zur

Richtigstellung seiner Ausführungen suchte. Eine solche Chance bot sich kurz nach der Überreichung der Gregor-Mendel-Medaille« vom katholischen College in Villanova, einem Vorort von Philadelphia. Am 22. März gibt der Präsident des College ein Festessen zu Ehren Teilhards, der die Gelegenheit nutzt, erstmals vor amerikanischen Lehrern und Geistlichen über die Bedeutung der vorgeschichtlichen Forschung für die Erkenntnis des Menschen und seiner Zukunft in erdgeschichtlicher Perspektive zu sprechen. Doch die Rede kommt offensichtlich nicht an. Vermutlich hat die Schlagzeile in der ›New York Times‹ über den Jesuiten, der an die Abstammung des Menschen vom Affen glaubt, bereits ihre Wirkung getan.

Als ein Reporter der besten kanadischen Zeitung in den nächsten Tagen Teilhard im Haus de Terras aufsucht, warnt dieser vor weiteren Interviews und dem Versuch einer »Richtigstellung«. Diese verschlimmere erfahrungsgemäß die ursprüngliche Wirkung nur noch. Doch Teilhard läßt sich nicht davon abbringen. Er ist dann auch mit dem erschienenen Artikel zufrieden, während de Terra befürchtet, die Tendenz des Interviews werde Teilhard bei den Katholiken weiter schaden. Er behält recht. Als Teilhard in Boston ankommt, wo er die Ehrendoktorwürde der Jesuitenuniversität erhalten soll, muß er erfahren, daß die Ehrung nicht mehr stattfinden kann. Der herrschende konservative Flügel des amerikanischen Katholizismus und unter seinen Ordenskollegen hat gegen den evolutionistischen Jesuiten Stellung bezogen, vielleicht auf Weisung Roms und mit Rükkendeckung der französischen Oberen.

Auf volles Verständnis stößt Teilhard indes bei dem amerikanischen Physiologen und Chirurgen Alexis Carrel, den Teilhard am Rockefeller Institut in New York aufsucht. Carrels Buch ›Der Mensch, das unbekannte Wesen‹ ist ein großer Erfolg. »Die Frage der menschlichen Ursprünge (im experimentellen Bereich) scheint mir gelöst«, berichtet Teilhard am 28. April 1937 an de Lubac: »Meine ganze Aufmerksamkeit ist nun absorbiert durch die mögliche Einrichtung einer neuen Wissenschaft: der ›menschlichen Energie (oder Energetik)‹; ein Gespräch darüber mit Carrel in New York hat mir geholfen, die Linien und die Möglichkeit zu präzisieren.« Und Teilhard skizziert seinen nächsten Aufsatz ›Die menschliche Energie‹, den er dann vom 6. August bis 8. September 1937 auf der Überfahrt von Marseille nach Shanghai ausarbeiten wird. Erneut feiert er darin die Noosphäre, doch die Erfahrungen in Amerika lassen ihn sagen: »Für jene, die sie nicht sehen, ist es unnütz, mir weiter zu folgen.« In Erinnerung an seine Expedition mit de Terra in Indien heißt es: »Dem Blick eines Geologen beweisen winzige Besonderheiten (eine kürzliche Verwerfung, ein seismischer Stoß) die fortbestehende Vitalität des Himalaja. Ebenso werden für den Geist, dessen Blick für eine mögliche Bewegung der Noosphäre geschärft ist, eine ganze Reihe im allgemeinen als unerheblich oder zweideutig angesehener Fakten bedeutsam.« Dazu zählt Teilhard die durch »die Luft- und Ätherwege verwirklichten Verbindungen, die Entdeckung der Dauer und des Raumes, die Durchdringung des Winzigen und des Unermeßlichen, die totalitären sozialen Bewegungen.«

Auf diesem Hintergrund interpretiert Teilhard auch die Arbeitslosigkeit als Symptom: »Gewöhnlich verflucht man sie und macht die Maschine für sie verantwortlich oder, was teilweise wahr ist, schreibt die Schuld daran einer schlechten wirtschaftlichen Organisation der Welt zu. Doch diese Kritiken verkennen ... den Grund der Dinge. Unter evolutivem Gesichtspunkt betrachtet, läßt sich die Arbeitslosigkeit als das unvorhergesehene Auftreten einer plötzlich durch innere Anpassung der Noosphäre befreiten Masse menschlicher Energie definieren. Das Phänomen schafft die Gefahr. Es verlangt nach einem Heilmittel.«

Dieses besteht nach Teilhard in der bewußten Organisation der menschlichen Energie. »Haben wir, um die Zukunft zu bauen (da wir nun einmal voranschreiten müssen), uns zwischen der Charybdis der Kollektivismen und der Skylla der Anarchismen zu entscheiden? Zwischen der Symbiose, die mechanisiert, und der Zerstreuung, die entvitalisiert?«

Teilhard verwirft sowohl den egoistischen, kapitalistischen Individualismus wie auch den gewalttätigen, das Individuum unterdrückenden Kollektivismus. Sein Programm lautet, diktiert vom Entwicklungsgesetz der Welt selbst: »Totalisieren, ohne zu entpersonalisieren.« Dafür gibt es ein Modell in unserer Erfahrung: die zwischenmenschliche Liebe. »Wenn ein Mann in edler Weise eine Frau mit dieser kraftvollen Leidenschaft liebt, die das Sein über sich selbst erhöht, findet sich das Leben dieses Mannes, sein Schöpfungs- und Gefühlsvermögen, sein ganzes Universum in der Liebe dieser Frau deutlich erhalten und zugleich sublimiert wieder.«

In der Praxis heißt das, und Teilhard begibt sich im Hinblick darauf, was die Nationalsozialisten in Deutschland bereits zu praktizieren beginnen, auf ein gefährliches Terrain: »Die Individuen derart vervollkommnen, daß dem Ganzen sein Höchstmaß an Macht verliehen wird ... Nicht nur wissenschaftlich die Krankheiten und die Phänomene der Konter-Evolution beherrschen (Sterilität, physisches Schwächerwerden), die das Wachstum der Noosphäre unterminieren; sondern durch verschiedene Mittel (Auslese, Kontrolle der Geschlechter, Wirkung der Hormone, Hygiene usw.) einen höheren menschlichen Typ herausarbeiten ... Heikle Versuche, wenn es je welche gab; die aber, gerade eben weil sie heikel sind, zu ihrer gesunden, respektvollen, religiösen Durchführung die Vorsicht und die Überwachung einer methodisch organisierten Forschung erfordern.«

Angesichts dieser und anderer nach Teilhard unausweichlicher Aufgaben, die sich der Menschheit stellen, ist die gegenwärtige Situation der Forschung ein Skandal: »Wir sind derzeit an die Grenze der durch *individuelle* Bemühungen verwirklichbaren Fortschritte angelangt. Die Wissenschaft erwartet jetzt, um sich wirklich zu konstituieren, daß wir sie mit Mitteln industrieller Ausmaße weiterführen. Alles versuchen, bis ans Ende. Diese Formel wird erst ihre volle Gültigkeit gewinnen, wenn das wissenschaftliche Experimentieren auf einer nicht mehr nur nationalen, sondern menschlichen Stufe organisiert wird.«

Hellsichtig erkennt Teilhard schon 1937 das Problem, das durch die Erschöpfung der natürlichen Energiequellen auf die Menschheit zukommt. »Was kommt nach der Kohle, dem Wasser, dem Erdöl? ... In diesem Punkt können wir der Physik vertrauen. Doch bei der Geschwindigkeit, mit der der Verbrauch unserer Reserven zunimmt, muß man sich beeilen, etwas anderes zu finden. Und wir haben noch nichts.« Die Richtung, in der gesucht werden muß, deutet er auch schon an: »Es komme der Augenblick, da der Mann auf der Straße begreifen wird, daß in einem machtvollen Instrument, das dazu bestimmt ist, die Atome zu zertrümmern, mehr Poesie liegt denn in einer Kanone. Dann wird für den Menschen eine entscheidende Stunde schlagen: die, da der Geist der Entdeckung alle lebendige, im Kriegsgeist enthaltene Kraft aufsaugen wird.«

Es ist bezeichnend für Teilhard, daß er diese Gedankengänge über die ungeahnten Möglichkeiten der menschlichen Energie entwirft, als er seit seiner Abiturzeit erstmals wieder ernsthaft und rätselhaft erkrankt. Am 15. April 1937 kommt er auf der »Normandie« von Amerika in Frankreich an. In Paris wohnt er ab jetzt im Redaktionshaus der Jesuitenzeitschrift ›Etudes‹, dessen Direktor René d'Ouince ihn mit offenen Armen aufnimmt. Vom 10. bis 13. Mai eilt Teilhard nach Lyon, um sich wegen der »Villanova-Affäre« in den USA vor dem neuen Provinzial Joseph du Bouchet zu verantworten. »Ich hoffe, alles läßt sich ohne unangenehme Folgen einrenken«, schreibt er am 6. Mai an Ida Treat. Dann will er dort die Freunde sehen. Schon am 3. Februar 1937 hat er aus Tientsin an Bruno de Solages geschrieben: »Man müßte einen rationellen und möglichen Aktionsplan aufstellen, in Übereinstimmung mit de Lubac, d'Ouince, Fessard und vielleicht unseren weißen Brüdern, den Dominikanern . . .« Die Betreffenden werden die Anregung im Sinne des Kommentars aufgenommen haben, den de Lubac zu dieser Briefstelle gibt: »Man sieht hier, daß es dem generösen Gruppengeist Teilhards manchmal ein wenig an Realismus fehlte.« Dabei hat Teilhard die spätere Gruppierung der »Neuen Theologie« bereits deutlicher vorausgespürt als seine Freunde! Zurück in Paris wird Teilhard plötzlich von fieberhaften Anfällen heimgesucht, die die Ärzte nicht zu erklären wissen. Malaria? Teilhard wird ins Krankenhaus Pasteur eingewiesen. Er muß Vorträge und eine Reise nach Cambridge absagen, auch einen Kongreß in Moskau.

Ende Juni ist er für zehn Tage in »Murol« zur Erholung bei einem seiner Brüder. Er schreibt an de Terra am 3. Juli, der ihn für eine Birmareise Ende des Jahres eingeladen hat: »Seit fast zwei Wochen genieße ich in schönster Ruhe eine gute Erholung auf dem Lande, in der Auvergne, wo ich auf dem alten Familiensitz am Allierfluß lebe. Alles ist so prachtvoll grün . . . Meine verschiedenen Schriften finden rasche Verbreitung, ohne daß jemand daran Anstoß nehmen wird. Der Leiter der recht konservativen *Revue* (bei dem ich in Paris wohne) bat mich um einen Artikel über den *Sinanthropus,* der in der nächsten Nummer erscheinen soll (er enthält Ideen, die meine amerikanischen Kollegen so beanstandeten). Wahrscheinlich wird auch der Aufsatz über die menschliche Front angenommen werden. Aber gegenwärtig reift ein neuer Aufsatz (Über die menschliche Energie) heran, der mich ganz beansprucht.«

Gegenüber Ida Treat erklärt Teilhard jedoch, insgesamt seien diese wenigen Wochen in Frankreich für ihn eine Enttäuschung gewesen. Hat es Komplikationen mit Marguerite gegeben? Spürt er, daß die Wissenschaft und die Essays ihm nicht die totale personale Hingabe erlauben, wie er selbst sie immer wieder beschrieben hat? »Ich habe nie etwas anderes schreiben können als Dissertationen und Abhandlungen«, klagt er Ida Treat am 28. Juni 1937: »Es muß eine große Freude sein, seine Seele in eine lebendige Schöpfung hineinzugeben: Roman, Musik – oder noch besser in eine andere lebendige Seele.«

Am 5. August fährt Teilhard von Marseille aus an Bord der »D'Artagnan« wieder Richtung China.

40 Der vorletzte Schliff

> Ihre These, daß ›Rebellen am meisten leisten‹, ist eines der schlimmsten Paradoxe des Lebens.

Als die Japaner am 7. Juli 1937 versuchen, in der Nähe von Peking einen lebenswichtigen Eisenbahnknotenpunkt einzunehmen, kommt es zu einem Feuergefecht mit chinesischen Einheiten. Dieser Zwischenfall an der Marco-Polo-Brücke löst den Chinesisch-japanischen Krieg aus, in dessen Verlauf die Japaner Peking und Tientsin einnehmen. Das erneute Zweckbündnis zwischen Chiang Kai-shek und den Kommunisten kann nicht verhindern, daß die Japaner am 3. Dezember Shanghai erobern und nach schweren Bombenangriffen auch Nanking fällt. Die nationalistische Regierung weicht zunächst 400 Meilen flußaufwärts nach Hankow und im Sommer 1938 nach Chungking in Szetschuan aus. Chiang Kai-shek kontrolliert nur noch den Westen und Süden Chinas, während die Kommunisten von ihren Zentren im Nordwesten aus in den von Japan besetzten Gebieten den Widerstand der Bevölkerung mobilisieren. Die Japaner setzen Marionettenregierungen in der Inneren Mongolei, in Nordchina und in Nanking ein, die von den Achsenmächten Deutschland, Italien und Japan anerkannt werden.

Am 10. August 1937 schreibt Teilhard von Bord der »D'Artagnan« an seinen Bruder Joseph: »Die Cholera in Hongkong. Krieg in Shanghai. Ich entschließe mich, bis Kobe (Japan) vorzudringen in der Hoffnung, dort ein japanisches Schiff nach Tientsin zu finden.« Am 17. September trifft er dort ein, am 21. Oktober berichtet er aus Peking an Max Bégouën: »Peking ist ziemlich leer, aber es bleibt hier ein guter Kern von Freunden, angefangen mit Lucile Swan. Diese hat zusammen mit Weidenreich [dem neuen Leiter des Geologischen Dienstes] an der Rekonstruktion des Gesichtes des Sinanthropus gearbeitet, von dem wir fast alle Elemente besaßen, aber noch nicht in die richtige Lage gebracht. Das Individuum, das wiederhergestellt worden ist (der ganze Kopf mit Unterkiefer), ist ein weibliches Wesen, das wir Nelly nennen.« Die meisten Mitarbeiter Teilhards sind mit den Nationalisten nach Süden gezogen. Soll man sich mit dem neuen Peking-Regime arrangieren, um wenigstens die Ausgrabungen in Choukoutien in der Hand zu behalten? Getroffen hat Teilhard auch die Entscheidung seines neuen Ordensoberen in Peking, des China-Visitators George Marin, eines Amerikaners. Teilhard muß sein Quartier bei den Lazaristen aufgeben und in die Sprachenschule der Jesuiten Chabanel Hall umziehen, die im Norden von Peit-ang liegt: »Es ist zu weit entfernt«, heißt es an Ida Treat am 2. November 1937, »und das beschneidet mir einige Freiheiten: doch die Situation hat auch einige Vorteile, insbesondere den, daß ich mich mehr zu Hause fühle (bis zu einem gewissen Punkt!). Ich denke und schreibe. Und ich entwerfe die ersten Skizzen eines Buches (?) über den Menschen, in dem ich alle meine mir teuren Ideen zusammenstellen möchte.« Juni 1940 wird Teilhard dieses Hauptwerk beenden: ›Le Phénomène humain‹.

Zunächst möchte Teilhard jedoch noch eine Einladung Helmut de Terras nach Birma und noch einmal nach Java wahrnehmen. Die in Indien begonnenen Studien sollen in Südostasien fortgesetzt werden und die neuesten Frühmenschen-Funde auf Java inspiziert werden. Da Teilhards Freund Dr. Pei für ihn die Stellung in Peking hält, fährt Teilhard am 15. Dezember 1937 mit Frachtern voll chinesischer Emigranten über Singapur nach Rangun in Birma und von dort mit einem altertümlichen Raddampfer den Irawadi hinauf in die Gegend von Mogok. Dort trifft er mit Helmut und Rhoda de Terra zusammen, in deren Begleitung sich noch Dr. Hallam L. Movius von der Harvard Universität und dessen Frau befinden. Sie wohnen in Zelten oder Bungalows der britischen Verwaltung. »Es ist nicht verwunderlich, daß ich mich sehr wohl fühle. Ich habe den Eindruck, jünger geworden zu sein. Ich bin ständig auf den Beinen, ohne müde zu werden, genau wie in Indien«, schreibt er am 28. Januar 1938 an Marguerite. Helmut de Terra unterstreicht: »Er schien mit meinen täglichen Vorkehrungen, was Unterkunft und Verpflegung anbelangt, immer einverstanden, wozu die fürsorgende Hilfe meiner Frau allerdings wesentlich beitrug.« Das Ergebnis dieser Harvard-Carnegie-Expedition, die sich am 24. März nach Java einschifft, bildet eine Brücke zwischen China und Java, wie Teilhard am 5. April gegenüber Marguerite andeutet: »Bei der Ankunft hier konnten wir feststellen, daß unsere neue Industrie aus der frühen Altsteinzeit vom Irawadi (die vor fünf Wochen noch niemand kannte) auf merkwürdige Weise jener von Java gleicht. Ich habe viel zu sagen, und ich habe viel gelernt in Geologie. Eine notwendige Plattform! Hier befinde ich mich bei neuen Spuren des Pithecanthropus, der dem Sinanthropus so ähnlich ist.« Harald von Koenigswald hat vor sechs Monaten den zweiten Schädel eines Pithecanthropus gefunden.

Schon am 16. April verläßt Teilhard Batavia und kehrt über Singapur nach China zurück, rechtzeitig zu Lucile Swans Geburtstag: er schenkt ihr einen kleinen Rubin, den er in Birma erstanden hat.

Er fühlt sich Lucile gegenüber jetzt freier und sicherer. Die Freundschaft mit Rhoda de Terra hat sich während des Birma-Aufenthalts so weit entwickelt, daß nun Briefe hin- und hergehen. Am 5. Juni 1938 schreibt ihr Teilhard aus Peking: »Nach dem Durcheinander der ersten Tage habe ich zur normalen Routine zurückgefunden: morgens und nachmittags Laborarbeit, zwischen fünf und sieben Uhr nachmittags Geselligkeit [Tee bei Lucile Swan] und von Zeit zu Zeit eine kleine Party (sehr wenige Cocktails...) Peking hat ziemlich viel ›Luft abgelassen‹; und doch gibt es noch einen netten Kreis guter Freunde, der inmitten der japanischen Atmosphäre überlebt. Wissenschaftlich habe ich reichlich zu tun mit zwei paläontologischen Abhandlungen. Dazu habe ich gerade einen ›gemischten Artikel‹ über Birma beendet, den ich H. [Helmut] senden werde, sobald ich weiß, wohin ich ihn adressieren soll. In diesem Jahr ist es unmöglich, in Choukoutien die Ausgrabungen fortzuführen, weil der Ort genau zwischen den japanischen Soldaten und den chinesischen Roten liegt ... Aus Paris habe ich gerade gehört, daß ich endgültig in das *Laboratoire des Hautes Etudes* [an der Sorbonne] gewählt worden bin, und mit einem irgendwie schmeichelhaften und rührenden Eifer wollen drei Institutionen mein *Laboratoire* beherbergen [das Trocadéro, das Naturhistorische Museum und das Institut Monaco]. (Selbstverständlich möchte ich zu Boule an das *Institut de Palé-*

ontologie Humaine gehen). Ich plane ... im Oktober über Amerika nach Europa zu fahren und bis zum nächsten Juni in Paris zu bleiben; dann werde ich für mehrere Monate nach China zurückkehren – usw.«

Auch die Berufung Abbé Breuils ins Institut de France, die hochangesehene Vereinigung der fünf Wissenschaftlichen Akademien Frankreichs, läßt Teilhard mit Sehnsucht an Paris denken. Dorthin fährt ihm Pater Licent, nicht ohne Zorn und Enttäuschung, voraus. Sein Hoang-ho-Pai-ho-Museum in Tientsin, dessen Bau 1937 vollendet worden ist, kann sich nicht mehr halten. Auch sind die Differenzen mit den Ordenskollegen unüberbrückbar geworden. Pierre Leroy, der mit der Reorganisation beauftragt ist und Licent zum »Ehrendirektor« befördert, beschleunigt nur noch dessen Abreise. Teilhard und Leroy, die sich auf Anhieb sympathisch sind und bleiben, ist klar, daß sie die Dinge in die Hand nehmen müssen, wenn von Licents Arbeit in China überhaupt noch etwas zu retten ist. Tatsächlich wird Licent nicht mehr nach China zurückkehren. »Er wohnte von nun an in Paris«, schreibt Leroy. »Der große Forschungsreisende, der gebaut war, um eine Welt in Bewegung zu setzen, sollte darauf beschränkt sein, in Kartonkästen irgendwelche Insektensammlungen auf Nadeln zu spießen.« Er stirbt 1952, drei Jahre vor Teilhard. Hätte Teilhard ohne diesen originellen, schwierigen Mann seine Plattform China gefunden?

Jetzt sieht es so aus, als könne Teilhard endlich auch Paris für seine Botschaft erobern: »Die Briefe meines Freundes B. [Bégouën, der Teilhards Schriften in Paris vervielfältigt und unter die Leute bringt] sind voller anregender Neuigkeiten für die Ausbreitung jener Anschauungen, die der wertvollste Teil meiner Seele sind«, schreibt er an Rhoda am 22. Juni 1938. »Ich fühle, durch diesen neuen Kontakt mit der westlichen Welt wird mein ›Evangelium‹ den letzten (oder vorletzten) Schliff erhalten.« Teilhard skizziert bereits einige Vorträge für den nächsten Winter. Wie er aus der Ferne die politische Entwicklung beurteilt, zeigt sein Brief an Valensin vom 25. Mai 1938: »Ich weiß nicht, wohin meine Sympathie gegenwärtig geht: Wo gibt es augenblicklich das Mehr an Hoffnung und Ideal? ... In Rußland oder in Berlin? ... Die Demokratien sterben an einem Mangel an konstruktivem Glauben, fürchte ich. Auf jeden Fall bin ich erschrocken zu hören (ist das wahr?), daß die offizielle Kirche den Kommunismus verdammt und mit den Faschismen sympathisiert *ausgerechnet deswegen, weswegen man es nicht tun müßte*: diese wegen ihrer reaktionären Erscheinungen und jener wegen ihres Willens, die Welt zu ändern. Wie mir einmal Le Roy sagte: Zu viele Leute in der Kirche bewahren die heimliche Hoffnung, daß das 19. Jahrhundert ausgelöscht werden könnte und wir uns bald in der guten vorwissenschaftlichen und vorrevolutionären Epoche wiederfinden werden. Wenn dieser Geist siegt, wäre das das endgültige Desaster und das vollendete Schisma mit der Menschheit. Unmöglich, daß das eintritt. Aber es wird kommen, wenn wir nicht kämpfen.«

Am 14. September 1938 fährt Teilhard, bis Japan in Begleitung von Pierre Leroy, nach Amerika, ab Kobe mit der »Empress of Japan«. Er besucht den Paläontologen Granger in New York, das Ehepaar Movius in Harvard und nimmt an einer Direktionssitzung des American Museum teil. Vermutlich sieht er auch Rhoda de Terra, denn am 12. November 1938 schreibt er ihr, schon aus Paris: »Um eines beneide ich Sie: in New York zu sein.«

In Frankreich wird Teilhard zu seinem Provinzial nach Lyon zitiert. Man ist durch seine Anwesenheit aufgeschreckt und zeigt ihm einen strengen Brief des Jesuitengenerals aus Rom, »der sich über ein neues Papier von mir beklagte, das durch irgendein Leck herausgekommen ist . . . und der sich gleichfalls darüber beklagt, daß ich die Köpfe meiner jüngeren Kollegen in China verwirrte (?)«, berichtet Teilhard an Rhoda am 14. Dezember 1938. »Natürlich bedeutet das neue Einschränkungen. Glücklicherweise sind meine französischen Oberen sehr verständnisvoll, so daß ich ernstlich hoffen kann, praktisch unbehelligt davonzukommen. Ich errate ohne weiteres Ihre erste Reaktion: es wäre besser für mich, Widerstand zu leisten und zu brechen. Doch genau das ist, so glaube ich, *nicht* zu tun. Ich bin drinnen hundertmal wirksamer als draußen. Und darüber hinaus zwingt mich meine eigene ›Philosophie‹, bei einer religiösen Bewegung zu bleiben, die ich als den wahren Samen der zukünftigen Dinge ansehe . . . Ich möchte meine Schrift über den ›Menschen‹ in der Weise zu Ende bringen, daß ich den wirklichen Kampf um die Frage seiner Veröffentlichung beginnen kann. In der Zwischenzeit habe ich nur eben ein paar Seiten über die *Mystik der Wissenschaft* für die hier herausgegebene Jesuitenzeitschrift geschrieben. Wenn sie (wie ich hoffe) gedruckt werden, würde das ein höflicher Wink an Rom sein, daß ich noch lebe. Und vielleicht werden sie verstehen. Im Grunde haben sie nichts gegen mich: sie sind nur verwirrt und eifrig darauf bedacht, die ›Tradition‹ zu verteidigen.«

Nach Weihnachten verbringt Teilhard eine Woche bei seinem Bruder Gabriel im verschneiten »Murol« am Allier und bedenkt seine Situation. »Gabriel ist der wirkliche ›Jesuit‹ in der Familie«, entfährt es ihm, »ich bin nur ein geistlicher Abenteurer.« Es ist eisig kalt in dem Landhaus, nur das prasselnde Kaminfeuer spendet gemütliche Wärme. Teilhard bewundert seine Schwägerin, die die Bauernmädchen in einer christlichen Berufsgruppe organisiert, wie sie sich seit einigen Jahren in Frankreich ausbreiten. »Es ist wirklich erstaunlich, wie rasch diese früher scheuen und verschlossenen Mädchen sich in aktive, offene und sogar begeisterte junge Personen verwandeln, sobald sie zu Berufsstolz und zur Achtung der ›guten Erde‹ erwachen«, schreibt Teilhard an Rhoda am 16. Januar 1939. Was er beobachtet, bestätigt seine Gedankengänge, die er in den letzten Monaten in ›Soziale Vererbung und Fortschritt. Bemerkungen zum menschlich-christlichen Wert der Erziehung‹ niedergelegt hat: »Durch die Erziehung geht dank der fortschreitenden Verbreitung gemeinsamer Ansichten und Haltungen die langsame Konvergenz der Geister und Herzen weiter, außerhalb derer es vor uns keinen Ausweg für die Bewegungen des Lebens zu geben scheint. Da er unmittelbar beauftragt ist, diese menschliche Einmütigkeit zu gewährleisten, muß der Erzieher, ob er nun von Literatur, Geschichte, Naturwissenschaft oder Philosophie zu sprechen hat, ständig aus ihr leben und bewußt ihre Verwirklichung betreiben.«

Mit besonderer Freude hat Teilhard deshalb die Einladung des Rektors des Institut Catholique in Toulouse, seines Freundes Bruno de Solages, angenommen, dort einige Vorträge zu halten. Am 26. Februar spricht er vor der Société de Philosophie über »Der Ort des Menschen in der Natur und die Struktur, die sich daraus für die Evolution ergibt«. Am nächsten Tag berichtet er in der staatlichen Faculté des lettres über die Ausgrabungen von Choukoutien und den Sinanthropus, am 28. Februar im Institut Catholique über das Quartär Chinas und des Fernen Ostens. Dem Vortrag über die prähistorischen Forschungen in Birma vor großem Publikum am 29. schließlich präsidiert der Erzbischof von Toulouse höchstpersönlich, Monsignore Saliège. Teilhard fühlt sich im Aufwind.

Im März 1939 hat er in London und Cambridge zu tun. »Ich hatte ein höchst eindrucksvolles Diner mit dem Professorenkollegium des *Trinity College* in einem riesigen elisabethanischen Saal, unter ich weiß nicht wie vielen ›Nobelpreisen‹ etc. England ist gewiß eine spaßige, aber nette Mischung von Würde und Fortschritt.« Und im gleichen Brief am 30. März an Rhoda heißt es: »Weil ich zum erstenmal in meinem Leben während der letzten drei Monate gefühlt und begriffen habe, daß meine Leute [der Kirche und des Ordens] mich wirklich brauchen und wünschten, fühle ich gewisse Möglichkeiten und gewisse Verantwortlichkeiten stärker. Und mir scheint, da ich nicht wünsche (und da es ein Fehler wäre) auszubrechen, habe ich mich selbst logischerweise etwas mehr ›anzupassen‹.«

Auftrieb gibt Teilhard auch, daß am 20. März 1939 in den ›Etudes‹ sein Artikel ›Die Mystik der Wissenschaft‹ erschienen ist. Der Direktor der Zeitschrift und Teilhards unmittelbarer Hausoberer in Paris, René d'Ouince, hat sich in Rom für Teilhard verbürgt und bringt auf eigenes Risiko den einen oder anderen Artikel Teilhards in der Zeitschrift unter. So lesen die Franzosen in diesen Tagen Teilhards Abriß einer Wissenschaftsgeschichte: Über den esoterischen Entwurf einer Wissenschaft im alten Ägypten (Magie und Mysterien, aber keine Mystik), den ästhetizistischen bei den Griechen (mehr Genuß als Eroberung, Landschaft ohne Ferne, im Licht erstarrt) und über den »neugierigen« der Renaissance (statt Spekulation Entdeckung). Den Durchbruch bringt jedoch erst das 19. Jahrhundert: »Entdeckung der schrittweisen Aufeinanderfolge der lebenden Formen, die bald in den Theorien der Evolution kulminieren sollte; Entdeckung der Energien, die das Vorspiel zu den modernen Eroberungen des Raums und des ›Äthers‹ war; Entdeckung des menschlichen Sinns, der seinen linkischen Ausdruck im demokratischen Erwachen der Massen findet: so bildete sich in der Morgenröte des 19. Jahrhunderts im Menschen der Begriff einer organischen Dauer heraus, die allem ehrgeizigen Streben des Soziologen, des Ingenieurs und des Gelehrten offensteht ... Das Fortschrittsbewußtsein war geboren; und mit ihm die Religion der Wissenschaft.« Teilhard macht verständlich, wieso in der ersten Phase »die Mystik des Fortschritts die simplistische und heute überwundene Form einer Art Anbetung der Wissenschaft angenommen hat«. Es waren die Faszination der Materie und übertriebene Erwartungen an die Analyse. »Auf Grund ihrer Mechanik, ihres Determinismus und, auch das muß gesagt werden, auf Grund ihrer recht unlogischen Anbetung des selbstgenügsamen oder sogar allmächtigen Menschen verschloß die ›Religion der Wissenschaft‹, Sproß des 18. Jahrhunderts, sich eben die Zukunft, in die sie sich aufzuschwingen glaubte. Sie beschränkte die verborgenen Kräfte dessen, was sie entdeckt und ›Evolution‹ genannt hatte. Sie trug damit in sich die Keime, aus denen sehr bald für den Menschen eine gefährliche Krise des Tuns erwachsen sollte.« In dieser Krise sieht Teilhard die Menschheit zur Stunde. »Es ist bei vielen Zeitgenossen Mode geworden, den Wert und die Möglichkeiten der Wissenschaft zu kritisieren und herabzusetzen.« Denn in der Physik, in der Biologie und in der Soziologie stellen wir, je weiter wir vordringen, fest, daß sich die Materie uns entzieht. In diese Leere hinein verkündet Teilhard die neue Mystik der Wissenschaft. »Man wird nie genügend herausstellen, in welchem Maße das Christentum eine Lehre und eine Perspektive der universellen Transformation ist. Durch die Inkarnation ist Gott in die Natur herabgestiegen, um sie zu überbeseelen und zu sich zurückzuholen: das ist in seiner Substanz das christliche Dogma.« Statt des materialistischen ein spiritualistischer Evolutionismus mit einer den Menschen mitreißenden Mystik: »Einerseits wird für jene, die ihr anhängen, ohne Abschwächung die stolze, im menschlichen Bewußtsein erwachte Gewißheit gewahrt und gerechtfertigt, daß die Welt selbst in ihrer Greifbarkeit noch eine Zukunft hat und daß diese Zukunft zum Teil in unseren Händen liegt. Andererseits sind, da die Vollendung des Universums mit dem Zugang der individuellen Seelen zu einem höheren und distinkten Zentrum der Personalität zusammenfällt, die unheilvollen Ergebnisse ausgeschlossen, die die moralische Krise des Fortschritts herbeigeführt haben.« Diese Mystik bringt einen Forschertyp hervor, »der sich letzten Endes aus Liebe den Mühen der Entdeckung weiht. Nicht mehr der Anbeter der Welt, sondern der Anbeter eines Größeren als die Welt durch die im Fortschritt befindliche Welt hindurch und über sie hinaus. Nicht der hochmütige und kalte Titan, sondern Jakob, der leidenschaftlich mit Gott ringt.« So hat sich Teilhard schon 1923 in ›Die geistige Macht der Materie‹ selbst charakterisiert.

Im Mai 1939 kommt es wieder zu Komplikationen mit den römischen Ordensbehörden. Die Aktivitäten Teilhards, seine Reden, seine »unveröffentlichten« und veröffentlichten Artikel – in bestimmten Pariser Milieus ist alles in gleicher Weise bekannt – haben die Zweifel an seiner Rechtgläubigkeit verstärkt. Die Ordenskurie macht dem zuständigen Oberen René d'Ouince unter dem 21. Mai einen Vorschlag, der den Verdächtigungen ein Ende bereiten könnte: »Der Pater General ist damit einverstanden, wie Sie mir selbst nahegelegt haben, daß der Pater ungehindert orthodoxe Artikel schreibt, um den Eindruck zu beseitigen, der durch gewisse vervielfältigte Notizen entstanden ist. Der Pater General wünscht offensichtlich, ›daß ihre Revision sehr genau sei und daß der Pater Superior der *Etudes* die Sache von sehr nah verfolge‹, indem er die Verantwortung dafür übernimmt.« Das scheint einerseits ein Fortschritt zu sein, ist Teilhard doch seit 1924 verboten, etwas zu veröffentlichen, was über sein naturwissenschaftliches Fachgebiet hinausreicht. Andererseits scheint die Aufforderung Unmögliches zu verlangen: Teilhards »Evangelium« ist der kirchlichen Auffassung so weit voraus, daß trotz des guten Willens der französischen Oberen kaum ein substantieller Artikel Teilhards mit ihrem Placet rechnen kann. Die Probe aufs Exempel wird ›Das menschliche Phänomen‹ sein, an dem Teilhard weiter arbeitet.

Doch die Pariser Monate haben ihm zu konzentrierter schriftstellerischer Arbeit kaum Zeit gelassen. Sein Sprechzimmer ist überlaufen, seine Termine nach außerhalb häufen sich. Arbeiter und Intellektuelle, Gläubige und Agnostiker, Progressive und Konservative wollen mit ihm sprechen oder ihn hören. Mehrfach referiert er wieder in der Studentengruppe Légaut von Abbé Gaudefroy, wo er sich den Einfluß mit Gabriel Marcel teilt. Originell für Teilhard ist folgende Begebenheit: »Ich hatte ein besonders interessantes Gespräch . . . mit einigen sechzig Künstlern (Bildhauern, Malern, Schriftstellern, Musikern), die eine neue Sektion in der Gruppe für das Studium und die Vervollkommnung des Menschen bilden, die von dem französischen Ingenieur Jean Coudrot (in Zusammenarbeit mit Aldous Huxley) organisiert wird. Ich hatte zu dieser auserlesenen Menge gegen Ende des Mittagessens zu sprechen, und mein Thema war ›Wie ist auf der Linie der menschlichen Energie die Kunst zu verstehen und zu benutzen‹.« Das Kurzreferat schließt mit dem Abschnitt: »So gibt die Kunst dank ihrer Macht des symbolischen Ausdrucks der auf der Erde entstehenden geistigen Energie ihre erste Gestalt und ihr erstes Gesicht. Aber sie erfüllt ihr gegenüber noch eine dritte Funktion, die wichtigste von allen. Sie teilt ihr mit und bewahrt ihr ihr spezifisch menschliches Merkmal, indem sie sie personalisiert. Wissenschaft und Denken erfordern zwar auch bei ihren Virtuosen eine nichtübertragbare Originalität. Aber sie laufen Gefahr, diese Originalität in der Universalität der Resultate, die sie mitteilen, aufgehen zu lassen. Der Wissenschaftler ist mehr oder weniger schnell in der kollektiven Schöpfung, der er sich hingibt, ertrunken. Der Künstler jedoch, gerade weil er von der Phantasie lebt, ignoriert und gleicht diese Neutralisierung des menschlichen Arbeiters durch sein Werk aus. Je mehr die Welt sich rationalisiert und mechanisiert, um so mehr braucht sie die ›Poeten‹ als die Retter und das Ferment ihrer Persönlichkeit.«

Von der Originalität und der starken, oft rücksichtslosen Persönlichkeit des Künstlers bekommt Teilhard einen Eindruck, als er das jüngste, 1938 unter ihrem Pseudonym Claude Aragonnès erschienene Buch seiner Cousine Marguerite liest: ›Marie d'Agoult. Romantik, Liebe und Leidenschaft um den jungen Liszt‹. In Marguerites, auch in Léontine Zantas Salon, die an einem Buch über die Mutter des Augustinus, Monika, schreibt, ist ›Marie d'Agoult‹ eines der Gesprächsthemen zwischen den Freunden. Wie schon ihre früheren Bücher spiegelt auch dieses manches persönliche Erleben Marguerites mit Teilhard: »Der Mensch, den wir aus ganzem Herzen lieben, formt uns zugleich. Marie fühlte, wie sich ihr Denken geradezu in einem Glücksrausch weitete; nun konnte sie endlich sie selbst sein. Lange Unterhaltungen, in denen ihre Gedanken sich gegenseitig befruchteten, schufen eine noch vollere Harmonie zwischen ihnen. Wie oft mußte sie, wenn Franz sie wegen ihrer Furchtsamkeit oder ihrer veralteten Vorurteile verspottete, erkennen, wie berechtigt sein Spott war; dann lachten sie alle beide. Aber sie verblüffte ihn auch wiederum durch ihr umfassendes Wissen. Sie war viel gebildeter als er, sie hatte viel gelesen, Deutsch sowohl wie Französisch. Sie interessierte sich für Philosophie ebenso wie für hohe Literatur.«

Als Teilhard sich am 23. Juni an Bord der »Champlain« einschifft, begleitet ihn außer dem alten Studienfreund Pierre Charles aus Löwen, der an der Fordham Universität Gastvorlesungen halten wird, auch Marguerite nach Amerika. Sie will dort für ihr nächstes Buch über ›Lincoln, Held eines Volkes‹, das 1955, im Todesjahr Teilhards, erscheinen wird, recherchieren. Dorothy Lamon-Teillard, die Tochter des besten Freundes von Lincoln, die Marguerite noch selbst in ihrer Familie erlebt hat, ist der Anstoß zu der Biographie. In Paris zurück bleibt Léontine: »Wir werden uns gegenseitig helfen, den Geist von der Materie zu lösen«, hat ihr Teilhard zu Beginn des jetzt zu

Ende gegangenen Paris-Aufenthalts am 12. November 1938 geschrieben. Sein letzter uns bekannter Brief an sie, undatiert, aber kurz vor seiner Englandreise im März geschrieben, handelt von der Unsterblichkeit der Seele: »Die zweifache Bürde, 1. in der Arbeit fortzufahren und 2. dem Tod die Stirn zu bieten, ist für ein bewußtes (mit Überlegung handelndes) Wesen nur zumutbar, wenn die Seele unsterblich ist. So sind *Unsterblichkeit und Reflexion notwendig miteinander verknüpft,* nicht allein aus metaphysischer oder physischer Notwendigkeit, sondern aus *moralischer Notwendigkeit.* Ein Universum, in dem es die zweite gäbe ohne die erste, wäre nicht nur eine sinnlose, sondern, was fast noch schwerer wiegt, eine hassenswerte Welt.« Teilhard wird Léontine nicht wiedersehen. Sie stirbt am 14. Juni 1942. Wie hatte er ihr am 26. Januar 1936 geschrieben: »Ich verdanke Ihnen *so viel,* liebe Freundin, und es ist mir eine solche Wohltat für Herz und Geist, Sie bei jeder Rückkehr nach Europa stets besonnen, zuverlässig und liebevoll wiederzufinden. Ach, wenn es doch nur Frauen wie Sie gäbe ... Aber dann wäre der Raub des Feuers zu leicht gemacht.«

Von Amerika zurück nach China fährt Teilhard in Begleitung von Lucile Swan. Sie hat ihre Eltern besucht, er unter anderem Malvina Hoffmann und Weidenreich, der für ein Jahr am American Museum bleibt. In Chicago hat ihn sein Freund Field empfangen, und auf dem Geologischen Kongreß von Berkeley hat er zwei Mitteilungen gemacht. Aus Kobe, Japan, schreibt er am 23. August 1939 an Rhoda: »Der heute bekanntgewordene deutsch-sowjetische Vertrag macht die menschliche Atmosphäre nicht klarer, und dies trotz der folgenschweren Tatsache, daß er ein zweites Mal gegen den Naziglauben (aufgrund des Antikomintern-Dogmas) verstößt, und zwar noch gründlicher als bereits die Annektierung der Tschechoslowakei (die der Rassentheorie widerspricht). Ich frage mich, in welchem Maße dieser ideelle Verlust für Hitler durch irgendwelche materiellen Vorteile aufgewogen werden wird.« Am 5. Juli 1939 ist von Teilhard noch ein Artikel in den ›Etudes‹ erschienen: ›Die natürlichen menschlichen Einheiten. Versuch einer Biologie und einer Moral der Rassen‹. Darin heißt es mit Blick auf alle Rassisten: »Die kraftvollsten menschlichen Zweige sind keineswegs jene, bei denen irgendeine Isolierung die Gene am reinsten bewahrt hätte; sondern ganz im Gegenteil jene, bei denen die reichste wechselseitige Befruchtung wirksam geworden ist. Vergleichen Sie nur den Pazifik und das Mittelmeer, wie sie vor einem Jahrhundert waren ... Die vermenschlichsten menschlichen Kollektivgruppen erscheinen uns immer letzten Endes als das Produkt nicht einer Absonderung, sondern einer Synthese.«

41 Krieg dem Kriege

> In diesen sieben Jahren bin ich weiß geworden und innerlich stärker (nicht härter, hoffe ich ...). Der erste Krieg hatte mir den Weg gewiesen. Dieser hat meinem Leben den Wipfel abgebrochen, aber ich sehe gewisse zentrale und klare Dinge besser; und ihnen will ich den Rest meines Lebens weihen.

Am 1. September 1939 beginnt Hitler-Deutschland den Angriff auf Polen, am 3. September erklären Großbritannien und Frankreich dem Deutschen Reich den Krieg.

Die Korrespondenz Teilhards aus diesen Monaten zeigt sein Bemühen, auch diesem Krieg einen Sinn abzugewinnen: »Der vergangene Krieg hat mich gemacht. Ich möchte gern hoffen, daß der gegenwärtige mich vollenden wird«, schreibt er am 17. September 1939 an Rhoda de Terra, und am 6. Oktober: »Ich reagiere auf die Krisis nicht so wie 1914. Ich habe sogar den Verdacht, daß in Europa die Völker, obwohl sie entschlossen sind, die Nazis zu Boden zu werfen, *keinerlei* Kriegs*geist* haben. Wäre es möglich, daß wir nach und nach gegen die Anfälle rein brutaler Gewalt ›immun‹ würden? ... Doch habe ich eine Art Gefühl, daß wir durch einen erfolglosen Krieg gewaltigen politischen und sozialen Veränderungen entgegengehen. Und mich interessieren nur die Veränderungen. Sobald sie eintreten, wird ein internationalistisches (und wirklich ›globales‹) Ziel und Ideal erforderlich sein. Auf dieser Forschungslinie kann ich vielleicht einiges tun. Und in diesem Geiste versuche ich, mein Bestes, mein Buch, zu Ende zu bringen.« Es ist ›Der Mensch im Kosmos‹, an dem er arbeitet. Wie sehr Teilhard die konkreten politischen Ereignisse im Lichte seiner Auffassung von der globalen Entwicklung der Menschheit betrachtet, zeigt eine Briefpassage an Abbé Breuil vom 16. Dezember 1939: »Schließlich wird Rußland der Feind *number 1*. Unlängst hatte ich ein Gespräch mit einer hochgestellten Persönlichkeit. Danach bestehe die Gefahr nach dieser Seite nicht mehr im Marxismus und in der dritten Internationalen (die nur dem Namen nach noch existiere); sie bestehe vielmehr in der Bildung einer feindseligen und undurchdringlichen nationalen Gruppe, die absolut nicht weiß, was um sie vorgeht, und daher unfähig ist, in die weiten menschlichen Verbindungen einzutreten, die wir brauchen.« Diese Gefahr eines überholten Nationalismus sieht Teilhard auch in den westlichen Ländern, und er wundert sich, wie wenig man aus den Folgen des Ersten Weltkrieges, vor allem von Versailles, gelernt hat. »Ich bin ein wenig entsetzt, wenn ich in den Berichten der Alliierten zu lesen glaube, ihr Ziel sei das eines geteilten Deutschlands oder irgendeiner Rückkehr zu einem vornapoleonischen Europa. Man muß etwas ganz anderes ausdenken. Und ich hoffe, daß der unerbittliche natürliche Druck der Tatsachen automatisch das hervorbringen wird, was wir vor uns selber noch nicht ausdrücken können.«

Weihnachten 1939 macht sich Teilhard daran, auf acht Druckseiten niederzuschreiben, welches »ein möglicher Sinn des Krieges« – so der Untertitel – sein könnte. Unter dem Titel ›Die Stunde der Wahl‹ beteuert er, der neue Krieg könne seinen Glauben an die Zukunft nicht erschüttern, er sei keine Todeskrankheit, sondern eine Wachstumskrise. Die Einheit der Menschheit sei wirtschaftlich und psychologisch unvermeidbar. Nach dem Ersten Weltkrieg hätten sich die Völker gegen diese Notwendigkeit noch einmal durch einen extremen Individualismus und Nationalismus gewehrt. Jetzt sei das Stadium erreicht, wo einzelne Nationalismen den Trend zur Einheit sich dadurch zu nutze machen, daß sie durch Gewalt nach innen und außen ihre Herrschaft universalisieren und sich absolut setzen, einen totalitären Einheitsstaat schaffen wollen. »Gegen dieses wilde Ideal erheben wir uns spontan. Um die Knechtschaft zu verhindern, nehmen auch wir die Gewalt zu Hilfe. Um das ›göttliche Recht‹ des Krieges zu zerstören, schlagen wir uns.« Doch in welchem Geist und für welches positive Ziel führen wir Krieg gegen den Krieg? Nur wenn die Religion der Gewalt durch eine andere, reichere, wahrere, anziehendere Religion ersetzt wird, besteht Aussicht auf Erfolg, auf Sieg. »Wenn man den Weg der materiellen und brutalen Gewalt vermeiden will, gibt es keinen anderen Ausweg nach vorn als den der Kameradschaft und der Brüderlichkeit, – sowohl zwischen den Völkern wie zwischen den Individuen. Nicht eifersüchtige Feindschaft, sondern Wetteifer. Nicht Sentimentalität, sondern Geist der Equipe.« Der Rassismus beruft sich auf angebliche Gesetze der Natur. Aber er hat nicht begriffen, daß die Natur, wenn sie sich treu bleiben will, auf dem Niveau des Menschen ihre Gesetze ändern muß, um ihre Entwicklung zu größerer Einheit in mehr Freiheit fortzusetzen: »Nicht durch allmähliche Eliminierung, sondern durch Zusammenwirken« erreichen die Völker der Menschheit die ihnen gemäße nächste Entwicklungsstufe. Das bedeutet für die Demokratien eine heilsame Erkenntnis: »Ob wir wollen oder nicht, das Zeitalter der trägen Pluralismen ist endgültig vorbei. Entweder wird ein einzelnes Volk dahin gelangen, alle anderen zu vernichten und zu absorbieren. Oder alle Völker werden sich in einem gemeinsamen Geist zusammenschließen, um menschlicher zu werden ... Dieser Krieg ist von anderer Art, er ist mehr als andere: es ist der Kampf für die Vollendung und um den Besitz der Erde.«

»Keine Nachrichten aus Frankreich seit dem Zusammenbruch«, schreibt Teilhard am 18. August 1940 an Rhoda de Terra. »Ich habe nicht die geringste Vorstellung von den dortigen Lebensbedingungen. Wer lebt noch und wo ... Die ›Vichy-Regierung‹ und das Möchtegern-Faschisten-Regime scheinen mir Marionetten zu sein. Falls die Briten nicht überrollt werden, vermute ich, wird de Gaulle der Führer sein, den das Volk wirklich nötig hat, es sei denn, wir laufen zum Kommunismus über. Auf jeden Fall wird in wenigen Jahren ein neues Europa und vielleicht noch mehr geboren werden.« Hellsichtig erkennt Teilhard, daß die Vichy-Regierung keine Renaissance, sondern eine kleinbürgerliche, immer mehr faschistische Restauration bedeutet: »Ich habe keinerlei Vertrauen in die Reformen (so opportun sie auch sein mögen), die auf einer grundlegenden Feigheit aufgebaut sind«, schreibt er ein Jahr später am 5. August 1941 an Ida Treat. »Ich hätte heulen mögen, als ich vor einem Jahr den bekannten Slogan ›Arbeit, Familie, Vaterland!‹ las. Nicht mit Bravheit bringt man die Leute in Gang, sondern mit etwas Feuer. Wo sind unsere Väter von 89 [der Revolution von 1789]!«

Im gleichen Brief erhebt er sich über alle vordergründigen Parteiungen und erinnert an die ihm seit langem vertraute eigentliche Frontlinie: »Man wird mir nicht ausreden, daß die wahre Spaltung, der wahre menschliche Konflikt heute nicht zwischen Demokraten, Faschisten, Kommunisten und Christen statthat: er besteht zwischen denen, die glauben oder nicht glauben, daß es eine oberhalb des Menschen aufzubauende Menschheit gibt (gerade eben um den Menschen zu retten und zu vollenden). Der Kampf zwischen der Stabilität und der Bewegung. Wenn nur die Essenz des Konfliktes nackt sichtbar würde, dann könnte man sich mit ganzem Herzen schlagen – und hätte Lust, sein Leben hinzugeben! Und der Verlauf der Front würde sich ändern! Unterdessen ist klar, wir schwimmen im Absurden, und ich habe keine Lust an einer paneuropäischen Knechtschaft, die uns geradenwegs zum Ameisenstaat führen würde (der biologisch vermieden werden muß).«

Fast in jedem Brief an Rhoda de Terra aus dem Jahre 1940 erwähnt Teilhard seine Arbeit an dem großen Buch ›Le Phénomène humain‹, (deutsch unter dem Titel ›Der Mensch im Kosmos‹). Am 18. Juni 1940 meldet er die endgültige französische Niederschrift, so daß mit dem maschinenschriftlichen Herstellen von drei Kopien begonnen werden kann, was Lucile Swan organisiert. Am 18. August heißt es: »Was das Buch über den Menschen angeht, so wird ein guter Freund vom amerikanischen diplomatischen Dienst eine Kopie davon nach Washington bringen und später diese Kopie über die amerikanische Botschaft nach Frankreich weiterleiten, sobald ich etwas über meine Freunde in Paris weiß.«

Fast ein Jahr später, am 11. Juli, heißt es an Bruno de Solages: »Mein Buch über das ›menschliche Phänomen‹ ist seit drei Monaten zur Revision in Rom. Es gibt keine einzige verdammenswerte Position in dem rein wissenschaftlichen Buch, dessen bin ich sicher. Aber der allgemeine Gesichtspunkt kann diejenigen, die ›nicht sehen‹, irreführen und bei ihnen Mißtrauen wecken.«

Erst 1944 erreicht Teilhard die Nachricht aus Rom, daß die Zensoren eine Veröffentlichung des Buches für inopportun halten. Am 10. Oktober 1945 äußert Teilhard gegenüber Rhoda de Terra die Hoffnung, doch noch eine Druckerlaubnis zu erhalten, da die Zensur »ziemlich milde« ausgefallen und er jetzt »in Frankreich in Gunst sei«. »Die Zeit ist vielleicht reif, endlich.« Er verteilt nach seiner Rückkehr nach Paris im Sommer 1946 Kopien des Buches an seine Freunde de Lubac und de Solages zusammen mit den Stellungnahmen der zwei römischen Zensoren und bittet die Freunde um redaktionelle Hilfe. Vom 6. bis 8. Januar 1947 findet eine Sitzung auf dem Schloß Carmaux des

Marquis de Solages, eines Cousins des Theologen, statt. De Lubac schlägt zweihundertvierzig, de Solages fünfzig Verbesserungen vor, die Teilhard in den nächsten Wochen in den Text einarbeitet. Eine ›Vorbemerkung‹, die Mißverständnisse verhindern soll, datiert vom März 1947. Trotzdem hat Rom kein Einsehen. Sogar ein persönlicher Besuch Teilhards in der Ordenskurie im Oktober 1948 und ein Nachtrag »über den Rang und die Rolle des Bösen in einer evolutionären Welt«, den Teilhard in Rom am 28. Oktober schreibt, bleiben ohne Erfolg. Der Wind weht den »Neuen Theologen« ins Gesicht. Immerhin erhält Teilhard 1949 einen nicht ungünstigen Bescheid: nur noch etwa zwanzig Stellen des Buches werden beanstandet. Mit Hilfe von René d'Ouince erfüllt Teilhard die Wünsche umgehend – doch umsonst. Mittlerweile muß jemand beim Jesuitengeneral erneut gegen Teilhard interveniert haben, so daß abermals und definitiv der Bescheid ergeht: das Buch darf nicht erscheinen. Als es Ende 1955, nach Teilhards Tod, auf den Markt kommt, sind in einigen Monaten zehntausend, in drei Jahren über hunderttausend Exemplare verkauft. Es ist bis heute in viele Weltsprachen übersetzt und gilt als Hauptwerk Teilhards.

›Le Phénomène humain‹ enthält die Summe des Teilhardschen Denkens. Das Buch will Tatkraft und Tatenlust wecken. »Denn meines Erachtens«, heißt es am Ende des Prologs ›Sehen‹, »gibt es für das denkende Wesen keinen entscheidenderen Augenblick als den, wo ihm gleichsam die Schuppen von den Augen fallen und es entdeckt, daß es nicht einsam in den Einöden des Weltalls verloren ist, sondern daß ein universeller Lebenswille in ihm zusammenströmt und sich in ihm vermenschlicht. Der Mensch ist nicht, wie er so lange geglaubt hat, fester Weltmittelpunkt, sondern Achse und Spitze der Entwicklung – und das ist viel schöner.« Teilhard behandelt dann ›Die Vorstufen des Lebens‹, ›Das Leben‹, ›Das Denken‹ und ›Das höhere Leben‹, wobei er seine Artikel, Vorträge und Skizzen der letzten Jahre zu einem zusammenhängenden Text verarbeitet. Immer wieder erteilt er von seiner höheren Warte aus den kurzsichtigen und gewalttätigen Versuchen der Gegenwart, die Zukunft des Menschen nach individualistischen oder rassistischen Gesichtspunkten zu schaffen, eine Absage: »Falsch und naturwidrig ist das egozentrische Ideal einer Zukunft, die denjenigen vorbehalten wäre, die egoistisch an die äußerste Grenze des ›jeder für sich‹ zu gelangen wüßten. Kein Element könnte sich bewegen und wachsen, hätte es nicht die Hilfe und die Kraft aller hinter sich. Falsch und naturwidrig ist das Ideal der Rassenlehre vom Ast, der für sich allein alle Säfte des Baumes in Anspruch nimmt und dem Tod der andern Äste seine eigene Erhebung verdankt. Um bis an die Sonne zu dringen, bedarf es des harmonischen Wachstums des gesamten Geästes. Der Ausgang der Welt, die Tore der Zukunft, der Eingang zum Übermenschlichen eröffnen sich weder einigen Privilegierten noch einem einzigen Volk, das auserwählt wäre unter allen Völkern! Die Pforten öffnen sich nur, wenn *alle zusammen* nach einem Ziel drängen, in dem sich alle zusammen (wenn auch unter dem Einfluß und der Führung von einzelnen, einer ›Elite‹) vereinigen, um sich in einer geistigen Erneuerung der Erde zu vollenden.«

Wie weit entfernt von Teilhards Ideal die politische Realität nicht nur in Europa, sondern auch in Asien ist, erlebt er selbst in diesen Jahren in Peking. Seit der Besetzung durch die japanischen Truppen strömen Hunderttausende japanischer Zivilisten in die Stadt, japanische Uniformen und Kimonos beherrschen im Frühjahr 1940 das Stadtbild, die »Japanisierung« ist in vollem Gang. Gleichzeitig flüchten in diesen Jahren an die 50 Millionen Chinesen aus den nördlichen Provinzen vor den Japanern nach Südwesten. In Peking und Tientsin kommt es zu Spannungen zwischen den ausländischen Konzessionen und den Japanern, zu Blockaden und Versorgungsschwierigkeiten. Im November 1940 beginnen die Amerikaner vorsorglich mit der Evakuierung ihrer Bürger aus dem Osten.

Lucile Swan bleibt so lange wie möglich in Peking. Zu Teilhards sechzigstem Geburtstag am 1. Mai 1941 organisiert sie noch ein gelungenes Fest.

Fast ein Jahr später, am 12. November 1942, faßt Teilhard in seinem vorletzten China-Brief an den Bruder Joseph aus Shanghai, wo er und Leroy an der Alliance française zu Vorträgen eingeladen sind, die eigene Situation zusammen: »Seit zwanzig Jahren war mein Leben nie so festgefahren. Innerhalb von drei Jahren (abgesehen von einem Aufenthalt am Ufer des Meeres an der Grenze von Mandschukuo in diesem Sommer) ist die Reise nach Shanghai meine erste Ortsveränderung. Seit 1940 lebe ich in unserem kleinen ›Geobiologischen Institut‹, dessen Vater ich praktisch bin, so sehr unterscheidet es sich von dem ehemaligen Licent-Museum. Der Krieg im Pazifik hat mich natürlich all meiner amerikanischen Unterstützung in Peking beraubt, so daß ich meine ganze Zeit in unserem kleinen Haus direkt neben der Französischen Botschaft verbringe, das heißt gerade im Zentrum meiner freundschaftlichen und gesellschaftlichen Beziehungen. Arbeit im Gelände ist ausgeschlossen, außer in den Hügeln von Peking, wo ich das, was mir an Jugend bleibt, dadurch erhalte, daß ich mit dem Hammer in der Hand auf den Abhängen herumklettere. Nie im Leben habe ich so viel veröffentlicht: fünf Aufsätze und ebensoviele Abhandlungen seit drei Jahren. [›Reflexionen über den Fortschritt‹ und ›Über die möglichen Grundlagen eines gemeinsamen menschlichen Credos‹ läßt er im Mai 1941 in einer Auflage von 250 Exemplaren in Peking drucken: »for private circulation only«!] Ich sage alles Wichtige, was mir noch zu sagen blieb, so daß ich bereit bin, nach Frankreich zurückzukehren und an dem Wiederaufbau des ›Geistes‹ zu arbeiten, sobald der Weg frei sein wird . . . Die Ausländerkolonie ist jetzt auf ein Minimum zusammengeschmolzen. Nichtsdestoweniger bleibt ein genügend großer Kreis von vertrauten Menschen, daß man sich beinahe noch wie in der ›Nestwärme‹ fühlen kann.«

Daß Teilhard die nächsten dreieinhalb Jahre im chinesischen Exil wider Erwarten als innere Bereicherung erlebt, die sich erneut in schriftstellerischer Fruchtbarkeit äußert, verdankt er wie schon oft in seinem Leben wieder der Begegnung mit einer außerordentlichen Frau: mit Claude Rivière, der Direktorin des französischen Radios in Shanghai. Sie ist wie Teilhard eine »Weltenbummlerin«. Aus einer Offiziersfamilie stammend, ist sie zunächst Gymnasiallehrerin in der französischen Provinz und in Paris, dann an einem College in Pennsylvanien und schließlich Direktorin der Kulturzeitschrift ›La France‹ in New York. Im gleichen Jahr 1923, als Teilhard erstmals nach China aufbricht, fährt sie nach Tahiti und verbringt die folgenden Jahre im Pazifik und in Asien, bis sie 1935 in Shanghai den Posten am französischen Radio übernimmt. In Shanghai lernt sie im Herbst 1938 auf einem Empfang des französischen Botschafters Henry Cosme Teilhard und Leroy kennen, ab 1939 korrespondiert sie mit beiden (»Pierre I« und »Pierre II«). Im April 1941 besucht sie Teilhard und Leroy in deren Geobiologischem Institut in Peking, wo sie sich noch einmal im September 1942 aufhält.

Während Teilhards Aufenthalt in Shanghai vom 17. November bis 6. Dezember übernimmt Claude die Rolle, die Marguerite Teillard-Chambon, Léontine Zanta und Ida Treat in Paris, Lucile Swan und Rhoda de Terra in Peking, Indien und Amerika bisher übernommen haben: Sie hört Teilhard zu, zeigt ihm Shanghai, erläutert ihm die Situation der ausländischen, vor allem der französischen Konzessionen, besucht mit ihm die Jesuitenuniversität »L'Aurore«, erklärt ihm ihre Arbeit am Radio und macht ihn vor allem mit dem Problem der russischen und jüdischen Immigranten bekannt. Seit 1939 haben sich an die 40000 Juden aus der Tschechoslowakei, aus Polen und Deutschland nach Shanghai geflüchtet. Teilhard, der in Peking eine deutsche Jüdin, Claire Herschfeld, als Sekretärin hat, äußert den Wunsch, das Viertel zu besuchen, in dem sich die Flüchtlinge vorwiegend aufhalten. In ihrem Buch ›In China mit Teilhard 1938–1944‹ hat Claude Rivière die Szenen und die Gespräche wiedergegeben, die sie mit Teilhard erlebt hat, und uns auch seine Briefe mitgeteilt, soweit sie sie retten konnte.

Diese Briefe Teilhards an Claude vom 8. Dezember 1942 bis zum 5. Juli 1944, aus einem Zeitraum, für den, durch die Kriegswirren bedingt, nur wenige Briefe Teilhards an andere Adressaten vorliegen, sind nicht nur deswegen kostbare Dokumente. Sie sind erneut Beweis dafür, wie sehr das »Ewig Weibliche« für Teilhard auch jetzt noch der Lebensquell ist, aus dem er Kraft schöpft und durch dessen Kontakt er sich emotional und intellektuell entfaltet. Der Brief vom 8. Dezember 1942 belegt es: »Claude, ich muß Ihnen gestehen, daß ich mich in diesen drei Wochen so daran gewöhnt habe, mit Ihnen zu leben, daß Sie mir jetzt fehlen – oder daß ich in anderen Augenblicken noch den Eindruck habe, bei Ihnen zu sein, – was schließlich die Wahrheit ist. – Sie sind eine vollkommene Freundin, Claude, – weil Sie liebenswürdig, verständnisvoll sind und weil sie ›animieren‹. Denn als ich an einem der ersten Abende mit Ihnen plauderte, habe ich den passendsten Ausdruck für eine Sache gefunden, mit der ich seit Jahren umgegangen bin, ohne daß ich sie mir formulieren, mir erklären konnte: das heißt, das, was uns das Christentum gibt, ist, ›die Evolution‹ des Universums in uns und um uns *lieben* zu können, – während die anderen (die nicht sehen, daß wir in das persönliche Herz Gottes konvergieren) nur soweit gehen können, sie zu *erkennen* und zu *unterstützen*. Danke für diese wertvolle Inspiration, die ich Ihnen schulde, und Dank für Ihre Zuneigung. Ich möchte Ihnen dafür helfen können, auf Ihrem Weg für sich den Einzig Notwendigen und seine universelle Gegenwart zu entdecken.«

Eine zweite Einladung Teilhards nach Shanghai für Frühjahr 1943 zu einem weiteren Vortrag scheitert am Einspruch seiner Oberen. Schon sein erster Vortrag über den ›Ort des Menschen im Universum‹ ist von den Professoren der Jesuitenuniversität mit Befremden aufgenommen worden, und das um so mehr, als sich das übrige Publikum begeistert zeigte. Einen Vorwand für das Auftrittsverbot hat Teilhard ungewollt selbst gegeben in Gestalt eines alten Manuskriptes (vermutlich ›Christologie und Evolution‹ von 1933), das er bei seinem Aufenthalt im Dezember 1942 im Schrank des Gästezimmers des Jesuitenhauses versehentlich liegen gelassen hat. Es ist gefunden und als häretisch eingestuft worden. Dafür kommt Claude vom 20. September bis 5. Oktober 1943 nach Peking, wo sie mit Teilhard und Leroy die Sehenswürdigkeiten der Stadt und Umgebung, soweit erreichbar, besichtigt und kostbare Abende im Kreis gemeinsamer Bekannter verbringt.

Noch beschwingt von dem beglückenden Besuch trägt Teilhard, angeregt durch Dominique de Wespin, eine junge belgische Schriftstellerin mit dem Pseudonym Georges Magloire – sie hat auch Erinnerungen an Teilhard veröffentlicht –, am 28. Dezember 1943 mitten in dem hungernden, von Partisanen umkämpften und von den Japanern ausgebeuteten Peking vor dem Chinesisch-französischen Zirkel in einem überfüllten Saal der Ecole Auguste Comte seine ›Gedanken über das Glück‹ vor. Da das Glück ein Wachstumseffekt ist, muß der Mensch, um glücklich zu werden, »erstens sich in sich selbst zentrieren, zweitens sich auf den ›Anderen‹ dezentrieren, drittens sich in einen Größeren als er selbst überzentrieren.« Jede der folgenden Erläuterungen ist gespeist von Teilhards eigener Erfahrung: »Um ganz wir selbst zu sein, müssen wir also unser ganzes Leben hindurch daran arbeiten, uns zu organisieren, das heißt, immer mehr Ordnung, mehr Einheit in unsere Ideen, unsere Empfindungen, unser Verhalten zu bringen ... Dann die Dezentration ... Das bedeutet in erster Annäherung, daß wir bis ans Ende unserer selbst nur voranschreiten können, ohne aus uns selbst herauszutreten, indem wir uns mit anderen derart vereinen, daß wir durch diese Vereinigung ein Übermaß an Bewußtsein entwickeln – in Übereinstimmung mit dem großen Gesetz der Komplexität. – Von hierher erklärt sich all das Drängen und der tiefe Sinn für die Liebe, der uns in allen seinen Formen dahin drängt, unser individuelles Zentrum mit anderen ausgewählten und privilegierten Zentren zu verbinden – Liebe, deren Funktion und Zauber wesentlich darin besteht, uns zu vervollständigen. Schließlich die Überzentration ... Einen einzigen Stich, so klein er auch sein mag, zu der großartigen Stikkerei des Lebens hinzufügen; das Unermeßliche erkennen, das im Herzen und am Ziel unseres winzigen Tuns geschieht und uns anzieht; es erkennen und es bejahen: – das ist letzten Endes das große Geheimnis des Glücks.«

Währenddessen rückt die Befreiung Frankreichs in greifbare Nähe. Die Verbände des »Freien Frankreichs« und die der Résistance unterstützen die Operationen der Alliierten nach der Landung in der Normandie am 6. Juni und in Südfrankreich am 15. August 1944. Am 25. August zieht General de Gaulle in Paris ein. Am 7. beziehungsweise 9. Mai 1945 wird die deutsche Kapitulation unterzeichnet. Am 16. Juli 1945 gelingt den USA die Erprobung der Atomwaffe in New Mexico. Am 5. August zerstört der Abwurf der ersten Atombombe auf Hiroshima 80 Prozent der Stadt, tötet 90000 Menschen und verletzt 40000. Der Abwurf der zweiten Atombombe auf Nagasaki tötet 40000 Menschen und verletzt 60000. Am 2. September wird die bedingungslose Kapitulation Japans unterzeichnet.

Am 10. Dezember 1945 schreibt Teilhard aus Peking an seinen Bruder Joseph. »Im letzten September ließ mich der Botschafter von Chungking via ›de Gaulle‹ wissen, daß ich nach Frankreich zurückkehren könnte (sollte??). Damals wäre ich beinahe mit dem Flugzeug abgereist. Aber ich hatte keinerlei Angabe über die finanziellen Bedingungen meiner Rückkehr und keinerlei Aufklärung über die Dringlichkeit der Reise ... Da in der Zwischenzeit weder eine Erklärung noch eine Wiederholung der Botschaft vom September eingetroffen war, machte ich mich daran, friedlich die praktische Auflösung unseres Institutes hier vorzunehmen oder, genauer gesagt, sozusagen seine Verschmelzung mit dem Geologischen Dienst von China, der wieder am Horizont auftaucht.«

Nach der Kapitulation Japans, das auf allen Landerwerb verzichten muß, versuchen die Kommunisten und Nationalisten Chinas die von ihnen besetzten Gebiete auszuweiten. Die Großmächte drängen auf friedliche Einigung, aber bald kommt es zu Zusammenstößen zwischen den Truppen Chiang Kaisheks und Mao Tse-tungs. Zweifellos stellen die Kommunisten die politisch stärkste Kraft Chinas dar, so daß die nationalchinesische Regierung 1949 auf die Insel Formosa in die angegliederte Provinz Taiwan flüchten muß.

Am 5. April 1946 kündigt Teilhard sowohl seinem Bruder Joseph wie seiner Cousine Marguerite von Bord der »Strathmore« aus Singapur seine Ankunft in Paris für Anfang Mai an. Er läßt Claude Rivière in Shanghai zurück, die erst im Sommer 1947 nach Frankreich zurückkehrt. In dem letzten uns erhaltenen Brief vom 5. Juli 1944 hat ihr Teilhard seine Hoffnungen beschrieben, die er auf Frankreich setzt: »Nach einem Brief, der mich aus Frankreich erreicht, ist die religiöse Philosophie (die Mystik der Evolution), der ich in Wirklichkeit (und viel mehr als meinem Orden) mein Leben geweiht habe, in vollem Schwange. – Sie werden sehen, daß aus Frankreich noch immer die wahren revolutionären Ideen von morgen hervorgehen.«

42 Die »Neue Theologie«

> Kann man, *ohne die christliche Haltung zu entstellen,* von dem Begriff der *›Humanisation durch Erlösung‹* zu dem der *›Humanisation durch Evolution‹* übergehen? Dies ist, wenn ich mich nicht täusche, der Kern des modernen religiösen Problems und vielleicht der Ausgangspunkt einer neuen Theologie.

An Rhoda de Terra schreibt Teilhard nahe von Colombo am 12. April 1946 von der »Strathmore«: »In Paris bin ich meinem alten Haus [der ›Etudes‹] zugewiesen (15, Rue Monsieur), der Bastion ›fortschrittlichen Christentums‹, ein gutes Omen, daß ich in Frankreich aus eben den Gründen erwünscht bin, die mich früher dort eher unerwünscht sein ließen.« Mehr denn je ist Teilhard entschlossen, nach den Jahren des Exils und der Isolierung durch den Zweiten Weltkrieg nun endlich in Paris sein »Evangelium« zu verkünden.

Er hat sich darauf in den letzten Jahren intensiv vorbereitet. Seit er ›Der Mensch im Kosmos‹ 1940 abgeschlossen hat, herrschen unter den Texten, die er 1941 bis 1945 schreibt, die theologischen vor: ›Über die möglichen Grundlagen eines gemeinsamen menschlichen Credos‹ (1941); ›Notiz über den Begriff der christlichen Vollkommenheit‹ (1942); ›Christus Evolutor oder eine logische Weiterführung des Begriffs der Erlösung‹ (1942) unter dem Motto: »Ein Kreuz, das zugleich Zeichen des Wachstums und des Loskaufs ist, ist in Zukunft das einzige, mit dem die Welt sich bekreuzigen könnte.« Teilhard bestimmt diese Seiten »nur für die Berufstheologen‹«. Von August 1943 datiert ›Super-Menschheit, Super-Christus, Super-Caritas. Neue Dimensionen für die Zukunft‹, von Juni 1944 ›Die Einführung zum christlichen Leben‹ und als letztes die ›Anregung für eine neue Theologie‹ unter dem Haupttitel ›Christentum und Evolution‹ vom 11. November 1945: »Hier«, formuliert Teilhard die Situation, »durch den modernen Humanismus repräsentiert, eine Art Neuheidentum, mit Leben geschwellt, aber noch kopflos. Dort, durch das Christentum dargestellt, ein Kopf, in dem das Blut nur noch verlangsamt zirkuliert. Hier die Schichten eines wunderbar ausgeweiteten Kegels, die aber unfähig sind, sich in sich selbst zu schließen: ein Kegel ohne Spitze. Dort eine Spitze, die ihre Basis verloren hat. – Wie könnte man nicht sehen, daß die beiden Fragmente dazu geschaffen sind, sich miteinander zu verbinden«: Ausgangspunkt und Absichtserklärung der neuen Theologie.

In diesem Geist wird Teilhard von seinen Freunden in Frankreich empfangen, in diesem Geist beginnt er seine Tätigkeit. »Seit meiner Rückkehr vor drei Wochen bin ich noch überlaufen«, berichtet er Rhoda de Terra am 26. Mai 1946; er ahnt nicht, daß es so bis 1950 bleiben wird. »Besucher, Telefon, auf meinem Tisch ein Haufen Briefe. Ziemlich erregend, aber auch verwirrend ... Unter philosophischem oder religiösem Gesichtspunkt gibt es hier eine gewaltige Gärung, und zwar in genau der Richtung, die mich seit Jahren so sehr angezogen hat. Abgesehen von denen (den Toten), die sich noch an überwundene Positionen klammern, verlangt alles sehnsüchtig nach einer neuen *Weltanschauung* oder, wie Huxley es nennt, nach einer ›minimalen Arbeitshypothese‹, der jeder Mensch, dem ernsthaft daran liegt, die neue Welt anzugehen und zu beherrschen, zustimmen und aufgrund deren er mit den anderen zusammenarbeiten kann. Und überrascht (und sogar etwas erschreckt) entdecke ich, wie weit sich als Folge davon während der vergangenen sieben Jahre meine kleinen Papiere verbreitet und Leute aller Art beeindruckt haben. Etwas wie eine steigende Flut.«

Was Teilhard und seine Freunde begrüßen, das ängstigt die traditionellen Theologen in Paris und Rom. In der zweiten Jahreshälfte 1946 erfolgt der Gegenschlag: In der römischen Zeitschrift ›Angelicum‹ fragt der französische Dominikanertheologe Garrigou-Lagrange ›Wohin geht die Neue Theologie?‹, und er antwortet ohne Zögern: »Sie kehrt zum Modernismus zurück.« Der Verfasser zitiert die Jesuitenfreunde Teilhards, Henri Bouillard (›Konversion und Gnade bei Thomas von Aquin‹, 1944), Henri de Lubac (›Surnaturel‹, 1946) und Gaston Fessard (einen ›Etudes‹-Artikel vom November 1945) gleichsam als Einleitung. Dann befaßt er sich fünf Druckseiten lang mit Teilhards Auffassung von der Erbsünde. Dabei zitiert Garrigou-Lagrange vor allem aus Teilhards Skriptum ›Wie ich glaube‹ von 1934, seinerzeit für Bruno de Solages verfaßt. Sein Resümee lautet: »In diesem Exposé wird gesagt: ›Ich habe mich in der einzigen Richtung engagiert, wo es mir möglich scheint, Fortschritte zu machen und infolgedessen meinen Glauben zu retten.‹ Das heißt also, daß der Glaube selbst nur rettet, wenn er fortschreitet, und er wandelt sich dermaßen, daß man ihn nicht mehr als den Glauben der Apostel, der Väter und der Konzilien erkennt. Das ist eine Art und Weise, das Prinzip der neuen Theologie anzuwenden: ›Eine Lehre, die nicht mehr aktuell ist, ist nicht mehr wahr‹, und für gewisse Leute genügt es, daß sie nicht mehr aktuell ist in gewissen Milieus. Deshalb ist die Wahrheit immer *in fieri* [im Werden], niemals unveränderlich. Sie ist die Übereinstimmung des Urteils nicht mit dem Sein und seinen notwendigen Gesetzen, sondern mit dem Leben, das immer in Entwicklung begriffen ist. Man sieht, wohin die vom Heiligen Offizium am 1. Dezember 1924 verurteilten Sätze führen.« Gemeint sind zwölf Sätze aus der Philosophie der Aktion von Maurice Blondel. Ihn, den greisen Philosophen von Aix, attackiert Garrigou-Lagrange mehrfach in diesem Artikel. In Blondel sieht er die Wurzel, aus der vor vierzig Jahren der Modernismus erwachsen ist und auch der jetzige seine Blüten treibt. Garrigou-Lagrange droht nicht nur mit den Urteilssprüchen von früher, er zitiert auch Pius XII. vom 19. September 1946 laut ›Osservatore Romano‹: Man müsse die neue Theologie kritisch überprüfen, »die sich zugleich mit allen sich weiterentwickelnden Dingen entwickelt, immer weitergeht, niemals ankommt. Wenn diese Meinung angewandt werden wird, was würde aus den unveränderlichen katholischen Dogmen, was aus der Einheit und Festigkeit des Glaubens?«

Während sich der fünfundachtzigjährige Blondel in einem Leserbrief an ›Angelicum‹ gegen die Unterstellungen und Mißdeutungen selbst zur Wehr setzt, springt Monsignore Bruno de Solages, der Rektor des Institut Catholique in Toulouse, für Teilhard in die Bresche. Er veröffentlicht im ›Bulletin de littérature ecclésiastique‹ (April–Juni 1947) einen Artikel ›Für die Ehre der Theologie. Die Unsinnigkeiten des R. P. Garrigou-Lagrange‹. Dabei wird Teilhards Rolle für die Theologie erstmals öffentlich gewürdigt: »Die Theologen verdanken ihm diesen unermeßlichen Dienst, daß er ihnen die Dimensionen der Welt der Wissenschaft offenbart hat, in denen sie von nun an denken müssen, wenn sie im 20. Jahrhundert ihr Handwerk ausüben wollen ... und diesen anderen unermeßlichen Dienst, daß er ihnen eine von innen her berichtigte Konzeption der Evolution gezeigt hat, die, anstatt sich aufgrund ihrer materialistischen und mechanistischen Natur einer christlichen Weltschau entgegenzustellen, sich ihr ganz natürlich öffnet.«

Teilhard bedankt sich bei Bruno de Solages am 2. September 1947 von St. Germain-en-Laye aus. Dort erholt er sich von einem Herzinfarkt, den er am 1. Juni erlitten hat. Teilhards Gesundheitszustand hindert den 1946 neu gewählten Jesuitengeneral Janssens jedoch nicht, in einem Brief vom 22. August 1947 Teilhard erneut zu verbieten, noch irgend etwas Philosophisches oder Theologisches aus der Hand zu geben. Es bestehe sonst die Gefahr, daß sein Name auf den Index der vom Heiligen Offizium verbotenen Bücher komme. Teilhard antwortet darauf am 25. September, er werde gehorchen. »Ich habe glücklicherweise um mich herum hier in der Gesellschaft [Jesu] große und treue Freunde, die Sie kennen und die mir helfen werden, meinen Weg zu bahnen.« Er hoffe überdies, er werde weitere Fortschritte darin machen, sich unmißverständlicher auszudrücken. »Meinen Sie nicht, daß es schade wäre, ohne Prüfung eine Frucht zurückzuweisen, die vielleicht gerade dabei ist zu reifen?« Teilhard kommentiert die Angelegenheit an Rhoda de Terra am 24. September 1947: »Insgesamt ist die fundamentalistische Offensive des letzten Jahres durchaus zurückgeschlagen; aber irgendwer hat irgendwas dafür zu bezahlen.«

Die zunehmenden Schwierigkeiten mit Rom lassen es Teilhard geraten erscheinen, zeitweise, wenn auch lustlos, wieder in die Paläontologie auszuweichen. Abbé Breuil, der seit 1942 in Südafrika arbeitet, hat Teilhard im Namen von General Smuts, dem Premierminister der Südafrikanischen Union, eingeladen, die reichen Fossilienfunde zu begutachten. Die Herzattacke hat die Reise vorerst verhindert.

Doch jetzt bietet sich ein Kontaktbesuch in den USA an. Ida Treat und Rhoda de Terra helfen mit, ihn vorzubereiten. Am 7. März 1948 berichtet Teilhard an Ida Treat aus New York, wo ihn die Rivalinnen Lucile Swan und Rhoda de Terra empfangen haben: »Tatsächlich bin ich mir noch nicht recht darüber im klaren, was sich schließlich aus diesen verschiedenen Kontakten ergeben könnte. Das Interessanteste wäre gewiß, wenn ich mich ... der Entwicklung einer dieses Namens würdigen Anthropologie zuwenden könnte: ich meine, einer Wissenschaft von der ›Hominisation‹ (und nicht nur eine Beschreibung der individuellen und sozialen Besonderheiten des Menschen). Doch sehe ich noch nicht recht, wie sich das bewerkstelligen läßt. Ganz abgesehen von den vor uns liegenden politischen Wolken. Ich tauche ziemlich regelmäßig im *American Museum of N.H.* [Natural History] auf. Doch verspüre ich jetzt eine Art Ekel vor den Fossilien.« Am 28. April 1948 schreibt er an Auguste Valensin, man habe ihm für nächstes Jahr eine Reihe von sechs Konferenzen an der Columbia- oder Harvard-Universität angeboten, für den Fall, daß es seine Gesundheit und – Rom erlauben. »Ich liebe dieses Land, trotz seines Simplismus. Einige gute Funken aus Europa genügen, um hier Feuer zu machen. Gegenwärtig ist es sehr schade, daß die Religion noch für eine Mehrheit der Katholiken (vor allem Priester) eine Brille ist, durch die man von der falschen Seite blickt: sie verkleinert die Größe und den Wert der Welt, anstatt sie zu vergrößern! – Glücklicherweise wacht die Jugend auf. – Augenblicklich ist die Position erschreckend und gefährlich simpel: Katholik sein heißt, Anti-Kommunist sein. Welche wunderbare Gelegenheit für die Dummköpfe, eine Überzeugung zu haben! – Hoffen wir, daß die Kirche nicht noch einmal Übel und Bewegung verwechselt!«

Als Teilhard Ende Juni nach Paris zurückkehrt, ist er gesundheitlich nicht auf der Höhe. »Manchmal fühle ich mich schrecklich schwach und machtlos«, heißt es schon am 13. Mai 1948 an Ida Treat. Seinem Freund Pierre Leroy, der ihn am Bahnhof Saint-Lazare in Paris empfängt, fällt er, in Tränen ausbrechend, in die Arme, so groß ist seine nervöse Depression. Er ist an dem Abend im Haus der ›Etudes‹ nicht zu bewegen, zum gemeinsamen Abendtisch zu gehen. »Ich nahm in seinem Blick einen so schmerzvollen Ausdruck wahr, daß ich ihn in meine Arme nahm, um ihm wenigstens ein bißchen menschliche Wärme zu geben«, erzählt Leroy im Kommentar zu den Briefen Teilhards an ihn von 1948 bis 1955.

»Morgen will ich nach Rom schreiben, um eine Antwort sowohl wegen der ›sechs Vorlesungen‹ als auch des Collège de France zu erhalten, für das zu kandidieren ich jetzt nachdrücklich aufgefordert werde (von den Leuten des Collège)«, schreibt Teilhard am 22. Juni 1948 an Rhoda de Terra. Er soll im renommierten Collège de France die Stelle von Abbé Breuil einnehmen, der emeritiert wird. So sehr Teilhard nach einer wissenschaftlichen Plattform Ausschau hält, von der er in Paris endlich – er ist jetzt siebenundsechzig Jahre alt – sein Evangelium verkünden kann, so sehr schrecken ihn die Vorlesungsverpflichtungen: »Wie Sie wissen, bin ich nicht mehr so scharf auf die Vorgeschichte. Auf jeden Fall wird es interessant sein, die römische Reaktion zu hören.« Am 10. Juli erhält er den Bescheid des Paters General. »Daß wahrscheinlich alles o. k. sein wird (vielleicht einschließlich der Veröffentlichung meines Buches [Der Mensch im Kosmos]), aber zuvor wünscht er, daß ich Anfang Oktober für ›ein oder zwei Monate‹ zu Gesprächen nach Rom komme«, meldet Teilhard am 11. Juli an Rhoda de Terra. Ihm ist nicht ganz wohl bei der Sache: »Und doch ist diese Einladung an mich, nach Rom zu fahren, objektiv vielleicht die Chance meines Lebens und der Wendepunkt für eine weitere und unmittelbare Art der Aktivität.«

Im August/September 1948 verbringt Teilhard vier Wochen in der Auvergne auf dem Besitz seines Bruders Joseph in Les Moulins bei Neuville. Vor einem Jahr ist dort dessen Sohn in einem nahen Teich ertrunken. Teilhard macht seine jährlichen Exerzitien und notiert: »O Jesus, mach, daß ich gut ende, das heißt in einer Geste des Zeugnisses, das den Glauben meines Lebens an einen Pol der Liebe für die universelle Drift bestätigt und besiegelt.« Für das Collège de France faßt er etwa 125 Aufsätze oder Abhandlungen zu einer Bibliographie zusammen, nachdem er noch in Paris ›Comment je vois‹ abgeschlossen hat, eine Synthese seiner ganzen Weltanschauung in Thesenform »genauso wie Leibniz in seiner ›Monadologie‹«, erläutert er am 5. Juli gegenüber Rhoda de Terra. Ihr gesteht er am 2. September: »Physische Unruhe liegt noch immer über mir: ich versuche, sie zu vergessen. Insgesamt erhole ich mich hier langsam. Schönes Wetter: klar und kühl. Die Reben werden schwarz. Doch ich werde abreisen . . ., bevor sie reif sind.«

Bevor er am 2. Oktober nach Rom reist, hält er am 21. September einen Vortrag in Versailles über den ›Neo-Humanismus und seine Auswirkungen auf das Christentum‹ vor etwa dreihundert Priestern »aus ganz Frankreich, alle mit Arbeiterorganisationen betraut oder sogar mit den Arbeitern selbst arbeitend. Ich glaube«, schreibt er an Rhoda am 25. September, »ich lag richtig; auf jeden Fall habe ich zu ihnen aus der Tiefe meines Herzens gesprochen; und ich weiß, ich bin verstanden worden. Gewiß, zwei solche Stunden entschädigen für viele Wochen oder sogar Jahre des Schweigens.« Der Forscherpriester vor den Arbeiterpriestern, die »Neue Theologie« vor ihrer Bewährungsprobe in der christlichen Praxis.

In Rom, wo Teilhard am 5. Oktober ankommt, ist von diesem missionarischen Geist wenig zu spüren: »Sie kennen bereits das bisher negative Ergebnis meines Aufenthaltes in Rom«, schreibt er am 3. Dezember 1948 an Ida Treat. »Ich bewahre insgesamt eine gute Erinnerung (die Landschaft, das goldene Licht, ein sehr sympathischer Empfang durch die Ordensoberen etc.). Doch ich habe wohl feststellen müssen: mag auch durch St. Peter wirklich die Hauptachse des Glaubens der Welt an einen super-personalen und liebenden Gott gehen, zeichnet sich umgekehrt der Vatikan und das, was ihn umgibt, durch einen radikalen Mangel an menschlichem Glauben und menschlichem Feuer aus. Und diese Erfahrung, auf die ich gefaßt war, ohne sie recht zu ermessen, wird den Vorteil haben, mich noch entschiedener (wenn das möglich wäre) in meiner Entschlossenheit festzulegen: was mir noch an Zeit und Energie bleibt, der Entwicklung und Verbreitung eben der (rational und biologisch begründeten) Überzeugung zu widmen, daß der Mensch nicht vollendet ist und daß die Welt sich in den Erscheinungsformen des sozialen Phänomens noch in uns und um uns herum einrollt, um noch mehr bewußtes Licht und bewußte Wärme freizusetzen. In diesem Punkt wird mich von nun an nichts mehr zurückweichen oder meine Stellungnahme abschwächen lassen. Die ganze, rein technische und strategische Frage ist, wie ich am wirksamsten um mich herum zu wirken vermag. Ein Bruch mit meinem Orden würde meiner Aktion nur schaden; und man liefert mir tatsächlich keinerlei Vorwand dafür, außer den Zurechtweisungen, die man mir deutlich ›mit Bedauern‹ auferlegt (weil sie in Rom Gefangene des ›Eindrucks‹ sind, den die Dinge auf andere Römer machen). Das *Collège de France* ist ins Wasser gefallen. Doch bleibt noch ein Schatten von Aussicht für das Buch – und etwas mehr für Amerika. Warten wir ab.«

Wie wenig Teilhards Rom-Aufenthalt, wo er während einer Abendgesellschaft Garrigou-Lagrange vorgestellt wird, seine Position gebessert hat, zeigt eine verspätete Reaktion auf seinen Vortrag in Versailles im September 1948. Im Dezember druckt der ›Osservatore Romano‹ eine zuerst in der Pariser katholischen Zeitung ›La Croix‹ erschienene, mißverständliche Zusammenfassung des Vortrags ab und nennt Teilhard einen »hervorragenden Theologen«. »Einige wichtige Leute (der Papst??) begannen, verwirrt zu sein«, berichtet Teilhard am 10. Januar 1949 an Rhoda de Terra. Der Ordensgeneral verlangt von Teilhard eine Stellungnahme. »Ich schickte eine sehr respektvolle, aber etwas kurz angebundene Antwort zurück, wobei ich nebenbei darauf hinwies, daß alles, was ich denke, sich in einem gewissen, jetzt in Rom befindlichen Manuskript finde, und der kürzeste Weg, jeglichen Fehlinterpretationen meiner Weltanschauung zuvorzukommen, die Veröffentlichung meines Buches sein könnte.« Am 30. Januar bringt der ›Osservatore Romano‹ eine »Richtigstellung« seiner Dezembermeldung über Teilhard: es handele sich bei diesem »nicht um einen verläßlichen Theologen«! »Wir haben hier in Paris herzlich gelacht. Doch in Rom nahmen sie die Sache ernst ... Deshalb der Verlust eines guten Teils dessen, was ich im Oktober an gutem Ruf gewonnen hatte«, klagt Teilhard Rhoda de Terra am 8. Februar 1949.

Ende Februar 1949 beginnt Teilhard eine Vorlesungsreihe an der Sorbonne über »die menschliche zoologische Gruppe«, woraus ein Buchmanuskript wird, das er im August abschließt. In der Zwischenzeit, im März, erkrankt er an einer Rippenfellentzündung, wovon er sich im April/Mai des Jahres wieder bei den Augustinerschwestern von St. Germain-en-Laye erholt. Er liest ›A Religion without Revelation‹ (Eine Religion ohne Offenbarung) von seinem Freund Julian Huxley und urteilt an Rhoda de Terra am 13. April: »Sehr ehrlich, aber nur halb wahr ... Daß der Mensch seine innere Organisation ohne eine Art kosmischer Liebe vollenden könne, scheint mir biologisch und psychologisch unmöglich und *ruinös.* Der Mensch kann sich nur auflehnen oder auflösen, es sei denn in einer ›liebenden Welt‹ – die zu entdecken ist: das ist die große und schöne Aufgabe.« Diese Teilhardsche Überzeugung ist auch der Grund, warum er mit den atheistischen Existentialisten wie Sartre oder auch den katholischen wie Gabriel Marcel, die zu dieser Zeit in Paris hoch im Kurs stehen, nichts anfangen kann. »Am Nachmittag, wenn kein mich besuchender Freund da ist, lese ich. Eine gute Gelegenheit, um mit den letzten Erzeugnissen von Herrn Sartre und anderen bekannt zu werden. Tatsächlich bringt keines dieser Bücher, auch wenn sie mich interessieren, irgend etwas Tiefes oder Neues. Als ob ich in einer anderen Welt lebte.« Am 4. Mai ergänzt er diese Äußerung vom 27. April an Rhoda: »In den letzten Tagen war ich von den *Schmutzigen Händen* von Herrn Sartre sehr beeindruckt. Ich halte nicht viel von der Sartre-Philosophie. Doch muß ich sagen, hinsichtlich der Begabung, eine dramatische (und ›exemplarische‹) Situation zu entwerfen und zu entwickeln, ist er ein erstklassiger Mann.«

Daß die »Neue Theologie« auch in Deutschland Fuß faßt, erfährt Teilhard durch den Besuch eines Benediktinerpaters aus Beuron im Mai 1949. Am 19. August erhält er von diesem einen Dankbrief, über den er Rhoda de Terra noch am gleichen Tag aus Les Moulins in der Auvergne begeistert berichtet: »Vier lange Seiten ..., die mich sehr stolz darüber machen, wie er (ein Professor der Theologie, der bald ein neues Kloster in Chile aufbauen soll) über meine ›neue‹ Konzeption des Humanismus und des Christentums denkt. Solch eine Beurteilung, die von einem sehr fähigen Mann (der sich von mir der Geburt und der Ausbildung nach stark unterscheidet) stammt, ist für mich eine große ›Ermutigung‹ und ein fester Beweis dafür, daß ich ins Schwarze getroffen habe.« So zögert Teilhard auch nicht, im Herbst 1949 eine »beschränkte Ausgabe von 200 Exemplaren, nicht eigentlich für die Verbreitung, sondern für die ›Erhaltung‹« seines Werkes ›Le Phénomène humain‹ herstellen zu lassen, wie er Ida Treat am 25. Januar 1950 mitteilt. Eine Initiative des Benziger Verlags, Einsiedeln in der Schweiz, einen Band Teilhardscher Schriften herauszugeben, worüber Teilhard am 4. Februar 1955 mit dem Lyoner Provinzial André Ravier korrespondieren wird, scheitert am Einspruch Roms.

Teilhards Wahl am 22. Mai 1950 zum nichtresidierenden Mitglied der höchsten wissenschaftlichen Institution Frankreichs, des »Institut de France« der »Akademie der Wissenschaften«, Abteilung Mineralogie, als Nachfolger des Botanikers René Maire von Algier ist zwar der Höhepunkt der wissenschaftlichen Laufbahn Teilhards und wird in der Residenz der ›Etudes‹ auch gebührend mit Sekt gefeiert. Das Ereignis verbessert jedoch nicht seine innerkirchliche Situation und die der »Neuen Theologen«. »Tatsächlich wird der hauptsächlichste Nutzen, auf den ich zähle, sein, daß Rom von nun an zweimal hinsehen wird, bevor es mich ›verurteilt‹«, schreibt er am 29. Mai 1950 an Ida Treat. »Umgekehrt wird man vielleicht noch eher zweimal hinsehen, bevor man mich drucken läßt.«

Tatsächlich ziehen sich die dunklen Wolken im Sommer 1950 zunächst über die Jesuitentheologen von Fourvière in Lyon zusammen: fünf von ihnen werden auf römischen Druck hin aus dem Lehrbetrieb zurückgezogen, darunter Henri de Lubac und Henri Bouillard. Am 6. Juli 1950 berichtet Teilhard an Pierre Leroy von dem Gerücht, Rom werde den geplanten neuen »Syllabus« (Anspielung auf die Zusammenstellung und Verurteilung von achtzig Zeitirrtümern durch Pius IX. 1864) gegen die »Neue Theologie« vielleicht doch nicht veröffentlichen. Sei es doch bereits durch diese disziplinären Maßnahmen gelungen, die »Neuen Theologen« verschwinden zu lassen. Vielleicht bleibe auch das angekündigte Dogma von der Himmelfahrt Mariens im Schreibtisch, ergänzt er am 29. Juli. Beide Annahmen erweisen sich als trügerisch. Teilhard ist gerade in Ferien bei seinem Bruder Joseph in Les Moulins in der Auvergne und schreibt an seiner autobiographischen Skizze ›Das Herz der Materie‹, als Pius XII. am 12. August 1950 in der Enzyklika ›Humani generis‹ mit dem Untertitel ›Über einige falsche Ansichten, die die Grundlage der katholischen Lehre zu untergraben drohen‹, der »Neuen Theologie« eine Absage erteilt. Teilhard betrifft vor allem die Passage gegen den Polygenismus, »deren Vertreter behaupten, es habe nach Adam auf unserer Erde wirkliche Menschen gegeben, die nicht aus ihm, als dem Stammvater aller, auf dem Wege natürlicher Zeugung ihren Ursprung hätten, oder ›Adam‹ bedeute eine Mehrheit von Stammvätern.« Diese Auffassung sei unvereinbar mit der kirchlichen Lehre über die Erbsünde, »die ihren Ursprung hat in der in Wirklichkeit von dem einen Adam begangenen Sünde und die, durch Zeugung auf alle übertragen, in jedem als ihm eigene Sünde vorhanden ist«. Am 25. August 1950 schreibt Teilhard an Rhoda de Terra, er diskutiere mit seinen Verwandten die »derzeitige religiöse Situation«: »Insgesamt fühlen sich die ›Gläubigen‹ von einigem intellektuellem Format restlos verloren, wenn sie einer Reihe von Aussagen gegenübergestellt werden, die auf unsere moderne Erde wie aus einer lange verschwundenen Welt herabfallen ... Ich werde Ihnen später (im *Gespräch*) meine eigene Position erklären. Ich glaube, ich sehe, was die römischen Theologen wollen, und ich stimme mit ihnen überein. Doch ihre Anschauungen werden in der unmöglichsten Sprache ausgesagt. Ich habe hier niemanden, mit dem ich meine Eindrücke austauschen könnte. Doch bin ich sicher, daß die große Mehrheit der französischen intellektuellen Christen ebenso wie ich selbst reagiert. Die spaßigste Konsequenz des Aufnahmedogmas [über die Aufnahme Mariens in den Himmel] ist, daß die Fundamentalisten einfach durch seine Bejahung der Ansicht Ausdruck verleihen, daß das Dogma *noch evolviert* (da kein Wort darüber sich in der Schrift befindet): sie werden *Evolutionisten wider Willen*!«

Zurück in Paris erkennt Teilhard, daß es höchste Zeit ist, Europa wieder zu verlassen. Südafrika ist die einzig interessante Aufgabe, die ihn als Paläontologen noch reizt: »Ich möchte beweisen«, schreibt er an Ida Treat schon am 30. August 1950, »daß ich nicht nur an meinem Tisch, sondern auch im Gelände noch aktiv bin. Abgesehen davon, daß dieses vorübergehende Verschwinden aus Paris manche Empfindsamkeiten an hoher Stelle zur Ruhe kommen lassen könnte.« Die Situation von 1923/1925 wiederholt sich, nur noch verschärft. Kommentare zur Enzyklika nennen seinen Namen, die Bücher von de Lubac und Bouillard werden aus dem Handel gezogen und aus den Bibliotheken der kirchlichen Hochschulen verbannt.

Diese Erfahrungen lassen Teilhard über das künftige Schicksal seiner Schriften nachdenken. Ist nicht damit zu rechnen, daß sie, wenn er schon zu Lebzeiten keine Druckerlaubnis bekommt, nach seinem Tode vom Orden vernichtet werden oder zumindest für immer in den Archiven verschwinden? Der Direktor des Musée de l'Homme, Paul Rivet, hat Teilhard bereits 1948 anläßlich einer UNESCO-Tagung in Limoges vorgeschlagen, ein Komitee von sechs Persönlichkeiten zu bestimmen, zur Hälfte Christen, zur anderen Hälfte Nichtchristen. Sie sollten jeden Text daraufhin prüfen, ob ein Erscheinen wünschenswert sei oder nicht. Teilhard hat sich nicht entschließen können. Er diskutiert die Frage noch mit seiner Cousine Marguerite Teillard-Chambon. Eine Lösung erfolgt jetzt am 2. Juli 1951 durch Initiative von Raymond Jouve, dem Administrator der ›Etudes‹. Als Jeanne Mortier, die Teilhards Manuskripte seit Kriegsende in Paris verwaltet, Teilhard besuchen will, eröffnet ihr Pater Jouve: Teilhard gehe auf Expedition nach Transvaal, was wegen seiner Herzschwäche nicht ungefährlich sei. Sie möge ihn bitten, ihr doch eine Vollmacht zur Veröffentlichung seiner Schriften zu geben, da »wir Jesuiten sie niemals publizieren können«. Jeanne Mortier bleibt nicht viel Zeit zum Nachdenken, da Teilhard erscheint. Sie trägt ihm die Bitte vor, und Teilhard reagiert prompt. Er läßt sich Papier und Feder geben und schreibt: »Liebe Freundin, durch diesen Brief erkläre ich, daß ich Ihnen – für den Fall meines Verschwindens – alle Rechte gebe und reserviere, von allen meinen (nicht rein wissenschaftlichen) gedruckten oder maschinengeschriebenen Schriften, die sich in Ihrem Besitz befinden, einen den Umständen entsprechenden besten Gebrauch zu machen (Aufbewahrung, *Veröffentlichung*, Verbreitung).« Jeweils ersatzweise sollen diese Rechte an François Richaud (aus Besançon), André George und Jean Piveteau, Professor der Sorbonne, übergehen. Sie sollen zunächst mit Jeanne Mortier ein kleines Komitee bilden, »deren sicheres Urteil und Freundschaft mir volles Vertrauen und Sicherheit geben«.

Mit diesem Dokument ist das künftige Erscheinen der Urschriften der »Neuen Theologie« gewährleistet. Jeanne Mortier wird ihrer Aufgabe nach 1955 voll gerecht. Teilhards Wort an sie vom 4. September 1950 bewahrheitet sich: »Durch ihr Geschrei werden die Integristen die Erde nicht daran hindern, sich zu drehen, das heißt daran, daß das Christentum sich als die spezifische Religion eines Universums in Evolution (oder genauer im Werden) erweisen wird.« Teilhard ist ihr erster Theologe.

Zum ersten Male fliegen, zeugen, töten: das genügt, wie wir wissen, um ein Leben zu verwandeln. Ebenso hat der Mensch, da er, und zwar zum ersten Male, die Energie der Atome in massiver Weise freisetzte, nicht nur das Antlitz der Erde verändert. Unvermeidlich hat er im Herzen selbst seines Seins *ipso facto* eine lange Kettenreaktion ausgelöst, die in dem kurzen Zeitraum einer materiellen Explosion aus ihm zumindest virtuell ein neues Wesen gemacht hat, das sich nicht kannte.

Im September 1946 erscheint von Teilhard in den ›Etudes‹ der Aufsatz ›Einige Bemerkungen über den geistigen Widerhall der Atombombe‹ mit dem Fazit: Der Mensch habe mit dieser Tat »wesentlich die Ebene gewechselt«. »Bisher bediente der Mensch sich der Materie. Jetzt ist es ihm gelungen, die Hebel zu erfassen und zu handhaben, die die Genese eben dieser Materie steuern: so tiefe Kräfte, daß es ihm möglich wird, zu seinem Gebrauch das neu hervorzubringen, was das Vorrecht der sideralen Mächte zu sein schien – so mächtige Kräfte, daß er zweimal zusehen muß, bevor er sich eine Geste erlaubt, die die Erde zersprengen könnte.« Doch Teilhard läßt keinen Zweifel daran, daß die Freisetzung der Atomenergie sittlich berechtigt ist, da es die Pflicht der Menschheit sei, »alle schöpferischen Kräfte der Erkenntnis und des Tuns bis an ihre äußerste Grenze voranzutreiben«. Dieser neue Schritt zeige nicht nur, was der Menschheit möglich ist, wenn sie mit Hilfe der neuen Kommunikationsmittel eine geplante wissenschaftliche Anstrengung unternimmt. Die Atomzertrümmerung sei nur das »Vorspiel« weiterer Unternehmungen, die Materie vollends in den Griff zu bekommen: »Vitalisation der Materie durch Aufbau von Super-Molekülen. Modellieren des menschlichen Organismus mittels der Hormone. Kontrolle der Vererbung und der Geschlechtsbestimmung durch das Spiel der Gene und der Chromosomen. Innere Neuanpassung und Befreiung unserer eigenen Seele durch direkte Anwendung der nach und nach durch die Psychoanalyse freigelegten Kräfte. Weckung und Erfassung der unergründlichen intellektuellen und affektiven Kräfte, die noch in der menschlichen Masse schlummern.« Der Mensch müsse erkennen, daß es seine Aufgabe ist, »sich selbst biologisch zu vergrößern und zu vollenden«. Das sei seine kosmische Funktion, die mit der Atomzertrümmerung ganz deutlich geworden ist. Durch sie sei der Mensch, »ob er will oder nicht, bis in den Urgrund seiner selbst in einen anderen Menschen transformiert worden«. Diese Verwandlung müßte den Feind Nr. 1 der modernen Welt, die Langeweile, hinwegfegen, ebenso die Jagd der Individuen nach egoistischen Zielen und die Sucht der Nationen nach bewaffneten Kämpfen. Das Atomzeitalter: kein Zeitalter der Zerstörung, sondern Zeitalter der Vereinigung in der Forschung. Trotz ihres militärischen Gehabens würden die jüngsten Explosionen in Bikini somit die Geburt einer innerlich und äußerlich befriedeten Menschheit anzeigen. Die Menschheit könne auf dem eingeschlagenen Weg nicht mehr viel weiter gehen, »ohne daß sie sich für die Wahl des Gipfels, den sie erreichen soll, entscheiden – oder sich in dieser Entscheidung intellektuell spalten – muß. Die letzte Wirkung des Lichts, das durch das atomare Feuer in die psychischen Tiefcn der Erde geworfen wurde, besteht letztlich darin, als Letztes und Höchstes die Frage nach einem Ziel der Evolution, das heißt das Gottesproblem, aufzuwerfen.«

Aus diesen Überlegungen heraus – sie beherrschen Teilhards letzte Lebensjahre, wobei das atomare Problem nur gelegentlich angesprochen wird – fordert er eine neue Anthropologie für den »Über-Menschen«, der der Mensch nun geworden ist. Für sie Bausteine zu liefern, schreibt er seine Grundgedanken in immer neuen Variationen nieder, kommt er in seinen Vorträgen und Gesprächen, in seiner Korrespondenz und in seinen Tagebüchern immer wieder darauf zurück.

Auf der Fahrt nach Südafrika macht er im Juli 1951 in London Station und bespricht sich darüber mit Julian Huxley, zunächst Generalsekretär des vorbereitenden Ausschusses für die UNESCO, dann ihr Generaldirektor. Am 13. August schreibt er an seine Cousine Marguerite aus Johannesburg (Briefe an Rhoda de Terra existieren aus dieser Zeit nicht, da sie Teilhard begleitet): »Während die Frage des ›Ur-Menschen‹ in Afrika in meinem Geist Gestalt annimmt, schreitet gleichzeitig, glaube ich, die andere Frage nach dem ›Übermenschen‹ in meinem Kopf weiter fort. Auf dem Schiff habe ich etwa fünfzehn Seiten über die ›Konvergenz des Universums‹ geschrieben, die in englischer Übersetzung die Basis für die Vorlage meines Planes zu einer vom ›Viking Fund‹ subventionierten ›Commission‹ bilden würde.«

Dr. Fejos von der amerikanischen Wenner-Gren-Stiftung (Viking Fund) hat Teilhard nicht nur diese Südafrika-Reise finanziert und dadurch den Absprung von Paris ermöglicht. Er bietet Teilhard im Dezember 1951 auch an, als »Research associate« der Stiftung in New York zu bleiben. »Rom scheint die Idee zu billigen, daß ich meinen Aufenthalt hier verlängere«, heißt es am 4. Dezember an Marguerite; die Jesuitenoberen in Europa sind froh, Teilhard auf diese Weise los zu sein. »Wenn die amerikanischen Patres nichts einzuwenden haben (ich glaube nicht, daß sie das tun), würde die Geschichte von 1925 wieder beginnen – mit New York an Stelle von China. Nur bin ich siebzig Jahre alt ... Dennoch ist dies vielleicht einmal noch ein Wink der Vorsehung – und ein Feld, das sich auftut.«

Im Juli/August 1952 fährt Teilhard über Chicago und die Rocky Mountains für einige Wochen nach Berkeley in Kalifornien, wo er das Forschungszentrum für Kernenergie mit der Reihe der großen Zyklotrone (die in Funktion oder im Bau sind) besucht: »Es ist so, wie ich an einen Freund der ›Etudes‹ schrieb: Man hat an diesem Ort entschieden den Eindruck, im neuen Menschen den Boden unter den Füßen zu verlieren«, gesteht er seinem Bruder Joseph am 28. Juli. Doch er stellt sich dem Problem und verfaßt den Essay ›Beim Anblick eines Zyklotrons. Gedanken über die Einknospung der menschlichen Energie in sich selbst‹, der im April 1953 in ›Recherches et Débats‹ in Paris erscheint. In Form eines »Zweiten Gesichts« beschreibt und analysiert Teilhard das Empfinden, »das mich wie ein Schock ergriff, als ich zum erstenmal in meinem Leben vor einem unserer modernen Atomzertrümmerer stand«. »Vor meinen zerstreuten Augen war das Zyklotron von Berkeley endgültig verschwunden. Und an seiner Stelle bildete für meine Vorstellung die ganze von dem Atem der Forschung in sich gewundene Noosphäre nur mehr einen einzigen und gewaltigen Zyklon, dem die Wirkung zu eigen war, anstelle und statt der nuklearen Energie psychische Energie in einem immer reflektierteren Zustand, das heißt, identisch, Ultra-Humanes, hervorzubringen. ... Und so begann, je mehr ich versuchte, den Gang der unermeßlichen physisch-psychischen Spirale, in die ich durch die Geschichte hineingenommen war, zu verlängern und nach vorn zu erraten, in meinen Augen das, was wir noch allzu einfach ›Forschung‹ nennen, sich um so mehr mit gewissen

Kräften (Glaube, Anbetung) aufzuladen, zu färben, zu erhitzen, die bisher als der Wissenschaft fremd angesehen wurden. Denn je aufmerksamer ich diese Forschung betrachtete, um so mehr sah ich sie gezwungen, ihr Bemühen und ihre Hoffnungen aus innerer Notwendigkeit in Richtung eines göttlichen Brennpunktes zu konzentrieren.«

Am 20. Januar 1953 wird Dwight David Eisenhower, der frühere Oberbefehlshaber der Alliierten Streitkräfte in Europa, Kandidat der Republikanischen Partei und Wahlsieger über den Demokraten Stevenson, Präsident der Vereinigten Staaten. Er verfolgt zusammen mit seinem Außenminister John Foster Dulles gegenüber Rußland eine »Politik der Stärke« mit der Bereitschaft, »bis an den Rand des Abgrundes zu gehen«. Seit Existenz einer sowjetischen H-Bombe soll die Drohung mit »massiver Vergeltung« Rußland von einem Atomwaffenangriff abhalten. Am 22. November 1952 kommentiert Teilhard die Vorgänge gegenüber Marguerite: »Das Spiel scheint gefährlich, abgesehen davon, daß es zu einfach ist und uns nicht vorwärtsbringt in Richtung auf eine Menschheit, deren Zuwachs an Stärke innerlich von einem Fortschritt im Geiste der Gewaltlosigkeit begleitet sein sollte.«

> Die Vollendung der Erde ist keine bloße Zugabe, sondern eine wesentliche Mitbedingung der Parusie. Und in dieser neuen Perspektive ist Christus weder deformiert noch gemindert, sondern wahrhaft »auferstanden«. Es ist mir unmöglich, das nicht zu sehen und zuzulassen. Andernfalls würde ich (ich und viele andere) die Kirche verlassen – unmittelbar: denn mein Bedürfnis anzubeten und zu lieben würde in ihr ersticken.

Am 15. April 1953 begegnet Teilhard – zum zweiten Male innerhalb von zehn Tagen – in New York auf Empfängen seinem alten Widersacher seit den zwanziger Jahren: Jacques Maritain. 1945 bis 1948 französischer Botschafter beim Vatikan und sicher nicht unbeteiligt beim römischen Einschreiten gegen die »Neuen Theologen«, ist Maritain jetzt Dozent an der Princeton-Universität und gilt weiterhin als Haupt des Neuthomismus. »Immer noch sympathisch als Mensch und (so schien es mir) immer noch unfähig, in Begriffen und Dimensionen der Kosmogenese zu denken«, schildert Teilhard die Begegnung seinem Freund Leroy. »Er denkt nur daran, den Menschen (moralisch, selbstverständlich) zu ändern, und scheint nicht zu ahnen, daß es der Mensch ist, der sich seit Aristoteles und dem heiligen Thomas geändert hat.«

In diesen Monaten befaßt sich Teilhards neue Anthropologie auch mit der ›Vielheit der bewohnten Welten‹. Nach der Geozentrik müssen wir auch Abschied nehmen von einer falschen Anthropozentrik, als wäre die irdische Menschheit die einzige im Kosmos. In der so betitelten Skizze vom 5. Juni 1953 stellt Teilhard fest: »Es gibt im Universum Millionen von Milchstraßen; in jeder von ihnen hat die Materie dieselbe allgemeine Zusammensetzung und erfährt sie grundsätzlich dieselbe Evolution wie innerhalb unserer Milchstraße . . . Mit anderen Worten, angesichts dessen, was wir heute über die Zahl der ›Welten‹ und ihre innere Evolution wissen, ist die Idee *eines einzigen* hominisierten *Planeten* innerhalb des Universums faktisch (wenn wir auch im allgemeinen nicht darauf achten) bereits fast ebenso *undenkbar* geworden wie die eines ohne genetische Beziehungen zu den übrigen Lebewesen der Erde aufgetretenen Menschen. Im Mittel (und zwar mindestens) eine Menschheit je Milchstraße; d.h. insgesamt Millionen durch die Himmel verstreuter Menschheiten.« In einer Anmerkung schämt sich Teilhard der Probleme, die gewisse Theologen in diesem Zusammenhang haben: »daß man sich nämlich vor den Piloten der ›Fliegenden Untertassen‹ zu hüten habe, die sich als *nicht tötbar* erweisen könnten, sollten sie von einem Planeten kommen, der nicht von der Erbsünde befallen ist.« Für Teilhard steht fest, daß der auferstandene, kosmische Christus »seiner Natur nach derjenige ist, der das ganze Universum zentriert und in dem es zentriert«. Die »Hypothese J. M.« [Jacques Maritain?] lehnt er ab: Eine christianisierte menschliche Noosphäre unserer Erde, die sich nach und nach über die Welt ausbreiten würde. Sein Kommentar: »Verlockend, aber im Widerspruch zu den Fakten. Millionen bereits existierender, bereits erloschener Milchstraßen, in unerreichbaren Entfernungen: selbst elektro-magnetisch überschreitet ihre Entfernung das Leben der Menschheit!« Abschied von allen Illusionen.

Vom 1. Juli bis Oktober 1953 ist Teilhard von New York abwesend: im Auftrag der Wenner-Gren-Stiftung wieder in Südafrika zur Organisation der anthropologischen Forschungen. Schon durch verschiedene Aufsätze in den vorhergehenden Jahren hat er sich als kritischer Beobachter der Südafrikanischen Affenmenschenfunde (Australopithecinen) qualifiziert. Das Ergebnis dieser zweiten Reise legt er nieder in: ›Afrika und die menschlichen Ursprünge‹ (1954). Teilhard kommt zu dem Ergebnis: Nachdem man zunächst Westeuropa, dann Asien nördlich des Himalaja, dann den indomalaiischen Raum als Wiege des Menschen angesehen hat, drängt sich jetzt die Hypothese auf: »Schon in den äußersten Anfängen des Pleistozäns ... bildete sich irgendwo in der Gegend des Viktoria-Sees oder Tanganjikas eine richtige Hominisationswelle: eine Welle, die progressiv von Zeitalter zu Zeitalter ihre zentrifugalen Schichten ausbreitet, – bis sie gegen das Ende des Quartärs die ganze Oberfläche der Erde bedeckt.«

Doch Teilhard ist in diesen Monaten noch weniger als früher an der Frage nach dem Ursprung interessiert. Sie ist nur sein »Broterwerb«. Die Zukunft der Menschheit interessiert ihn, und er scheut sich nicht, am Ende von ›Afrika und die Ursprünge‹ ein weiteres Problem der neuen Anthropologie zu skizzieren: »Jetzt, da auf einer vollständig bewohnten Erde die Materialien vorbereitet und einander nahegebracht sind, damit sich unter dem unwiderstehlichen Druck oder Stoß der planetaren Kräfte die menschliche Einheit von morgen aufbaut, wie müssen wir es da anstellen, um die verschiedenen ethnischen Blökke, die verschiedenen menschlichen ›Isotope‹ (das Weiße, das Gelbe, das Schwarze . . .), die im Laufe der Zeit aus der doppelten Laune der Gene und der Form der Kontinente entstanden sind, miteinander zu verbinden, und zwar derart, daß sie im höchsten Maße aufgewertet werden? . . . Ein zweiter, noch kaum begonnener und vor uns klaffender Zyklus der Hominisation!«

Der Brief vom 6. September 1953 an Marguerite ist voll Abschiedsstimmung: Abschied vom Fliegen, für Teilhard seit seinen Studienjahren in Hastings der Inbegriff der weltumspannenden, die Kontinente verbindenden Kommunikation; Abschied von dem alten Afrika, das der modernen Zivilisation zum Opfer fallen wird; Abschied von der Geologie und Paläontologie, der er hiermit seinen letzten Dienst »im Gelände« geleistet hat. »Ich habe soeben vierzehn Tage in Nordrhodesien, in Livingstone und Lusaka, verbracht. In diesem Fall wurde mit dem ›Comet‹ gereist: eine Stunde vierzig Minuten von Johannesburg nach Livingstone anstatt drei Tage mit dem Zug oder mit dem Wagen . . . Die Gegend der Sambesifälle (Viktoriafälle) wird ganz besonders geschont (Schutzgebiet): von den Wasserfällen flußaufwärts kann man Krokodile und Flußpferde in voller Freiheit sehen. Einst hätte mich dieser Anblick berauscht. Jetzt erschien er mir ein wenig melancholisch und altmodisch. Eine Welt, die am Verlöschen ist . . . Und was ich hierher suchen gekommen bin, ist, wie Du weißt, ein besserer Beobachtungspunkt, um das Wachstumsgesetz der menschlichen ›Bahn‹ an ihren Ursprüngen zu studieren. Von diesem Gesichtspunkt aus, glaube ich, ist meine Reise ein Erfolg. Ich habe viel gelernt. Und ich glaube vor allem, daß ich . . . dazu beigetragen habe, ein genaues Netz für Forschungen (nach der Abstammung des Menschen) einzurichten, das ganz Afrika südlich der Sahara wirksam überzieht. Schade, daß ich nicht mehr jung genug bin, um die Gebiete des gelben Fiebers zu besuchen. Es ist eine Lücke, daß ich die Ablagerungen der großen Seen nicht gesehen habe . . . Selbstverständlich hindert mich all dieses ›Fachwissenschaftliche‹ nicht daran (im Gegenteil), an die lebendigen Probleme zu denken, die das heutige Afrika stellt, das sich (was man auch sagen mag) für mich gegenwärtig wohl wie eine Zone mit geringem Druck (und daher für die Weißen und für die Gelben eine Zone der Anziehung) in der Noosphäre verhält. Und ich fühle, wie sich, höher und weiter als dieses kontinentale Problem, im tiefsten Innersten meines Seins dringender denn je die große Frage nach einem Glauben stellt (einer Christologie), der endlich die Kräfte der Hominisation bei uns aufs höchste belebt (oder, was aufs gleiche hinausläuft, die Kräfte der Anbetung).«

Auf der Schiffsreise zurück nach New York über Rio und Trinidad schreibt Teilhard unter dem Äquator am 25. Oktober, dem Christ-Königs-Fest, einige Seiten über ›Der Gott der Evolution‹. Wie in Erinnerung an die Herz-Jesu-Litanei, die sein Vater im heimatlichen Sarcenat abends vorzubeten pflegte, notiert sich Teilhard in diesen Tagen weitere Anrufungen auf der Vorder- und Rückseite eines Bildes, das einen Christus mit strahlendem Herzen darstellt und auf seinem Arbeitsplatz steht: Herz Jesu, »Herz der Evolution, Herz der Materie, Lust an der Welt, Wesen aller Energie, Kosmische Krümmung, Tor der Kosmogenese, Strömung kosmischer Konvergenz, Gott der Evolution, Brennpunkt aller Reflexion, Herz des Herzens der Welt, Brennpunkt der höchsten und universellen Energie, Zentrum der kosmischen Sphäre der Kosmogenese«. Die Teilhardsche Herz-Jesu-Litanei endet mit der Bitte: »Herz Jesu, Herz der Evolution, vereine mich mit Dir.«

Stellvertretend für alle Dichter und Schriftsteller, vor allem die rebellischen, denen Teilhard im Laufe seines Lebens begegnet ist und denen er viel verdankt, tritt im Januar 1954 in New York bei einem Empfang André Malraux auf ihn zu und zeigt sich über Teilhards »klandestine« Schriften wohl informiert. »Malraux ist noch immer in der Kunst«, schreibt Teilhard an Marguerite über die Begegnung, »aber, wie [Romain] Gary sagt [der Romancier wird in seinem Werk ›Racines du Ciel‹ in der Gestalt des Pater Tassin Teilhard charakterisieren], er wird wieder zum Roman zurückkommen literarisch gewachsen, hoffe ich, und nicht von seiner Mystik ›confused‹, wie es dem lieben Aldous Huxley geschehen ist.«

Am 28. Februar 1954 teilt Teilhard seiner Cousine begeistert mit: Der für ihn seit September 1951 zuständige neue Provinzial André Ravier, mit dem er sich glänzend versteht, habe ihm aus Rom drei Monate Heimaturlaub in Frankreich erlaubt. »Ich werde versuchen, gewisse Beziehungen enger zu gestalten, um für das allmähliche Verschwinden meiner liebsten Freunde einen Ausgleich zu schaffen.« Nach Valensin ist auch Pierre Charles gestorben. »Auch er hat ein schlichtes und nobles Ende gefunden. Da wiederhole ich mein Gebet, das *mein* Gebet wird: ›Nicht für mich, sondern für die Sache, die ich vertrete (die des ›größeren Christus‹), möge der Herr mir *ein gutes Ende* gewähren.‹«

Kein gutes Ende nimmt Teilhards letzter Frankreichaufenthalt. Die Atmosphäre ist durch die Arbeiterpriester-Affäre vergiftet. Am 26. Januar 1954 schreibt er an seinen Provinzial: »Wieso sehen die Leiter [der Kirche] nicht wenigstens, daß, wenn sich zu viele Arbeiterpriester durch die ›Marxisten‹ haben bekehren lassen, statt sie zu christianisieren, es vor allem daran liegt, daß man ihnen eine gewisse Formulierung des Evangeliums in den Händen gelassen hat, die nicht mehr die Kraft hat, die ›Arbeiter‹ der Welt heute (in der Fabrik oder im Labor) zu bekehren?! – Eins der Dinge (unter anderen), die ich mit Ihnen so gern besprechen möchte, im nächsten Sommer.«

So herzlich Teilhard von seinen engeren Freunden im Haus der ›Etudes‹ in Paris und im Scholastikat von Fourvière in Lyon auch aufgenommen wird, er spürt das Mißtrauen und die Ablehnung der übrigen Jesuiten, erst recht der traditionellen Theologen und Kirchenoberen. Mit mehr oder weniger offener Mißbilligung beobachtet man seine Kontakte mit Wissenschaftlern und Bewunderern. Ein Vortrag bei den Katholischen Intellektuellen am 28. Juni 1954 über ›Afrika und die menschlichen Ursprünge‹, der gar nicht so überzeugend ausfällt, da Teilhard sich bereits geschwächt und verunsichert fühlt, ist für die römischen Behörden Anlaß, Teilhards vorzeitige Abreise aus Frankreich zu verlangen.

Teilhard hat nur noch den Wunsch, Sarcenat noch einmal zu sehen. Pierre Leroy und Rhoda de Terra begleiten ihn in die Auvergne. Dort bittet er sie, ihn für einen kurzen Besuch im Haus und Park von Sarcenat allein zu lassen. Ebenso allein geht er den schmalen Waldweg, wie ihn seine Mutter oft gegangen ist, zur Kirche nach Orcines, wo die Teilhards getauft worden sind. »Ich werde nicht mehr nach Sarcenat zurückkommen«, sagt er beim Abschied von seiner Schwägerin. Dann äußert er noch den Wunsch, die Höhlen von Lascaux in der Nähe von Montignac in der Dordogne zu besuchen. 1940 haben dort spielende Kinder einen ›prähistorischen Louvre‹ entdeckt, faszinierende Bilderhöhlen, die Abbé Breuil in die früheste Zeit des Homo sapiens, ins Aurignacien, datiert.

Teilhard, der am 5. August Paris verläßt und über London nach New York zurückkehrt, grüßt Abbé Breuil zum letzten Male am 8. Januar 1955: »Die Zeit vergeht, und seit sechs Monaten ist in meinem Leben nichts von Bedeutung geschehen. Was mich nicht hindert, an Sie zu denken, – und im Herzen habe ich Ihnen ein gutes und erfolgreiches Jahr 1955 gewünscht. Die Schatten um uns werden länger (und zahlreicher). Mein großes Gebet (ich schließe auch alle ein, die ich liebe) ist, ›ein gutes Ende zu finden‹; ich meine, mit meinem Tod irgendwie das zu ›besiegeln‹, wofür ich stets gelebt habe. Ich denke, daß Sie noch immer in Ihren Publikationen tätig sind. Ein glücklicher Mensch, der Sie eine schöne, genau umrissene Aufgabe vor sich hatten!«

Teilhard ist in diesen Monaten deprimiert – das ist wie immer die Zeit fruchtbarer Schriftstellerei. Januar 1955 schreibt er in ›Todesmauer und Ko-Reflexion‹: Je mehr wir als Menschheit zusammenrücken und -denken, um so größer wird das Ärgernis des Todes. Jede materialistische Auffassung der Welt führt in eine Sackgasse. »Aus der vorangehenden Analyse ergibt sich, daß die in ihr *reflektiertes* Stadium gelangte biologische Evolution (›Self-Evolution‹) weiterhin nur in dem Maße zu funktionieren vermöchte, wie im Menschen eine gewisse primäre Evidenz erwacht, daß die Todesmauer überschritten werden *kann* . . . Wieviel stärkender und ›elektrisierender‹ würde es für unser Bemühen sein, wenn irgendein Signal oder irgendein Zeichen (irgendein Anruf oder irgendein Echo) vom Jenseits des Todes zu uns käme, um uns *positiv* zu vergewissern, daß irgendein Zentrum der Konvergenz uns voran wirklich existiert! Und hier ist dann die Stelle, wo sich (immer auf energetischem Wege) nicht mehr nur das philosophische Problem der Unsterblichkeit in die Physik einschleicht und emergiert, sondern (das ist etwas viel Unerwarteteres . . .) die anscheinend ganz ›theologische‹ Frage nach einer Offenbarung.« Im März 1955 verfaßt er mit ›Das Christische‹ eine Quintessenz aus ›Der göttliche Bereich‹, ›Die Messe über die Welt‹ und ›Das Herz der Materie‹. Der Schlußabschnitt ›Gelobtes Land‹ knüpft bewußt an die Schrift gleichen Namens aus dem Jahre 1919 an. Teilhard nimmt Abschied von seinem schriftstellerischen Lebenswerk.

Abschied nimmt er auch von der Gesellschaft Jesu. ›Forschung, Arbeit und Anbetung‹ sind die sechs Schreibmaschinenseiten überschrieben, die er an Pater Ravier, den Provinzial von Lyon, schickt – dem Orden und der Kirche zu Nutz und

Frommen: »›Betreiben Sie in aller Ruhe ihre Wissenschaft, ohne sich um die Philosophie oder die Theologie zu kümmern ...‹ Diesen Rat (und diese Warnung) haben mir die Oberen mein ganzes Leben hindurch immer wieder gegeben. Das ist auch noch, so glaube ich, die Anweisung, die den zahlreichen und hervorragenden jungen Leuten gegeben wird, die man heute, wie es recht ist, auf das Feld der Forschung schickt. Doch das ist auch die Haltung, bei der ich mit allem Respekt – und doch mit der Gewißheit, die mir fünfzig Jahre eines im Kern des Problems verbrachten Lebens geben – den, den es angeht, darauf aufmerksam machen möchte, daß sie psychologisch nicht lebbar ist und im übrigen in direktem Gegensatz zur größeren Herrlichkeit Gottes steht.« Denn für Teilhard kann es keinen Widerspruch geben zwischen den Erkenntnissen der Wissenschaft und dem christlichen Glauben: wo es den Anschein hat, müssen beide Erkenntnisweisen ihre Ergebnisse überprüfen. »Jeder Forscher ist, zumindest virtuell, heute aufgrund eines funktionalen Erfordernisses ein ›an das Voran Glaubender‹, ein dem ›Ultra-Humanen‹ Geweihter geworden.«

Last not least nimmt Teilhard Abschied von den Frauen. Er gibt sich dabei galant wie sein Ahnherr Voltaire. »Wußtest Du«, schreibt er scherzend an seinen Bruder Joseph am 5. April 1954, darin alle seine Ahnen und die von ihnen geprägte, jetzt noch existierende Sippe grüßend, »daß Monsieur de Voltaire, nachdem er seine (Seiden-)Strumpffabrik in Angriff genommen hatte, ein Paar der Herzogin de Choiseul voller Artigkeit geschickt hat mit der Empfehlung, sie oft zu tragen und sie recht zu zeigen?« Claude Rivière hat Teilhard schon vor Jahren dem Freund Valensin nach Nizza empfohlen, wo sie von 1949 bis 1956 Kurse im Centre Universitaire Méditerranéen gibt. 1963 wird von ihr ›Teilhard, Claudel et Mauriac‹ erscheinen. Lucile Swan, die sich durch Rhoda de Terra verdrängt fühlt, »findet den Frieden in einer Gruppe (wo auch Malvina [Hoffmann] arbeitet, aber allein vom künstlerischen Gesichtspunkt aus), die ein Swami [indischer Guru] leitet«, berichtet Teilhard am 13. Januar 1952 an Leroy: »In diesem Milieu scheint mir die Spiritualität schrecklich vage zu sein. Aber ist das nicht der einzige Ausweg für so viele Männer und Frauen, die nicht dahin gelangen, von außen die furchtbar harte Hülle zu durchstoßen, die von den Theologen mit dem Namen ›Orthodoxie‹ qualifiziert wird?« Mit Jeanne Mortier, Teilhards Stütze in Paris, bereitet er in den letzten Monaten vor seinem Tode den Nachlaß vor. Am 1. März 1955 schreibt er ihr: »Habe von den ›Etudes‹ ein großes Paket meiner Briefe an Valensin erhalten. Ich hätte nicht geglaubt, daß es so viele sind – noch daß sie so interessant sind für die allgemeine Bewegung der religiösen Ideen zwischen 1920 und 1940 (Le Roy, Blondel, mein Orden) – ich werde sie Ihnen natürlich aufbewahren.« Seiner Cousine Marguerite erzählt Teilhard noch zehn Tage vor seinem Tode von seinen letzten schriftstellerischen Arbeiten, ganz wie vor vierzig Jahren zur Zeit ihres gemeinsamen geistigen und emotionalen Aufbruchs. Am 10. Oktober 1954 hat er um ihr Gebet nachgesucht für die letzte Phase seines Lebens: »Bete zu Gott, daß er mich ›in Form‹ erhalte, die ich benötige, um bis zum Ende das Kommen seines Reiches so gut wie möglich voranzutreiben, das Kommen seines Reiches, wie ich es träume: das ›implosive‹ Zusammenfallen des Sinnes für das ›Über-Menschliche‹ und des Sinnes für das ›Christische‹ (oder wie ich oft sage: für das Vorwärts und das Aufwärts) im menschlichen Bewußtsein. Ich bin immer mehr davon überzeugt (da ich es in kleinstem Maßstab in mir selber erfahre), daß das Ereignis möglich und schon im Gange ist und daß es die Welt von morgen psychologisch verwandeln wird.«

Ein Denkmal, das in der geistlichen Literatur seinesgleichen sucht, hat Teilhard den Frauen in seiner autobiographischen Skizze ›Das Herz der Materie‹ vom Oktober 1950 gesetzt. »Der Geschichte meiner inneren Schau, wie sie diese Seiten erzählen, fehlte ein wesentliches Element (eine Atmosphäre . . .), wenn ich nicht zum Schluß erwähnte, daß von dem kritischen Moment an, wo ich viele der alten familiären und religiösen Muster zurückwies und anfing, zu mir selbst zu erwachen und mich selbst auszuformen, nichts sich in mir entwickelte, es sei denn unter dem Blick und unter dem Einfluß einer Frau. Man wird selbstverständlich von mir hier nichts anderes erwarten als eine allgemeine, quasi-anbetende Huldigung, die aus den Tiefen meines Seins aufsteigt, denen gegenüber, deren Wärme und Liebenswürdigkeit Tropfen für Tropfen in das Blut meiner teuersten Ideen übergegangen sind.« Teilhard bekennt, daß er im Laufe seines Lebens eine doppelte Überzeugung gewonnen habe – »im Kontakt mit den Tatsachen« –, von denen er Zeugnis ablegen möchte »mit der vollen Aufrichtigkeit und Unparteilichkeit, die mit dem Alter kommen: Erstens . . . nicht mehr als auf Licht, Sauerstoff oder Vitamine kann der Mann – kein Mann – auf das Weibliche verzichten (was von täglich schreiender Evidenz ist). Zweitens ... zwischen einer Ehe, sozial immer auf die Fortpflanzung polarisiert, und einer religiösen Vollkommenheit, theologisch immer in Begriffen der Trennung vorgestellt, fehlt uns entschieden ein dritter Weg (ich sage nicht ein mittlerer, sondern höherer): ein Weg, erfordert durch die letzte revolutionäre Umwandlung, die in unserem Denken durch die Veränderung des Geistbegriffs bewirkt worden ist. Geist, wie wir gesehen haben, nicht mehr der Entmaterialisierung, sondern der Synthese. Materia matrix [Mütterliche Materie]. Nicht mehr Flucht (durch Einschränkung), sondern Kampf (durch Sublimierung) der unergründlichen, noch schlafenden geistigen Kräfte durch die wechselseitige Anziehung der Geschlechter: das sind, davon bin ich mehr und mehr überzeugt, die geheime Essenz und die großartige kommende Aufgabe der Keuschheit.« Teilhard beschließt diesen Abschnitt über die Frauen, der unter dem Titel ›Le Féminin, ou l'unitif‹ steht, mit den programmatischen Sätzen, die seine ganze Weltanschauung enthalten: »Nach dem Auftreten einer *reflexiven Monade* die Bildung einer *affektiven Dyade*. Und erst *danach* (das heißt von diesem ersten Funken an) die ganze Folge, die wir beschrieben haben: als da ist die schrittweise und grandiose Erarbeitung eines Neo-Kosmischen, eines Ultra-Humanen und eines Pan-Christischen ... Alle drei nicht nur radikal erleuchtet von Intelligenz, sondern auch in ihrer ganzen Masse imprägniert wie durch ein einigendes Bindemittel von dem Universellen Weiblichen.«

Am 22. April 1955 berichtet Vetter Jean de Lagarde gegenüber Teilhards Bruder Joseph, Teilhard habe ihm kurze Zeit vor Ostern gesagt: »Ich möchte am Tage der Auferstehung sterben.« Sein Wunsch geht in Erfüllung. Am 10. April 1955, dem Ostersonntag, zur nachmittäglichen Teestunde in der New Yorker Wohnung Rhoda de Terras, stürzt Teilhard bewußtlos zu Boden. Nach einigen Minuten öffnet er die Augen und sagt: »Wo bin ich? Was ist passiert? ... Aber wo bin ich?« Rhoda erwidert: »Sie sind bei uns. Erkennen Sie mich?« – »Ja ..., aber was ist passiert?« Als der Arzt kommt, liegt Teilhard in den letzten Zügen. Kurz bevor ein Pater aus der Jesuitenresidenz St. Ignatius von der Park Avenue eintrifft, erliegt Teilhard der Herzattacke. Am 12. April morgens liest Pater de Breuvery in aller Schlichtheit die Totenmesse in der Kirche von St. Ignatius. Um zehn Uhr begleiten zwei Patres, darunter Pierre Leroy, den Toten nach Saint-Andrews-on-Hudson, über hundert Kilometer von New York entfernt, wo die Jesuitenprovinz von New

York ihr Noviziat und Juniorat hat. Dort soll Teilhard auf dem Ordensfriedhof beigesetzt werden. Doch es regnet in Strömen, so daß man den Sarg einstweilen in einer Totenkapelle aufbewahrt.

Zwei Tage vor seinem Tode, am Karfreitag 1955, hat Teilhard in einem Brief an seinen Provinzial Ravier Bilanz gezogen: »Der Christus am Kreuz ist der vollkommenste Ausdruck eines ›Gottes der Evolution‹, der im menschlichen Bewußtsein erschienen ist ... Ein Gott der Evolution: das heißt ein Gott vergöttlichend, verchristlichend, zugleich der Im Oben und der Im Vorn ... Meine Enttäuschung ist es oft gewesen zu entdekken, daß selbst so scharfsinnige Geister wie ein Auguste Val[ensin], ein Grandmaison oder selbst ein de Lubac (?...) noch im ›Kosmos‹ und nicht in der Kosmogenese dachten und beteten. – Aber es würde unmöglich sein (glücklicherweise!), die unwiderstehliche Drift zu verhindern, die um uns das menschliche Denken einübt. Morgen wird die ganze Welt ›in der Sphäre‹, in der Kosmogenese denken. Und dann wird der gekreuzigte Gott ganz natürlich (als der gekreuzigte) der mächtigste (weil der aufwertendste und der allein liebende) geistige Motor der Über-Humanisation sein. Das ist mein Glaube: ihn hätte ich so gern öffentlich bekennen wollen vor dem Sterben.«

Literaturverzeichnis

I. Werke Teilhards

Auch wenn deutsche Übersetzungen vorliegen, haben wir nicht immer nach ihnen zitiert, sondern gelegentlich nach der französischen Ausgabe geändert oder neu übersetzt, ohne es im einzelnen anzumerken.

In den Éditions du Seuil, Paris, liegen im Rahmen der Werkausgabe folgende Bände vor:

(1) 1: Le Phénomène humain (1955).
(2) 2: L'Apparition de l'homme (1956).
(3) 3: La Vision du Passé (1957).
(4) 4: Le Milieu Divin (1957).
(5) 5: L'Avenir de l'homme (1959).
(6) 6: L'Energie humaine (1952).
(7) 7: L'Activation de l'Energie (1963).
(8) 8: La Place de l'homme dans la nature (1963).
(9) 9: Science et Christ (1965).
(10) 10: Comment je crois (1969).
(11) 11: Les directions de l'avenir (1973).
(12) 12: Ecrits du temps de la guerre (1976).
(13) 13: Le cœur de la matière (1976).

Davon sind auf Deutsch erschienen
a) im Walter-Verlag, Olten
Werkausgabe (mit teils anderer Bandnumerierung und nicht immer identischem Inhalt):

(14) 2: Das göttliche Milieu. Ein Entwurf des inneren Lebens. Übersetzt von Josef Vital Kopp (1962).
(15) 3: Das Auftreten des Menschen. Übersetzt von Lorenz Häfliger und Karl Schmitz-Moormann (1964).
(16) 4: Die Schau in die Vergangenheit. Übersetzt von Joseph Bader, Helmuth Stechl und Karl Schmitz-Moormann (1965).
(17) 5: Die Zukunft des Menschen. Übersetzt von Lorenz Häfliger und Karl Schmitz-Moormann (1963).
(18) 6: Die Menschliche Energie. Übersetzt von Karl Schmitz-Moormann (1966).
(19) 7: Die lebendige Macht der Evolution. Übersetzt von Karl Schmitz-Moormann (1967).
(20) 9: Wissenschaft und Christus. Übersetzt von Karl Schmitz-Moormann (1970).
(21) 10: Mein Glaube. Übersetzt von Karl Schmitz-Moormann (1972).

Kleinere Einzelschriften aus dem Gesamtwerk:
(22) Vom Glück des Daseins. Übersetzt von Karl Schmitz-Moormann (1969).
(23) Lobgesang des Alls. Übersetzt von Karl Schmitz-Moormann ([5]1978).
(24) Mein Universum. Übersetzt von Karl Schmitz-Moormann (1973).
(25) Mein Weltbild. Übersetzt von Karl Schmitz-Moormann (1976).

b) im Verlag C. H. Beck, München und im Deutschen Taschenbuch Verlag, München:
(26) Der Mensch im Kosmos (Le Phénomène humain). Übersetzt von Othon Marbach (1959); Taschenbuchausgabe (1981).
(27) Die Entstehung des Menschen (Le Groupe zoologique humain; in der französischen Werkausgabe jetzt Bd. 8). Übersetzt von Günther Scheel (1961); Taschenbuchausgabe (1982).

c) im Verlag Karl Alber, Freiburg/München:
(28) Frühe Schriften (Auswahl aus Écrits du temps de la guerre). Übersetzt von G. Télisson, P. Thomas und V. Wahl (1968).

d) im Kösel-Verlag, München:
(29) Das Tor in die Zukunft. Ausgewählte Texte zu Fragen der Zeit. Herausgegeben und erläutert von Günther Schiwy (1984).

Die vor allem die Geologie und Paläontologie betreffenden wissenschaftlichen Schriften Teilhards liegen in einer Faksimile-Ausgabe vor:
(30) L'Œuvre scientifique. Textes réunis et édités par Nicole et Karl Schmitz-Moormann. Préface de Jean Piveteau de l'Institut. 11 Bde. Walter-Verlag, Olten 1971.

II. Tagebücher Teilhards

Alle Bände, herausgegeben und übersetzt von Nicole und Karl Schmitz-Moormann, sind im Walter-Verlag, Olten, erschienen.
(31) Tagebücher I. 26. August 1915 bis 22. September 1916 (1974).
(32) Tagebücher II. 2. Dezember 1916 bis 13. Mai 1918 (1975).
(33) Tagebücher III. 14. Mai 1918 bis 25. Februar 1920 (1977).

III. Briefe Teilhards

(34) Briefe aus Ägypten 1905–1908. Vorwort von Henri de Lubac. Anmerkungen von Henri de Lubac und Auguste Demoment. Deutsch von Eva Feichtinger. Alber, Freiburg/München 1965.
(35) Lettres d'Hastings et de Paris 1908–1914. Introduction par Henri

de Lubac. Annotations par Auguste Demoment et Henri de Lubac. Aubier-Montaigne, Paris 1965.
(36) Entwurf und Entfaltung. Briefe aus den Jahren 1914–1919. Herausgegeben von Alice Teillard-Chambon und Max Henrí Bégouën. Einleitung von Claude Aragonnès (Marguerite Teillard-Chambon). Deutsch von Eva Feichtinger. Alber, Freiburg/München 1963.
(37) Maurice Blondel/Pierre Teilhard de Chardin. Briefwechsel (1919). Herausgegeben und kommentiert von Henri de Lubac. Übersetzt von Robert Scherer. Alber, Freiburg/München 1967.
(38) Lettres intimes à Auguste Valensin, Bruno de Solages, Henri de Lubac, André Ravier 1919–1955. Introduction et notes par Henri de Lubac. Aubier-Montaigne, Paris 1974.
(39) Geheimnis und Verheißung der Erde. Reisebriefe 1923–1939. Gesammelt und dargeboten von Claude Aragonnès (Marguerite Teillard-Chambon). Deutsch von Eva Feichtinger. Alber, Freiburg/München ²1961.
(40) Briefe an Léontine Zanta (1923–1939). Herausgegeben von Michel de Certeau. Eingeleitet von Robert Garric und Henri de Lubac. Übersetzt von Hildegund Grüger. Herder, Freiburg 1967.
(41) Briefe an eine Marxistin [= Ida Treat] (1926–1952). Mit einem Vorwort von René d'Ouince. Übersetzt von Karl Schmitz-Moormann unter Mitarbeit von Lorenz Häfliger. Walter, Olten 1971.
(42) Briefe an eine Nichtchristin [= Rhoda de Terra] (1938–1950). Übersetzt von Karl Schmitz-Moormann unter Mitarbeit von Lorenz Häfliger. Walter, Olten 1971.
(43) Pilger der Zukunft. Neue Reisebriefe 1931–1955. Gesammelt und dargeboten von Claude Aragonnès (Marguerite Teillard-Chambon). Deutsch von Eva Feichtinger. Alber, Freiburg/München ²1962.
(44) Pierre Leroy: Lettres familières de Pierre Teilhard de Chardin mon ami. Les dernières années 1948–1955. Le Centurion, Paris 1976.
(45) Lettres à Jeanne Mortier. Éditions du Seuil, Paris 1984.
(46) Briefe an Frauen. Ausgewählt und erläutert von Günther Schiwy. Herder Verlag, Wien 1986.

IV. Biographien über Teilhard

(47) Cuénot, Claude: Teilhard de Chardin. Reihe ›Écrivains de toujours‹. Éditions du Seuil, Paris 1963.
(48) –, Pierre Teilhard de Chardin. Leben und Werk. Übersetzt und bearbeitet von Karl Schmitz-Moormann, Walter-Verlag, Olten 1966.
(49) Hemleben, Johannes: Pierre Teilhard de Chardin in Selbstzeugnissen und Bilddokumenten. Reihe ›rowohlts monographien‹. Reinbek 1966.

(50) Pierre Teilhard de Chardin. Images et paroles. Éditions du Seuil, Paris 1966.
(51) d'Ouince, René: Un prophète en procés: Teilhard de Chardin, 2 Bde. Bd. I: Dans l'Église de son temps. Bd. II: L'avenir de la pensée chrétienne. Aubier-Montaigne, Paris 1970.
(52) Speaight, Robert: La Vie de Pierre Teilhard de Chardin. Traduit de l'anglais par François Larlenque. Éditions du Seuil, Paris 1970.
(53) Lukas, Mary und Ellen: Teilhard. Doubleday, New York 1977.
(54) Magloire, Georges, Hubert Cuypers: Leben und Denken Pierre Teilhard de Chardins. Ullstein, Frankfurt am Main/Berlin o. J.

V. Zeugnisse und Einzeldarstellungen zu Teilhard

(55) Aragonnès, Claude (Marguerite Teillard-Chambon): Sarcenat, Berceau de Teilhard de Chardin. (Synthèses), Brüssel, September 1959.
(56) Barbour, George B.: Unterwegs mit Teilhard. Auf den Spuren des Lebens in drei Kontinenten. Mit einem Vorwort von Julian Huxley. Übersetzt von Ruprecht Paqué. Walter-Verlag, Olten 1967.
(57) Barthélemy-Madaule: Madeleine, Bergson et Teilhard de Chardin. Seuil, Paris 1963.
(58) –: La Personne et le Drame humain chez Teilhard de Chardin. Seuil, Paris 1967.
(59) Haas, Adolf: Teilhard de Chardin-Lexikon. Grundbegriffe – Erläuterungen – Texte. Herder, Freiburg 1971.
(60) Klein, Wolfgang: Teilhard de Chardin und das Zweite Vatikanische Konzil. Schöningh, Paderborn 1975.
(61) Leroy, Pierre: P. Teilhard de Chardin, tel que je l'ai connu. Plon, Paris 1958.
(62) – (Hrsg.): Teilhard de Chardin et J. Andersson. Dans les sillages de Sinanthrope. Fayard, Paris 1971.
(63) de Lubac, Henri: Teilhard de Chardins religiöse Welt. Herder, Freiburg 1969.
(64) –: Der Glaube des Teilhard de Chardin. Herold, Wien/München 1968.
(65) –: Teilhard missionnaire et apologiste. Éditions Prière et Vie, Toulouse 1966.
(66) –: Teilhard posthume. Reflexions et souvenirs. Fayard, Paris 1977.
(67) (de Lubac, Henri): Pierre Teilhard de Chardin: Hymne an das Ewig-Weibliche. Mit einem Kommentar von Henri de Lubac. Übertragen von Hans Urs von Balthasar. Johannes-Verlag, Einsiedeln 1968.
(68) Mathieu, Pierre-Louis: La pensée politique et économique de Teilhard de Chardin. Seuil, Paris 1969.
(69) Mortier, J. M.: Avec Teilhard de Chardin. Seuil, Paris 1967.

(70) Rivière, Claude: En Chine avec Teilhard 1938–1944. Seuil, Paris 1968.
(71) de Solages, Bruno: Teilhard de Chardin, témoignage et étude sur le développement de sa pensée. Préface du comte Bégouën. Privat, Toulouse 1967.
(72) Teilhard de Chardin, Françoise: Lettres et Témoignages. Avant-propos et Introduction Biographique par Auguste Demoment. Beauchesne, Paris 1975.
(73) de Terra, Helmut: Mein Weg mit Teilhard de Chardin. Beck, München 1962.

VI. Allgemeine Literatur

(74) d'Annunzio, Gabriele: Feuer. Roman in zwei Bänden. Deutsch von M. Gagliardi. Berlin 1913.
(75) Aragonnès, Claude (Marguerite Teillard-Chambon): Madeleine de Scudéry. Paris 1934.
(76) –: Marie d'Agoult. Romantik, Liebe und Leidenschaft um den jungen Liszt. Übersetzt von Lotte Leber. Stuttgart 1939.
(77) L'Association des Anciens Élèves (Édit.): Centenaire de Notre-Dame de Mongré 1852–1952. Villefranche-sur-Saône 1952.
(78) Barbusse, Henri: Das Feuer. Tagebuch einer Korporalschaft. Deutsche Bearbeitung von C. Noch und P. Schlicht, Zürich 1979.
(79) Béguin, Albert: Blaise Pascal in Selbstzeugnissen und Bilddokumenten. Reinbek 1959.
(80) Bergson, Henri: L'Évolution créatrice. Paris ^{142}1969.
(81) –: La Pensée et le Mouvant. Paris ^{79}1969.
(82) Blondel, Maurice: L'Action. Essai d'une critique de la vie et d'une science de la pratique. Paris ^{3}1973.
(83) Citroën, André: Die Gelbe Expedition 1931–1932. Kehl am Rhein o. J.
(84) Claudel, Paul: Der seidene Schuh oder Das Schlimmste trifft nicht immer zu. Übertragen von Hans Urs von Balthasar. Salzburg 1966.
(85) –: Erkenntnis des Ostens. Übersetzt von Eduard Plüss. Köln/Olten 1962.
(86) Denzinger, Henricus, Adolfus Schönmetzer: Enchiridion Symbolorum. Freiburg ^{22}1963.
(87) Duhamel, Georges: Scènes de la Vie future. Paris 1948.
(88) Estand, Luc: Antoine de Saint-Exupéry in Selbstzeugnissen und Bilddokumenten. Reinbek 1958.
(89) Etiemble: Les Jesuites en Chine. La querelle des rites (1552–1773). Paris 1966.
(90) Garrigou-Lagrange, Réginald: La nouvelle théologie où va-t-elle? In: Angelicum, Rom, vol. fasc. 314, 1946, S. 126–145.

(91) Gebete, die in den Häusern der Gesellschaft Jesu üblich sind. Als Manuskript gedruckt im Auftrag der Provinzialoberen. 1955.
(92) Gide, André: Uns nährt die Erde. Uns nährt die Hoffnung. Deutsch von Hans Prinzhorn. München 1974.
(93) –: Aus den Tagebüchern 1889–1939. Deutsch von Maria Schaefer-Rümelin. Stuttgart 1961.
(94) Holmsten, Georg: Voltaire in Selbstzeugnissen und Bilddokumenten. Reinbek 1971.
(95) Huxley, Julian: Der evolutionäre Humanismus. München 1964.
(96) Ignatius von Loyola: Geistliche Übungen. Übertragung aus dem spanischen Urtext von Adolf Haas. Freiburg 1966.
(97) Konstitutionen unseres hl. Vaters Ignatius, Auswahl. Rom 1968.
(98) Kühn, Herbert: Erwachen und Aufstieg der Menschheit. Frankfurt 1966.
(99) Le Roy, Edouard: Une Philosophie nouvelle (Henri Bergson). Paris 1912.
(100) –: L'Exigence Idéaliste et le Fait de l'Evolution. Paris 1927.
(101) –: Les Origines Humaines et l'Evolution de l'Intelligence. Paris 1928.
(102) –: La Pensée intuitive. Paris 1929/30.
(103) –: Le Problème de Dieu. Paris 1930.
(104) Maeterlinck, Maurice: Geheimnisse des Weltalls. Deutsch von Käthe Illch. Stuttgart 1930.
(105) Malraux, André: Die Eroberer. Der Königsweg. Übersetzt von Ferdinand Hardekopf. Stuttgart 1953.
(106) –: Lockung des Okzidents. Übersetzt von Friedrich Hagen. Köln 1966.
(107) Manns, Peter (Hrsg.): Die Heiligen in ihrer Zeit. 2 Bde. Mainz 1966
(108) Maritain, Jacques: Der Bauer von der Garonne. München 1969.
(109) Martin, Claude: André Gide in Selbstzeugnissen und Bilddokumenten. Reinbek 1963.
(110) Neuner, Josef, Heinrich Roos: Der Glaube der Kirche in den Urkunden der Lehrverkündigung. Regensburg [6]1961.
(111) Newman, John Henry: Apologie pro vita sua. Oxford 1967.
(112) –: Die Entwicklung der christlichen Lehre ... Deutsch von Theodor Haecker. München 1922.
(113) Nietzsche, Friedrich: Werke in zwei Bänden. Ausgewählt und eingeleitet von August Messer. Leipzig 1930.
(114) Rahner, Hugo: Wege zu einer ›neuen‹ Theologie? In: Orientierung, Zürich, 11. Jahrgang (1947), Nr. 23/24, S. 213–217.
(115) Rahner, Karl: Schriften zur Theologie, Band I, Einsiedeln/Zürich/Köln 1962.
(116) Regulae Societatis Jesu. Rom 1963.
(117) Rolland, Romain: Johann Christof. 3 Bde. Deutsch von Erna und Otto Grautoff. München 1977.

(118) Rousselot, Pierre: Die Augen des Glaubens. Deutsch von Albert Mandel. Einsiedeln 1963.
(119) Saint-Exupéry, Antoine de: Gesammelte Schriften. Band 1. München 1978.
(120) Schuré, Edouard: Die großen Eingeweihten. Geheimlehren der Religionen. Vorwort von Rudolf Steiner. Übersetzt von Marie Steiner-von Sivers. München [12]1956.
(121) Teilhard de Chardin, Marguerite-Marie: Sieg über Krankheit und Leid. Freiburg 1961.
(122) Wendt, Herbert: Der Affe steht auf. Reinbek 1971.
(123) Zanta, Léontine: Sainte-Odile. Paris 1931.
(124) Zola, Emile: L'Affaire Dreyfus. Paris 1969.

Zitatnachweise

Zitate (aus Briefsammlungen und Tagebüchern), die im Text durch die Angabe von Adressaten und Daten bestimmt sind, wurden hier nicht erfaßt. Die übrigen wichtigeren Zitatnachweise werden abgekürzt angegeben, was sich am Beispiel von *13*, Z. 2: (48) 20 wie folgt liest: »Das Zitat auf Seite 13, das in der 2. Zeile von oben endete, findet sich auf Seite 20 des Buches, das im Literaturverzeichnis die Randnummer (48) hat.«

9, Motto: (72) 15.
13, Z. 2: (48) 20; Z. 5: (36) 228; Z. 10: (72) 20; Z. 32: (72) 20.
14, Z. 5: (36) 368; Motto: (13) 51.
15, Z. 15: (35) 20; Z. 31: (72) 16.
16, Z. 18: (13) 53; Motto: (38) 143.
18, Motto: (48) 22.
19, Z. 6: (48) 22; Z. 24: (39) 117; Z. 31: (48) 22.
20, Z. 27: (13) 28; Z. 39: (13) 71.
21, Motto: (48) 23; Z. 7: (13) 39; Z. 24: (49) 15.
22, Z. 27: (49) 15.
23, Motto: (48) 22.
24, Z. 28: (50) 15.
25, Z. 18: (28) 246; Motto: (83) 32.
26, Z. 9: (79) 16, 22; Z. 28: (83) 32; Z. 35: (79) 111.
27, Z. 3: (28) 152, 172.
28, Motto: (34) 87.
29, Z. 26: (77) 44; Z. 40: (36) 114.
31, Z. 26: (48) 28.
32, Motto: (50) 20.
33, Z. 5: (50) 18; Z. 27: (48) 27.
34, Z. 37: (107) II 63.
35, Z. 21: (48) 28.
36, Z. 3: (48) 28; Z. 17: (22) 37f.; Z. 32: (50) 20.
37, Motto: (34) 123.
40, Z. 19: (72) 29; Z. 30: (72) 32; Z. 38: (72) 33.
41, Motto: (50) 20.
42, Z. 30: (37) 12.
43, Z. 9: (97) 13.
44, Z. 10: (97) 14.
45, Z. 14: (97) 18.
46, Z. 15: (91) 85; Z. 33: (48) 30.
47, Z. 10: (13) 57; Motto: (36) 368.
48, Z. 21: (109) 85; Z. 35 (48) 445.
49, Z. 15: (48) 659; Motto: (48) 30.
50, Z. 11: (124) 185.
51, Motto: (13) 57.
54, Z. 36: (13) 57.
55, Z. 13: (13) 203; Z. 36: (13) 31.
57, Z. 3: (83) 48; Motto: (28) 32.
60, Z. 33: (26) 246.
62, Z. 10: (13) 31.
64, Z. 11: (12) 184.
65, Z. 2: (110) 126; Z. 10: (92) 9; Z. 24: (12) 36; Motto: (35) 141.
66, Z. 26: (35) 21.
69, Z. 5: (35) 144; Motto: (13) 33.
70, Z. 7: (13) 33.
71, Z. 28: (49) 38f.
72, Z. 39: (113) I 205.
73, Z. 16: (48) 46.
75, Z. 29: (122) 152.
76, Z. 12: (48) 62.
77, Motto: (35) 224.
82, Z. 18: (35) 52.
83, Motto: (35) 330.

85, Z. 9: (48) 55; Z. 33: (48) 57; Z. 42: (2) 23.
86, Z. 22: (48) 59.
90, Z. 24: (13) 71.
93, Motto: (31), 56; Z. 23: (117) II 537.
95, Z. 29: (78) 379f.
98, Z. 12: (36) 27.
99, Motto: (31) 135.
102, Z. 32: (12) 229–241.
103, Z. 26: (78) 466f.
105, Motto: (28) 140; Z. 18: (28) 139f.
106, Z. 4: (28) 10; Z. 28: (28) 69f.
108, Z. 10: (12) 112; Z. 37 (28) 131f.
109, Z. 27: (28) 184f.
110, Z. 13: (28) 208.
111, Z. 10: (28) 225.
115, Z. 8: (46); Motto: (33) 151.
116, Z. 32: (12) 295.
121, Z. 8: (28) 251–271.
123, Z. 18: (28) 298; Z. 29: (28) 312.
124, Z. 26: (120) 13f.
126, Z. 7: (12) 399–407.
128, Z. 31: (28) 338–350.
129, Z. 26: (28) 362f.
130, Motto: (33) 311.
132, Z. 32: (74) I 13.
136, Z. 41: (104) 102f.
141, Z. 33: (12) 469–478; dt. in (23).
142, Z. 15: (37) 6; Z. 41: (43) 156.
145, Z. 7: (37) 21; Z. 27: (37) 22.
146, Z. 22: (37) 43f.; Z. 38: (37) 49f.
147, Motto: (33) 445; Z. 10: (9) 39.
148, Z. 35: (118) 64.
149, Z. 37: (17) 38f.
152, Z. 41: (93) 224.
153, Z. 12: (93) 203; Z. 20: (93) 219.
154, Z. 12: (13) 135f.; Z. 37: (16) 67f.
155, Motto: (40) 57.
156, Z. 11: (16) 40.
160, Motto: (39) 63.
165, Motto: (21) 59.
167, Z. 25: (21) 225.
168, Z. 41: (21) 66f.
170, Motto: (83) 132.
173, Z. 6: (48) 126; Z. 20: (53) 93.
174, Z. 18: (16) 169f.
178, Motto: (14) 193.
180, Z. 37: (14) 19.
181, Z. 4: (14) 194; Z. 10: (14) 15.
185, Motto: (83) 144.
188, Z. 20: (48) 171f.
189, Z. 20: (22) 68.
191, Motto: (83) 205f.
193, Z. 7: (105) 16.
194, Z. 39: (11) 19–40.
199, Z. 4: (56) 72; Z. 23: (56) 77f.; Z. 40: (49) 94f.
202, Motto: (39) 174.
203, Z. 34: (68) 192.
204, Z. 10: (121) 53; Z. 14: (121) 37f.; Z. 27: (48) 212f.
205, Z. 29: (39) 152.
206, Z. 21: (83) 22, 60, 110, 151, 225, 461.
208, Z. 30: (18) 42–45.
209, Z. 18: (18) 48–51.
210, Z. 4: (83) 1.
213, Motto: (48) 264.
215, Z. 21: (11) 45–64.
217, Z. 11: (121) 85.
218, Z. 24: (18) 64–69.
220, Motto: (11) 76f.
221, Z. 35: (47) 48.
222, Z. 7: (49) 111.
227, Z. 39: (11) 65–92.
228, Z. 17: (53) 134.
230, Motto: (41) 119.
231, Z. 36: (56) 161f.
232, Z. 27: (48) 257.
233, Z. 7: (22) 73f.; Z. 20: (121) 93; Z. 36: (121) 139.
234, Z. 29: (21) 103f.
235, Z. 11: (21) 116–158; Z. 27: (41) 118.
236, Motto: (21) 111.

241, Z. 28: (20) 185–193.
242, Motto: (41) 121; Z. 28: (73) 15.
244, Z. 9: (73) 32f.; Z. 22 (73) 37.
245, Z. 25: (18) 98.
247, Motto: (18) 169.
248, Z. 25: (18) 127–145.
251, Z. 36: (18) 159–209.
252, Z. 14: (83) 329; Z. 36 (73) 71f.
253, Motto: (42) 18.
255, Z. 3: (73) 85.
256, Z. 22: (48) 371.
258, Z. 27: (17) 53f.
261, Z. 35: (48) 394.
262, Z. 9: (11) 97; Z. 31: (76) 61, 82f.
264, Z. 3: (16) 302; Motto: (43) 72.
266, Z. 19: (7) 19–26.
269, Z. 14: (26) 23, 251.
271, Z. 42: (70) 225f.
273, Z. 7: (22) 30–47.
274, Motto: (21) 172.
275, Z. 21: (21) 210.
277, Z. 17: (48) 470.
279, Z. 33: (83) 376.
283, Z. 36: (110) 57.
285, Z. 17: (51) I 170f.
286, Motto: (17) 188f.
287, Z. 22: (17) 187–197.
289, Z. 6: (19) 226–237.
290, Motto: (83) 460; Z. 14: (44) 189f.
292, Z. 11: (15) 262–267.
295, Z. 33: (19) 283.
296, Z. 19: (20) 277–284.
298, Z. 25: (13) 71–74.

Zeittafel

Die Titel von Büchern, Artikeln und Zeitschriften sind *kursiv* gesetzt.

1881 1. Mai: Marie-Joseph Pierre Teilhard de Chardin in Sarcenat bei Clermont-Ferrand (Auvergne) geboren
1892 Aufnahme in das Jesuitenkolleg Mongré
1897 Humanistisches Abitur
1898 Naturwissenschaftliches Abitur
1899 20. März: Eintritt ins Noviziat der Jesuiten in Aix-en-Provence
1900 September: Beginn des Juniorats in Laval
1901 25. März: »Einfache« Gelübde in Laval
Oktober: Beginn des zweiten Junioratsjahres auf Jersey
1902 Sommer: Licence ès lettres an der Universität von Caen
Oktober: Beginn des dreijährigen Philosophiestudiums auf Jersey
1905 *Von der Willkür in den Gesetzen, Theorien und Prinzipien der Physik* (in der Hauszeitschrift des Philosophiekollegs auf Jersey)
Ende August: Nach Kairo als Physiklehrer am Jesuitenkolleg
1907 *Acht Tage in Faijum* (in *Relations d'Orient*)
1909 Oktober: Beginn des Theologiestudiums in Ore Place bei Hastings (Südengland)
Die Wunder von Lourdes und die kanonischen Untersuchungen (in *Etudes*)
1910 *Notes sur les roches éruptives de Jersey*
1911 24. August: Priesterweihe in Hastings
1912 Oktober: Begegnung mit Marguerite Teillard-Chambon in Paris
Oktober: Beginn des Studiums der Geologie und Paläontologie am Naturhistorischen Museum in Paris
1913 *Die Vorgeschichte und ihre Fortschritte* (in *Etudes*)
30. August: Teilhard findet den (gefälschten) Eckzahn des Piltdown-Menschen
1914 August: Beginn des »Terziats« in Canterbury
Dezember: Einberufung
1916 April: *Das kosmische Leben*
Oktober: *Christus in der Materie*
1917 März: *Der Kampf gegen die Vielheit*
August: *Der mystische Bereich*
September: *Die Sehnsucht nach der Front* (in *Etudes*)
November: *Die schöpferische Einigung*
1918 Februar: *Die große Monade*
März: *Das Ewig-Weibliche*

April: *Mein Universum*
26. Mai: »Feierliche« Gelübde in Ste-Foy-lès-Lyon

1919 Januar: *Notiz zum Dienst an der Evangelisierung der modernen Zeit*
Februar: *Gelobtes Land; Das All-Element*
Ostern: *Die Namen der Materie*
Beginn der Freundschaft mit Léontine Zanta
Juli: Geologie-Examen
August: *Die geistige Macht der Materie*
Oktober: Botanik-Examen
Dezember: Briefwechsel mit Blondel

1920 Januar: *Notiz über den universellen Christus; Über die Weisen des göttlichen Wirkens im Universum*
März: Zoologie-Examen
März: Begegnung mit Blondel in Aix-en-Provence
Juli: *Sündenfall, Erlösung und Geozentrik*
August: *Bemerkung zum Fortschritt*

1921 Juni: *Wie stellt sich heute die Frage des Transformismus* (in *Etudes*)
Dezember: *Das Antlitz der Erde* (in *Etudes*)

1922 22. März: Verteidigung der Doktoratsthese. Außerordentlicher Professor für Geologie am Institut Catholique von Paris
März/April: *Über einige mögliche historische Darstellungen der Erbsünde.* Der Text gelangt nach Rom und ist Anlaß für das Exil in China ab 1925

1922/23 Präsident der »Société Géologique de France«

1923 6. April: Abfahrt nach China
Juli/August: Expedition in die Ordos mit Licent. *Messe über die Welt*

1924 März: *Mein Universum*
April–Juni: Expedition in die Wüste Gobi mit Licent
August: Mit Barbour in Kalgan
September: Rückkehr nach Frankreich. Vorlesungen am Institut Catholique

1924/25 Winter: Begegnung mit Ida Treat

1925 *Das transformistische Paradoxon* (in *Revue des Questions Scientifiques*)

1926 17. März: Mitteilung vor der »Société d'Anthropologie« in Paris *Über das notwendig diskontinuierliche Erscheinungsbild jeder evolutiven Reihe*
April: Abfahrt ins zwanzigjährige Exil (mit Unterbrechungen) nach China. *Die Grundlagen und der Kern des Evolutionsgedankens*
Frühjahr: Expeditionen ins Shensi und Shansi
November: *Der göttliche Bereich (Le Milieu divin)*, Buchmanuskript

1927 Mai–Juli: Expedition in die Wüste Gobi mit Licent
August: Rückkehr nach Frankreich (bis November 1928)
1928 September: *Das menschliche Phänomen* (Artikel)
Die intellektuellen Tendenzen des modernen China. Ein Spezialfall: Die Gruppierungen der wissenschaftlichen Forschung (In *Dossiers de la Commission synodale*, Peking)
November: Bei Monfreid in Somalia und Abessinien (bis Februar 1929)
1929 Februar: *Der menschliche Sinn*
Mai: Letzte Expedition mit Licent in die Mandschurei
1930 Beginn der Freundschaft mit Lucile Swan in Peking
März: Mit Barbour ins Shansi
April/Mai: Mit fünf Chinesen in die Mandschurei
Juni: Mit der Central Asiatic Expedition in die östliche Wüste Gobi
20. Juli: *Eine wichtige Entdeckung in der menschlichen Anthropologie: Der Sinanthropus Pekinensis* (in *Revue des Questions Scientifiques*)
September: Mit der Transsibirischen Eisenbahn nach Paris
1931 Januar: In die USA zur Vorbereitung der »Gelben Kreuzfahrt«. Begegnung mit Paul Claudel
Februar/März: Rückkehr nach China über Hawaii und Japan
März: *Der Geist der Erde*
8. Mai–12. Februar 1932: Auf der »Gelben Kreuzfahrt«
1932 Juli: Expedition nach Shansi
September: Rückkehr nach Frankreich für vier Monate. *Der Weg des Westens. Für eine neue Mystik*
1933 Januar: *Die Bedeutung und der konstruktive Wert des Leidens*
Februar/März: Fünfte Rückkehr nach China
Juni–September: Kongreß in Washington mit Exkursionen in Kalifornien
Herbst: Homo-Sapiens-Funde in Choukoutien
Weihnachten: *Christologie und Evolution*
1934 Februar: *Die Evolution der Keuschheit*
Mai–August: Expeditionen mit Barbour zum Jangtse und nach Zentralchina
28. Oktober: *Wie ich glaube* (für Bruno de Solages)
1935 Januar: Expedition mit Wong und Pei nach Südchina
März: Abbé Breuil in Peking und Choukoutien
Mai: Mit Breuil nach Paris
September: *Die Entdeckung der Vergangenheit*
September–Dezember: Mit Helmut de Terra in Indien. Beginn der Freundschaft mit Rhoda de Terra
Ende Dezember: In Java bei Harald von Koenigswald
1936 Mai: *Ein personales Universum*
11. November: *Die Menschheit retten. Überlegungen zur gegenwärtigen Krise.* (Gekürzt am 20. Oktober 1937 in *Etudes*)

In Peking englische Ausgabe von *Der Geist der Erde* und *Mein Glaube* (Privatdruck for private circulation only)
1937 Februar–April: Kongreß in Philadelphia. Verleihung der Gregor-Mendel-Medaille
März: *Das geistige Phänomen*
April–Juli in Frankreich. Erkrankt an Malaria (?)
8. September: *Die menschliche Energie*
September: Ankunft in China
Dezember bis März 1938: Bei Helmut de Terra in Birma, mit H. v. Koenigswald auf Java
1938 Mai: Zurück in China
Juni: *Le Phénomène humain (Der Mensch im Kosmos)*, Beginn des Buchmanuskriptes
September: Über die USA nach Frankreich (November)
November: *Soziale Vererbung und Fortschritt. Bemerkungen zum menschlich-christlichen Wert der Erziehung*
1939 Februar: Vorträge in Toulouse
13. März: *Wie ist auf der Linie der menschlichen Energie die Kunst zu verstehen und zu nutzen*
März: *Die Mystik der Wissenschaft* (in *Etudes*)
5. Juni: *Die natürlichen menschlichen Einheiten. Versuch einer Biologie und einer Moral der Rassen* (in *Etudes*)
Juni–August: Über die USA nach China
Weihnachten: *Die Stunde der Wahl. Ein möglicher Sinn des Krieges*
1940 Mai: Mit Pierre Leroy Gründung des »Institut für Geobiologie« in Peking
Juni: *Der Mensch im Kosmos* beendet (Buchmanuskript)
1941 Mai: *Reflexionen über den Fortschritt* und *Über die möglichen Grundlagen eines gemeinsamen menschlichen Credos* erscheinen in Peking (Privatdruck for private circulation only)
August: Lucile Swan verläßt Peking
1942 13. Februar: *Der Neue Geist. Auf dem Weg zu einer christlichen Erneuerung*
Notiz über den Begriff der christlichen Vollkommenheit
Christus Evolutor oder eine logische Weiterführung des Begriffs der Erlösung
17. November–6. Dezember: In Shanghai. Vortrag *Der Ort des Menschen im Universum*. Claude Rivière betreut Teilhard
1943 *Super-Menschheit, Super-Christus, Super-Caritas. Neue Dimensionen für die Zukunft*
20. September–5. Oktober: Claude Rivière in Peking
28. Dezember: Vortrag *Gedanken über das Glück* in Peking
1944 Juni: *Die Einführung zum christlichen Leben*
Rom lehnt Veröffentlichung von *Der Mensch im Kosmos* ab
1945 11. November: *Christentum und Evolution. Anregung für eine Neue Theologie*

1946 Mai: Ankunft in Paris
September: *Einige Bemerkungen über den geistigen Widerhall der Atombombe* (in *Etudes*)
1947 6.–8. Januar: Arbeitssitzung mit de Lubac und de Solages zur Verbesserung von *Der Mensch im Kosmos*
1. Juni: Herzinfarkt
22. August: Jesuitengeneral Janssens droht Teilhard mit dem Index
November: *Gedanken über die Erbsünde. Den Theologen zur Kritik vorgelegt*
1948 März–Juni: Sechste Reise in die USA
Juni: Zurück in Frankreich. Depressionen
September: *Titel und Arbeiten* zur Vorlage beim Collège de France
21. September: Vortrag vor Arbeiterpriestern in Versailles *Der Neo-Humanismus und seine Auswirkungen auf das Christentum*
Oktober: In der Ordenskurie in Rom
1949 Februar: Vorlesungen an der Sorbonne über *Die Entstehung des Menschen* (Buchmanuskript)
März: Rippenfellentzündung
Herbst: »Illegale« Herstellung von 200 Exemplaren von *Der Mensch im Kosmos*
1950 22. Mai: Nichtresidierendes Mitglied des »Institut de France«
August: *Das Herz der Materie*
1951 2. Juli: Testament für Jeanne Mortier über den schriftlichen Nachlaß
Juli: Begegnung mit Julian Huxley in London
Juli–Oktober: Reise nach Südafrika
Juli: *Die Konvergenz des Universums*
Dezember: Als »Research associate« in New York. Beginn des zweiten Exils (bis zum Tode)
1952 Juli/August: Über Chicago nach Berkeley in Kalifornien
Besichtigung des Zyklotrons im Forschungszentrum für Kernenergie
1953 15. April: Begegnung mit Jacques Maritain in New York
April: *Beim Anblick eines Zyklotrons. Gedanken über die Einknospung der menschlichen Energie in sich selbst* (in *Etudes*)
5. Juni: *Die Vielheit der bewohnten Welten*
Juli–Oktober: Zweite Reise nach Südafrika
25. Oktober: *Der Gott der Evolution*
1954 Januar: Begegnung mit Malraux in New York
Afrika und die menschlichen Ursprünge
Juni–August: Letzter Aufenthalt in Frankreich
1955 Januar: *Todesmauer und Ko-Reflexion*
März: *Das Christische; Forschung, Arbeit und Anbetung*
10. April: Ostersonntag: Teilhard stirbt in New York an einer Herzattacke

Zum Thema Philosophie

Willy Hochkeppel:
War Epikur ein Epikureer?
Aktuelle Weisheitslehren der Antike
dtv 10360

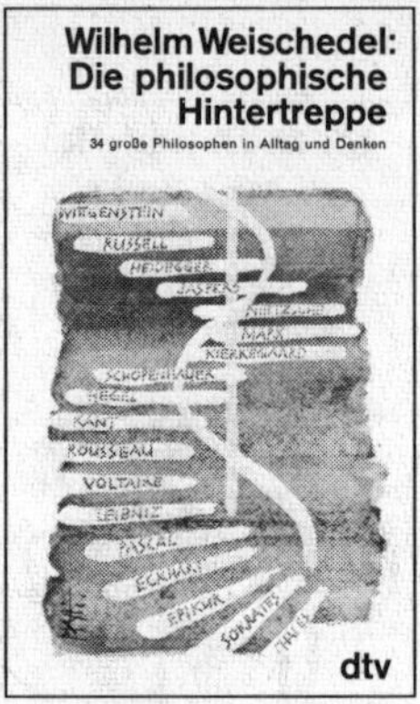

Wilhelm Weischedel:
Die philosophische Hintertreppe
34 große Philosophen in Alltag und Denken
dtv 1119

Karl Jaspers:
Was ist Philosophie?
Ein Lesebuch
dtv 1575

Aristoteles:
Die Nikomachische Ethik
Hrsg. v. Olof Gigon
dtv 6011
Politik
Hrsg. v. Olof Gigon
dtv 2136
Einführungsschriften
Hrsg. v. Olof Gigon
dtv 6117
Vom Himmel · Von der Seele · Von der Dichtkunst
Übertragen und eingeleitet v. Olof Gigon
dtv 6123

Marcus Tullius Cicero:
Gespräche in Tusculum (Tusculanae Disputationes)
lateinisch-deutsch
Eingeleitet u. neu übersetzt v. Karl Büchner
dtv 6130

Epikur:
Von der Überwindung der Furcht
Katechismus · Lehrbriefe · Spruchsammlung · Fragmente
Eingeleitet und übertragen v. Olof Gigon
dtv 6124

Klassische Texte der Staatsphilosophie
Hrsg. v. Norbert Hoerster
dtv 6067

Klassiker des philosophischen Denkens
Hrsg. v. Norbert Hoerster
2 Bd. dtv 4386/4387

Erich Jantsch:
Die Selbstorganisation des Universums
Vom Urknall zum menschlichen Geist
dtv 4397